国家社科基金冷门绝学团队项目
"古籍子部谱录类科技思想的收集整理及其当代价值研究"阶段性成果

中国式现代化视域下的禁毒研究

主编 陈玲
副主编 洪苇

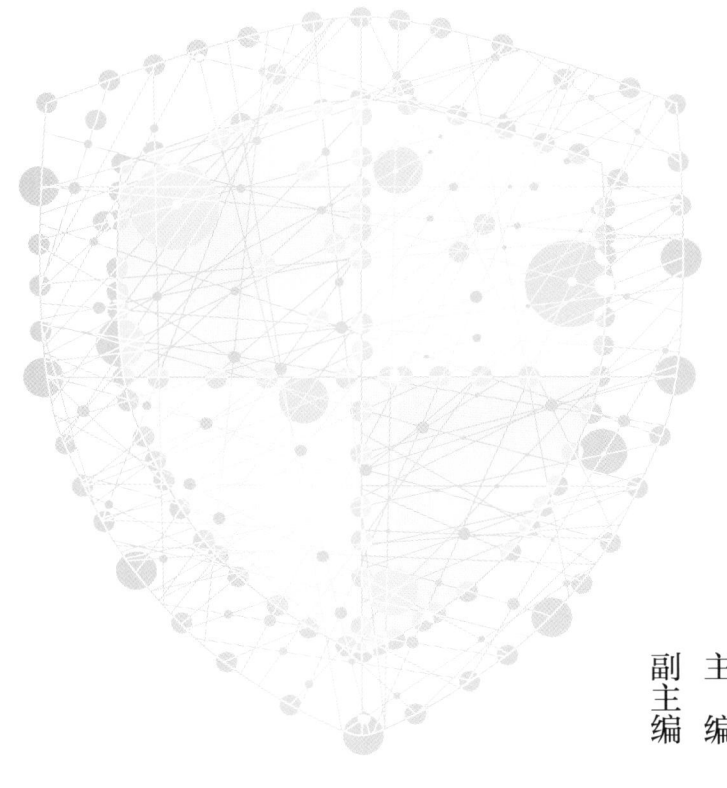

厦门大学出版社　国家一级出版社
XIAMEN UNIVERSITY PRESS　全国百佳图书出版单位

图书在版编目（CIP）数据

中国式现代化视域下的禁毒研究 / 陈玲主编. -- 厦门：厦门大学出版社，2025. 7. -- ISBN 978-7-5615-9777-4

I . D669.8

中国国家版本馆 CIP 数据核字第 2025LJ1332 号

责任编辑　甘世恒
美术编辑　李夏凌
技术编辑　许克华

出版发行　厦门大学出版社
社　　址　厦门市软件园二期望海路 39 号
邮政编码　361008
总　　机　0592-2181111　0592-2181406（传真）
营销中心　0592-2184458　0592-2181365
网　　址　http://www.xmupress.com
邮　　箱　xmup@xmupress.com
印　　刷　厦门集大印刷有限公司

开本　787 mm×1 092 mm　1/16
印张　17.75
插页　3
字数　340 千字
版次　2025 年 7 月第 1 版
印次　2025 年 7 月第 1 次印刷
定价　88.00 元

厦门大学出版社
微信二维码

厦门大学出版社
微博二维码

本书如有印装质量问题请直接寄承印厂调换

厦门市禁毒委员会与厦门大学战略合作成果发布会启动仪式暨中国式现代化与禁毒研究学术报告会

厦门市禁毒形象大使中央广播电视总台著名主持人陈伟鸿主持开幕式

福建省文科基地哲学与当代社会研究中心主任陈玲教授主持主旨发言

福建省政协副主席(中共厦门市委原副书记、原市长)黄文辉致辞

厦门大学校长张宗益致辞

中国科学院院士、北京大学第六医院院长陆林教授在大会作学术报告

厦门市禁毒委员会与厦门大学战略合作成果发布会暨中国式现代化与禁毒研究学术报告会
2024年6月22日

全体参会学者合影留念

陈玲简介

陈玲,哲学博士,哲学博士后。现任厦门大学哲学系教授、博士生导师,福建省文科基地哲学与当代社会研究中心主任,福建省社科基地厦门大学马克思主义的规范与认知理论研究中心副主任;国家社科基金冷门绝学团队项目(国家社科基金重大项目)首席专家;福建省高层次人才 A 类,福建省高等学校新世纪优秀人才,厦门市重点人才,厦门市高层次人才 A 类,厦门市优秀教师;中国自然辩证法研究会技术哲学专委会副主任,中国自然辩证法研究会科技与社会专委会常务理事,福建省哲学学会常务理事,福建省自然辩证法研究会常务理事;在《自然辩证法通讯》《哲学动态》等权威刊物发表学术论文 50 余篇,出版专著《〈唐会要〉的科技思想》。

洪苊简介

洪苊,厦门大学哲学系博士研究生,研究方向为科学哲学和科学思想史。

序　言

◇黄　进[*]

禁毒是全社会的共同责任，也是全人类的共同事业。面对毒品这一危害社会安全的现实毒瘤，全体禁毒工作者应秉持人类命运共同体理念，以总体国家安全观为指引，加强新时代毒品治理工作，以高水平安全保障高质量发展，为推进中国式现代化保驾护航。

厦门大学以探索、创新、融合的姿态打造了毒品治理体系厦门"新样本"。合作形成合力，共治才能共赢。为更加务实高效地开展禁毒合作和研究，共同推进毒品治理，2023年6月，厦门大学与厦门市禁毒委员会签订战略合作框架协议。近一年来，双方围绕"毒品治理现代化"主线，在禁毒立法、测毒技术研发、毒情监测预警体系建设、禁毒社会化工作研究、禁毒文化研究、禁毒艺术创作与"无毒示范高校"建设等方面取得了可喜进展和成果。为进一步深入推进毒品现代化治理实践探索与理论研究，展示校地禁毒合作成果与实战运用成果，2024年6月21日至23日在厦门大学举办了厦门市禁毒委员会与厦门大学战略合作成果发布会暨中国式现代化与禁毒研究学术报告会（以下简称学术报告会）。此次学术报告会由厦门市禁毒委员会与厦门大学主办，厦门大学中国式现代化研究院、厦门大学哲学与当代社会研究中心、国家社科基金冷门绝学团队项目（国家社科基金重大项目）中国科技思想研究课题组承办，是禁毒学术研究领域自新中国成立以来第一次在985高校举办的高水平学术报告会。

此次学术报告会受到来自全国各大高校的专家学者、各地警院教师、全国禁毒政策研究中心人员、各市戒毒中心社会工作者等禁毒理论界和实务界的专家学者的广泛关注和积极参与。与会人员紧紧围绕主题，各抒己见，从不同学科角度、不同领域对各自的研究成果和实践经验进行了广泛而又深入的交流，取得了丰硕的成果，充分彰显了禁毒学术研究领域交叉学科、边缘学科有效促进研究成果共享，

---

[*]　江苏警官学院党委副书记、院长。

形成更为紧密的多学科合作关系,凝聚禁毒事业发展的合力,为进一步提升毒品问题治理的理论创新和实践拓展水平,有效推动禁毒研究领域的高质量发展,打赢新时代禁毒人民战争贡献智慧和力量。本书所收论文,就是这次学术报告会的一部分高质量成果。

此次学术报告会研究成果体现了各领域专家学者在禁毒工作中所负的共同愿望和责任担当,面对毒品问题新变化、新挑战,专家学者们在智慧禁毒、毒品治理、宣传教育、技术交流等方面都开展了务实合作,形成了一批治理成果,为推进毒品共治提供了更多方案。

经组委会筛选、修改,共录用20余篇参会论文,汇编成论文集《中国式现代化视域下的禁毒研究》。从总体上说,本论文集所收录论文具有以下几个特点:其一,主题前沿,内容翔实。收录论文围绕中国式现代化与禁毒文化研究、中国式现代化与禁毒社会化工作、中国式现代化与智慧禁毒、中国式现代化与毒品治理研究等主题,对当下中国禁毒学术研究领域前沿问题进行了研究。既研究了禁毒宣传教育体制机制建设和方式方法创新,也探讨了禁毒历史与传统文化的现代启示和禁毒文化构建;既研究了毒品治理现代化的哲学思路,也从禁毒实务工作角度探讨了禁毒社会化工作的相关问题;既研究了禁毒传播问题,也探讨了智慧禁毒相关话题。

其二,参与广泛,学科交叉。收录论文作者既有来自浙江大学、复旦大学、厦门大学等高校的学者,也有来自中国刑事警察学院、江苏警官学院等各地警院教师,还有来自成都市清醒人生社会工作服务中心、上海市戒毒康复中心等各市戒毒中心社会工作者。作者们从哲学、历史、传播学、禁毒学、社会学等多学科交叉视角及实践工作出发,就禁毒前沿问题进行深入探讨,既有近年来禁毒学术研究领域科研成果的结晶,也有实践过程中的优秀案例及经验体会,为广大禁毒工作者提供了很好的理论与实践层面的参考和借鉴。

其三,观点明晰,启发性强。收录论文作者从各自研究、实践领域出发,围绕相关主题提出了很多有针对性与建设性的观点和见解,并进一步提出了诸多富有启发性的思考方向及切实可行的建议措施。如厦门大学原党委副书记、厦门大学马克思主义学院院长徐进功教授结合思政教育提出将禁毒教育融入大中小学思政课一体化建设的相关建议,对于构建新时代禁毒教育体系、推进毒品治理体系和治理能力现代化意义重大;复旦大学新闻学院周笑教授探索了中国式现代化背景下禁毒传播的实践思路与具体路径,以应对毒品传播新形态带来的新问题与新挑战;大连理工大学人文学院王前教授从中国机体哲学出发为毒品治理现代化的"预控"路径提供了一些新的方法论启示。

其四,体系完整,毒品共治。收录论文研究内容覆盖毒品预防教育、打击毒品犯罪、监管制毒物品、毒情监测预警和毒品综合治理等,各专家学者都在不同研究领域内一起努力构建同国家治理体系和治理能力现代化要求相适应的毒品治理体系,努力走出一条具有中国特色的毒品问题治理之路。总之,本书收录论文成果进一步深化了中国禁毒学术研究和实践的探索,激发了禁毒学术研究领域科研工作者的探索发现、创新创造的热情,必将提升我国禁毒研究的原始创新能力和国际影响力,为我国全面推进毒品治理中国式现代化发展,加快形成禁毒新质战斗力,打赢新时代禁毒人民战争作出重要贡献。

目　录

在厦门市禁毒委员会与厦门大学战略合作成果发布会暨中国式现代化
　　与禁毒研究学术报告会开幕式上的致辞……………………… 张宗益（001）
在厦门市禁毒委员会与厦门大学战略合作成果发布会暨中国式现代化
　　与禁毒研究学术报告会开幕式上的致辞……………………… 黄文辉（003）
可以用儿童哲学的教育方式进行课堂禁毒宣传教育吗？
　　——以"刮骨疗毒"成语教学设计为例………………………… 曹剑波（005）
中国式现代化视域下禁毒文化构建探究
　　——以厦门经济特区为例………………………………………… 陈　立（020）
现代缉毒犬技术的动物伦理考量……………………… 陈　玲　李张欣（029）
清代民国年间福建禁毒的历史考察及其启示…………………… 陈支平（040）
中国式现代化视域下高校禁毒文化构建研究
　　——以厦门实践为例……………………………………………… 洪　苪（051）
文化自信指引下的禁毒文化IP塑造
　　——以"天下无毒"为例的实践与探索………………………… 胡骞鹜（059）
中国式现代化进程中毒品问题治理的实践创新探析…………… 柯　力（066）
全民参与推进毒品治理现代化…………………………………… 李锦添（083）
中国式现代化禁毒的认识论与方法论…………………………… 李　乔（089）
"459＋"精麻药品管制背景下戒毒康复模式的困境分析及对策探索
　　………………………………………………………… 李　霞　冯彦铭（100）

基于上瘾模型视角下的青少年大麻类毒品滥用行为的干预研究
………………………………………… 刘 彬 林虹萍 冯宇轩(114)
林则徐禁毒思想与实践的再认识………………………………… 马照南(132)
我国智慧戒毒体系存在问题及对策研究………………… 唐 浩 倪郡泽(139)
毒品治理现代化的中国机体哲学思路…………………… 王 前 袁旭亮(158)
全球视野下21世纪前中国禁毒政策的历史沿革与发展 ………… 王沅芷(169)
禁毒赋能活动儿童角色认同建构过程研究
　　——以禁毒小讲师培育项目为例………… 王治升 王 帅 高建森(179)
探索社区戒毒在中国现代化道路上的作用与挑战
………………………………… 谢 明 苏香葵 马 宁 张 凤(195)
禁毒教育融入大中小学思政课一体化建设的重要性及其路径探析
……………………………………………………………… 徐进功(207)
智慧禁毒视角下福建省毒情评估高质量发展研究
　　——以发展新质生产力为例……………………………… 许晓东(215)
数字虚拟人在禁毒宣传中的媒介可供性研究……………… 杨 颖 翁芊杉(226)
社会工作参与毒品问题社会治理的实践探索与经验启示
　　——以成都清醒人生社会工作服务中心实践为例… 袁献远 刘晓娟(236)
禁毒社会工作基层治理研究……………………………………… 张 雷(246)
禁毒工作中交流与合作的文化反思——以厦门市为例…………… 张伟皓(251)
资本主义、鸦片与中国的现代化
　　——基于马克思关于鸦片战争重要论述的考察……… 张有奎 王斯羽(260)
中国式现代化与禁毒传播研究…………………………………… 周 笑(268)

后记……………………………………………………………………(274)

在厦门市禁毒委员会与厦门大学战略合作成果发布会暨中国式现代化与禁毒研究学术报告会开幕式上的致辞

厦门大学校长　张宗益

尊敬的各位领导、各位专家学者：

大家上午好！

盛夏时节逢盛会，凤凰花开迎嘉宾。我们怀着满心的期盼，迎来了"厦门市禁毒委员会与厦门大学战略合作成果发布会暨中国式现代化与禁毒研究学术报告会"。在此，我谨代表厦门大学，对各位领导和专家学者的到来表示热烈的欢迎！并借此机会，向长期以来关心支持厦门大学学术事业发展的同人表示诚挚的谢意！我相信，本次会议的召开，将推动禁毒研究的创造性转化和创新性发展，推动全国更加关注禁毒事业的当代价值。

2023年6月，厦门大学与厦门市禁毒委员会签订战略合作框架协议，近一年来，双方围绕"毒品治理现代化"的主线，在禁毒立法、测毒技术研发、毒情监测预警体系建设、禁毒社会化工作研究、禁毒文化研究、禁毒艺术创作与"无毒示范高校"建设等方面取得了可喜进展和成果。

长期以来，厦门大学对厦门市禁毒工作高度重视、倾力支持，始终秉持"厦门所需厦大所能"的服务理念，全面融入厦门市经济社会的高质量建设发展。厉行禁毒是党和政府的一贯主张和立场。厦门大学与厦门市禁毒委员会紧密联系、务实合作，不断打造"高校＋禁毒"社会化服务模式，将厦大的科研实力、学科优势和平台影响能力与厦门市禁毒委员会的雷霆手段、社会优势和综合治理能力有机结合，持续深化毒品问题创新治理，推动厦门市禁毒事业实现更高质量发展；以更多开创性、高质量的理论研究成果与实践应用成果，共创全省领先、全国有位的校地禁毒合作示范品牌，为厦门市争创全国禁毒示范城市添色增彩。

但是，我们也必须清醒地认识到，当前我们所面临的严峻形势和挑战。近年来，国内禁毒斗争形势复杂多变，国内外市场上出现的新型毒品具有隐蔽性强、高度伪装的特点,在互联网经济、移动支付和快递运输的普及应用下,给缉毒工作带来新挑战。因此,我们必须要有危机意识,既立足当前,又着眼长远,坚持守正创新,坚定不移推改革、固根基、补短板,积极应对各种挑战和机遇。

为此,厦门大学将在以下三个方面做出表率。

一是强化预防宣传。全面贯彻落实党的二十大作出的新部署新要求,借助厦门大学的平台影响力,深入推进大学生禁毒宣传教育和毒品预防教育,创新禁毒宣传教育方式,抓实校园禁毒宣传,提升全校师生识毒、防毒、拒毒意识,着力构建共建共治共享毒品治理格局,推动禁毒人民战争向纵深发展。

二是深化战略合作。与厦门市禁毒委员会进一步协作配合、各司其职,持续加强毒情监测,持续完善治理机制,合力提升治理效能。打造"校地合作"全国禁毒新样本,协同树立全方位、高层次、多维度的政校合作新标杆,推动厦门市在禁毒工作上提档升级。

三是实化科研成果。注重创新驱动,借助厦门大学的科研实力和学科优势,推进科技创新的实践应用,为推进禁毒工作高质量发展助力赋能,巩固拓展禁毒斗争形势整体向好的态势。同时提供学术平台,交流学界最新技术成果,共磋行业热点潮流。这也是我们举办此次禁毒研究学术报告会的初衷。借此机会广纳真知灼见,广聚学术资源,共同为国内禁毒事业贡献智慧和力量。

禁毒工作事关国家安危、民族兴衰、人民福祉。为进一步深入推进毒品现代化治理实践探索与理论研究,厦门大学举办了此次"厦门市禁毒委员会与厦门大学战略合作成果发布会暨中国式现代化与禁毒研究学术报告会",与各位同人共同探讨禁毒研究前沿问题,推动禁毒工作高质量发展,推动毒品现代化综合治理体系融合发展。

最后,祝愿本次活动圆满成功!谢谢大家!

在厦门市禁毒委员会与厦门大学战略合作成果发布会暨中国式现代化与禁毒研究学术报告会开幕式上的致辞

厦门市委原副书记、原市长　黄文辉
（现福建省政协副主席、党组副书记）

尊敬的陆林院士、张宗益校长、林昌明指挥长，尊敬的各位专家学者，各位领导，老师们、同学们：

在第37个国际禁毒日来临之际，我们在这里举行厦门市禁毒委与厦门大学战略合作成果发布会暨中国式现代化与禁毒研究学术报告会开幕式。首先，请允许我代表厦门市委市政府，向本次活动的举办表示热烈祝贺！向前来参会的专家学者表示诚挚欢迎！向长期以来支持参与厦门禁毒工作的厦门大学全体师生和全市禁毒工作者表示衷心感谢！

习近平总书记高度重视禁毒工作，深刻指出："禁毒工作事关国家安危、民族兴衰、人民福祉，毒品一日不除，禁毒斗争就一日不能松懈。"厦门作为习近平新时代中国特色社会主义思想的重要孕育地和先行实践地，深入贯彻落实习近平总书记关于禁毒工作的重要讲话重要指示精神，在国家和省禁毒委的关心指导下，扎实推进创建全国禁毒示范城市各项工作，禁毒工作群众满意度连续两年排名全省第一、综合考评获评全省"优秀"等次。这些成绩的取得，离不开在座专家学者的悉心指导和倾力帮助，离不开社会各界的广泛参与和支持配合。特别是厦门大学去年6月与市禁毒委签订战略合作框架协议以来，在特区禁毒立法、制定禁毒社会工作地方标准、构建毒情监测预警体系、创建"无毒示范校园"等方面提供了有力的人才支持和技术支撑，助推我市禁毒工作高质量发展。

今年是"虎门销烟"185周年，也是我市争创全国禁毒示范城市的收官之年。国家禁毒办将"防范青少年药物滥用"确定为今年全民禁毒宣传月主题，这既是对广大青少年的关心关爱，也对我们做好禁毒工作提出了明确要求。下一步，我们将坚持预防为先的方针，做到关口前移，抓好青少年的毒品预防教育，彻底铲除毒品违法犯罪的社会土壤。我们将巩固校地合作的成果,加大与厦门大学在理论研究、科技应用、成果转化、禁毒教育等方面深度合作,共创校地合作示范品牌。我们将构建全民禁毒的格局,充分调动社会各界力量,凝聚毒品问题治理攻坚的强大合力,为我市推动高质量发展、努力率先实现社会主义现代化营造更加安全稳定的社会环境。

最后,预祝本次活动圆满成功!祝福各位嘉宾身体健康、工作顺利、阖家幸福!

可以用儿童哲学的教育方式进行课堂禁毒宣传教育吗？*
——以"刮骨疗毒"成语教学设计为例

曹剑波**

毒品在世界范围的蔓延泛滥，严重地摧残世界各国人民的健康，危害各国人民的素质，助长暴力与犯罪，阻碍社会发展和人类进步，是国际社会的共同威胁。自1987年联合国在维也纳提出"爱生命，不吸毒"的口号，并一致同意把6月26日定为"国际禁毒日"（全称是禁止药物滥用和非法贩运国际日，International Day Against Drug Abuse and illicit Trafficking）。37年以来，国际防毒禁毒形势依然十分严峻。2023年，中国公安机关统筹推进禁毒"清源断流"行动和夏季治安打击整治行动，全国共破获毒品犯罪案件4.2万余起，抓获犯罪嫌疑人6.5万余名，缴获各类毒品25.9吨。[①] 联合国发布的《2023年世界毒品问题报告》指出，2021年全球有超过2.96亿人使用毒品，比10年前高出23%；全球因滥用药物患病人数达到3950万，10年来激增45%。全球使用毒品人数持续增加，非法毒品市场持续扩大，贩毒网络日益灵活化，正在加剧全球毒品危机，对各国执法和医疗卫生部门构成严峻挑战。[②] 禁毒宣传教育任重道远。

禁毒宣传教育是一种特殊的教育，要重视受教育者禁毒意识的培养，关注受教育者良好卫生习惯的建立和识毒抵毒能力的增强，不能采用简单说教的方式，不能仅以知识教育为目的。在禁毒宣传教育中，要注重更新教育方法，以知识共享，参

---

* 基金项目：福建省社科规划项目重点项目"知识论中国话语的建构研究"（立项编号FJ2024A029）阶段性研究成果。

** 作者简介：曹剑波，男，厦门大学哲学系教授、博士生导师，教育部新世纪优秀人才，朱子学会儿童哲学专业委员会会长，福建省哲学学会会长，福建省社会科学研究基地"马克思主义的规范与认知理论研究中心"主任，主要研究方向为儿童哲学、知识论、实验哲学。

① 央广网：《公安部：2023年破获毒品犯罪案件4.2万余起 缴获毒品25.9吨》，https://baijiahao.baidu.com/s?id=1789591243416517148&wfr=spider&for=pc，下载日期：2024年6月30日。

② 梁凡：《全球毒品危机在加剧》，载《工人日报》2023年6月30日第8版。

与性教学等方式,通过自我教育、团队合作方式,达到入脑入心入行的禁毒效果。

近年来,随着网络的快速发展,禁毒宣传教育方式更加多样化,除了传统的课堂宣传外,还有禁毒文学作品、禁毒主题展览、禁毒知识竞赛、禁毒动漫大赛,吸毒戒毒者的现身说法,禁毒卫士的演讲宣传、禁毒曲剧公益巡演等,借助新兴媒体,通过微博、微信、抖音[①]、小红书、视频号等平台,禁毒云课堂、禁毒"文字快闪"、禁毒MV、禁毒Rap、禁毒微电影、禁毒短视频[②]等禁毒宣传形式开展得如火如荼,并取得了很多积极的成效。然而,在传统课堂禁毒教育上,教师经常会遇到学生没兴趣说、不愿说、不敢说的情况。如何更好地发挥这些禁毒宣传教育方式的效果,是值得我们考虑的问题。借助儿童哲学教学方式,可以提升课堂禁毒教育的效果。下面以"刮骨疗毒"成语教学设计为例,来探讨如何用儿童哲学的教育方式进行禁毒宣传教育。

一、关于毒品的基本知识

用儿童哲学的教学方法进行禁毒宣传教育,首先要让受教育者了解关于毒品的基本知识。为此教师可请学生提前分组收集毒品的种类、毒品的危害以及毒品滥用的原因,并制作相应的资料卡片。

根据《中华人民共和国刑法》第357条规定,毒品是指鸦片、海洛因、大麻、冰毒(甲基苯丙胺)、吗啡、可卡因以及国家规定管制的其他能够使人成瘾的药品。毒品依据制作的工艺和流行的时间分为传统毒品、合成毒品和第三代毒品。

(一)传统毒品

传统毒品如鸦片、海洛因、吗啡等传统的麻醉药品,对人体主要以镇痛、镇静为主,多采用吸烟式或注射式等方法吸食滥用。

鸦片又称大烟、烟土、阿片、阿芙蓉。新鲜的生鸦片为膏状,有类似氨味或陈旧尿味,味苦。经加工后的熟鸦片为金黄色或棕色的块状体,味略淡于生鸦片。

海洛因是由吗啡与醋酸酐经化学作用而生成的一种衍生物。一般呈灰白粉末状或压成块状,略有醋味。

---

① 姚翠兰、吕鹏、陈思婧:《抖音短视频禁毒公益广告发展策略探究》,《今传媒》2023年第12期。
② 席志武、薛元元:《"短视频+禁毒宣传"的融合传播研究》,《广西警察学院学报》2021年第2期;陈鹏、杨昊天、姜凯等:《短视频热潮下抖音禁毒宣传的完善路径——基于"广州禁毒"等10个抖音禁毒宣传账号的实证研究》,《云南警官学院学报》2023年第1期。

大麻:粗制的大麻毒品,有草腥味、略感麻性。

吗啡是从鸦片中分离出来的一种生物碱,在鸦片中含量10%左右。其为无色或白色结晶粉末,具有特殊的气味,形状似细咖啡粒。

可卡因又称古柯碱,化学名称为苯甲基芽子碱,多呈白色晶体状,无臭,味苦而麻。

(二)合成毒品

合成毒品以冰毒、摇头丸、麻古等兴奋剂为主。这一类毒品的显著特征,是滥用者具备较小的或者不明显的身体依赖性,而精神依赖性较为严重。它们能直接作用于人体的中枢神经系统,在几秒钟内就可产生亢奋等身体症状,特别能满足处在快节奏、高压力社会中的人们释放、发泄情绪的心理需求。在这一特征上,与海洛因等传统毒品具有明显的区别。[①]

1. 摇头丸

摇头丸又称安非他明类兴奋剂,是以若干种苯丙胺类兴奋剂为主要成分制成的片剂,由于滥用者服用后可出现长时间难以控制随音乐剧烈摆动头部的现象,故称为"摇头丸"。外观多呈片剂,形状多样,五颜六色。摇头丸具有兴奋和致幻双重作用,在药物的作用下,用药者的时间概念和认知会出现混乱,表现出超乎寻常的活跃,整夜狂舞,不知疲劳。同时幻觉作用使人行为失控,常常引发集体淫乱、自残与攻击行为,并可诱发精神分裂症及急性心脑疾病。

2. 冰毒

冰毒即甲基苯丙胺,又称甲基安非他明、去氧麻黄素。为白色结晶状,晶莹剔透,外观似冰。由于对人体的中枢神经系统具有极强的刺激作用,且毒性剧烈,又称之为"冰毒"。冰毒使吸毒者对其产生极强精神依赖。该药小剂量就有短暂的兴奋抗疲劳作用,故其丸剂又有"大力丸"之称。冰毒具有强烈的中枢兴奋作用。滥用者会处于强烈兴奋状态,表现为:不吃不睡、活动过度、情感冲动、不讲道理、偏执、妄想、出现幻觉和有暴力倾向。

3. 麻古

麻古是一种加工后的冰毒片剂,属苯丙胺类兴奋剂,具有很强的成瘾性,服用

---

① 包涵:《当前对青少年禁毒宣传教育的模式与缺陷——以北京市禁毒宣传教育为视角》,《北京警察学院学报》2014年第5期。

后会使人体中枢神经系统、血液系统极度兴奋,疲劳感饥饿感明显降低,能大量消耗人的体力和破坏免疫功能。长期服用会导致情绪低落及疲倦、精神失常,损害心脏、肾和肝,严重者甚至死亡。

4. K 粉

K 粉即氯胺酮,又称 KAN,是静脉全麻药。一般人只要足量接触两三次即会上瘾,是一种很危险的精神药品。K 粉外观上是白色结晶性粉末,无臭,易溶于水,滥用吸食方式为鼻吸或溶于饮料内饮用,可随意勾兑进饮料、红酒中服下。氯胺酮具有很强的依赖性,服用后会形成意识与感觉的分离状态,产生神经中毒反应、幻觉和精神分裂症状,表现为头昏、精神错乱、过度兴奋、运动功能障碍、抑郁,出现幻觉、幻视、幻听以及产生怪异和危险行为。同时对记忆和思维能力都会造成严重损害。

(三)第三代毒品

第三代毒品即新精神活性物质,是不法分子为逃避打击而对管制毒品进行化学结构修饰得到的毒品类似物,具有与管制毒品相似或更强的兴奋、致幻、麻醉等效果。

彩虹烟外形和平日的香烟很像,也是由纸盒包装的,但却是一种新型毒品。人吸食彩虹烟的时候会产生特殊烟雾,色彩斑斓,乍一看还挺酷炫,甚至还自带香气,因而能哄骗许多未成年人购买。

笑气即一氧化二氮的俗称,是医用麻醉剂,有轻微麻醉作用,并能致人发笑。最近几年,"笑气"风靡全国各地的酒吧、KTV 等娱乐场所,成为最时尚最流行的消费品,甚至被吸毒人员当作毒品的替代品,有人一天吸食几百瓶甚至上千瓶。但是,过量吸食"笑气"会引发精神疾病、瘫痪,甚至导致死亡。

迷幻蘑菇又称"神奇蘑菇",其迷幻成分主要由一种含毒性的菌类植物"毒蝇伞"制成。该类毒菇外形与普通菇类相似,但是茎较粗,顶部亦尖长及细小。进食该类蘑菇会出现恶心、肌肉无力、昏睡、瞳孔放大、流汗、动作不协调及焦躁不安等反应;若大量服下,便会产生持续的幻觉。

液体迷魂药又称"神仙水",是一种无色无味无臭的中枢神经抑制剂。有白色粉末、药片、胶囊这几种类型。和摇头丸一样,液体迷魂药主要是青少年和青年人在夜总会、狂欢舞会等通宵舞会上使用,以获得轻松愉悦的感觉。液体迷魂药可产生欣快、镇静和类甾体激素的促蛋白合成作用。与酒精等其他中枢抑制剂合用会出现恶心、呕吐、呼吸困难的症状,甚至死亡。大剂量使用液体迷魂药造成机体对药物的代谢能力下降,因此出现药物作用持续的时间比预计更长。长期使用液体迷魂药可产生精神和身体依赖性,戒断症状包括失眠、焦虑、震颤和出汗,滥用可导致性乱行为、中毒和死亡。

(四)毒品的危害

毒品对青少年的危害主要体现在以下几个方面:第一,吸毒严重影响青少年的身体健康。各类毒品都会高度刺激人体的中枢神经,持续刺激,还会对人的大脑、心脏、肺、肾等内分泌系统和自身免疫系统造成严重损害。一旦吸毒成瘾,吸毒者往往面黄肌瘦、浑身无力、精神恍惚,严重时还会丧失学习能力;第二,吸毒严重影响青少年的精神健康。青少年吸食毒品后,毒品的药物作用会造成大脑萎缩、智力下降、注意力不集中、自控能力减弱、情绪不稳、易怒等,严重的还会意志消沉、自私自利,丧失正确的道德观、人生观和世界观;第三,毒品容易诱发青少年走上犯罪的道路。现实生活中吸毒和犯罪往往相伴而生,青少年沾染上毒品后,就会对毒品产生依赖性,毒瘾发作时,会千方百计地想办法得到毒品。为筹措毒资,很多吸毒青少年会不择手段地进行犯罪活动,比如偷窃、抢劫、诈骗等等。

(五)滥用毒品的原因

造成青少年流行性滥用新型毒品的原因是多方面的,一是青少年正处在生理、心理发育时期,单纯无知,有强烈的好奇心与逆反心理,判别是非能力不强,抵制毒品侵害心理防线薄弱,对毒品的危害性和吸毒的违法性缺乏认识,容易上当受骗,容易陷入吸食毒品的误区。轻信此类毒品无成瘾性或成瘾性小,滥用一次不上瘾。二是免费午餐惹的祸。几乎所有吸毒者初次吸食毒品,都是接受了毒贩或其他吸毒人员"免费"提供的毒品。此后,毒贩们再高价出售毒品给上瘾的青少年。三是轻信吸毒可以减肥。毒贩经常向青少年吹嘘毒品的好处,声称毒品可以治病,还利用女性爱美的心理编造吸毒可以减肥之类的谎话。毒贩们利用青少年对毒品的无知和对疾病的恐惧,引诱其吸毒。但实际情况是吸毒不仅损害面容和身体,还损害大脑,摧残意志,影响血液循环和呼吸系统功能,还会降低生殖和免疫能力,传播艾滋病,丧失劳动能力甚至死亡。四是误认吸毒为时髦。毒贩们鼓吹吸毒可以炫耀财富,现在有钱人都吸毒等错误观念。而部分青少年关注潮流,追崇时尚,往往被这些错误观念所左右,走向吸毒—强制戒毒—劳教戒毒的路,毁灭了自己的美好前程,给个人、家庭和社会带来极大的危害。

二、选定作为禁毒宣传教学刺激物的含"毒"成语

成语不仅是中华传统文化的重要组成部分,而且是中华传统文化的一大特色。以含"毒"成语作为禁毒宣传教学刺激物,不仅可以丰富禁毒宣传教育的形式,而且有助于弘扬中华优秀传统文化,并有利于儿童哲学的中国化。

(一)含"毒"的成语

据初步估计,成语一共有 5 万多条,其中含有"毒"的成语有近 30 条。列举部分如下:

百毒不侵,本义指不受任何毒害。后来指意志和控制能力比较强,不轻易被外界所迷惑或者征服。

不毒不发,意思是指不受凌辱就不能发愤图强而有所成就。出自元·无名氏《渔樵记》第四折。

赤口毒舌,意思是形容言语恶毒,出口伤人。出自《月蚀》。

楚毒备至,意思是使用各种刑罚。出自《三国志·吴志·陆胤传》。

毒赋剩敛,意思是横征暴敛。出自宋·邵博《闻见后录》。

毒泷恶雾,意思是指恶劣的云雨雾气。比喻暴虐凶残的黑暗势力。出自清末民初·郑泽《登楼叹》诗。

毒魔狠怪,意思是为凶恶残忍的妖魔鬼怪。出自《西游记》。

毒蛇猛兽,意思是泛指对人类生命有威胁的动物,也比喻贪暴者。出自《民权主义》。

毒手尊拳,意思是指凶狠的殴打,泛指无情的打击。出自《旧五代史·唐书·李袭吉传》。

蜂虿有毒,意思是比喻有些人物,地位虽低,但能害人,不可轻视。出自《左传·僖公二十二年》。

刮骨疗毒,意思是指彻底治疗,从根本上解决问题。出自《三国志·蜀书·关羽传》。

含荼茹毒,意思是比喻历尽辛苦。出自《答松谷陈相公书》。

何其毒也,意思是多么狠毒呀。

厚味腊毒,意思是味美者毒烈。出自《国语·周语下》。

虎毒不食子,意思是虎虽凶猛,尚且不吃虎崽,比喻人皆有爱子之心。

狼猛蜂毒,意思是形容人凶狠毒辣。出自南朝·齐·王融《上疏请给房书》。

人莫予毒(莫予毒也/莫余毒也),莫指没有;毒指分割、危害。原指没有人再能危害我了,现代汉语中多用来比喻目空一切,狂妄自大,有谁也不能把我怎么样,或可以为所欲为的意思。出自于春秋·左丘明《左传·宣公十二年》

荼毒生灵(民),指残害人民,伤害百姓。也有残害生灵的意思。出自《尚书·汤诰》(或唐·李华《吊古战场文》)。

荼毒笔墨,比喻内容不好的书。出自《红楼梦》。

无毒不丈夫,出自"恨小非君子,无毒不丈夫"中的一个词语,大意是说:对仇人不痛恨的人不是君子,对敌人不狠毒的人成不了大丈夫。如今的意思大致是想成就大事业,必须手段毒辣。但其本义并非如此,而是要大丈夫有点"毒"。

五毒俱全,意思是比喻各种坏事,比喻什么坏事都干,无恶不作。

心狠手毒,意思是犹言心狠手辣。心肠凶狠,手段毒辣。指心肠十分的凶狠,为了达到自己的目的或完成某件事,使用手段十分毒辣。出自廖承志《教诲铭心头,恩情重如山》。

晏(宴/燕)安鸩(酖)毒,宴安指安逸,鸩毒指用鸩的羽毛泡成的毒酒,意思是指贪图享乐等于喝毒酒自杀一样致命、有害,用以警戒人们不要懒惰。出自《左传·闵公元年》、《殷谦杂文选集》、宋·朱熹《少师保信军节度使魏国公张公行状》。

阳解阴毒,意思是表面和解背后下毒手。出自明·李贽《答来书》。

以毒攻毒,指用有毒的药物来治疗因毒而起的疾病,后用于实际生活,指利用某一种有坏处的事物来抵制另一种有坏处的事物。

在这些成语中,我首先挑选了晏安鸩毒。在燕(①晏②)安鸩(③酖④)毒中,①+③即燕安鸩毒出自宋·朱熹《少师保信军节度使魏国公张公行状》;①+④即燕安酖毒,出自《殷谦杂文选集》;②+③即晏安鸩毒,出自《左传·闵公元年》(商务印书馆辞书研究中心编:《新华成语大词典》);②+④晏安酖毒,出自《左传·闵公元年》(《汉典》)。用这个有多种变体的成语有助于学生探讨成语的形成与演化过程,同时还可以引导学生不要躺平,要奋发图强。

宴安鸩毒出自春秋·鲁·左丘明《左传·闵公元年》,原文是:

> 狄人伐邢。管敬仲(即管仲)言于齐侯曰:"戎狄豺狼,不可厌(满足)也。诸夏亲昵,不可弃也。宴安(安乐)鸩毒,不可怀也。《诗》云:'岂不怀归,畏此简书(盟书)。'简书,同恶相恤之谓也。请救邢以从简书。"齐人救邢。

后人根据这个故事总结出成语宴安鸩毒,比喻耽于逸乐而杀身,用以警诫人别懒惰。

然而成语宴安鸩毒的典故缺乏故事性，难以深入讨论。故决定挑选故事性更强的成语刮骨疗毒，此外，刮骨疗毒的典故富有丰富的人生哲学的思考，因而被选为禁毒宣传教育的刺激物。

（二）刮骨疗毒的成语故事

刮骨疗毒在《三国志》和《三国演义》中都有记载（依据受教育者的年龄，可选择不同版本，也可以选择古文或现代文）。

（三）猜谜识毒品

像冰不是冰，一沾毁一生。（打一毒品名）
小名叫白面，却不能充饥，吃了要人命，是个害人精。（打一毒品名）
看似七色光彩烟升起，实则万分灰暗深谷里。（打一毒品）
直角、曲线、半圆。（打一毒品名）
双方都不用骑兵。（打一毒品名）
徒有其表。（打一毒品名）
河东堵塞之缘故。（打一毒品名）
首送金鸟上碧空。（打一毒品名）
十年树人。（打一禁毒历史相关人物）
林则徐禁烟。（打一成语）

（四）用含"毒"成语造句表禁毒决心

刮骨疗毒，意思是指彻底治疗，从根本上解决问题。对于毒品，我们能否用其他含"毒"成语造句表禁毒决心？

毒蛇猛兽，意思是泛指对人类生命有威胁的动物，也比喻贪暴者。

无毒不丈夫，出自"恨小非君子，无毒不丈夫"中的一个词语，大意是说：对仇人不痛恨的人不是君子，对敌人不狠毒的人成不了大丈夫。如今的意思大致是想成就大事业，必须手段毒辣。但其本意并非如此，而是要大丈夫有点"毒"。

心狠手毒，心肠凶狠，手段毒辣。指心肠十分的凶狠，为了达到自己的目的或完成某件事，使用手段十分毒辣。出自廖承志《教诲铭心头，恩情重如山》。

刮骨疗毒，意思是指彻底治疗，从根本上解决问题。出自《三国志·蜀书·关羽传》。

荼毒生灵（民），指残害人民，伤害百姓。也有残害生灵的意思。出自《尚书·汤诰》/唐·李华《吊古战场文》。

五毒俱全，意思是比喻各种坏事，比喻什么坏事都干，无恶不作。

以毒攻毒，指用有毒的药物来治疗因毒而起的疾病，后用于实际生活，指利用某一种有坏处的事物来抵制另一种有坏处的事物。

百毒不侵是一个汉语成语，本意指不受任何毒害。后来指意志和控制能力比较强，不轻易被外界所迷惑或者征服。

虎毒不食子，意思是老虎再歹毒也不会吃掉自己的孩子。

例示：毒品是毒蛇猛兽，它们会荼毒生灵。虽然虎毒不食儿，但是无毒不丈夫，对于毒品成瘾者，对于五毒俱全者，必须心狠手毒，以毒攻毒，给他们刮骨疗毒，以求人人百毒不侵。

三、儿童哲学教学的核心理念

为了证明儿童哲学教学方法对禁毒宣传课堂教育大有裨益，必须对儿童哲学教学理论有所了解。儿童哲学既是一个学科分支，又是一种教学方法，更是看待教育的一种新思路和新视野。儿童哲学的核心特质是聚焦哲学问题、发展 4C 思维和开展团体探究。

（一）聚焦哲学问题

儿童哲学所探讨的一定是具有哲学性的问题。具有一定的抽象性、批判性和反思性，需要站在相对较高的层面上思考，穷根究底地探问事物的第一原因和原理。问题分为"有定论"问题（有确定的规则来判断正确答案）、"无定论"问题（主要是关于个人好恶的问题，每个人可以有自己的答案）与"有争论"问题（答案有高下优劣之分，需要为答案寻找证据、进行论证），哲学探究的主要对象则是"有争论"问题。[①]"有定论"的事实性问题，在师生的共同努力下，可以很快得到解答（或采用查阅图书资料的方式解决）；"无定论"的个人喜好问题留给个人自己判断；最吸引人的是"有争论"问题（即哲学问题）。

（二）培养 4C 思维

儿童哲学以思维发展和社会情感学习为目标，强调审辩思维（critical thinking）、创造思维（creative thinking）、关怀思维（caring thinking）和协作思维

---

① [美]理查德·保罗、琳达·埃尔德：《像苏格拉底一样提问》，张广龙译，外语教学与研究出版社 2016 年版，第 18-22 页。

(collaborative thinking)四种思维,合称4C思维。然而,并非一切培养思维的课程都是儿童哲学课。人类的思维既有确定条件下的推理,也有不确定条件下的推理。有些思维课程在思维的前提、边界、规则和方法高度确定的情况下对儿童进行思维训练,对于发展儿童的推理能力有很大帮助。儿童哲学教育则是在思维的前提、边界、规则和方法高度不确定的条件下进行的,所训练的思维层次更加高阶,因为它要求儿童思考时对前提、边界、规则和方法保持开放性和批判性,敢于质疑既定前提、突破思维边界、创设合理规则、超越传统方法,并且勇于接纳思考过程中由于不同的价值观、经验、观感和偏好所导致的复杂性。

(三)开展团体探究

儿童哲学教育以团体探究(community of inquiry)为核心方法。团体探究作为一种深度思考、合作、对话的方法论。它有三个重要特征:①借助刺激物(stimulus是一段能引发学生好奇心和探究欲的经验,如绘本、故事、课文、游戏、影片等)引发学生思考并自主提问,尊重儿童提出问题与选择问题的权利;②营造安全的情感氛围,生成高质量的生生对话;③教师扮演探究的组织者、记录者和促进者角色。

开展团体探究时,一般会经历四个环节:①呈现刺激物;②提出和选择问题;③讨论问题;④总结与评价等。每一环节都有多种互动模式可供教师选择,如提出问题可采取"同时写""海报法";讨论问题可采取小组讨论、绘制观点树、全班自由举手发言等方式。教师应平衡好小组互动与全班互动、口头互动与书面互动这两对关系,选取合适的互动模式加以组合,让思考深入的同学畅所欲言,让全体同学都有一定的表达机会,让不善表达的同学以书写、倾听等方式参与,让课堂的思想之流不断有活水流入。

儿童哲学教学把儿童视为一个相互支持、协作思考、分布认知的整体。儿童哲学的教学效果首先体现为整个团体精神风貌、思考习惯的转变。教师要关注团体内人际关系、情感氛围、对话规则的维系,将团体成员间性格、知识、经历等的差异作为教学资源来开发利用。注重"学生问、学生答"的团体探究,既不同于"教师问、教师答"的灌输式教学,也不同于"教师问、学生答"的苏格拉底的启发式教学,还不同于"学生问、教师答"的儒家问答式教学。生生对话既有一定的主题,又可以基于参与者的兴趣将话题不断深化、拓展;对话的内容通常不是具体问题,而是有一定思辨性的问题;对话的目的是让不同观点相互碰撞、寻求相互理解、发展新思路并找出每一语境下的最佳解答。因此,对话是"追求共识但不强求共识"的过程,不能以是否达成共识来衡量对话的成功与否。对话也有助于培养学生"从善如流""顺人而不失己"的品质,使学生明白自己"既有权利坚持自己的观点,也有义务尊重他人的表达"。对话探究是要让学生自己既要"知其然",还要"知其所以然"。"学生'探究'完,先看老师有没有点头"的课堂,并不是真正的探究。

在儿童哲学课堂中,教师不对对话过程进行密切控制,但通过扮演生生对话的编织者,更深度、更高效地指导学生的学习(见图1)。学生观点之间的逻辑关系主要有赞同(双方观点相同、理由也相同)、补充(观点相同、理由不同)、修正(理由相同、观点不同)和反驳(理由不同、观点也不同)四种。作为对话的编织者,教师自己尽量不对学生的发言进行实质性的回应,而是引导其他同学基于观点之间的逻辑关系展开对话(如在学生发言后提问"其他同学有不同意见吗"),并对深入思考、积极发言的行为加以鼓励(如对生2),在学生表达不够清楚时尝试加以解释(如对生5),在学生表达不够充分时好奇地加以追问(如对生8),必要时才亲自与学生进行观点对话(如对生7)。教师的这些参与,使生生对话网不断延伸扩展,促进了儿童思考的自我成长。

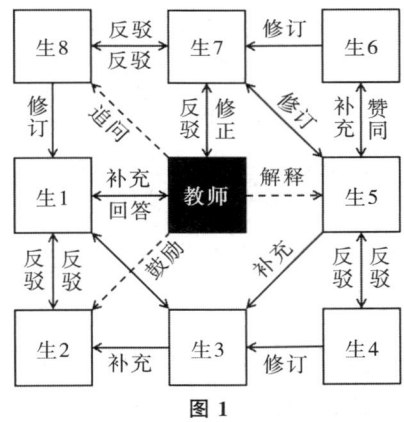

图1

教师悬置自己的知识,追问学生回答的理据。不少学生在回答问题时习惯于胡乱猜测地喊出答案,却很少条分缕析地陈述理由。他们认为:只要自己的答案是正确的,传授知识的教师必定知道背后的理由是什么,因此回答问题时并不需要通过说理来证明自己的结论。儿童哲学课堂要求教师不断学习、增进自己的知识,但又要尽量悬置自己的知识,在对话中经常表现得"无知"。儿童感觉到教师和自己一样,有时充满智慧、有时也蠢笨可爱,从而不再假设"老师一定知道什么是对的",养成在课堂上说理的习惯。

有些课堂之所以出现思考的缺失,不是因为教师没有给学生布置思考性的任务,而是因为教师垄断了对于"谁思考得好""谁思考得对"的裁决权。与这些课堂不同,儿童哲学课堂中探讨的哲学问题并非"没有好坏对错",但其好坏对错需要在对话中由整个团体持续不断地评估,谁也不能轻易下最终结论。因此,儿童哲学课堂是一种反对独断,诉诸理据的课堂。只有当儿童感觉到自己不仅有思考的权利,而且也有评估自己(和他人)的思考是否合理的责任时,才会产生慎思、明辨的内在动力。

忘却竞争压力,以合作温暖课堂。学校生活的竞争性氛围经常使课堂演变为"谁发言最多"、"谁说得最好"或"谁显得最聪明"的竞赛。竞争压力导致不够自信的同学不敢举手发言,也会导致发言者朝着"取胜"的单一标准来表现,而非追求思考的独特性、真理性与有用性。儿童哲学课堂营造遵守规则、充满趣味、标准多元的健康竞争环境,令儿童沉浸在思想游戏的乐趣、精彩观念的生成和终极真理的追寻中,既"尽情表现"又"忘却竞争",修炼"既强大又谦和"的人格。

在儿童哲学教学过程中,要避免从"满堂灌"的讲授式课堂滑向频繁提问的"满堂问"课堂。由于"满堂问"问的只是每位学生原有的"旧知",而不是经由团体激荡和思想交流涌现出来的"新知",因此"满堂问"的课堂,最多只能称为"学生知识的展示",却不能真正算得上关注4C的儿童哲学教育。

在传统课堂教学形式下,有学者主张引入"小组工作"[①]和"角色扮演"[②]的教学方式来丰富禁毒课堂教学,认为这些方法都可以增加禁毒课堂的效果。对此说法,笔者完全赞同。然而要补充的是这些方法是儿童哲学教学中常用的方法。

四、成语"刮骨疗毒"引入禁毒课堂教育的目标与教学步骤

从中国式现代化的角度来看,禁毒文化构建具有重要的现实意义。它不仅有助于提升公众对禁毒工作的认同感和支持度,促进禁毒工作的顺利开展;还能够通过文化的力量,引导人们树立正确的价值观和生活方式,从源头上减少毒品滥用的风险。此外,禁毒文化构建还能够推动禁毒行业的创新发展,打造具有中国特色的禁毒工作品牌,为和谐社会、民族复兴贡献一份力量。因此,我们应当高度重视禁毒文化构建,坚持中国特色社会主义文化发展道路,不断增强文化自信,推动禁毒工作不断取得新的更大成效。

(一)儿童哲学教学方法引入禁毒课堂教育的目标

在禁毒宣传课堂教学中,教师常遭遇学生没兴趣说、不愿说、不敢说,导致课堂

---

① 王重力、胡家明:《"小组工作"教学方式在禁毒教育中的应用》,《生物学通报》1998年第4期。
② 王重力、秦君怡:《用"角色扮演"方式活跃禁毒教育的课堂教学》,《生物学通报》1998年第3期。

主要采取教师讲授的"满堂灌"的方式,从而弱化了教学的效果。如何解决这些难题?儿童哲学有丰富的资源可以作为凭借:教师挑选刮骨疗毒之类的成语故事作为刺激物,将班级视为探究团体,借鉴儿童哲学中学生提问学生回答的以生生对话为主的探究式教学法,可以解决学生没有兴趣说的难题;借用他人经验而非自己经验,可以解决因问题敏感而学生不愿说的难题;创建安全对话探究团体,可以解决学生不敢说的难题;转变教师角色为引导者角色,可以解决满堂灌的教学方式。在课堂禁毒宣传教育中,引入儿童哲学的教学方式,有助于禁毒教育达到入脑入心入行的效果。

学生不感兴趣的主要原因有三:一是教师所提的问题抽象、空洞或深奥,青少年不易理解;二是教师所提的问题采用成人的视角,与青少年生活经验联结不够,不是他们关心的问题;三是问答的教学方式,虽然是给全班同学的问题,但是最终会让未发言的学生认为"这个问题是别人的,而不是我的"。学生不感兴趣会表现为,纵使发言也只是在"言他"而非"谈己",仅仅复述权威教导下的"大道理",而不肯说出真正指导自身行为的"真心话"。

面对学生不感兴趣的问题,教师可以挑选有故事情节的、经典的成语故事刮骨疗毒,并采取学生自己提问的方式,通过投票的方式选择学生最愿意探讨的几个问题。由于问题是由学生自己提出来并加以挑选的,因此会更贴近青少年,是他们真正关心的,是他们自己的问题。通过学生提问,学生回答,可以拉近学生之间的联系。

儿童哲学探究归根结底是为了增进儿童在现实生活中做出判断、解决问题的智慧。[1] 因此,通常采用把自己代入故事角色的方法,即儿童带着自己的想法、性格、情感等特征,代入到故事中某一角色上,追问"当我遇到了类似情况时,我要怎么做"的问题,带着自己的鲜明性格特色去真切地体验故事所提供的判断情境,从而为人生作预演,提升个人智慧。然而学生在面对涉及自身真实经历的负面、敏感问题时,通常会显得消极、回避或沉默。对于这类问题,学生如果毫无保留地分享自己的想法,就需要暴露一些可能带来负面的想法或事实,在班级上有可能因怕同学和老师不接纳或被嘲笑,而感到不安全。遇到这类情况,可以以他人经验的所包含的事件或情境作为自己经验的替代物,围绕替代经验而非直接经验进行对话。这样既可以间接反映出学生的过往经历或当下的困境,又可避免直接与学生本人经验联结而出现不愿说。同时通过安全合作团体的建设解决学生不敢说的问题。儿童哲学对话是一个开放的,不预设标准答案,因此,虽有好坏之分,但没有对错

---

[1] [美]马修·李普曼:《教育中的思维:培养有智慧的儿童》,汪功伟、刘学良译,华东师范大学出版社2023年版,第190—192页。

之别。

　　课堂教育采取"满堂灌"的教学方式的原因有：一是满堂灌教学方式是传统主流的教学方式，教师对教学方式的单一化理解，以为只有"教师问、教师答"的灌输式教学，或者不会或不愿主动尝试其他的教学式。二是认为采取儿童哲学教学方式在备课时更花时花力，在教学过程中更花时，可能会完不成教学任务。从他人实践儿童哲学教学方式来看，在初开始上课时，确实有这种现象，但经过一段时间教学实施后，情况会显著改变。三是学生"不会说""说不好"，把自己当作知识的权威。在教育过程中听到了自己不满意的观点就强行阻断学生的分享，力图控制学生的思考结论，牵引学生朝向既定目标回答，甚至借解释学生观点的机会直接代替学生说，不给学生探究的机会，扼杀学生的主动性。

（二）成语"刮骨疗毒"引入禁毒课堂教育的教学步骤

　　成语"刮骨疗毒"引入禁毒课堂教育的教学步骤分为课前准备、课堂教学和课后反思与应用三个步骤。

　　课前准备包括收集关于毒品种类与危害以及滥用毒品的原因，同时了解儿童哲学的教学流程与要求，掌握"WRITEA"优秀思想家工具包，了解发言的基本规则[①]。

　　课堂教学过程如下：

　　1. 猜字谜和猜猜他是谁游戏

　　　　(1)水月清光到堂前。（打一字）
　　　　(2)猜猜他？
　　　　身着绿袍、骑赤兔马、手持青龙刀，相貌堂堂，威风凛凛。他是谁？
　　　　他温酒斩华雄，千里走单骑，还曾过五关斩六将，水淹七军，被后人敬仰并尊为"武圣"。

　　2. 依据学生年级的不同，给出合适的刮骨疗毒成语故事的版本。

　　3. 就刮骨疗毒成语故事进行分组提问。依据学生的人数，从每组中挑选各组最想讨论的1~3个问题，并通过票决的方式对所有问题进行排序，依据时间情况决定让学生讨论几个问题。问题可能有：关羽为何要刮骨疗毒？刮骨疗毒体现了关羽什么精神（或体现了大无畏的英雄气概吗）？关羽中的是什么毒？如果你是关

---

① 如拿到"发言鸭"才能发言；认真地听；不嘲笑他人；勇敢地说；礼貌地说；思考后再答；掌握标准发言的格式；我的观点是……，理由有……

羽,你会刮骨疗毒吗?

4. 由刮骨疗毒成语,引导学生回忆含"毒"成语,并用挑选的几个成语造句,表"禁毒"决心。

5. 在引入对毒品种类、危害和滥用的知识后,探讨作为青少年,应该如何防毒。

在课后反思与应用中,可让学生自愿做课后作业,如编撰禁毒谜语、排练话剧;制作禁毒手抄报、宣传语、宣传海报。课后就自己或家人沾染的不良习惯如手机瘾、赌瘾、酒瘾、烟瘾等,以及懒惰、不讲卫生、爱说脏话、不宽容等进行探讨,不仅要深刻认识其危害,而且要制定切实去除的办法。

采用这样的教学方法,通过多次强化引导,不仅有助于学生了解中华优秀传统文化,而且有助于学生掌握克服不良习惯的人生智慧。

中国式现代化视域下禁毒文化构建探究
——以厦门经济特区为例

陈 立[*]

一、引言

当前,全球毒品滥用问题依然严峻,但在中国,通过实施"清源断流"战略和全力开展"百日行动",全国毒情形势已经显著好转,并持续呈现积极改善的趋势。近年来,毒品违法犯罪活动的数量已经降至近十年来的最低水平,表明我国禁毒工作取得了显著成效。同时,毒品的供应、消费和滥用规模也呈现出稳步减少的积极态势,这进一步证明了我国在禁毒领域所付出的努力。在防毒戒毒工作中,科学技术无疑发挥了不可或缺的作用,但我们不能忽视文化教育的根本性影响。文化素质不仅塑造国民的整体素养,更对营造良好的人文环境和推动社会和谐发展至关重要。因此,文化参与防毒戒毒,对于我们的社会和民族而言,具有深远的现实意义和作用。党的二十大从中国国情和实际出发,提出了"中国式现代化",并要求"坚持中国特色社会主义文化发展道路,增强文化自信"[①]。实践证明,利用多元文化,提高人们的文化素养和精神境界,是开展禁毒防毒工作的有效方法。通过丰富多彩的文化活动和深入人心的文化教育,我们能够增强公众对毒品的认识,培养健康的生活方式,提高人们的自我防护意识,从而在根本上减少毒品滥用问题的发生。因此,我们应该继续加强文化教育的投入,让文化成为防毒戒毒工作的重要支撑。

禁毒文化,作为禁毒机关在长期禁毒实践和管理活动中积淀的思想精髓、职业追求、道德准则和行为规范,以及与之相关的各种表现形式和物质载体,是禁毒工作不可或缺的重要组成部分。习近平总书记强调:"没有高度的文化自信,没有文

---

[*] 作者简介:陈立,女,厦门大学哲学系博士研究生。
[①] 习近平:《高举中国特色社会主义伟大旗帜 为全面建设社会主义现代化强国而团结奋斗》,人民出版社2022年版,第42-43页。

化的繁荣兴盛,就没有中华民族伟大复兴。"[①]这些论断深刻揭示了文化自信在推动国家发展、民族复兴中的核心作用。从中国式现代化的角度探讨禁毒文化构建具有重要的现实意义。

二、构建禁毒文化的时代需求

(一)抵制毒品亚文化侵袭

"亚文化"是与"主流文化"相对的一个概念,主流文化在社会中占据主导地位,而亚文化则是由特定地区或社会群体所特有,与其他文化或社会行为特性相区别的文化现象。20世纪60年代的西方国家,由于道德风气的下滑,毒品泛滥问题愈发严重,有大量吸毒者出现,其中青少年占据不小的比例。这一群体催生了一种特殊的文化现象——毒品亚文化或称为吸毒亚文化。毒品亚文化圈子主要由吸毒者构成,他们的社交联系和互动都围绕着毒品展开。在这个圈子里,吸毒被视为一种独特的价值观,甚至是荣耀的象征,这与主流文化形成了鲜明对比。这种亚文化不仅侵蚀着个体的身心健康,更对整个社会的道德风尚造成了严重的破坏。

随着新型毒品的不断涌现,毒品亚文化的概念也在不断变化。歌舞娱乐场所成为吸毒者相对集中的地方,集体性吸食行为往往成为区分"同类"的标志,而不仅仅是满足毒瘾的需要。从世界各国的毒品发展历史来看,许多戒毒者常受到社会中不健康的毒品亚文化的负面影响,这种影响不仅对他们的个人生活造成损害,还可能对整个社会造成潜在的危害。因此,对于毒品亚文化的防范和治理,是维护社会健康和稳定的重要任务。尽管禁毒宣传工作持续创新,力求让禁毒理念深入人心,但新型合成毒品花样繁多,名称、种类不断翻新,挑战着这些正面宣传。在这种情况下,禁毒文化显得尤为重要。在成瘾者的康复过程中,禁毒文化不仅从意识形态上,为他们提供了抵御毒品亚文化的有力武器,还帮助他们重新树立正确的价值观和人生观,从而彻底摆脱毒品的控制,重返健康的生活轨道。因此,加强禁毒文化的传播和推广,对于预防和解决毒品问题具有深远的意义。

(二)坚定禁毒文化自信

当前,国内外毒情形势严峻复杂,要求我们既要坚守本土禁毒文化的根基,又要积极吸收外来禁毒文化的有益经验,同时展望未来,坚定禁毒文化自信,努力构

[①] 习近平:《新时代中国特色社会主义思想学习纲要》,人民出版社2023年版,第142页。

建具有中国特色、时代特征的禁毒文化。这样,我们才能更有效地应对毒品问题,保护社会的和谐稳定。

1. 禁毒历史文化自信

中国的禁毒历史深邃且独特,自古以来,中华民族便秉持着坚定的禁毒传统。从古代对鸦片贸易的严厉禁止,到近代对毒品斗争的坚决态度,再到现代全面而深入的禁毒工作,中国始终坚守在禁毒的前沿,这是源自深厚的禁毒文化自信。

新中国成立之初,吸食鸦片一度被视为一种"道德上比较中性的生活方式"[①]。中央政府在1950年2月果断发布《关于严禁鸦片烟毒的通令》,紧接着在1952年又发布了《关于肃清毒品流行的指示》,全国范围内迅速掀起了禁烟运动,成功在短短三年内根除了肆虐百余年的鸦片烟毒,使中国保持了近三十年的"无毒国"美誉。然而,随着1978年改革开放的深入和对外交流的频繁,毒品问题再次抬头。面对这一挑战,1990年全国人大常委会发布了《关于禁毒的决定》,这一里程碑式的法律文件是我国首次针对毒品犯罪制定了专项法律,标志着我国禁毒工作正式步入法制化轨道。进入21世纪,尽管严格的毒品预防和控制战略在一定程度上遏制了毒品的蔓延,但形势依然严峻。为此,禁毒政策开始从单一的严格管制毒品供应市场,转向对毒品供需市场的全面控制。[②] 2007年,全国人大常委会通过了指导中国禁毒工作的基本法——《中华人民共和国禁毒法》(以下简称《禁毒法》)。这一成就不仅彰显了新中国成立以来我国在禁毒领域所积累的深厚历史文化底蕴,更为我们坚定禁毒文化自信提供了坚实的历史依据。面对新时代的禁毒挑战,我们将继续发扬优良传统,坚持依法禁毒,为构建无毒社会不懈努力。

2. 禁毒综合治理文化自信

中国人民与毒品的斗争是一部百折不挠的奋斗史,这份坚持源于我们对毒品危害的深刻认识。尽管欧洲一些国家部分大麻的用途合法化,我们仍要毫不动摇地维护"零容忍"的禁毒文化,确保毒品犯罪的势头得到有效遏制。禁毒斗争并非一蹴而就的,它需要我们采取"宽严相济"的对策以应对毒品犯罪的复杂性和多样性。所谓"严"体现在打击毒品违法犯罪活动上要严厉,重拳出击,而对于确实有悔过自新,或者符合法律减轻、从轻规定情节的犯罪行为人,则主要以教育、感化为主,从"宽"处理,最大限度减少社会对立面。特别是《禁毒法》的实施,为我们提供

---

① 高巍:《中国禁毒三十年——以刑事规制为主线》,法律出版社2011年版,第6-7页。
② 刘建宏:《新禁毒全书(第一卷):全球化视角下的毒品问题》,人民出版社2014年版,第227-228页。

了更加科学的、人性化的戒毒政策。当然,禁毒斗争的关键在于预防。近年来,我国毒品滥用情况虽有所改善,但新型毒品不断涌现,政府运用多种手段进行综合预防治理。注重源头预防,将青少年作为重点对象,通过各种形式的宣传活动,让禁毒知识深入人心。既利用传统宣传平台,又整合现代宣传资源,运用微信、短信、自媒体号等各种新媒体平台全方位精准投放。总之,在禁毒斗争中,我们既要坚持"零容忍"的坚定态度,又要采取"宽严相济"的灵活策略,更要注重"预防为主"的根本原则。只有这样,我们才能在这场没有硝烟的战争中取得最终胜利。

3. 禁毒国际合作文化自信

禁毒作为国际社会共同关注的议题,虽然各国在政治、经济、文化方面存在差异,但在解决毒品问题上的立场却出奇地一致,这彰显了禁毒国际合作的文化自信。19世纪末至20世纪初,中国历经鸦片泛滥的苦难。1906年,光绪皇帝颁布法令,正式宣布禁烟,并与英国经过多轮谈判,于1908年签订了《中英禁烟条约》。1909年,上海举办了"万国禁烟会议",这是世界上首次国际禁毒会议,标志着全球禁毒运动的开端。1912年,中国在海牙又作为创始签署国之一,参与第二次万国禁烟会,并签署《海牙禁烟公约》。

新中国成立后,中国积极参与国际禁毒合作,与多国政府和国际组织签订协议。2001年,上海合作组织的成立为跨国合作共同打击毒品犯罪提供了一个合作平台。为进一步推动禁毒合作,经过中方的积极倡议,上合组织首次禁毒部门领导人会议取得了重要成果。会议决定正式建立禁毒部门高官会议机制,这一举措标志着上合组织禁毒合作机制化进程的正式启动,为未来在禁毒领域深化合作奠定了坚实基础。此外,中国提出的"一带一路"倡议也为禁毒国际合作提供了新机遇,在这倡议下,中国积极为禁毒外交提供新舞台。随着中国在国际舞台上影响力的提升,中国从原来的参与者逐渐转变为倡导者和制定者,为构建无毒世界贡献中国智慧。

(三)借力文化宣传禁毒

文化禁毒是一种通过积极创建和利用禁毒文化来预防和减少吸毒、贩毒等行为的策略。其核心在于发挥文化的引领作用,结合中华优秀传统文化、地域特色文化、民族文化和现代文明,形成积极正面的禁毒价值观和文化内涵,消除毒品亚文化的负面影响。

文化禁毒强调以文化为媒介,通过教育、宣传、艺术、科技等多种手段,向公众普及禁毒知识,提高禁毒意识,倡导健康无毒的生活方式。在实施过程中,我们应注重实践方式的多样化和内容的本土化,打造具有地方特色的禁毒文化品牌,使禁毒文化更具吸引力和影响力。具体实践层面，可以巧妙地与各类文化形式相结合，以提升禁毒宣传的吸引力和影响力。以厦门为例，这一结合得到了充分展现。首先，文化禁毒可以与民俗文化紧密相连。厦门深入挖掘了"古同安、今厦门"的闽学思想，并将其与南音、车鼓弄、答嘴鼓、荷叶说唱等地方非遗文化相结合，创造了具有鲜明地域特色的禁毒文化品牌。这种结合不仅弘扬了禁毒文化，也增强了其在本土社区的认同感。其次，民族文化为禁毒宣传提供了丰富的土壤。厦门利用民歌、民谣等民族文化形式，将禁毒信息与这些传统文化元素相结合，通过学校、农村和单位等多渠道广泛传播，营造了一个全民参与的禁毒氛围。《戒毒歌》这首极富闽南风韵的歌谣，就是以歌谣的形式劝诫民众远离毒品，别有一番风味。休闲文化同样可以成为禁毒宣传的载体。厦门在虎头山公园等地设置了禁毒反诈宣传设施，使市民在休闲娱乐的同时，也能接触到禁毒知识，从而在无形中加深对禁毒的理解。时尚文化也为禁毒宣传带来了新活力。厦门通过将禁毒元素融入网红打卡点，打造"厦门禁毒文创街"，以新颖、有趣的方式吸引了年轻人的关注，进一步提升了禁毒宣传的传播力。最后，网络文化为禁毒宣传提供了更广阔的舞台。厦门市公安局与相关单位合作，拍摄了《厦门禁毒》八集系列禁毒教育片和五集禁毒情景剧《爱的解毒》《回头不是岸》《迷失的灵魂》《误入歧途》和《慈母情怀》等，通过网络平台进行传播，使禁毒知识更加直观地展现在公众面前。由此可见，文化禁毒是一种综合性的禁毒策略，它强调以文化为引领，通过多样化的实践方式和本土化的内容，构建积极正面的禁毒文化和价值观，促进禁毒工作的深入开展和毒品问题的有效治理。

三、构建禁毒文化的现实条件

禁毒文化根植于中国国情，是紧密结合地域特色而生的，是基于对中国实际情况的深入理解和把握，旨在通过具体的实践来应对和解决毒品问题，从而凸显了其存在的坚实基础和现实意义。正如马克思指出："人类始终只提出自己能够解决的任务，因为只要仔细考察就可以发现，任务本身，只有在解决它的物质条件已经存在或者至少是在生成过程中的时候，才会产生。"[①]构建禁毒文化是一项"能够解决的任务"，将成为我们打击毒品犯罪、维护社会和谐稳定的有力武器。

（一）理论支撑

近代以来，我们党一直致力于将马克思主义基本原理与中国国情和悠久的历

---

① 《马克思恩格斯文集》第二卷，人民出版社2009年版，第592页。

史文化传统相融合。通过运用马克思主义的立场、观点和方法,我们党深刻洞察时代变迁,准确把握时代脉搏,并在不断解决时代挑战中赋予马克思主义新的时代意义,推动马克思主义的中国化和时代化进程。特别是自党的十八大以来,马克思主义中国化时代化的需求与动力愈发强烈。习近平总书记在深刻理解和把握中国式现代化道路的本质要求后,提出了一系列具有中国特色的原创性理论,实现了马克思主义中国化时代化的新飞跃。当前,构建禁毒文化正是这一思想理论的具体体现。通过将禁毒工作与中华优秀传统文化,特别是地区特色文化相结合,我们不仅在实践层面加强了禁毒工作,更在理论层面深化了对马克思主义中国化时代化的理解。这种新文化的形成,不仅回应了时代对于禁毒工作的新要求,也为中国特色社会主义事业注入了新的活力。

(二)制度保障

中国特色社会主义制度以其深厚的中国特色和显著的制度优势,成为文化自信的核心支撑。在推动经济社会发展、保障人民权益、维护社会稳定等方面发挥了重要作用,使得中国人民对自身的文化价值产生了强烈的认同感和自豪感,从而增强了文化自信。显著的制度优势,在实践中展现出强大的生命力和优越性,也让世界更加认识到中国文化的独特价值和魅力。在构建禁毒文化的道路上,我们必须深刻认识到中国制度本身所蕴含的独特优势,并致力于积极打造富含鲜明时代烙印且独具"中国特色"的禁毒文化。这种科学性不仅体现在理论层面,更在实践中得到了充分的验证。习近平总书记强调:"我国哲学社会科学要有所作为,就必须坚持以人民为中心的研究导向。"[①]在构建禁毒文化的过程中,我们同样要坚持这一原则,确保禁毒工作始终与人民的利益紧密相连,体现人民的需求和愿望。

(三)物质基础

物质条件作为国家全面发展和现代化进程的基石,其重要性不言而喻。它的提升不仅关乎国家的经济实力,更深刻影响着社会的文化繁荣。随着改革开放和社会主义现代化建设深入,继续加大在物质条件方面的投入和改善力度,为国家的繁荣富强和人民的幸福生活奠定坚实基础。我们党始终坚持以经济建设作为中心,坚持高质量发展,不仅实现了经济的快速增长,还确保了社会的长期稳定,创造了举世瞩目的两大奇迹新篇章。在推进经济建设持续繁荣的同时,物质文明建设也取得了显著成就,迈上了一个崭新的高度。这一飞跃不仅彰显了国家整体实力

---

① 习近平:《在哲学社会科学工作座谈会上的讲话》,载《人民日报》2016年5月19日第2-3版。

的增强,更为文化构建与发展奠定了坚实的物质基础。正如马克思所强调:"物质生活的生产方式制约着整个社会生活、政治生活和精神生活的过程。"[①]随着物质条件的日益充盈,我们具备了更为坚实的物质基础,为构建禁毒文化注入了前所未有的强大动能。这一动能不仅体现在资源的丰富和技术的支持上,更体现在全社会对禁毒工作重要性的深刻认识和坚定决心上。新时代以来,以习近平同志为核心的党中央坚持科学发展,经济高质量发展,综合国力显著增强。这些成就不仅为构建禁毒文化提供了坚实的物质保障,也为国家的全面发展奠定了坚实基础。

(四)精神动力

中国式现代化的精神文明与物质文明必须协同发展,精神力量应当与物质力量同步增强。缺了精神力量的现代化,再丰厚的物质财富,也难以真正实现中国式现代化。禁毒文化的构建,正是为了引导人民追求身体和心理健康,守护家庭文明,助力社会和谐。现代化评判的标准不是仅限制于人民生活富裕程度,而是至少包括经济、政治、文化、社会、生态文明等五个方面的现代化。现代化建设是一个综合的系统工程,文化现代化是重要任务,它关系到一个民族的思维能力、精神品格和文明素养。人的需求是不断发展、丰富且全面的,构建禁毒文化作为一种文明或文化的表达,承载着"举精神旗帜、立精神支柱、建精神家园"[②]的价值追求。通过禁毒文化的传播和实践,为社会注入更多的正能量,促进社会的和谐稳定与全面进步。

四、构建禁毒文化的文化资源

文化资源承载着深厚的文化属性,能够深刻展现文化的多元内涵和动态变化,同时它还拥有资源的属性,可以被文化产业所采纳和利用,成为打造各类文化产品和文化服务的核心素材和"原材料"。在构建禁毒文化过程中,确立其主体性和自主性至关重要,为实现这一目标,我们有必要对此文化资源进行梳理。

(一)主导文化资源

马克思主义及其中国化时代化理论在禁毒文化中占据着主导文化资源的地位。马克思主义具有鲜明的科学性、人民性、实践性和开放性,使其能跨越时空的

---

① 《马克思恩格斯文集》第二卷,人民出版社 2009 年版,第 591 页。
② 习近平:《论党的宣传思想工作》,中央文献出版社 2020 年版,第 97 页。

界限,展现出独特的科学属性、卓越的理论品格、深远的实践意义以及与时俱进的时代价值,成为引领禁毒文化发展的核心力量。这些理论品格使得马克思主义及其中国化时代化理论在禁毒文化的构建中发挥着至关重要的主导作用,深刻影响和决定着禁毒文化的发展方向。习近平总书记指出:"坚持以马克思主义为指导,是当代中国哲学社会科学区别于其他哲学社会科学的根本标志。"[①]说明马克思主义的指导地位,也体现了其在禁毒文化构建中的引领作用,为禁毒文化的构建提供了重要的思想和方法指导。因此,建构禁毒文化的过程中,我们必须以马克思主义的文化理论为基础,重视文化的主体性,承认文明的多样性,强调文化的阶级性和实践性,确保禁毒文化的发展始终沿着正确的方向前进。

(二)基本文化资源

中华优秀传统文化是禁毒文化构建的重要思想基础和文化源泉。中华优秀传统文化是中华民族悠久历史的智慧结晶,烙印着中华民族最深沉的精神追求,是中华民族独特的文化符号,其文化底蕴为中华民族的持续繁荣与壮大提供了源源不断的文化滋养。其所包含的哲学思想、道德伦理、价值观念等,为禁毒文化提供了独特的视角和思考方式,使禁毒文化具有鲜明的中国特色和文化特色,塑造了禁毒文化的深厚底蕴和独特形象。不论是古代的经典文献,还是现代的文化成果,中华优秀传统文化蕴含着丰富的思想和智慧,为禁毒文化提供了丰富的素材和灵感。同时,它也为禁毒文化的话语表达提供了独特的语言和文化背景,使禁毒文化能够更好地与世界交流和对话。历史是知识的源泉,也是我们理解世界的基础,中华文明历史悠久,为我们提供了宝贵的历史经验和智慧。在建构禁毒文化时,应当运用中华优秀传统文化的内在价值,以禁毒文化贯通过去、现在和未来,彰显中华千年文明,阐释中国之治,为世界的禁毒事业贡献中国方案。

(三)重要文化资源

人类一切优秀文化成果是构建禁毒文化不可或缺的重要文化资源。吸收借鉴一切人类优秀文化成果,可以推动中华文化不断丰富,在交流借鉴中不断发展完善,进而为人类文明进步作出新的更大贡献。文化的多样性决定了文明交流互鉴的必然性,博采众长、取长补短,进而才能共同发展。在构建禁毒文化的过程中,我们不能固步自封,应以开放包容之态势汇万流而成一宗。这种开放的态度不仅有助于我们吸收借鉴其他国家的成功经验,还能够促进不同文化之间的交流与融合,

---

① 习近平:《在哲学社会科学工作座谈会上的讲话》,载《人民日报》2016年5月19日第2-3版。

共同推动禁毒事业的发展。同时,还应以走出去的方式来提升中华文化的普适性,这不仅有助于我们丰富和发展自身的禁毒文化,还能提升我们在国际禁毒舞台上的话语权和影响力,实现"民族的就是世界的"这一理念。

(四)文化的软环境

地区禁毒文化建设是一个系统工程,它离不开政策法规的坚实支撑和组织机构的有力保障,同时,也需依赖一个优质的文化软环境进行推动。所谓的文化软环境,主要涵盖社会的价值观念、道德风尚以及整体社会风气等元素,这些元素在塑造个体行为模式和引导社会风气方面扮演着举足轻重的角色,是禁毒文化建设不可或缺的一环。为了夯实禁毒文化的基础,我们必须着手加强社会的道德建设。这包括积极推广社会公德和职业道德,努力营造一个健康、正面的社会风气和道德风尚。如此一来,便能为禁毒文化的广泛传播和深入发展提供一个肥沃的土壤。进一步来说,我们需要深化社会主义核心价值观的宣传教育工作,传承并弘扬中华民族的传统美德。通过倡导正面的社会风气和积极向上的道德观念,可以更有效地引导公众远离毒品的侵害,帮助他们树立起正确的人生观和价值观。此外,强化对社会公德和职业道德的推广和引导工作也至关重要,这将有助于提升每一个社会成员的文明素养和道德修养,进而为禁毒文化的广泛传播和深入发展创造出一个更加有利的环境。综上所述,通过营造一个充满正气、和谐向上的社会环境和道德风尚,我们能够为禁毒文化的繁荣发展提供一个优质的环境和氛围。这不仅有助于切断毒品的传播链条,更能有效地减少毒品对我们社会的深远危害。

五、结语

从中国式现代化的角度来看,禁毒文化构建具有重要的现实意义。它不仅有助于提升公众对禁毒工作的认同感和支持度,促进禁毒工作的顺利开展;还能够通过文化的力量,引导人们树立正确的价值观和生活方式,从源头上减少毒品滥用的风险。此外,禁毒文化构建还能够推动禁毒行业的创新发展,打造具有中国特色的禁毒工作品牌,为和谐社会、民族复兴贡献一份力量。因此,我们应当高度重视禁毒文化构建,坚持中国特色社会主义文化发展道路,不断增强文化自信,推动禁毒工作不断取得新的更大成效。

现代缉毒犬技术的动物伦理考量

陈　玲　李张欣[*]

一、现代缉毒犬技术的定位

缉毒犬指的是那些经过专门训练,能够在专门机构的指导下执行搜查毒品任务的专业犬只。它们能够从堆积如山的邮包或行李中,凭借敏锐的嗅觉找出藏匿有大麻、海洛因、可卡因等毒品的包裹。正因为如此,缉毒犬被誉为"真正的毒品感应器"。即使在各种复杂和混乱的气味环境中,它们也能排除干扰,精准地识别出毒品的气味,并准确定位毒品的隐藏位置。

(一) 万能论与无用论之争

警犬技术的讨论中一直存在"万能论"和"无用论"之争。这两种观点都对缉毒犬的角色和价值产生了深远的影响。"无用论"者认为,警犬的某些特性是天生的,后天无法通过训练来提升或改变。他们质疑警犬在实战中的实用性,将其视为仅供展示或威慑的存在。这种观点导致了对警犬费用的削减或挪用,从事警犬技术工作的专业人员福利待遇得不到保障,工作热情逐渐消退。然而,这种观点忽视了警犬,尤其是缉毒犬在特定任务中的独特优势。缉毒犬通过专业训练,能够利用其敏锐的嗅觉,在复杂环境中准确识别毒品,这是许多技术设备所无法替代的。相反,"万能论"者则过度夸大了警犬的能力,认为只要警犬出现在现场,就必然能取得显著成果。他们缺乏对警犬能力的客观评估,忽视了人的主导作用和多种技术手段的综合运用。然而,警犬技术并非万能,而是需要与其他技术手段相结合,才能发挥出最大的效能。将警犬视为万能的存在,不仅不切实际,还可能导致对警犬技术的误用和滥用。

---

[*] 作者简介:陈玲,女,厦门大学哲学系教授,哲学博士;李张欣,女,厦门大学哲学系博士研究生。

近年来新兴缉毒技术层出不穷,各缉毒部门试图通过引入先进的毒品鉴别仪器来弥补人员缉毒的短板并提升效率。如在毒品检测方面具有广泛的应用前景的拉曼光谱技术,以拉曼光谱技术为载体开发出来的便携式拉曼光谱检测仪同其他大型检测仪器相比具有速度快、操作简单、性能稳定、实用性强等特征,已被广泛应用在深圳海关、南宁海关等单位,可在数秒内快速筛查出跨境包裹中是否夹杂毒品,但该技术仍然存在一些局限性和挑战。

从机动灵活性、高效快速性、因地制宜性、经济效益性、心理震慑性、忠诚可靠性、检测精准性等几个方面入手,来对比缉毒犬技术与基于拉曼光谱技术研发的便携式拉曼光谱检测仪技术,可见这两种技术各具优劣,如表1所示:

表1 缉毒犬技术与基于拉曼光谱技术研发的便携式拉曼光谱检测仪技术特性对比

技术特性	缉毒犬技术	便携式拉曼光谱检测仪技术
机动灵活性	缉毒犬能在各种复杂环境中灵活工作,如车站、码头、边境检查站。其小巧体型和敏捷动作使其能进入狭小或隐蔽空间进行搜查,有效解决漏查问题。	便携式拉曼光谱仪体积小,便于携带,可在现场快速检测样品,但需要一定的操作空间和稳定环境,无法进入狭小或隐蔽空间。
高效快速性	单头缉毒犬每小时能高效检查多达100～150件行李,适合高流量区域如边境口岸、车站等,快速筛查能力极大提升检查效率,减少漏网之鱼。	便携式拉曼光谱仪能提供快速的分析结果,通常几秒钟内就能得出检测结果,但一次只能分析一个样本,处理大量样本时效率较低。
因地制宜性	可根据实际需求选择攻击性或非攻击性品种,在武装贩毒频繁地区使用攻击性犬,在人员密集公共场所使用非攻击性犬,适应性强。	设备通用性强,可检测多种物质,但无法区分不同任务需求,适应性相对较低。
经济效益性	培养和使用成本较低,经过短期培训即可投入实战,性价比高。维护成本低于高昂的侦查设备和人力成本。	设备成本较高,虽然便携但购买和维护费用较高,需要专业人员操作,综合成本较高。
心理震慑性	缉毒犬特别是具备咬捕能力的品种,对被检查者产生显著的心理震慑效果,促使其配合工作,提升查缉效率。据调查,毒贩普遍畏惧缉毒犬。	没有心理震慑效果,纯粹依靠技术检测,无法对嫌疑人产生威慑,无法促使嫌疑人配合执法工作。
忠诚可靠性	缉毒犬忠诚可靠,始终遵循主人的命令,具有人犬情感纽带,无论环境如何复杂,均能毫不犹豫地立即行动,体现人犬结合的优越性。	设备稳定性高,但依赖电力和操作环境,可能受外界条件限制,且没有情感纽带,不如缉毒犬灵活应对复杂情况。
检测精准性	缉毒犬具有高度敏感的嗅觉,能检测微量毒品,但受环境和状态影响,可能存在误报或漏报。	拉曼光谱仪精度高,能提供定量分析,检测多种化学成分,通常不受环境变化影响,可靠性强,但对样本准备和操作有一定要求。

在缉毒的实际应用中,缉毒犬技术与高科技仪器都有其局限性。目前缉毒犬

技术无法完全被高科技仪器替代,因此不得忽视在缉毒工作中缉毒犬的价值。然而,我们也应该客观看待缉毒犬的作用。缉毒犬并非万能,而是需要与其他侦查手段相结合,才能发挥出最大的效果。"无用论"和"万能论"都是对警犬技术工作的误解。讨论缉毒犬技术首先就应该摒弃这两种极端观点,客观、全面地看待缉毒犬的作用和价值。只有这样才能更好地利用和发展缉毒犬技术,使其在缉毒等执法活动中发挥出更大的作用。

(二)缉毒犬的双重主体性

由于缉毒犬技术在缉毒工作中始终具有其独特优势和不可替代性,因而需要重新审视在缉毒犬技术中,作为主体的缉毒犬应被视为警务人员还是一种技术手段。

各国法律在保护警犬方面主要采取两种模式,一种以英美为代表,将警犬定位为工作动物或服务性动物;另一种则以挪威为代表,赋予警犬警务人员的身份。这两种模式的核心差异在于是否承认警犬的人类属性,这决定了其是否享有相应的权利。在英美模式下,警犬被视为执行特定任务的动物,而在挪威模式下,警犬则被看作与人类警察并肩作战的伙伴,享有更高级别的法律保护和地位。我国的《公安机关警犬技术工作规定》第三条规定"各级公安机关应当将警犬作为技术装备配发,各警种应当根据警务工作需要按一定比例装备警犬"[1],因而可以说从学理的角度而言,在我国警犬应属警用装备,被视为缉毒工作中的一种毒品侦测的技术手段。虽然缉毒犬作为警用装备与人类有着根本的不同,不应将其简单视为人类,但更不能忽略其作为动物的本质。[2]

可以说在缉毒犬技术中,缉毒犬具有作为技术主体和作为动物主体的双重主体性。

作为技术主体,缉毒犬被视为技术体系的一部分,其功能和作用在于实现特定检测毒品的技术目标,缉毒犬被训练和使用作为一种技术工具,以其嗅觉能力来完成毒品检测的任务。在这个意义上,缉毒犬的作用是技术性的,目的是提高缉毒效率。这种工具性强调缉毒犬的功能和效率,关注其在技术系统中的表现和贡献。

缉毒犬在工作中不仅是技术工具,更是与人类合作的伙伴。人与犬之间的情感纽带和合作关系,是缉毒犬作为动物主体的重要体现。技术的应用不应忽视这种情感和关系,人与犬之间的情感纽带是缉毒犬在工作中表现出色的重要因素。

---

[1] 牛承义、方伟:《袭击警犬行为的法律定性研究》,《湖北警官学院学报》2023年第36卷第3期。
[2] 储鹏昊、马卫国、冯玉凡等:《简述警犬动物福利》,"第17次全国犬业科技学术研讨会"论文,2017年,第217-224页。

缉毒犬的动物主体性要求我们承认其作为个体生命的伦理地位。虽然缉毒犬被作为一种警用装备来进行训练和使用，但其福利和权利应得到尊重和保障。缉毒犬不能仅被视为工具或资源，还需要认可其内在价值和权利。缉毒犬在执行任务时，其健康、福利和生活质量都需要得到重视。缉毒犬作为动物个体，其存在不仅是为了完成任务，更有其自身的生命价值。

缉毒犬的动物主体性和技术主体性并不是对立的，而是互补的。在实际操作中，需要平衡缉毒犬的工具性和动物性。作为技术主体，缉毒犬的效率和功能至关重要；作为动物主体，其福利和权利也必须得到保障。这种平衡要求在使用缉毒犬时既要追求高效的任务完成，也要尊重其作为动物的内在价值。因此，对缉毒犬的动物福利问题给予充分的关注至关重要，这不仅关乎到动物的权益，也直接影响到公安工作的效率与成果。

二、缉毒犬技术运用中的伦理困境

普遍认为动物福利由五项基本要素组成，其一是生理福利，即无饥渴之忧虑；其二是环境福利，即让动物有适当的居所；其三是卫生福利，即减少动物的伤病；其四是行为福利，即保障动物表达天性的自由；其五是心理福利，即减少动物恐惧和焦虑的情绪。[1] 这些要素在分析缉毒犬的伦理问题中同样适用。要素可以简要地归结为一句话，即彼得·辛格在《动物解放》一书所总结的"任何种族、性别或物种遭受痛苦都应当防止或减少"[2]。彼得·辛格的动物解放理论为审视缉毒犬技术中的动物福利问题提供了新的视角，即把重点放在动物是否"痛苦"这一问题上。"认为动物所感受的痛苦没有人的重要，在伦理上没有正当理由。"[3]他的观点并不是简单地把动物等同于人类，他的出发点在于"疼痛和痛苦本身就是不幸，不论什么种族、性别或物种遭受痛苦都应当防止或减少。疼痛的严重性取决于它的强度和持续时间，但不论是人还是动物的疼痛，只要强度和持续时间相同，其严重性就是一样的"[4]。接下来将把缉毒犬是否"痛苦"作为一个主要指标来分析目前缉毒犬技术应用过程中存在的伦理问题。

---

[1] 殷文耕、潘金磊：《浅谈如何保障警犬作为动物的福利》，《中国工作犬业》2024年第4期。
[2] [美]彼得·辛格：《动物解放》，祖述宪译，青岛出版社2004年版，第17页。
[3] [美]彼得·辛格：《动物解放》，祖述宪译，青岛出版社2004年版，第9页。
[4] [美]彼得·辛格：《动物解放》，祖述宪译，青岛出版社2004年版，第17页。

（一）伦理问题

1. 缉毒犬毒品中毒

在实践中，缉毒犬在执行搜查毒品任务时，多次出现因不慎摄入毒品而引发急性中毒，甚至导致犬只死亡的情况。[①] 具体而言，缉毒犬在发现毒品后，有时会通过口咬或爪撕毒品包装的方式来进一步探查，这一过程中，犬只可能会舔食到散落的毒品。另一种情况是，缉毒犬在衔取或吞食带有包装的毒品时，毒品包装在消化道内破裂，毒品随后被消化道吸收进入犬只的血液循环系统，从而对机体造成损害，引发中毒现象。[②] 这一现象不仅引发了对于缉毒犬工作安全的关注，更凸显了一个深刻的伦理困境：在依赖缉毒犬进行高效搜查的同时，我们如何更好地保障这些无声战友的生命安全？缉毒犬的勇敢和忠诚无疑为公共安全做出了巨大贡献，然而，它们在执行任务中所面临的高风险也同样不容忽视。

2. 缉毒犬受袭问题

在我国，尽管《公安机关警犬技术工作规定》与公安部五局颁布的《警犬使用工作规则》详尽规范了警犬的使用和管理，但对于警犬在执行任务过程中遭受袭击的处理方式却未有明确提及。从现有的涉及袭击警犬的案件来看，法院的最终判决往往未对袭击警犬的行为给予相应的法律处罚。[③] 这一现象不仅凸显了法律层面的空白，更揭示了一个深层的伦理困境。缉毒犬，作为执行公共安全任务的重要力量，经常在机场等存在大量普通游客的公共场所执行任务。这些场所的复杂性和不确定性增加了缉毒犬遭受袭击的风险。且为了适应人群密集的工作环境并减少公众的恐惧感，缉毒犬普遍选用没有攻击性且体格较小的犬种，如拉布拉多、史宾格犬等。这些犬种通常性情温和、友善，对人类表现出高度的亲和力和忍耐性，在面对攻击或威胁时可能缺乏足够的自我保护能力。游客可能因为好奇、无知或恶意而对缉毒犬进行不当的互动，如触摸、惊吓或投掷物品，这些行为都可能对缉毒犬造成伤害。不法分子可能会故意挑衅或伤害缉毒犬，以干扰其正常工作或制造混乱。

当缉毒犬在执行任务时受到袭击，不仅会造成身体上的伤害，更可能引发心理上的创伤，导致焦虑、恐惧等心理问题。这些心理问题不仅会降低警犬的工作效

[①] 刘剑郁：《警犬健康保障技术》，中国人民公安大学出版社2021年版，第145-146页。
[②] 刘剑郁：《警犬健康保障技术》，中国人民公安大学出版社2021年版，第149页。
[③] 牛承义、方伟：《袭击警犬行为的法律定性研究》，《湖北警官学院学报》2023年第36卷第3期。

能,还可能诱发异常行为,如攻击性增强、过度敏感或逃避等,进而对训导员和周围人员的安全构成潜在威胁。[1] 由于法律保护的缺失,缉毒犬在执行任务时面临的安全风险难以降低,这既不利于动物权益的保护,又可能影响公共安全的维护。

3. 缉毒犬绝育问题

在探讨缉毒犬的动物福利时,不得不考虑作为工作动物的缉毒犬,其福利评价指标与普通动物存在差异。缉毒犬作为警犬存在"需抹杀的警犬动物福利,如一般服役警犬的性行为"[2],对服役期间缉毒犬性行为的限制凸显了缉毒犬管理的复杂性和伦理困境。对于禁止缉毒犬的性行为主要是出于对工作效能和管理便利的考虑。然而,这种限制可能引发一系列伦理问题。长期被约束或限制性行为的缉毒犬可能会出现焦虑、压抑等心理问题,表现为过度吠叫、破坏物品或自我舔舐等异常行为。[3] 这些行为不仅损害缉毒犬的身心健康,还会对正常的训练和日常工作产生不利影响。虽然可以通过对犬只进行绝育来解决部分问题,但绝育会影响缉毒犬的工作效率,譬如传统公犬节育的睾丸摘除术,虽然操作简单且术后恢复迅速能够最大程度降低公犬的痛苦,但这种方法会导致公犬机体性激素的变化,进而影响其警用气质。此外,绝育后的公犬成年后还容易引发肥胖症,与未进行节育的工作犬相比,其工作性能和使用效率可能会有所降低。[4] 因而服役期的缉毒犬普遍不会对其进行绝育。既禁止缉毒犬的性行为,也不对缉毒犬进行绝育,这样的现状也成为一个颇为复杂的伦理议题。其复杂性体现在绝育本身对于动物来说是否是一种福利就存在争议。从绝育是一种福利的观点出发,以母犬的绝育为例,其主要考虑的是绝育可以降低雌性动物的生殖系统疾病发生率,同时增加摄食量和肌肉增长速度,提升运动机能,这对于母犬来说应是一种福利。但一些学者认为,卵巢摘除后体内雌激素和孕激素水平的变化可能会对犬的骨骼发育、精神状态和认知行为产生不良影响[5],从而或许会影响母犬作为工作犬的警用性能。

4. 缉毒犬性别歧视

在缉毒犬技术应用的领域所存在的性别歧视现象也引发了深层次的伦理困

---

[1] 殷文耕、潘金磊:《浅谈如何保障警犬作为动物的福利》,《中国工作犬业》2024年第4期。
[2] 储鹏昊、马卫国、冯玉凡等:《简述警犬动物福利》,"第17次全国犬业科技学术研讨会"论文,2017年,第217-224页。
[3] 殷文耕、潘金磊:《浅谈如何保障警犬作为动物的福利》,《中国工作犬业》2024年第4期。
[4] 陈方良、黎立光、星云等:《警犬节育术及其讨论》,《养殖技术顾问》2013年第2期。
[5] 秦海斌、温海、孙勇等:《基于单胺类神经递质的水平变化评价母犬去势在警犬技术中的意义》,《中国工作犬业》2019年第5期。

境。在自然繁殖过程中,公犬与母犬的性别比例大致为1∶1。然而,当作为工作犬的母犬发情时,其服从性会显著降低,工作能力也会大幅下降。如管理不善,还可能导致意外配种受孕,且其发情期间释放的信息激素还可能对公犬的作业造成干扰。母犬每年发情两次的生理特性(共约40天的时间),对训练和使用造成了极大的影响。反观公犬则在多项警用性能指标上,如胆量、凶猛性、耐力和持久性等,都显著优于母犬。这些因素导致在挑选受训犬时,训练和使用单位更倾向于选择公犬,国内外工作犬比赛活动中禁止发情母犬参加的规则更是进一步降低了母犬作为受训犬的概率。① 由此出现了公犬供不应求,而优质母犬却面临被淘汰的现象。② 这种供需不平衡不仅浪费了宝贵的资源,也反映出在警犬选择中的性别歧视问题。

(二)人类优先的误区

缉毒犬在执行任务中可能面临的毒品中毒、暴力袭击、绝育手术和性别歧视等问题,都已经达到了动物痛苦的标准,必须在缉毒犬技术的应用和管理中得到充分重视。这些问题产生的根源可能来源于在运用缉毒犬技术时陷入了"人类优先"的误区。彼得·辛格指出:"唤起大众关心动物最难克服的一个原因,或许就是'人类优先'的假定,以及任何关于动物问题作为严肃的道德或政治议题,都不可能与人类的问题相提并论。"③虽然缉毒犬拥有作为技术主体和动物主体的双重主体性,但在缉毒犬技术的实际应用中,缉毒犬的技术主体性被放在首位,强调其高效、快速、准确的毒品检测能力。这种导向使得缉毒犬被视为一种工具,其技术性能和任务执行效果被优先考虑。在缉毒犬毒品中毒和受袭风险方面,更多关注任务的完成而非缉毒犬的安全和健康;在缉毒犬绝育方面,优先考虑管理便利而非缉毒犬的痛苦体验。在缉毒犬性别歧视方面,技术需求压倒了对性别平等和个体福利的关注。

在人类优先的误区中,主体性的研究只围绕着人来展开,甚至试图否认动物同时也具有主体性。但从胡塞尔的超越论现象学来看,人和动物其实是构造世界的共同主体,世界的客观性不应该狭隘地奠基于人的交互主体性,需要同时注意跨物种的交互主体性。"动物经验扩展了我们的感知领域,延伸了我们的具身化视域,从而扩大我们对世界的认知,拓展我们的经验世界。例如,狗的嗅觉异常灵敏,猎

---

① 万九生、毛爱国、陈方良等:《微创绝育术在工作犬母犬性征控制中的应用》,"2016 全国工作犬技术研讨会"论文,2016 年,第 137-140 页。
② 秦海斌、温海、孙勇等:《基于单胺类神经递质的水平变化评价母犬去势在警犬技术中的意义》,《中国工作犬业》2019 年第 5 期。
③ [美]彼得·辛格:《动物解放》,祖述宪译,青岛出版社 2004 年版,第 201 页。

狗通过追踪猎物的气味来扩大猎人的经验世界。"[1]缉毒犬技术正是运用动物经验扩展了人类的侦查能力,这是人类与动物经验深度结合的体现。人与动物共同作为世界的主体,意味着我们在使用动物能力时,应当以合作和共生的态度对待动物。走出人类优先的误区尊重缉毒犬的主体性,不仅是伦理上的要求,也是确保缉毒犬技术可持续发展的基础。

三、辛格的"动物解放"论对未来缉毒犬技术发展的启示

从缉毒犬技术运用中存在的伦理困境来看,未来缉毒犬技术的发展,必须恪守伦理道德的边界。彼得·辛格的"动物解放"论为未来缉毒犬技术的发展提供了重要的伦理指导,强调在推动技术进步的同时,必须尊重生命。平等原则与利他主义精神是彼得·辛格伦理原则的核心,这两条原则应渗透于缉毒犬技术的研发与应用中。唯有秉承这些伦理原则,才可构建既人道又高效的缉毒体系。

(一)缉毒犬技术发展应遵循的伦理原则

1. 平等原则

彼得·辛格指出:"如果一个生命感受到痛苦,道德上便没有理由拒绝考虑这个痛苦。不论这个生命的天性如何,只要大致可以作比较,平等的原则要求把他的痛苦与任何其他生命的相似的痛苦平等地加以考虑。"[2]可见,平等原则所强调的是对所有生命个体的平等对待和尊重,这一原则要求在缉毒犬技术发展过程中,不应以牺牲或忽视动物的权益为代价,需要确保缉毒犬在训练和工作过程中得到公正和人道的对待。此处彼得·辛格所指的平等原则也并不是简单的"一刀切","或许有人提出异议:不同物种的痛苦是不可能进行比较的,因此,当动物的利益与人类的利益发生冲突时,平等的原则没有指导作用。对不同物种成员的痛苦无法进行精确的比较或许是对的,但精准在此并非必要。即使我们要防止对动物造成痛苦,肯定只是对人类利益的影响一点也达不到像对动物所产生的那样大的作用时才会去做。"[3]可见彼得·辛格承认物种间的差异,因此在缉毒犬的案例中,还需要根据缉毒犬的特性和需求来制定合适的训练计划和工作安排,而不是简单地应用

---

[1] 张俊国:《胡塞尔的动物性现象学:人和动物作为构造世界的共同主体》,《广西大学学报(哲学社会科学版)》2022年第44卷第5期。
[2] [美]彼得·辛格:《动物解放》,祖述宪译,青岛出版社2004年版,第9页。
[3] [美]彼得·辛格:《动物解放》,祖述宪译,青岛出版社2004年版,第16页。

通用的标准。可以说彼得·辛格的平等原则在缉毒犬技术发展中的伦理指导意义体现在对缉毒犬感知能力的认可、利益的平等考虑、差异化的平等对待、伦理与技术的平衡以及推动社会认知的改变等方面。这些意义共同构成了确保缉毒犬福祉和权益的伦理基础。

2. 利他主义精神

彼得·辛格认为："从动物解放的立场来说,只要我们能够生活而不让动物过痛苦悲惨的生活,那就是我们应当做的。"[①]从这个立场出发,彼得·辛格提出："动物解放运动比任何其他解放运动都要求人类具有更大的利他主义精神,因为动物自己没有能力要求自身的解放,或者去用投票、示威和抵制的手段抗议它们的境况。人类却有力量继续压迫其他物种以至永远,或者直到我们把这个地球搞得生灵涂炭难以生存。"[②]此处的利他主义精神在缉毒犬技术的发展中体现为应采用人道的方法,避免任何形式的虐待或残忍对待缉毒犬。

要贯彻利他主义精神就意味着必须摒弃传统的人类中心主义观念。人类中心主义往往将人类置于自然界的中心,而忽视了与其他生物的平等关系。为了推动缉毒犬技术的和谐发展,必须重新认识人与缉毒犬之间的关系。缉毒犬不仅仅是执行任务的工作伙伴,它们更是有感知、有情感的生命体。它们能够体验到快乐、痛苦,有着自己的需求和情感。因此,在缉毒犬技术的研发与应用过程中,不能仅仅将它们看作是冷酷无情的工具或机器。唯有树立正确的态度,才能在提升缉毒犬的工作效率的同时对生命保持应有的尊重和珍视。坚持利他主义精神,消除人类中心主义,重新认识人与动物的关系,是推动缉毒犬技术和谐、可持续发展的关键所在。

(二)对未来缉毒犬技术发展的改进建议

要充分发挥缉毒犬技术的潜力,仍需不断探索与创新。为此,有以下三大改进建议:一是加强宣传教育;二是坚持"人—机—犬"三位一体的模式;三是完善相关法规。期望通过这些改进建议能够进一步推动缉毒犬技术的发展,为社会的安全稳定贡献力量。

---

① [美]彼得·辛格:《动物解放》,祖述宪译,青岛出版社2004年版,第224页。
② [美]彼得·辛格:《动物解放》,祖述宪译,青岛出版社2004年版,第228页。

1. 加强宣传教育

彼得·辛格指出:"人对动物的观念在幼小时候便开始形成。"①这一观点凸显了宣传教育在塑造人们对缉毒犬等工作犬种的态度方面的重要性。在机场等公共场所,有些家长会因误解或偏见认为缉毒犬可能攻击群众,出于保护孩子安全,而攻击例行检查行李的缉毒犬,影响缉毒犬的工作,也对缉毒犬的身心造成伤害。这些观念多源于对缉毒犬工作和训练的不了解。彼得·辛格认为:"无知是物种歧视者的第一道防线。可是,任何人只要肯花时间,决心探寻个究竟,这道防线是容易突破的。"②可见宣传教育对于纠正这些误解、普及缉毒犬的工作原理和它们在公共安全中的关键作用至关重要。"使用警犬缉毒时,要向群众讲明,警犬不会伤害无辜,这样既解除了群众顾虑又震慑了犯罪分子。"③可见通过有效的宣传,能够消除偏见,增强公众对缉毒犬工作的理解和尊重。针对家长和儿童,可以通过安全、互动的教育活动,让他们体验与缉毒犬的互动,培养对动物的同情和爱护意识。通过改变公众的错误认知和偏见,有助于提升缉毒犬的社会认可度,进一步促进公共安全事业的发展。

2. 坚持"人—机—犬"三位一体

坚持"人—机—犬"三位一体,即客观看待训导员、新兴缉毒科学设备、缉毒犬三者之间的关系,这三者相辅相成、相得益彰。为了树立对缉毒犬的正确认识,需要深入理解两个核心问题。首先,必须认识到缉毒犬并非万能,但也绝非无用。将缉毒犬视为万能或无用,都是极端的看法,均违背了辩证唯物主义的认识论。缉毒犬在缉毒工作中,凭借其独特的嗅觉和追踪能力,能发挥重要作用,然而,它们也可能受环境、健康状况或训练水平等因素影响而出现失误。因此,既不应过度神化缉毒犬的能力,也不能因个别失误就全盘否定其价值。其次,对缉毒犬的认识是一个长期、反复且多面的过程。认识往往会受经验、知识、环境等多重因素影响,所以对缉毒犬的认知也会随时间和情境变化而有所不同。这就需要持续学习、观察和实践,以更全面、深入地了解缉毒犬的特点和作用。在"人—机—犬"三位一体的框架下,训导员、新兴缉毒科学设备和缉毒犬各担重任。训导员负责缉毒犬的指导和训练,确保其能在工作中发挥最佳效能;新兴缉毒科学设备提供先进的技术支持,提升缉毒的准确性和效率;而缉毒犬则凭借敏锐的嗅觉和出色的追踪能力,成为缉毒

---

① [美]彼得·辛格:《动物解放》,祖述宪译,青岛出版社 2004 年版,第 196 页。
② [美]彼得·辛格:《动物解放》,祖述宪译,青岛出版社 2004 年版,第 199 页。
③ 李博、岳锐:《试论警犬缉毒》,《云南公安高等专科学校学报》2002 年第 1 期。

工作中不可或缺的力量。坚持"人—机—犬"三位一体的理念，客观看待训导员、新兴缉毒科学设备和缉毒犬这三者之间关系，有助于更好地理解和利用缉毒犬的优势，同时也不断提升缉毒工作的整体效果。

3. 完善相关法规

完善缉毒犬相关的法律法规，对于解决诸如袭击缉毒犬等问题具有极其重要的意义。目前，虽然已有《公安机关警犬技术工作规定》《人民警察使用警械和武器的有关法律规定》等一系列法律法规涉及警犬的保障性规定，但这些法规大多侧重于警犬的工作规范和使用条件，对于警犬的福利、保护和惩处伤害警犬行为的细则仍显得不够详尽。

首先，由于缉毒犬在执法过程中起着不可替代的作用，它们不仅用敏锐的嗅觉协助警方查获毒品，更是在许多危险环境中冲锋在前，因而需要完善法律法规，以明晰对袭击警犬行为的法律制裁，这不仅是对警犬的保护，更是对执法尊严的维护。其次，完善法律法规也是提升公众对缉毒犬工作的认知和尊重的有效途径。通过法律宣传和教育，可以让更多人了解缉毒犬在公共安全领域的重要贡献，以及它们应享有的权益。这将有助于营造一个更加友善的社会环境，让缉毒犬在执行任务时得到更多的支持和理解。

但要实现这一目标，需要一代又一代警犬技术工作者及关注警犬福利的各界人士的不懈努力，积极推动相关法规的完善，通过一部更加全面、细致的警犬法律法规，为这些无声的英雄提供更全面的保护。

四、结语

随着技术的进步和缉毒工作的复杂性增加，对于缉毒犬技术的伦理考量也显得愈发重要。缉毒犬不仅仅是工具或设备，它们是有情感、有生命的个体。现代缉毒犬技术的运用必须在严格的动物伦理框架内进行，需要确保这些无言的战士在保卫社会安全的同时，也能享受到应有的尊重和关怀。今后也需要持续并深化对缉毒犬技术的伦理考量，这不仅是对缉毒犬的负责，更是对人类文明和道德的坚守。

清代民国年间福建禁毒的历史考察及其启示

陈支平*

一、清代民国年间福建禁毒的基本历程

福建地处东南沿海区域,是西方鸦片侵入的重要通道,福建各地民众受到鸦片等毒品的伤害是可想而知。而民族英雄林则徐恰恰是福建省福州人,他的禁毒运动和爱国精神,不仅仅影响着清代后期以至民国时期的整个中国,同时也对故乡福建省境内产生着重大的影响。虽然说,由于清代后期以及民国时期政治的腐败,国家的禁毒行为屡屡受到诸多的干扰破坏,但是只要略有机会,福建境内的禁毒行为,就会重新兴起。正因为如此,我们综观清代后期以至民国时期福建省境内的禁毒运动,基本上呈现出一种起起伏伏的艰难景象。民国《古田县志》撰有该地的《禁烟小史》,反映了这里禁毒运动的基本过程:

> 窃维鸦片之祸,我国将二百年。自清道光间林文忠公厉行禁烟,在粤与英国土商严重交涉,卒以有志未逮为憾。至光绪三十四年禁烟令下,会城林文忠公曾孙太史炳章设去毒总社于林文忠公祠,以次推设各县。吾邑有志人士,以本邑烟祸蔓延较他邑为烈,约计全年漏卮不下数十万金,其废时失业破家荡产者难更仆数,于是召集全邑公益社员,开会议决在县城设去毒支社,隶于会城总社,即以统各乡分社之事,藉以逐渐进行禁烟。时朝议以禁吸、禁种、禁售三项,渐清我国内治,然后与英国订停运进口之约。但清代既锐意禁烟,而复利民间膏牌捐以充国用。初洋土入口完纳正税后,不复抽捐,至是竟数民间贩卖土膏之店,再征之□之膏牌捐,意谓寓禁于征,将使烟价昂而吸者自减,而不知其事实相矛盾也。故吾邑立社之始,以烟民多所借口,动辄掣肘。因此社长陈

---

* 作者简介:陈支平,男,厦门大学国学研究院院长。

为霖同社员等提倡垫捐禁烟办法，除遵照禁吸、禁种、禁售外，在全国未禁运时，提前禁运。其办法请以本邑年纳膏牌捐大洋三千六百员之额，由各社员捐集成款，如数垫缴，准将全邑贩卖土膏之店一律禁闭。书三上，大吏始报可，由是支社及各分社社员联为一气，出力出财，任劳任怨，大有争先恐后之势。

就禁吸方面言之，支社设戒烟所一，其经费由合邑社员担任，又以城乡烟民膨胀，旋于一、二、三、四等保增设戒烟所二，其经费由县城社员担任，收容无力自行戒革者。人所以次革断药品伙食等费，莫不由本所动支。

就禁种方面言之，调查员协同警役四出宣传，每到一处，召集乡族长谕以利害，俾父兄诏勉其子弟，一面取具永远不复发生烟苗之切结。惟大东一区较为辽阔又偏僻，由禁烟委员督同各社员，率带军队严密宣传，继以侦查，虽山寮野屋，必令具结，不少松泛。

就禁售方面言之，合邑烟馆林立，一经调在员破获，往往滋生事端，而县城尤甚，有著名开灯如银哥嫂及江陵细嫂者，烟具破获之后，或伴为服毒，而肆意拚赖者；或当场阻挠而公然殴辱者。尤以朱松一家，经社长为霖同社员等协警破获烟具缴官，松率其家人戚属多人拦街，饱殴几于身无完肤，犹幸为霖素娴拳术，差免毙命。卢令对于各案分别惩办，惟于朱松一案大震雷霆，立将松等拘办，一并标封房屋，以警效尤。更就提前禁运方面言之，闽南土商当时在县城者为东兴号、束兴号，在杉洋者为和源号、宝源号。多则日售五六百金，少亦二三百金，尝赂某国洋行之在会城仓前山者，出而干预禁运之事，谓古田售膏之店，系其洋行分设售土之所，遂附会遁商条约，照会洋务局，以恫吓我局总办。吕畏英使之怵，不敢辩遽檄县不得封禁某某膏店。邑民因而公愤为之罢市，本支社公推为霖等数人驰诣会城上书大吏，力陈古田人民情愿垫捐禁烟，实为特别办法，并援据通商条约，谓古田非条约内所载之通商口岸，洋人何得有分店售土之事？洋洋千余言，词理激切。书入，总督松寿题之，立檄县令卢家驹如法封禁各膏店。本社尤以东兴店东某某尚在县狱中，虑其死灰复燃也，固请卢令递解回籍以绝根株。而洋人之闻吾邑垫捐禁烟事者，咸诧焉，因索取其办法以译本寄其国云。

又宣统二年九月，福建咨议局议员李仲邺提议请免古田垫缴膏牌捐案，时副议长刘崇佑附议。谓全国之禁烟成绩以福建为冠，而福建省之禁烟成绩尤以古田为冠。希望政府此后不再收古田之垫缴膏牌捐，以示鼓励。本案为全体议员通过，卒经政府批准。由是古田之禁烟遂有名于国内外焉。越民国初年，林知事炳华系林文忠公曾孙。视事后尝与邑中去毒社员商办禁烟，知事兼禁烟所长，委社员余着城为禁烟副所长，所内附设戒烟所，一切药品伙食俱备，本署差役及各轿店夫役有烟瘾者,胥令其入所戒断。方今国民政府二年禁毒、六年禁烟,垂为令典,本县政府奉令遵办。自民国二十四年六月起,次第开办吊验戒烟等所,并依法成立县禁烟委员会。县政府聘余钟英、林惠璿、陈秉钊、蓝宝田、陈光灿等为委员,协助办理推,林惠璿为主任委员。严传烟民入所戒断,铁限本年六月底止,全邑烟祸一律肃清,其城乡各土膏店尽行闭绝。即全国烟禁瞬届期满,国府将撮拾各省县之禁烟成绩汇编一光荣之历史。上述吾邑之禁烟办法,筑成小史,庶以备刍荛之采,亦以昭示来兹焉耳。①

我们之所以在这里不惮烦琐引述民国时期编纂的《古田县志》中《禁烟小史》全文,首先是因为在福建通省的地方志书中,这种《禁烟小史》可谓绝无仅有,文献之价值十分珍贵。全文简明扼要,但又几乎涉及这一时期福建地区禁烟禁毒的各个方面。

其次是这部《禁烟小史》基本上能够反映出清代后期以至民国时期福建省禁烟的大致线索。从民族英雄林则徐在清朝道光年间大刀阔斧禁烟之后,由于清朝的腐败,屈服于西方侵略者的淫威,禁烟行为一度中断。一直到了清末的光绪后期,政府与民间才又恢复某些禁烟行为。但是又抽取"膏牌捐",等于在一定程度上承认贩毒和吸毒的合法性,致使禁烟的成效大打折扣。20世纪以来,随着维新运动和革命运动的呼唤,民间社会的禁烟意识也在不断觉醒,民间参与到社会上的禁烟禁毒行动有了显著的进步,民间禁烟禁毒的成效不断显现出来。这正如《禁烟小史》中所言:"全国之禁烟成绩以福建为冠,而福建省之禁烟成绩尤以古田为冠。"到民国三十一年(1942年),"全国烟禁瞬届期满,国府将撮拾各省县之禁烟成绩汇编一光荣之历史",福建省古田县被国民政府标列为全国禁烟的模范县之一。不但如此,清代光绪年间古田县士民为了切实禁绝烟祸毒祸,公同"垫捐禁烟"。这一善举,连贩卖毒品的西方人也感到大有可取之处,所谓"洋人之闻吾邑垫捐禁烟事者,咸诧焉,因索取其办法以译本寄其国云"。当时西方人丧失天良,把鸦片等毒品输入中国,毒害中国人民,但是本国,也有不少毒品泛滥成灾,他们或许希望借助中国福建省古田县"垫捐禁烟"的办法,对其本国治理毒害有所借鉴吧?这里,我们还可以举出民国《建瓯县志》的记载,来进一步证实《禁烟小史》记述的真实性和可靠性:"窃维鸦片之害,率土周知。道光年间吾闽林文忠公督粤时,严禁鸦片入口,酿成巨案,旋起战争。权奸媚外,文忠获罪。自是以来讳言禁贩鸦片。皇上励精图治,文忠公之曾孙林炳章太史,乃设去毒社于闽省各府州县,则托委留省学生回籍增设去

---

① 民国《古田县志》卷三十八,《禁烟小史》,民国三十一年铅印本。

毒分社。宣统二年十月间，又奉谕旨添设建瓯两县禁烟公所，各镇乡设立禁烟查缉组，专司一切禁种、禁吸、禁售各项，猛励进行。吸烟之徒勒令承领牌照影相附粘按期递减，烟馆土店限期闭歇改业营生，各土店余存烟土密线搜查破获焚毁。文武官绅举贡生监前有吸食者，饬转入所调验。民国初改为禁烟分局，各道设禁烟总稽察，各县设禁烟委员。民国三年中英政府会同派员洋员包克本、华员叶可梁、郑守馨、陈大澍等入内地会勘，报告建宁府属种吸售卖均实肃清为全国冠。……十年三月大员王大贞督同建安道尹蔡凤机查验烟苗并无发现，惟城内天主堂法国人季若仪在花园内栽有烟苗，当场拏获赴省交涉。……十七年南北统一政府下令严禁不许种吸，将来能收效果，铲除净尽，是所望于群策群力。"①把《古田县志》中的《禁烟小史》与《建瓯县志》中的记载相互参照，就可以十分清楚清代后期以至民国年间福建地区禁烟禁毒的全部历程。

最后，我们从这部《禁烟小史》中可以看出，禁烟禁毒之所以能够取得成效，必须得到全社会的紧密配合，这里面不仅要有政府的政策法令的支撑，各级政府和民意机构对于禁烟禁毒政策的落实与督促，还需要社会上富有民族国家责任感的有识之士的倡导和身体力行，同时，广大民间的觉醒参与，也是禁烟禁毒取得成效的一个重要社会基础。如《禁烟小史》中所言："邑民因而公愤为之罢市，本支社公推为霖等数人驰诣会城上书大吏，力陈古田人民情愿垫捐禁烟。"

从以上《禁烟小史》中可以清楚地领悟到：禁烟禁毒是一个全社会应当共同参与的政治、社会及经济综合问题，缺少任何一个环节和社会层面，其成效必然不彰，甚至功亏一篑！

二、清代民国年间福建禁毒的细部观察

为了有效推进福建地区的禁烟禁毒行动，从清代后期以至民国年间，福建境内的不同府县，在采取的措施上也是有所不同。各地基本上可以根据当地的具体情况，采取适宜本地施行的禁烟禁毒措施。

厦门口岸一带，这是受到鸦片毒品荼毒比较严重的区域之一。当地政府除了积极推行政府的禁烟禁毒条例之外，厦门同知许原清有特地撰写《戒食鸦片烟告示》十条，词意详尽恳切，广为宣传，劝诫民众远离鸦片毒品。该告示文云：

　　一鸦片始自西洋荷兰及咬嚼吧等国，原系毒草及腐尸败革煎熬而成。彼

---

① 民国《建瓯县志》卷十八，《外交》，民国十八年铅印本。

国前明万历年间至中国，贪我富庶，造此毒物，使中国人食之。柔其筋骨、耗其精神、惰其志气、破其赀财，欲令薰蒸遍於天下，然后逞彼狡谋，将图不轨。彼国不肯自食，有窃食之者立斩。中国初犹不知其意，迫后有人亲至咬嚼吧为伊塪，多年归而言之，始知彼国奸谋如此。尔等身为圣世良民，奈何甘心堕伊奸计？其不可食一也。

一鸦片之来，本自西洋制造，故其价昂。近时内地民人多用莺粟花配药熬煮，状与鸦片无异，而价稍贱，买食者真伪莫分，但贪价贱，而不知其毒更深且速。盖物贱则易买，易买则食多，食多则引愈大而毒愈深，其不可食二也。

一凡食鸦片者，皆谓能助长精神，殊不知人之精神全在摄养得宜，不使耗竭，方能潜滋暗长，并非药物所能增益。鸦片之力不过暂时提起，何尝有所增益乎？人有精神，犹家有蓄积也。一年之蓄仅可供一年之用，若寅吃卯粮，必致饔飧莫继。食鸦片者一日提两日之精神，一年提两年之精神，而欲延年益寿，其可得乎？试思常人自黎明而起，二鼓而眠，或有事偶至三鼓四鼓，并不致于疲乏。食鸦片者日中方起，甫及黄昏已自呵欠涕流，支撑不住，必待过引方有精神，及至鸡鸣，又须安歇，计其操作之时，反不如常人之多，安在其能助长乎？其不可食三也。

一凡食鸦片者，大半娼妓设局，诳诱子弟以为能壮阳气恣意淫欲，然每见犯此者十有八九不能生子，未中年已患痿症，故少年子弟惑于色，误食上引，至不能人道，妻妾少艾，不安于室，非丑声外扬则终日诟谇。食鸦片者亦自惭形秽，不敢一言振作。虽平时体面尊崇，至此乃玷宗辱祖。又有谓鸦片可以治病，食烟者往往以此诱人。吾闻风寒痢泻等症，间有食此即愈者，殊不知食此而愈，迫其病复发，再食之即不验，再食不验，其他药石亦皆不验矣。因此不起，岂不危哉？其不可食四也。

一天之生人，各有行业以为衣食之本。士农工商与百执事莫不由之，竭半世之勤劳，甫得一朝之安享，非易易也。士民之家每岁所入或百金，或数十金，赖以仰事俯育。一食鸦片，则于衣食嫁娶丧葬诸事之外，添此一项费用，引小者食二三分需钱数十文，引大者日二三钱，需钱数百文或千余文，鸦片之费反数倍于薪米。不惟行业小者不足自供，即大者亦难自给，故犯此十有九穷。人穷则志短，于是作奸犯科无所不至，不但父母妻子不免冻馁，必且身罗法网性命难全，其不可食五也。

一凡人未有不爱修饰衣冠仪容俊伟者，一食鸦片始则面色黯白如灰，有如浮肿，渐而黑瘦，最后则肉枯肩耸，人皆目之为鬼，引镜自照亦觉可羞。其不可食六也。

一凡人非奸盗邪淫,当稠人广众之中无不理直气壮。惟食鸦片者心虚畏人,青天白日深藏密室之内,一见正人不免藏头露尾,消沮情形其为可笑,虽衣冠贵胄,时为小人之所挟持讹诈。其不可食七也。

一凡人有所偏好,一经陷溺,未有不为人所愚。娼楼赌馆皆下流,不自爱惜者所为。独鸦片一物,家庭亦可食之,往往衣冠不免。小人借此夤缘,卧榻明灯,故为亲暱之状,因而乘闲蓑菲,不觉堕其术中,遂致骨肉参商、亲邻讦讼,凡生平所不可言之语,不肯为之事,至此亦全无把握。是此事之迷人,更甚于娼赌。其不可食八也。

一人虽不肖,莫不愿子弟之贤。食鸦片者家庭日夜所不能离,非如娼赌之事,犹可在外引避。子弟见其情形亲其臭味,欲不童而习之,难矣。自已既好,则凡所亲爱之人见而欲之,亦必不能禁。于是一人食之众人效之,流毒蔓延害及满门,至于子孙。其不可食九也。

一凡犯法之事,重如奸盗,非必日夜不离,及其事已过,犹可优游自得。惟食鸦片者,已成心腹之疾,随在不离,是一生无不犯法之时,所至无不犯法之地,在在可以掩执,刻刻自蹈危机其不可食十也。①

有些地方的知识分子和民众,在经历了吸烟吸毒的折磨之后,醒悟自悔,还撰写吸毒自悔诗歌以及民谣等方式来劝诫民间远离鸦片毒品。如道光《厦门志》就收录有《自悔诗》八首。该志记云:"闽中一士子自悔诗八首,颇曲尽形容。诗曰:海门一舸渡红夷,赚出黄金竟不知。未死卒难除此累,隔时容易惹相思。频年暗炙膏将竭,定候微违泪即垂。错当秘方医病用,者番呼吸转无医。一辞觉岸入迷津,废物先轮到此身。领略本无真趣味,支持偏有假精神。连宵小住能留客,几日初尝尚避人。薰遍佛香申戒誓,刚才相忏又相因。越思断绝越牵缠,敢费何曾日万钱。岁月蹉跎佳子弟,烟云吐纳野神仙。坐逢命酒惟垂首,行学寻诗也耸肩。世路已经多少险,况添昔海渺无边。锦衾乱叠绣帷遮,慎邮神胶秘汉家。锻炼已成伤性药,帷房犹当助情花。借他倚玉谈衷曲,添个销金与狭邪。夜半文园生渴疾,一钩眉月索煎茶。冶游勾引五陵豪,里巷参陪日几遭。万事都如冰解释,一身竟付火煎熬。腰支屈曲时横卧,指爪枯长每乱搔。听说寒天好风雪,范睢又典到绨袍。论他市价米难齐,强项而今首亦低。绕榻宾朋方笑语,隔窗儿女正饥啼。常防失足偏为累,极劝回头忽自迷。一事莫教人识破,养成懒廯好攀稽。肠肥脑满渐摧残,憔悴相逢诧改观。直似鬼妆青面目,能令人变黑心肝。孤灯照处留宵伴,冷枕醒时报午餐。银匣

---

① 道光《厦门志》卷十五,《风俗记》,清道光十九年刊本。

封来煤数点,淮南鸡犬舐余丹。别开利薮恣狼贪,令甲空劳禁再三。谁解诘奸从左右,可怜流毒遍东南。纸窗痴立蝇俱醉,粉壁潜窥鼠亦酣。牵得丝成身自缚,半床僵卧冷春蚕。"①再如云霄县民间流传的民谣《鸦片本是土》云:"鸦片本是土,未吸真忠厚。吸了就胡涂,妻儿母囝总无顾,亲戚五外煞断路。"②此歌喻吸鸦片烟之为害,韵脚用仄音,云邑民间多传诵。这些劝诫诗歌及民谣等,对于民间的禁烟禁毒,无疑将起到一定的助力作用。

民国《崇安县新志》则对该县的戒毒举措进行了比较详细的记载,该县志略云:"兹将戒烟禁种缉私烟民调查登记土膏店与限戒所烟毒案件之处理等实施情形,分配如下。一戒烟,本县设丙等戒烟所于铁井栏,由省训练合格医师担任施戒工作。截至二十六年十二月止,计戒断烟民三十五人。二十七年一月卫生院附设戒烟、戒毒所,由该院主持其事。截至二十九年六月,除迁移死亡者外,计戒断烟民二百九十二人。戒烟工作至此告一段落。是年九月举行抽查调验中,有重吸嫌疑者六人,均照军法审办,而重吸之风遂以消灭。二禁种。本县西北地邻赣省,重山峻岭,人迹罕到,每当烟苗下种收浆季候,县府派员会同区乡保甲人员,实地查勘之后,省府复派禁烟督察团莅县,复勘结果,尚无发现盗种情事。良以禁令森严,民众知所警惕。抑本县土地肥沃、物产丰富,稍尽勤劳即能得到优美生活。此为本县民□不种鸦片之最大原因。三缉私。本县为闽赣交通孔道,(民国)二十八年省派查缉队驻扎,专负缉私之责。未几该队裁撤,关于缉私事宜由县府责成各区署各部队切实办理,并订民众告密办法。数年以来,尚无私售烟毒情事发现。四烟民调查登记。本县过去因地方不靖,办理烟民登记极感困难。自禁烟科成立后,订定本县烟民补行登记及复查吸量暂行办法,饬区遵办。结果全县登记烟民共三百三十六人,凭照购吸数字始见真确。五土膏店与限戒所。本县原设商办土膏店一家,自省统一土膏行成立后,收归公营,按月销量四百余两,并在赤石、兴田、五夫、星村设分销处及代理店。二十六年十二月省令撤销分销处代理店,改办烟民限戒管理所十分所,分配城厢、赤石、大安、五夫、星村、兴田、澄浒、黎源各地。至二十九年六月烟民均已戒断,土膏店限戒所一律撤销。六烟毒案□之处理。县长兼军法官,系根据民国二十五年三月十八日军事委员会公布县长兼办军法事务暂行办法之规定。本县二十七年以后凡缉获贩卖烟土、私设烟馆供人吸食及重吸案件,概由兼军法官分别审理呈报。"③民国《崇安县新志》中关于戒毒举措的记载,也是这一时期福建地方志中最为详尽的史实文字。

---

① 道光《厦门志》卷十五,《风俗记》,清道光十九年刊本。
② 民国《云霄县志》卷四,《地理下·风土·谕禁》,民国三十六年铅印本。
③ 民国《崇安县新志》第十卷,《政治·民政》,民国三十年铅印本。

此外,一些地方乡绅也以不同的形式进行禁烟禁毒的尝试。如民国《顺昌县志》记载士绅高世恩:"字辰光,天资聪颖,髫龄应试辄冠童军,旋食廪饩。胞伯凌斗故乏嗣世恩承祧,丧葬一如生父,族伯西航器重之。然生平惟德是尚,观其貌若无能人,然所友皆端人正士。光绪三十年与族兄鱼门等改书院设小学校,士多利赖。嗣举为农会教育会会长,县令委兼禁烟公所所长。城内间有私卖烟土者,遂请县将店标封。是时曾炳辉在偏隅集党为匪,拟引其匪股攻城以泄标封之愤,世恩乘其事未举,先率农团团丁同军队痛剿。不惟鸦片肃清,匪风亦借以敛戢。"①再如民国《闽侯县志》记载士绅王仁堪:"字可庄,号忍庵。祖庆云,工部尚书,自有传。仁堪,同治十三年由举人考取内阁中书,光绪三年一甲一名成进士,授翰林院修撰。……尊学校重岁贡以劝来学,戒鸦片以作士气,皆手定程式,移书巡抚以次酌行。而于鸦片之禁,尤所锐意。定诸生互结之法,立一年革除之限。有违禁吃食者,校官籍其名以闻,或匿不举则严檄责之。"②

清代后期以至民国年间福建各地有社会责任感的地方政府以及地方士绅、民众,以各种不同的形式开展禁烟禁毒活动,这种凝聚社会各阶层力量来推进禁烟禁毒的行为,是很值得我们今天记取的。

三、清代民国年间福建民间乡族在禁毒运动中的作用

福建是一个民间乡族组织及其社会影响力比较厚重的地区。学者们对福建的民间乡族组织及其社会影响力做出了诸多的深入研究。傅衣凌先生曾经指出:"我国南方的开发,更是由于中原民族的几次南下,他们每每统率宗族乡里的子弟们一同移徙。在当时的困难的交通条件下加强了相互扶助,巩固了血缘关系。当其在新垦地定居下来的时候,又为着从事生产,防御外来者的侵入,常采取军事的组织,所以中国的聚落形态,其名为坞、堡、屯、寨者,无不带有浓厚的军事的、战斗的性质。在这屯堡之中,有的为一村一姓的村落,也有一村多姓的村落,他们构成为相当牢固的自足自给的乡族组织,用家族同产制,或乡族共有制等形式,占有大量土地,役使乡族中的被压迫农民,从事耕作以及其他的经济活动。因此,在这村庄之中,乡族关系成为他们结合的纽带,具有支配一切的绝对权力。"③

清代后期以至民国年间福建地方政府的禁烟禁毒运动,也根据福建民间社会乡族组织的这一特征,充分利用民间乡族组织及其势力的影响力,委任"族正""族

---

① 民国《顺昌县志》卷十八,《列传》,民国二十五年铅印本。
② 民国《闽侯县志》卷八十三,《循吏五上》,民国二十二年刊本。
③ 傅衣凌:《明清农村社会经济 明清社会经济变迁论》,中华书局2007年版,第221-222页。

副"等民间实权人物,来推进禁烟禁毒运动。如早在清代嘉庆年间,当地政府就在该县各地设立"族正族副",责令专门负责地方社会的治安管理、民风端正以及禁绝种种不法行为等事务。嘉庆《云霄厅志》记述此事云:

> 谕云霄六十保一十三村族正族副薛凝度,照得本分府莅任云霄,下车伊始,即访得岳坑、洋下、陈岱、岜屿、梅安、莆尾、何地、陈旗、白塔、醮尾、荷步等各保,强悍成风,不遵理法,差票拘传抗不到案,负嵎山海,积习相沿。本分府既恶其悍,复悲其愚,所以肩舆亲历各乡,沿途劝谕,顺便察访擒拏地棍。劳该各保绅士民人设立香案,具衣冠出保远迎,并洁清房舍,致送食物,虽本分府廉隅自矢,未许存留,是该保亦知尊亲也。白叟在前,黄童在后,是该保亦知长幼也。有举贡、有生童,是该保亦知读书也。天下岂有读书明理之人,而其自蹈法网?不过烟户,既多贤愚不一,偶有一二莠民,家长不能约束,致使相习成风,遂成强悍之俗耳。今本分府到此,与尔众绅士民人共议,每乡佥举设立族正一人、族副一人,饬令该族正副每房设立房长一人,令族正副约束各房长,令各房长约束各房子弟,将禁令各条开列于后,如各房子弟有不遵理法,干犯禁示者,即房长惩治之;如子弟不遵房长约束,即由房长禀知族正副惩治之。如仍不遵族正副约束,即由族正副督同房长缚送禀明本分府惩治之。务使痛改前非,安分自守,一洗从前互乡之名,无负本分府与人为善之意。如有扶同狥隐、袒纵不举,以致控告到官,则本分府惟族正副是问,令其将滋事之人缚送到官。如敢仍前抗违,本分府定不能稍事姑容,必痛行惩办。本分府奉命分守是邦,尔等抗违本分府禁令,即干犯朝廷法纪,本分府会营亲率兵役到地围捕滋事者。既法无可贷,狥隐抗违者亦情无可原,逐户拘人,按名捆缚。尔等其能以一村之众抗拒官兵否乎?本分府言出法随,无谓不教而诛也。此谕。计开示禁:勾通洋盗、济匪消赃、械斗、服毒自尽、移尸索诈、掳人勒赎、花会、宝场、宰牛。此条据云霄人称云有三处:岳坑、下坂,其一则陈岱也。该三处家长尤宜严查禁绝溺女、鸦片、夜戏。①

在福州府长乐县梅花镇地方,现存道光年间编撰《梅花志》,其中载有这里数十姓乡族共同设立"乡约所",并且订立乡规的事情略云:

> 古者五族为党、五州为乡,睦姻任恤之休,由来尚矣。降至后世,生齿日繁,箕

---

① 嘉庆《云霄厅志》第三卷,《民风》,民国铅字重印本。

毕情好各异,大家巨族作福作威,小姓寒门畏首畏尾,遂使正道不行,竟凌日起,求其相保相爱敦亲逊之风、表仁里之誉者,盖亦罕矣。吾梅一乡列姓数十,间有奸顽好利之徒,或诡计挑唆,或横行吓诈,或貌为洽比以煽诱,或托为公言以指持,有一于此里闬靡宁。爰同各姓尊长朔望集诸子弟于乡约所宣讲《圣训》、《广训》,申明乡规条约,蔼然怡然,父与父言慈,子与子言孝,兄与兄言友,弟与弟言恭。毋恃富以欺贫,毋倚贵以凌贱,毋饰智以惊愚,毋借强以欺弱。十甲数百家,家家可喻;一族数十户,户户可风。则家室和平,风俗淳厚,古道岂不可复哉?倘以侮慢而违仁厚之风,以偷薄而亏协和之理,古道不行,即公理之不恕也。爰有规条开列于左。

一、吾梅列姓浩繁,良莠不等,兹编为十甲,每甲举齿德兼优一人为长,举晓事秉公一人为董事,才干者二人副之。十甲之中互相劝勉,倘有不肖匪徒,公同捆送究治。或无辜被陷,公呈佥保。其有踪迹不明新迁居住者,立即驱逐出境,所以靖乡闾而免株连。……

一、奸宄不法之徒,阴谋肆毒,平地生波,甚至买命服毒希图倾陷,此种恶习,贻祸甚巨,以后如遇此等情事,即公呈佥究以保无辜。……

一、花会、牌九等项赌博,大为风俗之患,毋论破人家屋,而令男女癫狂,流毒何堪胜道?以后乡内如有棍徒仍前开设,地澳保不即具禀,定即佥呈并究。……

一、乡内有卖食鸦片、游手赌博、嗜酒斗狠等习之人,以后务各自新。倘劝谕不悛者,佥究。……①

从以上的资料可以看出,无论是地方官府,还是民间乡族,他们对于鸦片等毒品的泛滥,都是深怀痛恨和警惕的。因此他们或责令民间乡族予以督查管控,或是民间自发订立乡约条规,禁止毒品的泛滥与吸毒者的蔓延。这些措施,同样对这一时期的禁烟禁毒产生了一定的推动作用。

清代后期以至民国年间福建的禁烟禁毒虽然取得良好的成效,成为当时国内禁烟禁毒的先进省份,但是这一时期毕竟是半封建半殖民地时代,许多良好的有助于国计民生的政策推行经常受到各个方面的阻碍和破坏,所以这一时期的禁烟禁毒运动进展是相当艰辛的。如上引得民国《崇安县新志》中所载:"入民国后,军阀利用烟苗捐为饷源,烟毒复炽。"再如民国《建瓯县志》中所记载民国十年(1921年)该县得禁烟,"十年……五月间,临江门河岸一带有北兵勾串水上警察包卖鸦片,经管文德破获,旋被北兵殴辱,电请省长惩办。十一年八月粤军许崇智入闽路经上游,兵士率多吸烟。十二年周荫人来闽收取鸦片捐,准人吸食,领戒烟证,分甲乙丙

---

① 道光《长乐梅花志》不分卷,《乡规二十二条》。

丁四班税率,并按乡勒令下种烟苗,名曰田亩捐,每亩四元。"①等等无视法规的行为导致禁烟禁毒行为受到很大的破坏。而只有到了1949年中华人民共和国成立之后,政治和社会环境彻底改善,党和国家雷厉风行、严惩不贷,延续了一两百年的鸦片毒害才最终得到根本的遏止。社会制度的不同,是禁烟禁毒运动能否成功的根本所在,这一点,我们是无论如何不能忘记的。

---

① 民国《崇安县新志》第十卷,民国三十年铅印本;民国《建瓯县志》卷十八,民国十八年铅印本。

中国式现代化视域下高校禁毒文化构建研究
——以厦门实践为例

洪苇*

一、引言

作为国家建设和社会发展的生力军,高校学生正处于人生的成长关键期,崇尚自由、追求个性并渴望尝试新事物,但缺乏社会经验,价值观尚未定型,自我保护意识和防范能力不足,极易遭受不法分子的诱骗与控制。根据《2022年中国毒情形势报告》显示,全国多地出现青少年群体滥用"笑气"、依托咪酯等未被纳入列管物质情况。[①] 面对花样层出不穷,伪装性和诱惑性极强的新型毒品,高校学生因缺乏毒品认知、好奇新事物、同伴不良诱惑、学业就业的心理压力种种原因,极易成为毒品"易感人群"。因此,高校学生的识毒、防毒、拒毒能力的培养仍然是国家禁毒战略的重中之重。

文化是一个国家的灵魂,一个民族的基石。同样地,禁毒文化在禁毒工作实践中占据着顶层设计的核心地位,与诸如法律和医药等传统行业领域的禁毒形式截然不同。在新时代背景下,构建正面、积极的高校禁毒文化,以向上的主流文化对抗毒品亚文化的侵蚀是高校作为文化育人的重要阵地创新探索禁毒工作高质量发展的必由之路。本文首先介绍了中国高校禁毒文化构建现状,并以厦门实践案例介绍高校禁毒文化构建的创新模式,为构建具有中国特色的高校禁毒文化体系提供厦门经验及启示。

---

* 作者简介:洪苇,女,厦门大学哲学系博士研究生。
① 自2023年10月1日起,依托咪酯已被纳入列管物质目录,但仍持续有不法分子将其伪装成电子烟等售卖,伪装性和诱惑性极大。

二、高校禁毒文化构建现状

(一)禁毒文化及其功能

现代汉语词典在广义上将文化定义为人类在社会历史发展过程中所创造的物质财富和精神财富的总和。[1] 作为社会意识形态而存在的文化概念是近现代中国学者对文化概念的讨论重点。任鸿隽认为文化是人类生活的样子和态度。[2] 胡适也视其为"文明所形成的生活的方式"。[3] 孙本文将文化看作一种复杂的整体,包含一切"有形的实物"与诸如信仰、艺术、风俗等无形的事项、从社会中习得的"做事能力与习惯"。[4] 李醒民则概括文化定义为"种族的、宗教的或社会的群体的生活形式""是进化的、历史的、社会的产物",因而文化是一种后天习得的人类创造物。[5] 结合诸文化概念探讨,禁毒文化是人类文化形态和重要构成要素之一,是禁毒相关个体在实践中自觉或不自觉遵循的生活形式和生活态度。

研究禁毒文化首先需要注意将其与"文化禁毒"理念区分。禁毒文化是一种广义的概念,涵盖与禁毒相关的一切文化现象和实践活动,强调在全社会范围内形成对毒品的共同认识和抵制态度。禁毒文化包括制定法律法规、颁布政策制度、创建基础设施、进行宣传教育、开展文化活动等多种手段和途径。文化禁毒则是一种具体的实践策略,利用文化的渗透力和影响力,形成特有的禁毒文化价值观与文化氛围,即通过将禁毒宣传教育工作与中华传统优秀文化和地域文化紧密结合,开展具体的丰富的文化教育活动,促进禁毒宣传教育形式的多样化和内容的本土化。[6] 可见,文化禁毒是禁毒文化构建过程中的重要环节。

中国古人早在《易·贲》中便已发现了文化的教化力量和功能,"观乎天文,以察事变;观乎人文,以化成天下"。[7] 禁毒文化的基本功能正是在于对人进行引导、教化、熏陶、塑造和振奋,通过文化的力量营造对毒品零容忍的氛围,预防毒品滥用和犯罪行为的发生。禁毒文化的基本功能和高校的育人功能完美契合,是高校禁

---

[1] 罗琦、周丽萍:《新编现代汉语词典》,吉林大学出版社2003年版。
[2] 任鸿隽:《科学与近世文化》,《科学》1922年第7期。
[3] 胡适:《我们对于西洋文明的态度》,《东方杂志》1926年第17号。
[4] 朱谦之:《文化哲学》,商务印书馆1990年第1版,第3页。
[5] 李醒民:《科学的文化意蕴——科学文化讲座》,高等教育出版社2007年版,第6页。
[6] 莫关耀、罗羚尹:《"文化禁毒"之创新路径探索——以佛山实践为例》,《云南警官学院学报》2021年第4期。
[7] 王弼注,孔颖达疏:《周易正义》,北京大学出版社1999年版。

毒文化得以构建的基本前提。禁毒文化在高校的功能发挥具体表现在以下几个方面。其一,思想引领功能。通过占领高校思想文化阵地,宣传禁毒新理念,厚植禁毒文化精神,重塑价值观念。禁毒文化传递的正能量,尤其是禁毒志愿服务所倡导"无私奉献、团结友善、相互帮助、携手进步"精神,与社会主义核心价值观的核心理念深相契合。在引导高校学生坚定防毒拒毒思想,树立远离毒品的坚定信念的同时,也引领着其逐步养成并主动践行社会主义核心价值观。其二,实践育人功能。人既是文化的缔造者,同时又是其自身所创造文化的产物。高校禁毒文化能极大激发高校学生的责任心和使命担当,从被动的"要我禁毒"走向积极主动的"我要禁毒",使其成为全社会禁毒事业的生力军。

总之,高校禁毒文化旨在利用其思想引领和实践育人功能,从文化层面潜移默化影响学生的价值观、是非观、思维方式及心理素质,以提升学生自觉抵制毒品的意识和能力,有效杜绝毒品在高校内部的滋生和蔓延,同时培养一批高水平防毒禁毒生力军,助力新时代禁毒工作高质量发展。

(二)高校禁毒文化构建基本模式

目前,全国高校禁毒文化构建主要以有机结合思政教育,融合创新多样禁毒宣教活动和载体,构建高质量禁毒志愿者队伍与开放和多元的交流合作机制,以及完善健全的管理机制为基本模式。通过充分利用高等院校的高等教育资源和师资优势,构建个人、院系、社团、学校等多层次的高校禁毒文化格局,打造各具特色的禁毒文化品牌。

首先,高校禁毒文化构建与思政教育紧密结合,将毒品知识和禁毒理念等内容融入思政教育。在"大思政"背景下,思想政治教育需要贯穿于高校理论教育、日常实践,以及学习的每一个角落。通过两者紧密结合,强化禁毒文化的基本功能,使学生不仅能够深刻理解和内化习得的禁毒相关理论知识,还能在学习和生活的实践中将这些知识转化为具体的行动,形成教育合力,共同推进高校禁毒文化的构建与育人工作的协同发展。全国不少高校已将禁毒教育纳入教学计划,例如纳入《形势与政策》必修课,教学内容包含常见及新型毒品知识,吸毒对个人、家庭和社会等的危害,国家关于禁毒方面的法律法规等专业知识,涉及预防医学、法学、心理学等广泛学科领域,逐渐形成课程化、常态化和系统化的具有跨学科性质的禁毒教育体系。

其次,高校禁毒文化构建是在应用传统宣教模式的基础上,突破创新出多元化的禁毒题材内容和活动形式,形成并推广独具特色的禁毒文化品牌。除开举办主题班会、禁毒辩论赛、演讲比赛、禁毒知识竞赛、参访禁毒教育基地、观影等传统宣教活动外，运用文学、艺术及社会实践等多种形式，结合高校各自专业特点和办学特色，积极创新多样化的禁毒文化作品。这种多元化的呈现方式能增强文化的吸引力和感染力，不仅可以灵活吸引不同文化爱好的青年大学生参与创作，还能让他们更深入地了解和认同禁毒理念。

在载体上，同样呈现传统与现代手段融合应用的模式。通过整合广播站、宣传栏、标语、展板、手册、禁毒基地等传统校内宣传资源，与微信、微博、抖音等新媒体平台结合，实现禁毒信息在校园范围内精准推送和全面覆盖，让禁毒文化如春风般潜移默化地影响大学生，并渗透到整个校园生活中。同时利用现代科技手段，例如3D投影技术、虚拟现实VR技术、互动体感技术、全息影像技术等高科技手段，通过交互式和情境式体验，提升禁毒文化活动的趣味性、直观性和互动性，使高校学生在好奇探索中学习和感受禁毒文化。

另外，打造高质量禁毒志愿者队伍是高校禁毒文化构建的重要环节。参与禁毒志愿组织是高校学生将禁毒理论知识与实践活动深度融合的有力途径。各高校依托本校专业设置特点及强势学科，组建具有高水平专业背景和独特风格的禁毒志愿者团队，招募和培养优秀大学生禁毒讲师，同时利用自身的专业优势，创新禁毒预防宣传手段，如中文系同学撰写禁毒微小说、表演系同学制作禁毒话剧、音乐系同学创作禁毒歌曲等。

同时，构建开放和多元的交流合作机制是深化禁毒文化构建的有效手段。不仅是加强校内各部门间的协同合作，更是推动校际间的深入交流。各友校在专注自身禁毒文化品牌发展的同时，也需要积极组织关于高校禁毒文化构建研讨交流、专题沙龙等活动，分享经验、互补优势，共同提升禁毒文化的内涵和质量。交流合作机制还包括充分利用社会资源，通过与地方禁毒相关部门、组织、机构有机配合，开展进学校、进社区、进企业等宣讲活动，增强高校禁毒文化的广泛影响力；同时对高校学生志愿者及禁毒讲师进行专业且系统的培训，强化其综合素质和独立组织及实施禁毒教育活动的能力，使其成为校园内核心的禁毒宣传力量。

最后，健全的管理机制是保障高校禁毒文化构建科学性基础。高校禁毒文化的构建是一项科学且系统的工程，它强调文化的深厚积累与系统的规划布局，需将短暂的、零散的禁毒文化活动培育为具有可持续影响力的禁毒文化品牌。因此，有必要在制度层面建立健全的管理机制与评价激励机制，通过明确的活动管理流程和责任分工，完善的考核监督制度，确保经费和相关环节的顺畅运行，为创新高校禁毒文化构建提供坚实的保障。

然而，目前的高校禁毒文化构建重心集中在禁毒宣教工作上，同时由于课时数量不足、形式化和单一化宣传、教学内容时效性低等问题，部分高校同学对参与禁毒宣教活动和加入志愿者队伍积极性低,尚未觉醒强烈的禁毒意识和具备内化于心的禁毒文化精神,不利于推进高校禁毒文化构建进程。近年来,厦门在健全基本模式的同时,创新打造禁毒文化现象和实践活动,将重心扩展到毒品治理体系前沿诸方面,利用高校教育、人才和智力优势全面筑牢青少年毒品教育的最后一道坚固防线,遏制毒品在高校中的蔓延势头,为高校禁毒文化构建和禁毒工作高质量发展注入强大动能。

三、厦门构建高校禁毒文化特色实践

(一)健全高校禁毒文化构建基本模式

厦门充分发挥高校文化教育的主渠道作用,坚持集中式与常态化禁毒宣教相互结合,实现全方位、广覆盖、高时效的高校禁毒宣传教育。学校既是青少年思想道德教育的重要场所,也是禁毒预防教育的主要阵地。厦门各大高校皆将毒品预防教育纳入了教学计划。自2015年起,按照《全国青少年毒品预防教育工作规划(2016—2018)》的要求,全市大中专院校的新生在入学后和毕业前两个重要节点都需要接受一次集中的毒品预防教育。此外,从2019年开始,每年"6·26"全民禁毒宣传月期间,厦门各大高校配合厦门市及各区禁毒办开展形式多样的宣传教育。同时,厦门高校将禁毒预防教育贯穿于学校的常规教育中,与学生的日常思政教育相结合,以确保禁毒教育贯穿于学生的整个学习生涯。2023年起,由厦门市禁毒办牵头研发的禁毒标准化课件已在厦门大中专院校中进行试用,并逐步推广应用至全市高校日常禁毒教育课程,同时根据学生反馈及全市禁毒形势进行持续更新与研发。禁毒标准化课件的研发、更新与应用为厦门高校禁毒教育提供了明确的内容和方向。这些课件涵盖了毒品的定义、分类、危害、全球毒品市场状况、禁毒政策与法律法规等来自多个学科领域的知识,确保了禁毒教育的系统性和全面性。这种集中式与常态化禁毒宣教相互结合构成的长效宣传机制不仅增强了学生毒品预防教育的专业性、精确性和实效性,还为高校禁毒文化成为校园主流文化打下了思想和价值观念的基础。

厦门充分发挥高校在毒品预防教育方面的智库作用,高校学子通过积极结合自身专业优势,创造出一系列创新毒品预防宣教手段和活动,并组建起高质量的禁毒志愿者队伍,为禁毒人民战争贡献青春力量。高校学生既是毒品预防宣教的重点对象,作为国家活力与创造力的代表,他们也是毒品预防宣传教育的主力军。2019年3月,在厦门市禁毒办、厦门市教育局及集美区禁毒办等的组织牵头下,厦门市集美区成立了由华侨大学、集美大学、厦门理工学院等多所高校组成的全省首个高校禁毒联盟——集美区高校禁毒联盟,并组建集美区高校禁毒联盟志愿者队伍。联盟采用"一校一品,校地联动"的工作模式,鼓励各校学子结合专业特色和地域文化及资源优势,设计开发出一系列具有专业特色的禁毒宣传活动。例如,福州大学厦门工艺美术学院突出美术专业优势,设计《陈嘉庚先生的禁毒故事》等禁毒绘本,并联合联盟其他高校组建禁毒绘本宣讲团队"青罂志愿服务队",走进后溪镇乡村及学校,通过情景演绎和美育向青少年开展绘本禁毒宣教;厦门理工学院利用强势的影视传媒专业创作微电影、短片及有声剧等优秀禁毒视频,其中《归途》系列禁毒短剧已于 2023 年 3 月上线"厦门禁毒"公众号;厦门医学院则从医学和生物学的学科角度打造"禁种铲毒"的禁毒科普宣传路径。这些活动通过调动青年大学生的智慧与自身专业优势,不仅增强了学生参与禁毒宣教工作的热情,也有效提升了禁毒宣传的科学性、针对性和实效性。

此外,自 2019 年起,每年"6·26"全民禁毒宣传月期间皆会举办集美区高校禁毒联盟创意大赛,截至 2023 年共成功举办五届大赛。在各联盟成员学生智力参与下,五年来共创造出禁毒密室逃脱、禁毒迷宫、禁毒飞行棋、禁毒微电影、禁毒绘本等 200 余件优质文创作品,成为集美区高校禁毒文化的创新载体,并通过联盟禁毒志愿者队伍"禁毒暑期三下乡"等活动输送、辐射至高校周边社区、乡村、学校,形成了共建共享的禁毒文化氛围。特别是在 2023 年,第五届大赛将参与群体升级至全市各大高校,进一步扩大了比赛的影响力和参与度,其中由厦大学子原创的 AI 禁毒作品《恶之花》获优秀奖,并登上"中国禁毒"的新媒体平台。2023 年 12 月,集美大学学生邢思尹因其在禁毒志愿服务中的突出贡献荣获共青团中央第十四届"中国青年志愿者优秀个人"称号,她的故事是厦门构建高校禁毒文化特色实践的缩影和亮点,即立足于高校在专业领域的人才、智力和教育资源等优势,不断完善健全高校禁毒文化构建基本模式。

(二)探索高校禁毒文化构建创新模式

高校学生相较于中小学生,拥有更高的知识层次和研究能力,这为他们深入参与高校禁毒文化构建提供了坚实的基础。高校禁毒文化的基本模式实践显示,通过"主动参与式"培育形式,调动和鼓励高校学生利用自身专业特长参与禁毒文化作品和活动的设计与实施,能够极大提升其认同感、参与度和积极性,"沉浸式"深化学子的拒毒防毒意识,从而有效实现高校学生在禁毒预防宣教层面从消极被动到自觉主动的角色转变。厦门在此基础上创新高校禁毒文化构建模式,进一步挖掘与利用高校的主渠道作用和智库作用,延伸了高校学生参与高校禁毒文化构建的层次。

2021年，集美区禁毒协会与集美大学、厦门城市学院等来自集美区高校禁毒联盟的专业智库建立紧密合作，聚焦禁毒教育、戒毒帮扶、社会融入等"禁毒治理现代化"问题深入开展社会调研，以期提炼并推广优秀的志愿服务经验。同时，建立了福建省首个校地合作的禁毒科研基地——集美区禁毒教育科研基地。这一基地的设立，不仅加强了禁毒宣传教育的力度，也为高校学生参与禁毒相关课题的深入研究提供了强有力的智力支持与设施基础。

2023年，厦门市禁毒委与厦门大学正式签署为期五年的战略合作协议则标志着厦门探索禁毒文化构建创新模式发展的里程碑。作为全国知名综合类双一流985高校，厦门大学与厦门市禁毒委此次战略合作为高校学生参与高校禁毒文化构建提供更加高层次、高水平的创造空间和资源条件。目前，厦门大学哲学系、社会与人类学院、环境与生态学院、化学化工学院和法学院等多个院系的师生已经就禁毒文化研究、禁毒工作社会化创新实践、污水测毒技术、拉曼光谱技术应用及特区禁毒立法等八个"毒品治理现代化"前沿领域，通过禁毒学术交流、研究项目及专著论文的撰写，以及禁毒科技装备设施的研发等手段，与厦门市禁毒委展开深入合作。例如，在人文社会科学领域，厦门市禁毒委与厦门大学哲学系合作项目《厦门禁毒志研究》深植于文化哲学的视角，对厦门禁毒工作情况和成果进行全面梳理。这一综合性研究领域汇集了多学科的知识与智慧，旨在精确且客观地描绘厦门禁毒工作的全貌，以期能够更深入地理解禁毒工作的复杂性，为毒品治理现代化提供有力的理论支撑；与厦门大学法学院的合作则共同推进了《厦门经济特区禁毒条例》的立法进程，该条例最终于2023年10月24日经厦门市第十六届人民代表大会常务委员会第十五次会议通过，且已于2024年1月1日正式施行。自然科学领域的合作则致力于利用科技创新为实际禁毒工作提供技术支持，为科学评估厦门地区毒情态势提供有力依据。

厦门的创新模式将高校禁毒文化构建从聚焦于预防宣教层面延伸至毒品治理的多个层面，高校学生在参与毒品治理研究过程中自然而然将毒品知识、禁毒理念等内容内化于心并应用于研究实践中，不仅培养了高校学生学术和实践有机结合的能力和水平，还为高校禁毒文化构建提供了内在动力。

四、结语

厦门构建高校禁毒文化特色实践丰富了高校禁毒文化的内涵，提升了高校学生识毒、防毒、拒毒能力，营造了抵制毒品的良好校园氛围，推动了具有中国特色的高校禁毒文化体系构建的进程，同时激发了高校学生参与高校禁毒文化构建的主人翁意识，使之成为推进毒品治理体系现代化的生力军，还促进了高校与社会之间的禁毒文化资源整合与交融，增强了高校禁毒文化的宽领域、深层次辐射能力，为新时代禁毒工作高质量发展提供强大的智力和文化支持。

厦门构建高校禁毒文化特色实践显示，要重视主流文化的强大功能以及高校作为文化教育与智力支撑阵地的双重身份，既以文化人，又充分发挥智库优势，完善基础构建模式同时积极探索创新发展的新路径。同时，高校学生在禁毒文化构建中同样具备多重身份，既是参与者，也是受众者，还是传播者。"主动参与式"培育形式相比传统方法更能激发高校学生的主人翁意识，在接受高校禁毒文化熏陶引导的同时，积极主动参与高校禁毒文化构建，促进校地禁毒文化的融合。此外，高校禁毒文化构建离不开健全的相关机制，包括强化各级禁毒办的组织领导，明确其在协助高校构建禁毒文化中的职责，为校际间与校地间禁毒文化交流提供保障。最后，高校禁毒文化构建探索来源于对习近平总书记"走中国特色的毒品问题治理之路，坚决打赢新时代禁毒人民战争"重要指示精神的深刻理解与实践，是推动新时代禁毒工作高质量发展的必由之路，必须长期坚持探索下去。

文化自信指引下的禁毒文化 IP 塑造
——以"天下无毒"为例的实践与探索

胡骞骜*

习近平总书记在庆祝中国共产党成立95周年大会上指出,中国共产党人坚持不忘初心、继续前进,就要坚持"四个自信"即中国特色社会主义道路自信、理论自信、制度自信、文化自信。2023年10月7日召开的全国宣传思想文化工作会议,首次提出了习近平文化思想。从"四个自信"的提出到习近平文化思想的确立,体现了思想体系的一脉相承,是党在新时代文化领域中最新的理论成果,也为当前乃至今后的文化领域工作指明了方向。

禁毒工作是党领导的社会综合治理工作的重要组成部分,事关国家命运,民族兴衰,人民福祉。据《2022年中国毒情形势报告》指出,全国毒情形势整体向好、持续改善,毒品违法犯罪活动下降至近10年来的最低点,毒品供应、毒品消费和毒品滥用规模持续减少。[①] 同时指出,我国禁毒部门将针对新形势,研究新问题,推出新战法,积极推进毒品治理体系和治理能力现代化,着力推动禁毒工作高质量发展,巩固拓展全国禁毒斗争形势整体向好态势,全力夺取新时代禁毒人民战争新胜利。

近年来,各地采用多种方式因地制宜推进禁毒戒毒工作,取得的成效显著。面对新形势如何巩固深化,从"治已病"到"治未病",大力加强预防工作,特别是如何从"文化自信"的高度来认识并建构禁毒文化的 IP,是一个值得探讨的问题。

一、党的百年禁毒史给予的现实启示

唯一以鸦片命名的战争发生在中国,这既是清政府国力式微的结果,也是近代

---

* 作者简介:胡骞骜,男,上海市戒毒康复中心党委书记、主任。
① 截至2022年底,现有吸毒人员112.4万名,同比下降24.3%;戒断三年未发现复吸人员379万名,同比上升11.4%;新发现吸毒人员7.1万名,同比下降41.7%。现有吸毒人数连续5年下降,戒断三年未发现复吸人数连续10年上升。

中国史屈辱的开始,更是文明蒙尘、国家蒙辱、人民蒙难的悲惨历史。此后无数仁人志士寻求救亡图存的道路,寻找各种主义,试图挽救国运。"江山就是人民,人民就是江山",1921年中国共产党登上了历史舞台,开启了拯救中华民族存亡的新道路。而关于禁毒事业,从党诞生之初就时刻以人民为中心,开展不懈的禁毒工作,党的百年禁毒史其中所蕴含的禁毒文化,给今天的我们至少带来三个方面的现实启示。

启示一:深厚的历史底蕴,厚植民为邦本的执政智慧

早在党的二大宣言中就指出"帝国主义列强侵略中国开始于一八三九年英国舰队的攻击。这次攻击实是资本主义最著名的卑污强盗行为,因为他的起因是由于英国政府和商人要强迫把鸦片毒害中国民众。"1927年《湖南农民运动考察报告》指出,"共产党领导农会在乡下树立了威信,农民便把他们所不喜欢的事禁止或限制起来。最禁的严的便是牌、赌、鸦片这三件事。"1929年7月,《中共闽西第一次代表大会关于苏维埃政权决议案》规定,禁绝烟赌是苏维埃政权的工作之一。1935年遵义会议期间,工农红军总政治部向部队各级政治机关颁发关于地方工作的指示信中指出,在策略上应该"明白宣布苏维埃对于鸦片的态度,指出鸦片是帝国主义军阀对于群众的麻醉与剥削","劝告群众不吸鸦片,以健康身体增加生产,号召群众起来反对强迫种烟与勒受烟税的国民党军阀"。

仅上述例举的小部分内容,就可显见我党早期的施政纲领和策略中,始终以百姓的福祉和健康作为出发点,都涉及禁烟禁毒的工作内容。背后蕴含的是"民惟邦本,本固邦宁"的民本民生理念,即使在遵义会议决定党的前途命运最为关键的时候,仍然在苦口婆心劝戒群众爱惜身体,不吸鸦片,而这也是我党得民心的真正所在,更是红色政权最终建立的本源所在。

启示二:优秀的文化传承,培塑创新发展之动力

毒品问题由来已久,治理过程中除了汲取中华优秀传统方法,创新发展同样重要,尤其在法律制度层面,我党善于从优秀传统法治文化中吸取宽严相济的政策,同时又给悔过者以出路,做到了明正典刑,纲举目张,纳管有序。如1931年5月19日颁行的《赣东北特区苏维埃暂行刑律》是我党历史上首次把惩治毒品犯罪列入刑事法律之中。其次,在群众宣传层面,党组织发动群众用通俗的表现形式进行禁毒宣传,如1934年川陕巴中县委编写的《戒烟歌》、新四军沿江行政办事处的禁烟布告等等。其三,在戒毒康复层面,如1938年上海青浦第七区人民抗日民主政府针对吸食鸦片者生理现象,总结经验创新发展出戒烟戒毒的"两桶政策"效果明显。

可见中国共产党人不仅善于发现问题,更善于用智慧的方法,群众的方法,创

新的方法来解决烟毒问题。契合了"我们不仅善于打破一个旧世界,更善于创造一个新世界"的无产阶政党的历史使命。

启示三：卓越的价值追求,构筑人类命运共同体的宏愿

正如党的一大纲领所展示,中国共产党人自始就以"天下"为己任。1985年我国就加入了经修正后的《1961年麻醉品公约》及《1971年精神药物公约》;1987年中美两国政府签署《中美禁毒合作备忘录》;2014年,国家禁毒委承办东亚次区域禁毒谅解备忘录第一届缉毒执法会议;2016年世界毒品问题特别联大会议召开,中国代表团出席并发表讲话。值得一提的是,早在1952年中国就是人类历史上第一个实现无毒的国家,新中国仅用三年的时间就将毒品基本禁绝了,解决了为患百余年的鸦片之祸害,创造了举世公认的奇迹。。

可见中国共产党始终心怀天下,身体力行,用实际行动体现一个大国的担当,始终为全球毒品治理提供自己的智慧。

二、"天下无毒"禁毒文化IP的创设与实践

笔者认为在广泛的禁毒工作实践中,需要一个具备视觉识别[①]功能的禁毒文化IP,能够使受众一目了然地感知到"是什么,为什么"。

(一)创设路径

上海市戒毒康复中心(以下简称"中心")作为自愿戒毒机构,承担以下工作:一是上海市自愿戒毒的康复管理工作;二是禁毒戒毒理论研究工作;三是禁毒宣传教育工作。中心在与上千名康复学员及其家属沟通的过程中,发现几乎所有的人都表达出"被毒品害了,早知道害人不浅,不碰就好了,一个家里没有毒品就是福"的心声,人民群众祈福的心愿启发了我们。

中华民族福文化源远流长,《尚书·洪范》中载"五福:一曰寿,二曰富,三曰康宁,四曰攸好德,五曰考终命。"随着时代发展,福文化的思想内涵在社会变迁和发展中焕发出新的活力,践行着中华优秀传统文化的当代意义与价值。据此,我们充分考量后认为,在传统文化IP中,"福"文化的IP最能够跨越民族和文化鸿沟,被社会大众认可,完全可以进行多元创作,加入适当的元素成为禁毒行业新的文化IP。

---

① 视觉识别系统(Visual Identity,简称VI)是运用系统的、统一的视觉符号系统。视觉识别是静态的识别符号具体化、视觉化的传达形式,项目最多,层面最广,效果更直接。

创设路径步骤一：解构"福"字，形成"无毒"福的视觉识别

中心从人民群众的朴素价值观幸福感出发，从禁毒的行业特点出发，解构"无毒"福，从福的构字予以解析，运用行草书的创作方法，将"福"字演化为"无毒"二字。

创设路径步骤二：建构"天下无毒"视觉识别

"天下观"的内涵可谓仁者见仁，智者见智，中心注重体现的是在地理空间之上"天下一体，同体共运"的哲学思辨层面。具象展示的方式以中国传统汉印为载体，章面以小篆"天下"加解构后的"无毒"福共同构成，读作"天下无毒天下福"。详见图1：

图1

（二）元素内涵

1. 取法汉印在禁毒领域的含义

汉印的基本风格和特点是"平整端庄、规矩变化、浑朴自然"，古人以印信作为交易、文书的凭证，同时也是立信于世，立信于人的象征所在。中心寄希望于曾经受毒品困惑的人，在戒毒成功后能牢记自己的承诺，取信于曾经关心自己的人。

2. 取法小篆在禁毒领域的含义

小篆是秦始皇统一中国后，在秦国原来使用的大篆籀文的基础上，进行简化创制的统一文字的汉字书写形式。其字体藏头护尾，力含其中，凝练劲挺，圆健美观。中心寄含寓意是字如其人，以刚健挺拔的姿态成功戒治，重塑新生。而用于"天下"二字，取义是执中为要，兼容并蓄，海纳百川，表明中国的禁毒视野具备开放宏大的天下观。

3. 章面布局中的破残增损的含义

在整体章面分朱布白的应用上，字与字之间有破残，印周有增损的艺术处理痕迹,略带巧拙的韵味,艺术性得以直观体现。象征岁月绵长,也是比喻禁毒戒毒道路的艰辛与不易,其中既需要坚定的毅力,也需要经得起时间的考验,方能守正不移。

上述"天下无毒"禁毒文化 IP 完全取自中华优秀传统文化,具备了视觉识别的基本要素,将禁毒理念、愿景、中华文化特质等抽象语义转换为具体的符号概念,塑造出独特的禁毒文化形象。该设计于 2021 年成功获得中国版权保护中心作品著作权登记,原创性得到了充分认可,也是上海司法行政戒毒系统首个获得认证的禁毒文化 IP。

(三)上海戒毒的实践

禁毒文化 IP 的确立还仅仅是初步,需要在业态上有所体现。中心依托禁毒"朋友圈"不断扩大圈层,让更多的有识之士加入禁毒联盟中,有力推动"识毒、拒毒、防毒"禁毒认知的构建,走出了一条以"天下无毒"为主线的、与广大群众互动的禁毒文化传播之路。

1. 建成禁毒科普馆

中心始终牢记党对宣传思想文化工作的绝对领导,2021 年建党百年之际,编印了《大道之行,初心如磐——中国共产党领导下的百年禁毒掠影》。持续丰富收集有关素材,建成了系统内首个经科协认证的禁毒科普馆。同时根据《党史学习教育工作条例》的精神,永久展陈党的百年禁毒史有关内容,让每一个受众都能感受到我党在禁毒工作中的卓绝努力。

2. 持续策展禁毒文化特展

2020 年中心开展了题为"'天下无毒,七彩人生'禁毒文化特展";2021 年在玻璃宫艺术书局开展"天下无毒——党的百年禁毒史特展";2024 年开展"天下无毒,字 I 开始——626 国际禁毒日特展",受众达到近 10 万。中心尝试用多种视角体现禁毒的文化,帮助受众培塑树立无毒人生的正确观念。

3. 形成"天下无毒"系列文创

以"天下无毒"禁毒文化 IP 为主要 LOGO,中心开发了系列文创,涵盖了多个场景应用的方案,包括中国禁毒史(文档篇、器物篇、事件篇、人物篇为分类的)系列明信片、手机水晶贴纸、行李卡、香盒、文件袋、笔袋、无毒徽章、臂章、魔方、环保袋、天气预报球等等十余种文创,不少文创需要受众一起参与制作,深受广大群众欢迎。还在第三届国际禁毒论坛上予以展示,向参会的国际禁毒人士宣介"天下无毒"的理念。

4. 开发系列禁毒科普课程

传统的禁毒课程普遍带有填鸭式的表现形式,很难走进青少年心中,中心联合禁毒示范学校北桥中学,共同开发剧本类禁毒科普课程"迷幻派对",这一课程深受各中小学师生欢迎。同学们在角色扮演中体会毒品对人体的伤害,从而更加珍惜生命远离毒品。此外,从文化视角出发,中心还开发了"我们和毒品的距离"等沉浸式禁毒科普课程,其中"坚定文化自信,增强戒毒信心"获得司法部精品课程称号。

5. 主体参与式的禁毒文化创新

为激发青少年参与禁毒文化建设的积极性,中心先后与青浦团区委合作拍摄微电影《三打白骨精新传》,这一微电影荣获"防范青少年涉麻精药品等成瘾性物质滥用短视频征集活动(上海赛区)"优秀奖;开展"心中的无毒世界"海报绘画比赛,吸引了从复旦附属闵行实验学校的小学生到城建学院的大学生的积极参与,同时中心将获奖作品在上海虹桥站滚动播放,受众持续创造新高;中心还组织复旦附中的高中生"学雷锋"翻译小组一起翻译国际禁毒文献,寓教于学,让每个孩子在文化交融中感受中华文化自信的魅力。

三、中国式现代化对禁毒文化的应然期许

中国式现代化"具有人口规模巨大、全体人民共同富裕、物质文明和精神文明相协调、人与自然和谐共生、走和平发展道路"五个特色。各行各业都是其中的组成部分,毒品治理问题关系到国运发展,人民福祉,民族危亡,自当主动对照,寻求发展坐标,做到"明体达用,体用贯通",应然的期许之中包含如下五个维度考量。

(一)坚定党对宣传思想文化工作的领导,牢固树立社会主义意识形态

实践已经证明并将继续证明,中国只有在中国共产党的领导下,各项事业才能举旗定向,发展稳健,行稳致远。新时代牢牢掌握意识形态工作领导权是党管宣传、党管意识形态的必然要求,与建设具有强大凝聚力和引领力的社会主义意识形态是内在统一的。这是确保我们统一思想、凝聚力量,培养具有担当精神的民族复兴大任的时代新人的重要保障。

（二）充分认识到禁毒文化与亚文化博弈的长期性

1990年联合国就取缔毒品在纽约首次召开特别会议，然而到了2016年联合国召开的世界毒品问题特别大会不再提任何目标，可以看出国际组织在应对当前国际毒情变化方面无法形成统一的应对措施和目标。禁毒文化与亚文化将是长期博弈的过程，当前大麻合法化的浪潮在西方一些圈层文化活跃度很高，随着国际交流日趋增加，在此类问题上往往会首先触碰，而坚持"零容忍"的禁毒文化，是刻在每个中国人骨子里的基因，深重的历史烙印和屈辱的历史悲剧告诫我们必须以"零容忍"的态度对待禁毒。

（三）禁毒文化服务的公益性和标准化

始终把握住禁毒文化服务中的公益属性，避免商业化的炒作、渲染，特别是防止借用禁毒名义在所谓流量经济的影响下而变味跑偏，导致禁毒文化沦为敛财的幌子。此外，VI（视觉识别）是标准化的产物，也是禁毒文化公共产品在科技发展到一定时期的必然要求，应进一步重视禁毒文化在宣介载体上的标准化建设，使其逐步成为可复制、可推广、可借鉴的公共产品。

（四）持续增强对外话语的传播力、影响力

随着综合国力的显著提升，我国正逐步走向世界舞台的中央。从最初国际规则的参与者、倡导者，再到制定者，用我们的实践讲好中国禁毒故事，传播好中国禁毒声音，展现中国禁毒特色，介绍中国禁毒方案，提供中国禁毒智慧是我们应尽的职责，同时应加强国际领域的禁毒文化传播能力建设，促进禁毒文化的互鉴和交流。

（五）主动拥抱AI技术在禁毒文化中的介入

信息时代迭代快速，人工智能等新形态正以迅猛的速度进入各个领域，禁毒领域必须积极适应网络信息传播规律，主动拥抱大数据、云计算和人工智能等新技术、新手段，不断提升禁毒文化在预防教育工作中的引领和穿透能力，同步提升禁毒文化宣教互动性和趣味性，推动中华优秀传统文化创造性转化和创新性发展，进而推进整个禁毒工作的新质生产力的建设。

正如习近平总书记所指出的，文化自信是一个国家、一个民族发展中最基本、最深沉、最持久的力量。在社会发展进程中，总有不和谐的因素，毒品就是其中之一，禁毒文化作为中国特色毒品问题治理之路的重要组成部分，一定会持续发挥以文化人，润物无声的作用，在实现"天下无毒"的愿景中体现特有的魅力。

中国式现代化进程中毒品问题
治理的实践创新探析

柯 力*

一、引言

　　根据党的二十大报告的要求,我国要着力推进国家安全体系和能力现代化,坚决维护国家安全和社会稳定,建设更高水平、更加和谐繁荣的"平安中国"。当前,我国毒品问题虽然已经在一定程度上得到了遏制,但仍然未完全解决,可以划入"非传统安全问题"的范畴。毒品问题治理与社会安全、国家安危乃至民族兴衰都有着直接的关联,并且毒品治理本身也具有一定的艰巨性和复杂性。党的十八大以来,以习近平同志为核心的党中央就毒品问题治理实践提出了许多新理念、新规划和新举措,这些论述逐步呈现系统性的特征,兼具广度和深度,已经成为我国当前和未来毒品问题治理的指引依据。可以说在中国式现代化的历史进程中,毒品问题治理将是一项长期而艰巨的任务。对中国式现代化进程中毒品问题治理实践创新进行分析论述,也具有重要的现实意义。

　　习近平总书记关于毒品问题治理的一系列重要论述、重要指示,不仅能够作为我国毒品问题治理的有力指导,也为全球毒品问题治理提供了中国经验与中国智慧。在毒品问题治理的内容和成效方面,都有力体现了"人民至上"的原则和"保障人权"的决心,彰显了我国积极参与构建更加高效和谐的人类命运共同体的大国风范,更为全球毒品问题的进一步解决做出实实在在的贡献。[①] 在这个过程中虽然面临诸多困难,也做出了种种牺牲,但其实践历程的创新性更是不容忽视,并值得分析研究,在总结毒品问题治理成果和经验的同时,更要正视存在的实际问题,作

---

* 作者简介:柯力,女,莆田学院马克思主义学院副教授,硕士生导师,厦门大学哲学系博士后。
① 《习近平谈治国理政》第二卷,外文出版社2017年版,第235页。

为后续进一步改进创新的参考。

二、中国式现代化进程中毒品问题治理的创新框架

我国历来高度重视毒品问题治理，将其视为关乎国家安全的一项重要举措，作为社会治理的一个关键环节。习近平总书记曾经多次就毒品问题治理作出指示，要求在毒品治理方面通过建设完善而长效化的治理体系，明确各级党委、政府的权责分配并充分发动运用社会群众资源，从而确保新时期禁毒人民战争取得绝对胜利。国家禁毒办每年也会发布禁毒工作的各项政策方针、工作实务以及成果报告，展示我国在不同时期的禁毒工作内容及成果。根据对国家禁毒办近三年毒品形势报告的分析总结，近年来我国禁毒工作在取得一定成效的同时，仍然面临很多严峻的挑战。虽然吸毒人员数量连续下降，由吸毒贩毒引发的各类违法犯罪案件显著减少，但各类"软性毒品"或者"毒品替代品"的种类还在持续增加；通过互联网进行贩毒购毒的平台和形式都愈发隐蔽和多样化，给识别查处带来了一定困难；吸毒贩毒的场所更加分散化，各类私宅、郊野、娱乐场所、出租屋和机动车都已经成为发生吸毒贩毒案件的场所类型。

在中国式现代化的广阔背景下，毒品问题作为一种持续的社会痼疾，对国家的公共健康、社会安定和经济发展构成了严重威胁。随着全球化的加深和社会结构的变化，毒品走私、使用和相关犯罪活动的复杂性和隐蔽性不断增强，使毒品问题治理面临新的挑战。截至2023年底，全球至少使用过一次毒品的人数已经超过3亿人。当前传统的禁毒策略在实际操作中遭遇了越来越多困难，亟需推出适应性强的新策略来应对这些变化。在上述背景下研究中国特色的毒品问题治理框架，不仅是实现国家长治久安的需要，也是推动社会主义现代化建设的重要组成部分。

关于毒品问题的治理，需要体现多方面的创新和系统性策略，具体不仅包括立法和严格执法，还应该涵盖科技应用、社会治理和国际合作等多个层面。一是在法律法规层面需要完善与创新，我国需要加快更新、完善涉及毒品问题的法律法规体系，做到不仅加大对传统毒品的打击力度，还能针对新型毒品调整和增设相关法规，使法律框架能够适应不断变化的毒品治理形势。特别是需要及时将新出现的毒品列入管制目录，以法律形式禁止其制造、销售和使用。二是加强对信息化技术尤其是大数据的运用，利用大数据分析、人工智能和云计算等现代信息技术，提高毒品犯罪的侦测效率和精确性。通过分析网络数据、交易模式等信息，有效识别和预防毒品相关犯罪。同时也要利用技术手段加强对网络空间和暗网的监控，打击通过这些渠道进行的毒品交易。三是推进各级城镇、街道、社区及村落的禁毒基础

设施及制度体系建设,加强社会综合治理和居民自我管理能力培养,通过建立各级警民合作机制,提升全社会防范和处理毒品问题的能力。也要通过教育和宣传活动提高公众的毒品防范意识,尤其要在青少年中开展关于毒品危害的教育,减少毒品的需求。四是加强与国际组织及其他国家的合作,参与多边框架和双边协议,共同打击跨国毒品犯罪。与毗邻国家共享情报,协调边境管控措施,有效切断国际毒品走私链条。[1]

(一)遵循马克思主义中国化的原则

依据我国当前的政治经济体制框架,在中国式现代化进程中对毒品问题的治理需要严格遵循马克思主义中国化的原则。根据习近平总书记对毒品治理问题的相关论述,我国的毒品问题治理坚持的是"以人民为中心"的原则立场,这一工作实践完全是从马克思主义的阶级立场出发,达到全民共治、成果共享。马克思、恩格斯曾经提出,"历史是由群众的实践活动所创造""共产党人斗争的根本目的是为了无产阶级的利益"。中国作为社会主义国家,毒品问题治理的目标是为了维护广大人民的根本利益,其具有浓郁的人民情怀,能够更好地满足广大人民对美好生活的向往。习近平总书记多次强调,各级党委和政府必须将人民的利益与安危放在首位,带领人民群众打好新时期的禁毒战争。这充分体现出一种对国家、对历史和对人民的负责精神,充分体现出了对马克思主义中国化原则的严格遵循。

习近平总书记提出的"五大思维",具体包括战略思维、历史思维、辩证思维、创新思维和底线思维。其基于马克思主义哲学的理论原则,基于我国各项问题的治理实践需求而提出,并充分遵循了辩证唯物主义与历史唯物主义,是马克思主义中国化的世界观和方法论,对于在中国式现代化历史进程中推进毒品问题治理也具有重要的宏观战略指导意义。具体而言,对于我国的毒品问题治理,辩证思维强调事物之间的联系和变化,要求毒品问题治理中需考虑各种社会因素和内外部环境的变化。在制定毒品问题治理政策时,不仅要打击毒品犯罪,还需从社会结构、经济发展、法律制度等多角度分析问题根源,寻求解决方案。战略思维要求在毒品问题治理中制定长远和全局的规划,包括建立系统的预防、治疗和康复体系,明确战略目标和优先级,确保资源合理配置和政策的持续性,以实现长期、根本地解决毒品问题。历史思维有助于从历史的角度理解毒品问题的根源和发展趋势。通过研究历史上的毒品问题和过去的治理经验,从中汲取教训,避免重复错误,同时借鉴成功的策略,应用于当下的治理实践。创新思维主要用于针对新型毒品和犯罪手

---

[1] 宿锐:《改革开放以来的中国禁毒史研究述论》,《云南警官学院学报》2023年第5期。

法的不断出现,不断创新预防和治理措施,如运用大数据、人工智能等现代技术手段来提高防控效率和精准性。创新社会治理模式,动员全社会参与毒品问题的防治。底线思维在毒品治理中体现为预防重于治疗,重视生命安全和社会稳定的底线。在制定和实施政策时,始终以保障人民群众生命安全和社会公共安全为前提,采取一切必要措施避免毒品问题造成更大的社会危害。

(二)突出与时俱进的治理特征

从现实维度审视我国长期以来的毒品问题治理工作,其充分体现出与时俱进的实践特性。这在"三禁"到"六全"的毒品治理政策完善过程中可以得到印证。我国在1991年6月针对毒品问题治理提出了"三禁(禁吸、禁贩、禁种)并举"的标本兼治工作方针。1999年8月召开的全国第三次禁毒工作会议又加入了"禁制",形成了"四禁"工作方针,并针对毒品问题治理使用了"社会治理"一词,取代了原先的"社会管理"。习近平总书记曾经对此专门作出论述,指出"管理"与"治理"的一字之改,体现的是后续对毒品问题更加系统化的关注与全面深入的解决,并需要融入更多与时俱进的指导理念和实践方法,不仅消除毒品问题给国家和社会造成的危害,更要通过源头治理实现其成果的长效化巩固。[①]

在进入新时代之后,我国于2018年再次全面规划和推行"六全"毒品问题治理框架,其内容为全覆盖毒品预防教育、全环节服务管理吸毒人员、全链条打击毒品犯罪、全要素监管制毒物品、全方位检测毒情态势、全球化禁毒国际合作的毒品问题治理体系。"六全"体系也是基于我国在新时代的毒品问题治理方面的新需求、新问题而提出的全新治理方针政策系统,其特点是在一定程度上匡正了以往"严刑禁毒"政策路线的弊端,更加体现出禁毒工作的全面、细致和深入。同时,自2013年开始至2023年下半年,我国在毒品管制目录中新增了数十种药品、化学品,以更好消除毒品治理的死角,比如从2015年5月1日起将多种含有可待因成分的药物全部列入二类精神药品名录;2023年7月和10月将苏沃雷生、曲马多和泰吉利等十几种带有麻醉作用的药物也列入了二类精神药品名录并实施对应的管制措施,有效防止了各类软性、隐性和新型毒品的滥用。

在毒品治理方面,我国与时俱进开拓新局还体现为在毒品治理中融入了人类命运共同体理念。这一理念也是伟大的中国情怀与视野的豪迈展现,并体现出中国作为负责任大国的作为担当。毒品问题治理与人类命运共同体理念密切相关。人类命运共同体是一个强调全球合作与共同发展的理念,主张不同国家和民族应

[①] 姚建龙:《禁毒法与戒毒制度改革研究》,法律出版社2015年版,第112页。

携手解决全球性问题,实现共同繁荣和安全。毒品问题作为一个跨国界的严峻挑战,其有效治理需要国际社会的共同努力和协作,这正体现了人类命运共同体理念的核心价值。毒品滥用是全球性的公共健康问题。各国需要共享有效的预防、治疗和康复方案,以减少毒品滥用的危害。全球的毒品问题治理合作也可以共同增进各国人民的福祉,符合人类命运共同体关注全人类福祉的目标定位。

(三)传承百年禁毒文化与禁毒经验

习近平总书记对我国毒品问题治理的重要论述、重要指示,以及我国开展毒品治理的实践,不仅是基于马克思主义理论原则以及建设中国特色社会主义现代化国家的现实需求,也是对既往文化与经验的凝练总结。我国毒品治理工作的开展对于国家和人民而言具有十分重要的作用和关键的意义,这是不争的事实,也是中华民族伟大复兴必须经历的必然环节。在历史教训方面,早在16世纪以来,鸦片这种毒品就已经由南洋地区大量传入我国,到清朝时期我国吸食鸦片者已经随处可见且数量与日俱增。鸦片战争是中国禁毒历史上的重要转折点,这场战争不仅引发了国家主权和尊严的丧失,也使得中国社会深刻认识到毒品的毁灭性影响。[①]这一段历史强化了中国对毒品零容忍的政策立场。可以说在历史上,毒品带给中华民族深重的屈辱与惨痛的教训。清代禁毒先驱林则徐曾经痛斥鸦片"流毒于天下,则为害甚巨,法当从严"。这也成为我国一直以来推进禁毒工作的共识。

习近平总书记对毒品问题治理工作的相关指示中也多次强调了我国对毒品的制、种、贩、吸等环节均是"零容忍"的立场原则。对于我国而言,毒品一日未得根除,斗争就一天不能松懈。习近平总书记曾经指出,今天中华民族的各项事业唯有坚持延续民族文化血脉、从历史走向未来的精神,才能有所开拓和取得成果。中国共产党自从建党以来对于毒品危害就有深刻的认知体会,在禁毒方针措施方面也雷厉风行,并取得了禁毒斗争的一系列伟大胜利。在新民主主义革命时期,西方列强的侵略与军阀统治就推进或放任了毒品问题在我国社会的蔓延,禁毒也就随之成为我国反帝反封建斗争的一部分。中国共产党在革命根据地开展过数次禁毒工作,对于毒品问题的治理更是初步积累了有效的历史经验。中国的毒品治理不仅仅依赖历史经验和文化传承,同时也在不断适应新的挑战和变化,努力获取更高效、更全面的禁毒成果。这种结合传统与现代、国内与国际的综合策略,是我国毒品治理工作得以成功的关键。

---

① 刘建宏:《新禁毒全书:中国禁毒典型案例评析》,人民出版社2015年版,第146页。

（四）构建系统协同的治理体系

推进毒品问题治理需要坚持系统观念、系统思维，构建毒品治理的协同体系。2018年6月，习近平总书记就曾作出指示，指出在毒品问题治理上，要充分发挥我国的政治制度体系优势，一是要能够集中力量办大事，二是要能够广泛发动群众，从而建设具有中国特色的长效化毒品问题治理体系，继续打赢新时期禁毒人民战争。同年，公安部部长赵克志也在《人民日报》撰文表示我国未来需要继续执行"六全"毒品治理措施，其涵盖了犯罪打击、物品监管、事先预防、人员管控、全方位监测与全球化合作等内容，对毒品治理协同体系建设实践予以进一步具体化阐述。

针对毒品犯罪的特点，唯有建立毒品问题治理系统化体系才能将其予以彻底遏制。因为毒品犯罪的复杂性显现在毒枭、捐客、马仔和分销商之间形成的结构：上层严密稳定而下层灵活松散。这种网络的市场化、组织化和系统化特点使得毒品犯罪治理面临日益严峻的挑战，也使提升打击毒品犯罪的综合能力成为迫切需求，我国必须坚持并改进强硬的打击策略，并始终保持刑事打击的持续压力。我国应继续执行落实源头清理、过程打击与结果巩固并重的毒品治理体系，并在此基础上应用更多的治理手段，以充分发动各方面社会资源，确保其高效覆盖毒品问题治理的各个环节。对涉毒活动的打击既涵盖了主动攻击性的遏制措施，也包括延缓发展的防御性措施。通过这种协同治理，就可以有效连接打击毒品犯罪的各个环节，建立起一个涵盖全主体、全链条的打击体系。

三、中国式现代化进程中毒品问题治理的态势分析

（一）毒品犯罪活动呈现新样态

通过对近年来我国各类毒品犯罪的类型进行统计，可以发现最主要的类型是贩卖毒品罪、容留他人吸毒罪、非法持有毒品罪、制造毒品罪。而2020—2023年的犯罪类型主要是贩卖毒品罪、容留他人吸毒者、非法持有毒品罪。新型毒品和化学品滥用问题日益严重。合成毒品如冰毒、K粉等由于制作原料容易获取，生产和消费量急剧增加。[①] 此外，一些非法生产者通过轻微改变毒品分子结构来规避现有的法律禁令。毒品消费人群趋向低龄化、多样化，甚至出现在中学生和大学生中。毒品的种类和消费方式也越来越多样，除传统的吸食、注射以外，还有吞食、吸入等

---

① 王静、孙慧：《毒品检验分析技术在禁毒工作中的应用现状》，《广东化工》2023年第24期。

多种方式。毒品犯罪与贩卖人口、走私武器、洗钱等其他形式的犯罪活动交织在一起,形成复杂的犯罪网络。毒品犯罪活动呈现新样态的现状,给我国毒品犯罪活动的打击带来了一系列新的挑战。

此外,我国新型毒品的制造和销售逐渐采用了更加现代化的手段,包括通过互联网尤其是暗网进行交易,使用虚拟货币进行匿名支付,这些都极大地增加了查处、执法难度。而此类毒品的流行也反映了消费市场的变化,特别是在年轻人和某些专业人群中,对新奇和刺激体验的追求推动了新型毒品的需求。在制毒运毒方面,虽然我国各地规模化制毒的现象已经被有效地全面遏制,特别是一些毒品植物种植和毒品生产的重点地区经历了数次的严厉打击清扫。但仍然需要进一步深入解决毒品生产小型化、游击化和分段化的问题。我国各地海关在毒品出入境方面的检测与拦阻手段在不断进步,但也难以杜绝大规模货物中夹带少量毒品、毒品通过抛投、挖洞出入境以及人体携带毒品的问题。

分析毒品犯罪活动呈现新样态这一现象背后的动因,最主要的就是犯罪分子为了规避毒品治理相关法律法规和政策的更新调整。尽管严厉的禁毒政策在短期内能够取得一些成效,但毒品犯罪分子依然不断针对这些政策,通过各种手段规避法律的打击。很多犯罪分子通过调整贩卖的毒品数量来适应基于数量而非纯度定罪的法律规定,以及不断创新毒品的制造工艺和寻找新的原料来规避对易制毒物品的管制。这表明仅依赖短期的打击行动难以根本遏制毒品犯罪的加剧趋势,也难以形成长期有效的治理机制。为了更有效地应对这一挑战,各级部门就需要在坚持"零容忍"政策的基础上,探索和建立更为持久和系统的治理策略。在立法层面需要审视和调整现有的法律规定,如考虑将毒品的纯度和社会危害程度作为定罪和量刑的因素,从而更精准地打击毒品犯罪行为。在执法层面需要提升技术和监控手段,利用先进的技术工具和更加强大的情报系统来追踪、分析毒品交易过程,及时发现和打击新兴的毒品犯罪行为。由于毒品犯罪常涉及跨国网络,并且一些新的被认为行之有效的毒品犯罪模式出现之后会向多国蔓延,因此加强国际警务合作和情报共享是打击毒品犯罪的关键。在预防和教育层面也要增强公众对毒品危害的认识,特别是要在青少年中进行毒品预防教育,从源头减少毒品需求,毒品犯罪活动的新样态反映了毒品犯罪分子在不断变化的法律和社会环境中,不断尝试以新的方式适应和规避打击。治理策略也应全面覆盖预防、打击和康复各个环节。

(二)毒品犯罪涉及多地域、多主体和多链条

随着毒品走私活动呈现越来越明显的国际化特征,我国与多个国家和地区的

毒品走私链条相连,毒品来源地多样化,跨国毒品犯罪网络复杂,涉及多国的组织和个人。毒品犯罪的一大特点就是具有"聚合性"。由于涉毒犯罪的活动链条较长,且其各个环节都有不同的利益点,众多涉毒违法犯罪人员能够按照严格的内部分工共同协作完成一系列涉毒犯罪活动,包括毒品的制作、运输、贩卖和吸食等环节。最初"聚合效应"主要出现在毒品犯罪链条的中下游环节,而后随着制毒原料获取变得更加便捷和制毒技术的简化,聚合效应开始在毒品犯罪链的上游——制毒环节显现。现代化交通、信息技术的发展也加速了区域间人流、物流和信息流的交换,尤其是在我国多个毒品犯罪高发区域,人力、物资和资金的多重因素共同作用,进一步促进了毒品犯罪的聚合效应的形成。

毒品犯罪活动发生的地域广泛,从国际到国内,从城市到农村,都有涉及。国际上,毒品原料和成品的生产、运输涉及多个国家和地区,形成复杂的跨国网络。在国内,毒品不仅在大城市有分销网络,在边远地区和农村也有市场和传播途径。毒品犯罪活动从原材料的采购、合成、加工、运输到最终的销售,形成了完整的产业链。这些链条涉及的环节多,管理和监督难度大。每个环节都可能涉及不同的地域和主体,加上网络销售和暗网交易的匿名性,使得整个链条的追踪和打击极为复杂。根据国家禁毒办发布的报告,自 2020 年以来境外向我国输入毒品的发源地就包括了"金三角""金新月"和北美地区,并且已经形成了从制毒、运输到贩毒的贯通国内外多地域的完整协作链条,其参与者包括贩运者、中间人、地方贩毒团伙、金融服务提供者等,他们在毒品贸易链中各司其职。[①] 国际化的洗钱活动也是毒品犯罪的重要组成部分,涉及复杂的跨国金融操作,用以掩饰毒品交易所得的非法来源。

(三)传统模式难以适应治理需求

随着互联网和通信技术的发展,毒品交易活动也逐步转向网络空间,借助暗网、社交媒体和即时通信软件等平台进行。这种方式难以追踪,增加了执法部门的打击难度。随着化学技术和网络技术的快速发展,新型毒品持续出现,传统的检测和监控技术难以及时适应。例如,合成毒品的分子结构经常变化,使得现有的法律和检测技术难以覆盖所有新型毒品。虽然国际合作对打击跨国毒品犯罪至关重要,但不同国家之间在法律体系、执法能力以及合作意愿等方面的差异,有时也会成为有效合作的障碍。随着毒品形态的不断演变,传统的法律法规难以及时更新

[①] 顾文清、李非燕:《大数据时代中国—东盟及周边国家警务禁毒合作发展研究》,《网络安全技术与应用》2022 年第 12 期。

来适应新的毒品种类和犯罪方式,导致执法行动在实践中面临法律支持不足的问题。

信息化时代背景下的毒品治理面临的挑战日益复杂和多样化。互联网技术的普及和发展使得毒品犯罪呈现出智能化、隐蔽化、匿名化等特点,极大地增加了执法难度。犯罪分子利用先进的网络技术手段,如加密通信、虚拟货币结合暗网交易等,有效地规避了相当一部分传统模式下的监管和打击。这些科技化的因素不仅让毒品的生产、运输、分销和消费等环节变得更加隐秘,也使得毒品交易速度加快、风险降低。毒品治理的复杂性还表现在犯罪地理分布广泛、时空跨度大,以及吸毒人员管控难度大。犯罪分子可以跨省、跨国进行操作,而公安部门在跨省办案时面临程序复杂、部门协作难的问题。侦查取证过程中的技术和资源投入大,但往往难以取得明显的打击效果。[1]

毒品犯罪的发生深受其特殊的社会经济原因影响。从一个角度看,毒品交易之所以猖獗,主要是因为其背后巨大的经济利益。毒品犯罪分子为了追求高额利润,不惜铤而走险,涉及走私、贩卖、运输、制造等多个环节。这种经济驱动是毒品犯罪持续存在的一个重要原因。从另一角度看,毒品市场的需求具有一定的刚性,即使面临严厉的法律惩罚和社会谴责,仍有稳定的消费群体存在。这种需求驱动了毒品经济链条的各个环节,从生产到分销,形成了一个难以打破的循环。因此可以说只要社会上还存在对毒品的需求,就难以完全根除毒品犯罪。毒品治理传统模式难以适应毒品犯罪新样态的问题也越来越明显。

此种情势下的传统执法方式已难以适应新形势的需求。需要政府和社会从多个维度出发,创新毒品治理策略。比如加强网络监控和大数据分析能力,利用人工智能技术对网络中的毒品交易行为进行预测和监测。提升执法部门的信息技术应用能力,加强跨部门、跨地区的协调和合作,构建更加高效的打击和预防体系。此外毒品治理还需加大国际合作,共同应对跨国毒品犯罪网络。通过共享情报、联合行动等方式,形成国际社会共同打击毒品犯罪的强大合力。同时加强对毒品消费人群的教育和康复工作,从源头减少毒品需求。综合运用法律、技术、教育等手段,为毒品治理提供更全面的解决方案。这些都对毒品问题治理的模式手段创新提出了更高的要求。

在毒品问题治理方面还需要明确的一点,就是当前我国正处在一个社会转型的关键期,经济和社会发展存在不协调之处,这种背景下难以实现短期内完全消除犯罪。毒品犯罪作为犯罪的一种表现形式,也不可能在短期内被彻底消灭。鉴于

---

[1] 郭永:《互联网环境下毒品犯罪行为治理法律机制研究》,《法制博览》2024 第 11 期。

任何种类、形式的"毒品合法化"在中国都是坚决不被容许的,目前的有效理念应当是在打击惩治已经发生的毒品犯罪的同时,也从社会层面入手,通过找出毒品犯罪的社会根源,努力去除这些根源,并建立有效的社会治理机制来逐步改善社会环境,从而在根源上降低毒品犯罪的发生率。与之相对应,我国推进毒品问题治理的模式手段也不应固守传统止步不前,而是需要建立一个多方位、长期的策略,涵盖法律、经济、教育和社会治理等多个方面,以形成对毒品犯罪的有效遏制。同时,加强国际合作,借鉴引入国际打击毒品犯罪的先进经验,共同打击跨国毒品犯罪,也是降低国内毒品犯罪率的重要措施。

四、中国式现代化进程中毒品问题治理的现实困境

(一)治理基础缺乏稳固性

按照破窗理论的观点,从无序到违法行为再到实施犯罪,乃至犯罪行为层出不穷地发生,往往具有一个连贯的逻辑链条和执行步骤。体现在毒品治理方面也就是一个地区或部门如果对看似轻微的涉毒行为过度纵容而不去深究,最终会放任更为严重和全面的毒品犯罪行为的发生。例如初期吸毒、容许他人吸毒以及在公共场合偶发的贩毒行为,都类似于被打破而未修复的破窗。如果这些行为未能获得及时的干预,达到某个临界点后,可能会以加速的形式迅速扩散。因此加强基层的社会治理,积极预防毒品犯罪的发生显得尤为重要。有效的预防措施不仅有助于维护社会秩序,还能有效防止毒品犯罪行为的扩散和加剧。

我国许多毒品高发区域的基层治理能力较弱,主要表现在以下几个方面:吸毒人员的动态监控措施落实不足;对各类牌证照不齐全不合规的车辆、非法枪支弹药以及化学品的市场监管存在漏洞;部分街区视频监控或治安检查点布设存在疏漏;公安机关的技术力量及装备水平与打击涉毒犯罪的要求不匹配;对外来流动人口的登记管理也极为薄弱。这种基层社区治理上的不力为吸毒人员提供了从事小批量零售毒品交易、以贩养吸的机会。由此带来的高额利润极易诱发更多严重的涉毒犯罪行为,又进一步为制贩毒活动提供了滋生的环境。

(二)治理主体缺乏多元性

目前我国禁毒工作主要由公安、海关、司法等政府部门承担,这些部门在禁毒工作中扮演关键角色。虽然他们在执法和政策执行方面具有权威性和高效率,但过度依赖单一或几个政府机构就容易导致资源配置和策略应用上的局限性。在禁

毒工作中,民间组织和社区的参与度不高。社区和非政府组织可以在草根层面对禁毒教育、预防和康复支持等发挥重要作用,但目前这些力量的整合和动员不够,导致禁毒工作缺乏地方特色和针对性的创新。禁毒工作中还需要跨学科的研究支持和专业建议,如医学、心理学、社会学等领域的专业知识。然而,专业机构和学术界在这方面的参与相对有限,极易导致禁毒政策和措施缺乏足够的科学依据。

在毒品问题治理方面,各级相关部门的协作也遵循"科层逻辑"。科层逻辑即各个层级的部门在履行行政职能和处理行政事项时必须遵守的权利分配与事务流转分发的规则。在科层逻辑的概念之下,我国在毒品问题治理过程中表现出的特点包括部门功能的分化、各自独立以及界限明确。每个职能部门都依据自身的部门目标,专注于社会治理的特定领域,而对于非自身职责的任务往往未予以足够的重视,导致整体的资源和注意力呈现出分散的状态。不同地区、不同部门在资源配置上存在差异,特别是在人员、资金和技术支持方面。资源的不均可能导致一些地区或部门在打击毒品犯罪上能力不足,影响整体的打击效率。[①] 尽管中央有统一的毒品防控政策和法规,但地方在执行过程中会因地制宜,制定一些具体实施细则,这些地方性政策有时可能与其他地区或中央政策不完全一致,造成执行上的混淆或效率低下。科层之间的沟通协作如果效率不高,可能导致决策延迟和执行不力。在某些情况下,有的部门之间为了保护各自的利益或者推卸自身的责任,可能不愿意采取更为开放与合作的态度,因此这样的官僚主义倾向也影响了毒品犯罪的整体打击效果,并限制了基层在执行高效治理时的主观能动性。

(三)治理策略缺乏前瞻性

我国对毒品问题的治理策略及手段虽然严厉及时,但更多关注事后措施,存在明显的缺乏前瞻性的问题。我国有相当一部分镇街禁毒办面临组织机构不健全和人员配置不充足的问题。很多情况下,这些禁毒办的职责由综合治理办公室的工作人员兼任,导致他们除了开展一些基础的禁毒宣传外,对于吸毒人员的实时监控往往只停留在表面,甚至几乎未能有效执行,这为毒品问题的持续存在提供了较大空间。同时国内多个地区在社区戒毒工作的领导和实施上也存在不足。根据现行《戒毒条例》的要求,虽应配备从事戒毒工作专职人员,但在实操层面许多社区戒毒领导小组的建设仍显不完善,未能整合警察、医务人员、家庭成员及志愿者的力量,共同制定并执行有效的戒毒措施。这种局面无疑加剧了社区戒毒工作的困难局面,阻碍了毒品问题的彻底解决。

---

① 沙良旺:《毒品犯罪案件中检察机关诉讼监督职能研究》,《云南警官学院学报》2024第2期。

一些沿海或边境地区的中小城市在毒品犯罪高发问题上，至今仍未能彻底落实吸毒人员的分类及动态管控措施，且定期的吸毒检测也未能严格执行，从而使得打击毒品犯罪的基础工作存在不少缺陷。这些漏洞一旦被利用，便可能导致毒品犯罪问题的进一步恶化。同时，实施毒品预防教育是减少毒品需求、从根本上遏制毒品犯罪的关键措施。然而在基层社区层面，存在毒品预防教育不全面且不实用的问题，达不到深入人心的教育效果。众多社区尚缺乏有效、便捷的毒品预防教育途径和方法，特别是在线上教育活动、生活趣味项目的应用方面显得尤为不足，迫切需要提升这些措施的实际效果。一些中小城市由于人力物力、技术水平及治理理念的原因，对毒品流行趋势、交易模式的变化以及毒品市场的动态监测不够，缺乏有效的机制来预测和应对未来可能出现的挑战。

（四）治理成果缺乏长效性

由于我国毒品犯罪出现的新样态，即使各地各部门管控打击力度不断升级、方法不断更新，仍然面临治理成果无法长效性巩固的难题。虽然传统的"断尾式""惩戒式"和"潮汐式"打击手段在某段时间具备较强的广度、深度和力度，但其成果的弱化和毒品活动的反扑也成为我国毒品问题治理实践的一大考验。"潮汐"的含义就是描述事物的周期性涨落进退。对毒品犯罪的"潮汐式"打击即在某一段时间内集中大量的资源并进行雷厉风行的运动式打击。比如2018年我国公安部在两广和福建组织刑警、海警、渔业和各地居民打击海上毒品犯罪，并破获三十多起海上涉毒大案，抓获三百余名犯罪嫌疑人并缴获7.2吨各类毒品，切断数条绵延已久的海上贩毒通道。2022年全国公安机关开展夏季治安打击整治毒品"百日行动"，共破获毒品犯罪案件八千余起，查处制毒、吸毒或贩毒人员总共近四万人次。这些毒品问题治理的专项行动取得了较好成效。

不可否认，"潮汐式"打击毒品犯罪是一种快速见效、成果丰硕的惩治方式。中国的禁毒模式主要以执法打击为主导，以打击促进防范为核心，这是基于社会评价、工作成绩和利益考量的选择。"潮汐式"打击由于短期内力度大，因而能够很快取得积极的效果。但其弊端也不容忽视。毒品犯罪分子在巨大的压力之下，可能导致更多铤而走险的违法行为。在"潮汐式"打击策略之下，毒品犯罪分子能够预见到打击的临时性和周期性，从而调整自己的行为和策略。当知道打击只是暂时的，他们就会选择在打击力度减弱时恢复或加大犯罪活动。这种适应性使得打击效果很难持续。毒品交易的高利润是驱动犯罪的核心动力。"潮汐式"打击未能根本改变这一关键的经济因素，只是暂时压制了毒品市场的活动。一旦执法压力减轻，高利润驱动下的毒品犯罪活动很快会复苏。周期性的打击还可能无意中强化了犯罪分子的侥幸心理和赌徒心态,使他们倾向于将逃避打击和被捕的风险视为可以控制的游戏,从而更加肆无忌惮。这也是长期以来我国毒品问题治理长效性有所不足的重要原因。

五、中国式现代化进程中毒品问题治理的路径选择

(一)构建协同治理的禁毒防控体系

依据协同优势理论与协同治理综合模型,我国在解决毒品问题上需建立一个覆盖全过程的毒品犯罪协同打击机制。通过这种协同相互作用、综合评估和问责的机制,可以对治理成效进行反馈,进一步调整和优化协同系统,促进系统的持续迭代和改进。

我国构建自上而下的协同治理禁毒防控体系涉及多层级的政府部门、社会组织和民众,旨在形成全社会共同参与的防控网络。国家层面通过制定严格的毒品相关法律法规,如《中华人民共和国禁毒法》等,为毒品防控工作提供法律依据。同时,国家禁毒委员会及其办公室牵头,协调国家各部门共同推进禁毒工作。毒品防控需要公安、卫生健康、教育、民政、司法等多个部门的密切合作,包括公安机关负责打击毒品犯罪,卫生部门负责毒品依赖者的戒治和康复,教育部门负责毒品预防教育等。禁毒防控体系在省、市、县三个层级均设有相应的禁毒委员会,形成自上而下的指挥和协调结构。各级政府根据本地实际情况制定和执行毒品防控计划,保证政策的有效贯彻和地方特色的体现。在社区和基层的动员方面,通过社区禁毒委员会、居委会等基层组织,动员社区居民参与毒品预防和监督工作,实施社区戒毒、康复支持等措施。基层公安机关如社区警务室也在毒品预防工作中发挥关键作用。在公众教育和宣传方面,国家和地方通过媒体、学校、工作场所等多种渠道,普及毒品危害知识,提高公众的防毒、拒毒意识,尤其是针对青少年的预防教育。

对涉及制药、化工等相关行业的企业,法律应规定其在原料控制、产品流向监管等方面的特别责任。各地需要视自身的禁毒形势建立有效的政策评估机制,定期检视毒品防控政策和措施的执行效果。鼓励公众、媒体和社会组织参与到政策的监督和评估中,确保政策的透明性和公正性。

(二)推行全员参与的动员激励措施

在构建从上自下协同治理毒品的防控体系方面,需要从立法及政策层面明确

各级政府、社会组织、企业及公众在毒品防控中的责任和角色。在设立毒品犯罪防控全员动员激励措施方面,为了提高毒品犯罪防控的全员参与度,并激励促进相关措施的实施,建议建立一个"市—镇(街道)—村(社区)"三级常态化治理模式。此模式确保进一步明确各级责任、权限和相关法律法规:市级层面主要担当领导角色,负责制定政策和统筹配置资源;镇(街道)级层面负责落实执行相关政策并反馈情况;村(社区)级层面也应作为镇(街道)级执行力量的支持补充,具体措施包括对人员的监控排查、对一些可疑行为现象的及时察觉汇报、在辖区内进行毒品防控的宣传教育等,并及时发现涉毒犯罪活动的端倪,对涉毒犯罪活动的整治成果予以巩固。同时,整合并向基层开放数据资源,通过信息共享确保治理方向和重点能够协调一致。

在具体激励措施方面,各级各部门可以对积极参与毒品防控的地方政府和社区提供财政补助或奖励,设立专项资金,支持毒品防控的研究、技术开发和创新;设立毒品防控荣誉称号,对表现突出的个人、社区和组织进行表彰,定期举办毒品防控成就展示会或评比活动,提高社会各界的参与热情;与企业、医院及社工组织等民间力量建立合作机制,共同开展毒品预防和治疗项目;为参与毒品防控的专业人员提供职业发展渠道和持续教育机会,并对基层执法人员、社工、教师等关键角色提供专业的毒品防控培训。

(三)强化现代科学的信息分析机制

毒品问题治理的信息获取及分析机制方面,首先要公安机关牵头,并联合民政、卫生、交通、人社等多个部门对常住及流动人口数据进行登记,建立完善而严谨的人口数据库,从中能够排查一些毒品犯罪的初步信息。同时,社交媒体的运用也发挥着至关重要的作用。随着社交网络的普及和信息技术的发展,社交媒体成为了获取涉毒犯罪线索的重要渠道。通过监测和分析社交媒体上的数据,执法部门可以迅速获得有关毒品交易的提示和线索,甚至能够挖出潜在的毒品网络和涉毒个体。执法机构可以使用专业的社交媒体监控工具来跟踪与毒品相关的关键词、短语和话题。这些工具能够在庞大的数据量中筛选出与毒品买卖、使用或其他相关活动有关的内容。

其次,社交媒体结合大数据技术分析还可以帮助识别和构建涉毒网络的社交结构图。通过分析用户之间的互动和连接,执法机构可以识别出关键节点,例如主要的毒品供应者或分销者,并了解这些网络的运作方式。利用各类网络平台的地理定位功能,执法部门能够追踪毒品活动的地理分布和热点区域。这对于锁定关键地区和制定针对性的干预措施具有显著作用。同时,各类社交媒体还提供了与公众互动的平台,执法机构可以通过这些平台发布有关毒品预防和教育的信息,增强公众的防控意识和参与度,并收集网民们提供的关于涉毒活动的反馈和情报。

建立毒品犯罪治理大数据库需要完善案件管理,通过数据采集和禁毒一体化平台建设,针对互联网涉毒犯罪、互联网涉毒案及新精神活性物质案件进行管控。通过大数据平台对嫌疑人信息进行采集形成采集数据库,建设毒情检测评估大数据;通过毒情报告,对毒品违法犯罪的特点、规律、毒品价格、毒情监测、药品滥用等进行统计;通过建设毒品实验室,建立毒品鉴定检测数据库,数据库可以对各市县区毒品使用量、毒品使用种类、各种毒品的占比进行比对分析,为禁毒工作提供决策依据;通过禁毒大数据对涉毒信息线索进行收集推演及规范管理,提高涉毒线索的质量,建立涉毒案件模型并管理收集全市、全省乃至全国的禁毒技战法,研判案件提高破案技巧,帮助公安机关快速侦破案件,检察院批捕,法院判决,提升毒品案件处理速度,同时也能提高毒品治理的能力。[①] 同时还可以运用大数据加强对各地民众进行多渠道禁毒知识的宣传教育,开展禁毒知识竞赛,对学校尤其是中小学禁毒知识普及率和毒品认知率进行统计,针对涉毒高危重点人群进行大数据监管,开展"八进"活动。实现禁毒基础设施大数据化,对各县区的"关爱医院""禁毒预防基地"等参与人数、基地使用面积、展区设置、人员配备、参观人员签字、照片等进行管理。在涉毒人员的监管方面应用大数据技术,加强对各地脱管失控吸毒人员的统计管理,做到对外流吸毒人员数量情况、吸毒人员的年龄段、吸毒人员的医疗保险情况、吸毒人员的贫困情况、培训工作的开展情况、社会组织参与毒品治理的情况以及社会化治理毒品人员参与数量配比等方面一目了然。

(四)巩固聚力前端的源头治理效果

在我国毒品犯罪的治理策略中,源头治理是核心原则。这要求将风险防控置于首位,包括通过提供就业支援等措施来降低犯罪动机,以及开展针对性的毒品预防教育活动,帮助公众远离毒品的危害。此外,应对毒品流通进行有效的封锁和截断,以便在问题初现迹象时即刻介入并施以严厉打击,从而坚决避免问题的反弹。这一过程涉及从深层次的根本治理到表面的基本预防,确保在多个层面建立坚实的防线。在应对毒品犯罪时,应同时关注打击犯罪和民生支援。通过引导群众就业创业,增加收入,逐步根除毒品贸易背后的经济贫困因素。例如,最大化地利用当地资源优势,快速发展地区的传统产业、农业和畜牧业,共同推动工业园区的建设,从而为实现更广泛的创业和就业创造条件。加强劳动力培训和在本地提供就

---

① 王锐园:《我国〈禁毒法〉立法完善探讨》,《中国药物依赖性杂志》2023年第5期。

业机会,可以彻底改变群众利用非法手段和一夜暴富的错误观念,引导他们走上正道,通过勤劳获得合法的财富。

对于涉毒的贫困群体,采取个案排查和核实并实施针对性的脱贫措施是一种有效的策略。需要依据现有的社会保障、民政和公安部门的数据,建立一个详细的贫困群体名册,特别标注那些已经涉毒或有毒品滥用风险的个体。这个名册应定期更新,确保信息的时效性和准确性。通过社区工作者、民警和相关部门的合作,对名册中的个体进行上门访问和详细调查,了解他们的经济状况、健康状况、家庭环境和社会关系等,核实他们的实际需要和问题。针对尚具备劳动能力的涉毒人员,要根据他们的健康现状、技能水平等,积极引导他们参与生产、就业及创业活动,重新回归社会,通过劳动实现脱贫,从而避免再次犯罪。

毒品预防教育的有效开展需要在社会的各个层面和区域进行广泛渗透,包括学校、工作单位、家庭、公共场所、社区及农村地区。各个区域的措施可根据其特定的环境和需求予以制定。学校教育需要在课程中加入毒品预防教育的内容,让学生了解毒品的危害和预防知识。我国城市社区的禁毒普法宣传工作已经普遍比较完善到位,但农村地区可能缺乏信息和资源,可组织巡回讲座和培训,直接向村民宣传普及毒品的危害,以及结合当地的节庆活动,通过戏剧、歌舞等形式传达毒品预防的信息。这样的做法可以帮助毒品预防教育渗透至学校、工作单位、家庭、公共场所、社区以及农村等各个角落,从而提高公众对毒品问题的关注度,提升他们的禁毒知识及参与治理的能力。为了从源头治理毒品犯罪,还必须进行全面的排查,包括重点场所、重点人员、重点行业和车辆等可能涉及毒品的关键因素,以便及时发现毒品犯罪的线索和信息。这种全面监控和早期介入可以大幅降低涉毒关键要素在不同地区产生集聚效应的风险,有效遏制毒品犯罪活动的发生和扩散。

在毒品犯罪源头的巡查防控方面,要加强对关键区域的排查力度。在每个关键地段、重要部位和敏感场所设立信息员、网格员,确保所有社区、街道和村庄均配备相应的管控责任人与措施。地方工作人员要加强对辖区的日常巡视,确保实时监控所有活动,并将其控制在可视范围之内。推进环境要素如污水等的毒品监测工作,设立持续监测点。对于那些污水检测显示毒品含量较高的区域,需部署专门警力加大排查强度,寻找潜在的制毒点,并迅速彻底消除这些地区的制毒犯罪基础。[①] 此外,基层公安机关必须加强对特定重点人员的实时监控。通过缩减毒品消费市场并减少吸毒人数,可以从根本上阻断毒品犯罪链条。这要求掌握所有涉

---

① 莫关耀、冯恩健:《创新社会治理视域下禁毒社会工作本土化实践与反思——以昆明市为例》,《河南警察学院学报》2023年第6期。

毒人员的详细信息,并实施针对性的动态监控措施。对于那些财产来源不明、可能涉及制贩毒的个体,要根据情况采取相应的管控策略。这些措施将共同作用,从源头上切断毒品犯罪的生存空间。

六、结语

　　我国毒品问题治理工作的伟大实践离不开相应的思想指引、理论创新以及政策框架。我国毒品问题治理的历程体现出马克思主义中国化的特色,以及我国政治体制的优越性。但在取得一系列成果的同时,其中的问题仍然需要加以关注和解决。习近平总书记在新时代关于我国毒品问题治理的重要论述、重要指示兼具理论性与现实性,提出了我国毒品问题治理的逻辑、框架与前景,是推动我国毒品问题治理的科学指引和行动指南。

　　本文全面分析了中国式现代化进程中如何通过法律、技术、社会治理等多维策略创新应对毒品问题。中国的案例表明,综合治理策略能有效地缓解甚至解决毒品问题带来的社会危害。本文详细探讨了政策制定的前瞻性、执行力的坚决性以及公众参与的广泛性,这些都是中国毒品治理成功的关键因素。需要强调的是,毒品问题是一个复杂且持续的社会挑战,需要各国根据自身社会结构和文化背景,持续创新和调整策略。中国的毒品问题治理经验在强化法制、利用科技手段、促进国际合作和加强全民参与等方面,提供了一个值得借鉴的模式。面向未来,继续深化这些实践,并结合全球视角和本土智慧,将是中国乃至全球成功应对毒品问题的关键。

全民参与推进毒品治理现代化

李锦添*

一、引言

  毒品问题是国际社会公认的社会问题,其产生具有复杂的社会原因,需要综合运用政策法律、文化教育、医疗科研等措施系统治理。禁毒是一项重要的社会举措,它涉及许多方面的影响和考虑。首先,毒品滥用对个人和社会都会造成巨大的危害。毒品不仅会破坏个人的身体健康,还可能导致心理问题和社会功能障碍。其次,毒品滥用也会对社会秩序和安全构成威胁,它可能导致犯罪活动的增加,包括贩卖毒品和相关的暴力犯罪。此外,毒品滥用还可能对经济产生负面影响。例如,毒品滥用可能导致工作效率下降,因为受影响的个人可能无法正常工作。同时毒品滥用也会增加医疗保健系统的负担,因为需要提供毒品相关的医疗和康复服务。因此,禁毒政策的实施也有助于维护经济的稳定。

  禁毒是一项综合性的社会工程,它涉及个人健康、社会安全和经济稳定等多个方面。党的二十大报告指出:"完善社会治理体系,健全共建共治共享的社会治理制度,提升社会治理效能,发展壮大群防群治力量,营造见义勇为的社会氛围,建设人人有责、人人尽责、人人享有的社会治理共同体。"因此,推进禁毒工作社会化,是顺应社会治理的中国式现代化要求。禁毒社会化是指将禁毒工作纳入社会各个领域,通过全社会的参与和共同努力来实施禁毒政策。这种社会化的禁毒模式强调社会各界的责任和作用,旨在形成全社会共同抵制毒品的氛围和合力。全民参与禁毒是禁毒社会化中至关重要的一环。通过让整个社会都参与到禁毒工作中来,我们可以更有效地减少毒品滥用和贩卖,从而创造一个更加健康和安全的社会环境。

---

* 作者简介:李锦添,女,厦门大学哲学系硕士研究生。

二、"全民参与"的社会化禁毒模式

传统观点认为禁毒是公安的责任,少数学者认为禁毒是政府的责任,现阶段的主流观点认为禁毒是全社会的责任。[①] 在毒品问题治理领域,纯粹以依赖公共资源投入和政府财政支出为必要条件的毒品问题治理模式,耗资巨大、运作繁琐,作用是有其限度的。[②] 政府的资源,包括资金、人员和基础设施可能存在限制。这可能影响禁毒工作的规模和效果。政府主导的禁毒工作往往优先考虑执法措施,如逮捕和起诉。虽然执法至关重要,但过分强调惩罚措施可能忽视导致毒品滥用的社会、经济和健康因素。因此需要一种平衡的方法,包括预防、治疗和减少伤害。禁毒工作需要各政府机构之间的协调,包括执法、卫生、教育和社会服务。在某些情况下,政府机构之间可能存在缺乏协调和沟通,导致禁毒战略的碎片化和效果不佳。[③] 所以当下更为高效的是采取全民参与的禁毒工作方法。毒品问题治理不能仅仅依靠政府单方面的资源投入予以维持,基于成本与效果上的考虑,应当适当引导民间力量参与其中,逐步构建毒品问题治理的"全民参与"模式。这一模式更加契合毒品治理的当代社会化趋势,能引导各社会主体协同作战,整合资源,形成合力,开辟具有中国特色的毒品治理道路。

"全民参与"的禁毒模式是一种涵盖整个社会成员参与禁毒工作的模式。这种模式强调了社会各界的共同参与和责任,以应对毒品问题。全民参与禁毒模式涉及多个方面的行动和合作,包括教育、社区参与、合作机构和预防措施等。在这种模式中,个人、社区、非政府组织和政府机构都扮演着重要角色。它强调了整个社会的共同责任,也指出禁毒工作需要全社会的共同努力,以应对毒品问题的多样性和复杂性。

同时,"全民参与"模式也是治理工作主体现代化的重要体现。治理工作的主体既包括党委、政府领导的行政力量,也包括社会组织、民间机构、志愿者等社会力量。通过体制内外力量的系统整合,实现了从"单打独斗"到"全民参与"的转变。构建"党建引领、党员履职、全民参与、社会协调"的共建共治共享治理主体体系。

---

① 王雪:《智慧禁毒防控体系构建研究》,2022年中国人民公安大学硕士学位论文。
② 盛浩:《毒品问题治理的全民参与模式研究——以"凉山经验"为范本》,《四川警察学院学报》2020年第2期。
③ 唐清利:《公权与私权共治的法律机制》,《中国社会科学》2016年第11期。

三、"全民参与"三位一体推进毒品治理现代化

毒品问题治理的"全民参与"模式是一项社会治理问题,治理过程中需要建立一套至少包括三个要素的社会规范,即:宣传机制形成社会治理的基本共识,惩治机制提供社会治理所需的惩罚手段,帮扶机制推进社会治理的成效发挥。作为社会治理中的一种表现形式,全民参与模式的建构同样由功能发挥不同的三个体系板块加以充实和总结——禁毒宣传筑牢心理防线、民风村规形成社会震慑、社会帮扶防止返毒复吸,力图构建"以人为本"的毒品治理现代化体系,实现物质文明与精神文明协调发展,实现基层范围内的各项资源优势互补、互动、互联,三位一体形成与禁毒工作高质量发展相适应的毒品治理能力体系。

(一)禁毒宣传筑牢心理防线

宣传机制在禁毒工作中的积极意义确实是不可忽视的。借助广泛而深刻的禁毒宣传策略,能够使得禁毒、拒毒、防毒的意识深深根植于民众心间,凝聚共识,进而为全民参与模式的惩治和帮扶机制注入强大动力。基层禁毒宣传通过在学校、社区、家庭等基层单位进行毒品危害的宣传教育活动,促进社会各界的共同参与,为构建无毒社会提供了重要保障。

禁毒是一项长期、艰巨、复杂的社会系统工程。基层禁毒宣传能够帮助公众认识到毒品对个人、家庭和社会的巨大危害,增强抵制毒品的能力。在社区和家庭中,定期举办禁毒宣传活动,可以提高居民对毒品的警惕性,促使家庭成员相互监督,共同防范毒品的侵害。更重要的是禁毒宣传可以在早期对潜在的吸毒人员进行干预,阻止他们接触和使用毒品。特别是针对青少年的禁毒教育,可以帮助他们树立正确的人生观和价值观,增强他们抵制毒品的能力,有效预防他们因好奇心或压力而尝试毒品。基层禁毒宣传不仅包括对毒品危害的宣传教育,还包括对相关法律法规的普及。通过向公众普及毒品相关的法律法规,增强他们的法治观念和自我保护意识,可以有效遏制毒品滥用的发生。同时,也能够提高公众对毒品违法行为的警惕性,增加对毒品违法行为的打击力度,还可以分享一些成功的戒毒和禁毒案例,向公众展示戒毒和禁毒的成果和效果。特别是一些成功的全民参与模式,为其他地区提供有益的借鉴和参考,促进禁毒工作的全面开展。全民参与模式的核心判断依据在于民间力量是否广泛参与,为确保预防教育的最佳效果,禁毒宣传不仅需要全面覆盖、多维切入,形成系统化、深入化的布局,还应该持续进行,成为民众日常生活的一部分。

通过全面、深入人心的禁毒宣传,可以让公众更加深刻地认识到毒品对个人、家庭和社会的危害性,增强拒绝毒品的意识和决心。公众意识的提升将有助于形成社会共识,激发公众参与禁毒工作的热情和动力。当公众意识到毒品问题的严重性,愿意积极参与禁毒宣传和防治工作时,整个社会将形成强大的合力,共同抵制毒品的侵害。宣传机制的积极意义还在于为监控和惩治机制的执行提供动力和舆论来源。当公众普遍支持禁毒工作,对毒品犯罪持零容忍态度时,相关部门在执行监控和惩治措施时将更加得心应手,形成更加有效的打击毒品犯罪的局面。通过深入人心的禁毒宣传,可以逐渐建立起全社会的共识和价值观,即拒绝毒品、保护家庭、维护社会安宁。这种共识和价值观将成为社会文化的一部分,引导人们形成正确的行为习惯和道德观念,最终形成全社会的禁毒氛围,减少毒品问题的发生,为构建一个清朗的社会环境贡献力量。

(二)民风村规形成社会震慑

民风村规是社会治理的重要手段之一,它是指村民自发形成的一系列行为规范和道德准则。这些规范和准则在实践中不仅能够促进社会秩序的良好发展,还能够在一定程度上规范人们的行为,包括禁止毒品的生产、贩运和使用。民风村规的形成是社会自我管理的重要体现,它反映了人们对社会秩序和公共利益的重视程度,可以在村民中形成集体抵制毒品的氛围,让村民意识到毒品对个人、家庭和社会的巨大危害,从而自觉抵制毒品的诱惑和侵害,自觉维护社会稳定,共同打造一个和谐、文明的村庄。

村规民约作为基层治理的重要工具,其作用不仅限于规范村民行为,还为构建现代化禁毒防控体系提供了坚实基础。广东省通过智慧禁毒防控体系的构建,结合大数据和人工智能技术,对毒品犯罪进行实时监控和预警,有效提升了禁毒工作的现代化水平。当一个村庄形成了明确的民风村规,对毒品的零容忍态度,就会形成强大的社会震慑效应。这种社会震慑能够有效遏制毒品的蔓延,降低毒品在社区中的传播和滥用程度。同时可以增强村民的禁毒意识和自我保护能力,使他们能够更加警惕地发现和举报毒品活动,积极参与禁毒工作,为村庄的安宁和和谐作出贡献。

村规民约在执行过程中注重合法性和合规性,通过村民的自治和法治手段相结合,推动了基层法治社会的建设。村规民约在禁毒工作中的成功实践,展示了其在增强社会治理能力方面的重要作用。通过明确的行为准则和处罚措施,以及村民的共同参与,为现代化社会治理提供了有益经验和借鉴。有利于推动禁毒工作的现代化发展。通过基层防控机制、社会共治模式、村民禁毒意识的提升,以及结合现代科技手段,村规民约在禁毒工作中发挥了重要作用。未来,随着社会治理体系的不断完善,村规民约将继续在禁毒工作中发挥关键作用,不断提升禁毒工作的效率和效果,为构建无毒社会作出更大贡献。

(三)社会帮扶防止返毒复吸

毒品问题是全球性的公共卫生和社会问题。尽管许多国家和地区采取了各种措施来预防和打击毒品犯罪,但戒毒人员的再吸毒问题依然严峻。为了巩固禁毒效果,社会各界需要共同努力,通过多种方式对戒毒人员进行帮扶,帮助他们重新融入社会,防止再吸毒现象的发生。

戒毒人员这一群体大多经历了错综复杂的成长背景,他们长期的吸毒习惯不仅扭曲了人生观,也形成了一种消极的心理状态,从而缺乏积极寻求改变的内生动力。在尝试融入社会及与人交往时,他们常因遭受歧视而备受打击,最终选择回归旧有社交圈,致使复吸现象持续高发。此外,戒毒人员与家庭、社区关系往往紧张,他们在与外界交流和信息获取上也面临重重困难,[1]且遗憾的是当前社区对于戒毒人员的帮扶安置体系尚未健全,特别是在协助他们就业方面缺乏有效的渠道和方法。吸毒人员戒毒后回归社会更加困难。戒毒人员在戒毒过程中面临着巨大的身体和心理压力,戒毒后的生活重建是他们面临的另一大挑战。社会帮扶可以帮助戒毒人员解决就业、住房、教育等实际问题,使他们能够重建正常的生活,远离毒品。针对戒毒人员在戒毒过程中往往需要面对的心理上的困扰和挑战,社会帮扶可以通过提供心理咨询和辅导,帮助他们克服心理障碍,增强他们的自信心和生活动力,防止再吸毒的发生。社会帮扶可以通过建立社会支持网络,为戒毒人员提供持续的关怀和支持。这种支持网络包括家庭、社区、非政府组织等,可以为戒毒人员提供情感支持和实际帮助,使他们在遇到困难时能够得到及时的帮助和指导。

具体帮扶措施如下:①就业帮扶。就业是戒毒人员重建生活的重要环节。政府和社会组织可以通过提供职业培训、就业指导和就业机会,帮助戒毒人员重新进入劳动市场。企业也可以通过提供就业岗位,履行社会责任,帮助戒毒人员实现自立。②住房帮扶。许多戒毒人员在戒毒后面临住房问题,缺乏稳定的居住环境容易导致他们再吸毒。政府和社会组织可以通过提供廉租房、公租房等方式,解决戒毒人员的住房问题,为他们提供一个稳定、安全的居住环境。③教育帮扶。戒毒人员的教育水平普遍较低,缺乏职业技能。社会帮扶可以通过提供教育和培训机会,提高他们的文化水平和职业技能,增强他们的就业竞争力和生活自理能力。④心

---

[1] 王婷:《社区禁毒工作现代化实践向度研究》,《森林公安》2023年第8期。

理支持。戒毒人员在戒毒过程中需要面对心理上的挑战。社会帮扶可以通过提供心理咨询和辅导，帮助他们克服心理障碍，增强他们的自信心和生活动力。心理支持还可以帮助戒毒人员建立积极的生活态度，远离毒品的诱惑，在面对毒品时主动约束自己而非强制被动戒毒。⑤社区支持。社区在戒毒人员的社会融入中起着重要作用。社区可以通过组织各种活动，帮助戒毒人员重新融入社会，建立正常的人际关系。社区志愿者和非政府组织也可以通过提供各种服务，帮助戒毒人员解决生活中的实际问题。如温州市通过构建现代化的毒品治理体系，注重对戒毒人员的社会帮扶。他们在社区建立了戒毒康复站，为戒毒人员提供就业培训、心理辅导和法律援助等服务，帮助他们解决实际困难，防止再吸毒。广东省通过构建智慧禁毒防控体系，利用大数据、人工智能等技术，对戒毒人员进行动态监控和帮扶。此外，还通过建立社会支持网络，为戒毒人员提供持续的关怀和支持，帮助他们重新融入社会。

四、结语

　　毒品问题复杂严峻，禁毒斗争任重道远。禁毒工作既是一项重大政治任务，又是一项民生工程，只有当全民都投身其中，全社会共同关注，并坚定对毒品说"不"，毒品才会无处遁形，我们才能共同守护这方纯净的土地。在禁毒工作中，每一个参与者都扮演着不可或缺的角色，不仅需要政府部门的顶层设计、社会组织的多管齐下，更重要的是普通民众广泛参与。禁毒事业的背后是对社会稳定、公共安全和人民健康的责任和担当。我们要牢记禁毒的重要性，坚定不移地抵制毒品的蔓延，让我们携手同行，共同努力，为实现一个无毒的社会而奋斗。

中国式现代化禁毒的认识论与方法论

李 乔[*]

中国式现代化禁毒的认识论与方法论密切相连,我们必须深刻认识到毒品问题的严重性和长期性,坚持依法禁毒和综合施策的工作方针。在实践中,我们注重把握认识、方法和实践的逻辑统一,通过不断完善法律法规体系、加强综合治理和推进社会共建共治等措施,努力构建全方位、多层次、立体化的禁毒工作格局,为全面建设社会主义现代化国家提供有力保障。认识论方面,中国式现代化禁毒工作强调对毒品问题的科学认知,充分认识到毒品对社会、家庭和个人的多方面危害。我们坚持从历史和现实的角度,深入分析毒品问题的复杂性和长期性,明确禁毒工作的紧迫性和重要性。同时认识到毒品问题不仅是一个法律问题,更是一个社会问题、健康问题和发展问题,需要全社会的共同努力来解决。方法论方面,我们在禁毒工作中采取了一系列科学的方法和策略,坚持依法禁毒的基本原则,综合运用法律、行政、经济、科技等手段,全方位、多层次地打击毒品犯罪。具体方法包括:加强法律法规建设,确保禁毒工作有法可依、有章可循;强化执法力度,严厉打击制贩毒活动,切断毒品来源;推进禁毒宣传教育,提高公众防毒、拒毒意识,形成全民禁毒的社会氛围;完善戒毒康复体系,帮助吸毒人员戒断毒瘾,重返社会。

一、禁毒的认识论:基于毒品成瘾的机制与危害

毒品作为一种极具诱惑力和危害性的物质,其成瘾性极强,一旦涉足,往往难以自拔,犹如踏入无尽的黑暗深渊。然而,为何在明知其危害的情况下,人们仍会冒险尝试?这背后涉及复杂的心理和生理机制。毒品主要包括海洛因、冰毒、吗啡、大麻和可卡因等麻醉药品及精神药品。这些物质能够强烈刺激大脑神经,带来短暂的快感或幻觉,但同时也伴随着极高的成瘾风险。从心理层面看,毒品的诱惑

---

[*] 作者简介:李乔,男,厦门大学哲学系博士研究生。

力在于其能迅速提供强烈的愉悦感,缓解心理压力或满足好奇心。然而,这种快感是短暂且具有欺骗性的,一旦体验过,人们容易产生依赖,逐渐对毒品产生心理上的需求。从生理层面看,毒品通过直接作用于中枢神经系统,促使大量神经递质(如多巴胺)释放,导致大脑产生强烈的愉悦感。然而,这种异常的刺激会扰乱大脑正常的神经传导机制,使得大脑对多巴胺的需求量不断增加,从而提高愉悦感受的阈值。随着使用次数的增加,个体对毒品的耐受性逐渐增强,需要更大剂量的毒品才能达到相同的愉悦效果,进而陷入恶性循环。理解毒品成瘾的机制对于制定有效的预防和戒毒策略至关重要。预防方面,需要加强公众教育,提高人们对毒品危害的认识,减少首次尝试的动机。戒毒方面,则需要综合运用药物治疗、心理辅导和社会支持等手段,帮助成瘾者摆脱毒品依赖,恢复正常生活。

(一)认识毒瘾

在探讨毒品成瘾的深层机制之前,我们首先需要明确两个核心概念:多巴胺和阈值。多巴胺作为一种儿茶酚胺类神经递质,在神经传导中扮演着至关重要的角色,主要负责传递奖励信号,与人类的愉悦情感紧密相关,是快乐感受的主要媒介。而阈值则是指某一反应得以产生的最小刺激强度,是评估反应敏感性的关键指标。理解了这两个概念后,我们可以更深入地分析毒品成瘾的机制。[①] 在正常生理状态下,多巴胺的释放通常与正向刺激或奖励事件相关,例如取得成就或获得满足。此时,大脑对多巴胺的反应相对敏感,少量的多巴胺即可引发愉悦感。然而,当个体接触毒品时,情况发生了显著变化。毒品能够直接作用于神经系统,刺激多巴胺的过量释放。这种异常的刺激会导致大量多巴胺信号涌入大脑,使得大脑在短时间内体验到强烈的愉悦感,进而陷入对毒品的依赖和渴求。随着毒品使用次数的增加,体内多巴胺水平逐渐降低,而愉悦感受的阈值却不断升高。这种变化导致了个体对毒品的依赖愈发严重,最终陷入成瘾的境地。因此,与其说个体对毒品上瘾,不如说他们对毒品所带来的异常愉悦感产生了依赖。值得注意的是,这种依赖并非源于毒品本身,而是源于个体对快乐感受的追求和依赖。为了获得这种异常愉悦感,个体不惜牺牲健康、家庭和事业等重要价值,这正是毒品成瘾的可怕之处。因此,我们应该警惕毒品的危害,远离毒品,通过自身的努力和付出追求真正的快乐和满足。在禁毒研究中,多巴胺和阈值的理解不仅有助于揭示毒品成瘾的生理机制,也为制定有效的戒毒策略提供了理论基础。具体来说,针对多巴胺机制的干预措施,如药物治疗和心理治疗,可以帮助成瘾者恢复正常的多巴胺功能和愉悦感

---

① 李玉林:《分子病理学》,人民卫生出版社 2022 年,第 1118 页。

受阈值。此外,社会支持系统和环境改造也在戒毒过程中起到了重要作用,帮助成瘾者建立健康的生活方式和积极的社会关系,从而减少复发的风险。

(二)毒品成瘾的表现和阶段

从医学角度来看,吸毒成瘾表现为个体在使用毒品后产生的生理与心理双重依赖,且随着使用频率和剂量的增加,对毒品的渴求愈发强烈。[①] 当停止使用毒品时,个体将经历一系列戒断症状,包括但不限于流涕、流泪、呕吐和腹泻等。毒品成瘾的发展通常可划分为三个阶段:首先,在中毒(上瘾)期,个体因追求快感而开始吸毒,并随着使用剂量和次数的递增逐渐陷入上瘾状态;其次,进入成瘾期,此时吸毒者渴望重获初期吸毒的快感,但由于神经适应性,需要更大的剂量才能获得相同的满足感,若停止使用则会出现全身不适,形成恶性循环;最后,长期且大剂量使用毒品将导致大脑及脏器的器质性病变,进入晚期阶段。特别值得注意的是,如冰毒等直接作用于中枢神经系统的合成毒品,对大脑神经元细胞具有显著腐蚀性,导致神经元萎缩和脑室空间增大,最终可能引发脑梗现象,即脑神经液化,造成脑部出现空洞。这些毒品通过改变大脑与周围神经的网络连接和神经通路,影响神经传导、细胞活动规律和神经活性,涉及多个学习和记忆的脑区。因此,冰毒成瘾者常表现出神经综合征、记忆障碍和人格改变,并可能伴随幻觉、妄想和认知功能损害,大剂量使用甚至可能引发暴力行为和中毒性精神病。科学实验已证实,戒毒之所以困难,并非由于吸毒者意志薄弱,而是毒品已深刻改变了其大脑的"快乐机制",即"奖励机制"。[②] 在神经科学的领域,"快乐机制"扮演着促进个体生存和繁衍行为的重要角色,它通过产生愉悦感来奖励这些行为,类似于赢得比赛或获得奖励时产生的积极情感。这种机制的核心在于一种名为多巴胺的化学信使。

多巴胺(化学式 $C_8H_{11}NO_2$)是脑内自然产生的一种神经递质,对情绪具有显著影响。作为一种神经传导物质,多巴胺在大脑中传递脉冲,主要负责调控情感愉悦、兴奋以及上瘾等状态。[③] 多巴胺的释放促使个体产生从一般快乐到强烈愉悦的多样化感受。在正常情况下,多巴胺储存于大脑神经细胞的突触前膜中,当受到适当刺激时,它会被释放至突触间隙,与突触后膜上的多巴胺受体结合,进而传递兴奋和愉悦的信号至神经细胞。然而,当个体摄入毒品时,这一过程被显著改变。

[①] 周立民:《毒品预防"治未瘾"理论的内涵及启示》,《中国人民公安大学学报(社会科学版)》2016年第2期。

[②] 苏智良:《中国毒品史》,上海社会科学院出版社2017年版,第445页。

[③] 刘文卿、许淑媛、程强强等:《多巴胺信号表征奖赏预测误差的理论起源和进展》,《生命科学》2024年第6期。

毒品能够迅速刺激大脑中的快乐神经通路,导致多巴胺的急剧释放,从而在短时间内产生强烈的愉悦感。然而,长期滥用毒品会导致大脑减少多巴胺受体的数量,这一过程类似于棒球比赛中手套(即受体)的减少,使得多巴胺与神经细胞结合的机会减少,导致个体需要更大剂量的毒品来维持相同的愉悦感,从而陷入恶性循环的成瘾状态。

神经科学的深入研究揭示了毒品成瘾的生物学基础。例如动物实验有力地证实,随着毒品摄入量的不断增加,大脑中的多巴胺受体数量显著减少。[①] 多巴胺受体,即所谓的"快乐接受器",在正常情况下,是大脑奖赏系统的重要组成部分,负责捕捉并结合多巴胺分子,进而将愉悦和奖励的信号传递给神经细胞。然而,毒品的强烈刺激打破了这一平衡。随着毒品摄入量的累积,多巴胺受体数量逐渐减少,意味着能够与多巴胺结合的位点变得越来越少。多巴胺受体数量的减少导致大脑中的"快乐机制"逐渐钝化,原本由多巴胺触发的强烈愉悦感变得平淡无奇。为了重新获得或超越之前的刺激水平,吸毒者不得不不断增加毒品的剂量。毒品摄入量的增加不仅加剧了身体对毒品的依赖,还强化了心理层面对毒品的渴求。随着毒瘾的深入,吸毒者陷入了一个恶性循环:为了获取短暂的快乐,不断加大剂量,随之而来的是更为严重的生理和心理后果,如神经系统的损伤、免疫力的下降、心理健康的崩溃等。最终,不断加剧的依赖和渴求将吸毒者推向了无法自拔的痛苦境地,失去了对毒品的控制,也失去了对自己生活的掌控。了解毒品成瘾的神经机制,对于制定有效的戒毒策略至关重要。通过深入研究多巴胺受体在成瘾过程中的变化,能够更好地理解毒品对大脑的影响,从而开发出更有效的干预措施。例如,药物治疗可以帮助恢复多巴胺受体的功能,心理治疗则可以帮助成瘾者重建健康的奖赏系统。此外,社会支持和环境干预也是戒毒过程中的关键因素,能够帮助成瘾者在摆脱毒品后重建正常生活。总之,神经科学的探索为理解毒品成瘾的生物学基础提供了理论支持,有助于制定更科学、更有效的戒毒策略,不仅有助于个体的康复,也为构建健康、安全的社会环境作出了重要贡献。

(三)毒品的认识现状

自古以来,精神药物的发现和使用便伴随着人类文明的发展,它们因宗教仪式、医疗需求、祭祀活动以及娱乐消遣等多种目的而被广泛应用。在毒品发展的历史上,早期的精神药物大多源于自然,特别是从植物中提取而来。随着时代的进步

---

① 张格、杨文江、刘宇:《中枢多巴胺系统正电子发射计算机断层扫描显像剂的研究进展》,《无机化学学报》2024年第1期。

和科技的迅猛发展,近代化学和物理学的飞跃为新型毒品的出现提供了可能。相较于传统植物制成的毒品,现代毒品更多是通过化学物质的合成制造出来,它们拥有更强大的制幻效果和更复杂的成瘾机制。从毒品产生的时间线上来看,早期的毒品如鸦片和大麻,都是基于植物提取物进行加工而成。鸦片由罂粟花的果实加工制成,其历史悠久,被广泛应用于医疗和娱乐领域。大麻属植物则可以加工成印度大麻或普通大麻,具有放松身心和产生幻觉的作用。然而,随着科技的不断进步,新型毒品的种类日益增多,它们通过化学合成手段制造,拥有更强的成瘾性和更严重的生理心理影响。这些新型毒品不仅对个人健康构成严重威胁,也对社会安全和稳定造成巨大冲击。当前,全球对毒品的认识日益深入,各国政府和国际组织纷纷加强禁毒工作,通过立法、教育、执法等手段减少毒品的滥用和危害。然而,毒品问题依然严峻,需要全球社会共同努力,共同应对这一全球性挑战。

(四)毒品发展的数据和趋势

总体而言,吸毒病症治疗干预措施的覆盖率仍然较低,据估计,2020年全球有1120万人通过注射方式吸毒。每8个注射吸毒者中就有1人感染艾滋病毒(140万人),近一半的注射吸毒者感染丙型肝炎(约550万人),而同时感染艾滋病毒和丙型肝炎的注射吸毒者人数为120万。[1]

在非洲,非医疗目的使用曲马多的现象可能正在逐步蔓延,一些国家戒毒治疗需求的增加反映了这一点。在其他地区,特别是南亚、东南亚、中亚、北美和欧洲,也出现了非医疗目的使用曲马多的迹象。在美国和加拿大,用药过量致死人数仍处于创纪录的高水平,主要原因是芬太尼类物质的使用。芬太尼类物质通常与海洛因或其他掺杂毒品混合使用,也会以假冒药品的形式出售。虽然其他几个国家也报告了芬太尼类物质的使用情况,但目前没有迹象表明这种非医疗使用行为及其相关健康后果在北美以外地区流行。然而,芬太尼类物质仍然是阿片类药物市场的潜在威胁。如果市场动态导致任何一个市场上主要阿片类药物出现短缺,芬太尼类物质可能会迅速蔓延开来。

综上所述,全球毒品问题依然严峻,数据显示2020年每18个人中就有1人使用过毒品,这一比例较十年前增加了26%。特别是在15~64岁的人群中,过去一年内毒品使用者的数量达到了惊人的2.84亿人。[2] 注射吸毒者人数依然居高不下,他们面临艾滋病毒和丙型肝炎等严重健康风险。非医疗目的使用特定药品,如

---

[1] 联合国毒品和犯罪问题办公室发布的《2021年世界毒品报告》,2021年6月24日。
[2] 联合国毒品和犯罪问题办公室发布的《2021年世界毒品报告》,2021年6月24日。

曲马多和芬太尼类物质,在不同区域中引发了广泛关注。然而,全球范围内吸毒病症的治疗和预防干预措施覆盖率仍然较低,尤其是在中低收入国家。这一全球性的公共卫生挑战需要各国加强合作,提高干预措施的有效性和普及率,以减轻毒品对个人和社会带来的危害。要有效应对这一问题,不仅需要加强国际合作,更需要从根本上改善公共健康教育和预防措施。应当更多地关注社会经济因素对毒品使用的影响,尤其是贫困、失业和缺乏教育等问题。同时,应该推广科学、证据为基础的治疗和干预方法,确保这些措施在全球范围内得到公平实施。此外,针对特定药品如曲马多和芬太尼类物质的监管和控制也应当加强,防止其滥用和非法交易。通过综合性、多层次的干预和支持体系,我们可以更有效地应对全球毒品问题,为社会带来更大的健康与安全保障。

二、禁毒方法论

禁毒方法论通过梳理中国近代禁毒的历史经验,学习中国共产党百年禁毒的坚定决心和科学方法,以史为鉴,落实习近平总书记"关口前移、预防为先"的禁毒指示。[①]

(一)禁毒方法的历史探索

1. 新民主主义革命时期

从19世纪中叶起,鸦片被西方列强作为侵略中国、奴役和麻痹中国人民的工具。20世纪初,禁烟运动曾在全国范围内展开,有效遏制了罂粟种植和鸦片输入的势头。然而,1916年袁世凯去世后,北洋军阀各自割据,形成了军阀混战的局面。为了筹措战争经费,各地军阀表面上推行"寓禁于征"的政策,实际上却是"只征不禁",公开禁止,暗中纵容,导致毒品再次在中国大地上泛滥成灾。[②] 与此同时,中国共产党经历了大革命、土地革命、抗日战争和解放战争的洗礼,逐步从小型弱势组织发展壮大。尽管面临严峻的生存挑战和激烈的军事斗争,依然为近代禁毒奠定了坚实的基础。

---

① 石经海、李鑫:《习近平新时代关于毒品问题治理重要论述的系统解读》,《警学研究》2023年第1期。
② 黄伊霖:《中国共产党禁毒宣传教育百年沿革及经验总结》,《中国人民警察大学学报》2022年第2期。

2. 社会主义革命和建设时期

中华人民共和国成立初期,全国范围内仍然存在种植、制作、贩运和吸食毒品等严重问题,鸦片烟毒仍然是社会的一大顽疾。据不完全统计,当时全国吸食鸦片的人数多达2000万,占全国总人口的4.4%。[①] 在这一时期,党中央不仅面临肃清敌对势力和清扫封建残余势力的巨大压力,还要恢复生产和安定社会秩序,任务极为繁重。在党领导下的大规模的群众性禁毒运动中,禁毒宣传教育发挥了重要作用。

3. 改革开放和社会主义现代化建设新时期

禁毒工作的"只做不说"这一方针持续到上世纪九十年代。然而国外毒品和吸毒文化通过各渠道对我国的渗透,让我国因毒品过境导致吸毒贩毒现象死灰复燃。为应对此局面,党中央及时调整策略,从1990年开始逐步部署禁毒宣传教育,以提高广大人民群众的禁毒意识。

2008年6月,《中华人民共和国禁毒法》(以下简称《禁毒法》)正式实施,标志着我国禁毒工作进入了法治化的新阶段,是我国首部真正意义上的部门法,对于禁毒法律体系的建设和完善具有里程碑意义。[②] 具体而言,《禁毒法》第二章第十一条规定:"国家采取各种形式开展全民禁毒宣传教育,普及毒品预防知识,增强公民的禁毒意识,提高公民自觉抵制毒品的能力。国家鼓励公民组织开展公益性的禁毒宣传活动。"这项法律的实施标志着国家向禁毒工作中的系统化和规范化迈出了重要一步。通过法律手段,将禁毒宣传教育纳入法治轨道,明确了国家在毒品预防中的主导地位。体现了中央的高度重视,还为各级政府、教育机构和社会组织提供了明确的法律依据和行动指南。通过多种形式的宣传教育活动,如校园禁毒教育、社区宣传、媒体报道等,普及毒品预防知识,增强公众的防毒、拒毒意识,使禁毒工作深入人心。

(二)新时代禁毒宣传教育开创新局

1. 构建全民毒品预防教育工作体系

2014年7月,党中央和国务院首次联合发布了《关于加强禁毒工作的意见》,这一文件为禁毒领域的研究与实践提供了重要的政策指导。文件中明确提出要

---

① 叶俊:《禁毒,任重道远》,载《民主与法制时报》2014年6月26日第1版。
② 田甜、王春光、苏乐乐:《禁毒法实施以来强制隔离戒毒研究成果综述》,《中国司法》2022年第1期。

"增强毒品治理工作的力度,全面提升毒品问题的治理能力和治理水平",这不仅显示了国家对禁毒工作的高度重视,也反映了对毒品问题复杂性和长期性的深刻认识。

在构建全民毒品预防教育工作体系的过程中,我们需要建立一个多层次、全方位、立体化的教育网络。该体系应涵盖学校教育、社区宣传、政府引导和家庭教育等各个环节,确保毒品预防教育能够深入社会的每一个角落。加强顶层设计,明确各部门的职责和协作机制,确保资源的有效整合和工作的有序开展,是构建这一体系的关键。同时,应充分利用现代科技手段,如互联网和社交媒体,拓宽毒品预防教育的传播渠道,提高教育的覆盖率和影响力。此外,教育内容需要具备科学性和针对性,根据不同年龄段和群体的特点,制定个性化的教育方案,使毒品预防教育更加贴近实际、贴近生活,从而更好地实现教育目的。通过政策指导、顶层设计、现代科技手段和个性化教育方案的综合运用,我们可以构建一个全面而有效的毒品预防教育体系,为社会的稳定和人民的健康提供坚实保障。

2. 加强国际禁毒宣传

在全球一体化迅猛发展的时代背景下,跨国毒品犯罪愈加猖獗,毒品问题的国际性日益凸显,这要求我们必须加强与国际社会的禁毒合作,共同应对这一全球性的挑战。为增进国际社会对中国禁毒工作的理解和支持,并推动各国在禁毒领域的合作与交流,2015年6月24日,国家禁毒委员会正式发布了《2014年中国毒品形势报告》。这是党和政府首次以公开、透明的方式,向国际社会展示我国毒品形势及实际毒品犯罪情况的重要举措。自此,国家禁毒委员会每年定期发布年度毒品形势报告,不仅体现了党和政府预防和打击毒品犯罪的坚定决心和强烈责任感,更清晰传达了国内外的禁毒政策与策略。这些报告旨在向国际社会展示中国在禁毒工作方面的方针、思路和成效,树立我国作为禁毒大国的负责任形象,促进全球范围内禁毒合作的深化与拓展。通过这一举措,我们期望能够与国际社会携手合作,共同为构建无毒世界贡献中国的智慧和力量。

3. 开展青少年毒品预防教育

当前,国际禁毒事业面临着严峻挑战,如吸毒年龄低龄化和合成毒品使用扩大化等趋势,对青少年的身心健康及社会稳定构成了重大威胁。为有效应对这些问题,党和政府高度重视青少年毒品预防教育工作。2015年6月启动的全国青少年毒品预防教育"6·27"工程,不仅致力于通过数字化平台和多样化活动普及禁毒知识,还通过竞赛、夏令营等方式激发青少年的学习兴趣和参与热情,深化他们对毒品危害的认知,增强拒绝毒品的自觉性。此外,禁毒教育已正式纳入学校教育体系,通过课堂教学、校园活动和社会实践,使青少年在不同场景中全面接触禁毒内容,逐步形成健康的生活态度和价值观。同时,大学生禁毒社会实践项目的推动,进一步提升了社会大众的参与度和认知水平,培养了青年学子的社会责任感和实践能力。通过这些综合措施,党和政府展现了对禁毒工作的坚定承诺,致力于建设一个清朗的社会环境,保障青少年的健康成长和社会的长治久安。

三、禁毒实践的历史与现实逻辑:认识论与方法论的统一

(一)历史逻辑

从历史逻辑的视角审视,毒品问题无疑是人类社会长期以来的重大公害。其深远影响不仅在于对个人健康的直接侵害,更在深层次上销蚀了人的意志,摧毁了无数家庭的幸福基石。此外,毒品问题的存在还严重消耗了社会财富,毒化了社会风气,污染了人类赖以生存的环境。回顾历史与现实,我们不难发现,毒品问题往往成为阻碍国家和地区经济发展、社会稳定的重要障碍,甚至在某些情况下成为经济落后和社会动荡的根源。中国共产党自成立之初,便深刻认识到毒品问题的严重性和危害性,一贯主张厉行禁毒。党的禁毒宣传教育历史,是一部与人民群众紧密相连、共同奋斗的历史。这一历史进程中,党始终坚持以人民为中心的工作导向,与人民心连心、同呼吸、共命运,积极领导广大人民群众开展禁毒斗争,努力消除鸦片烟毒等毒品危害,为实现国家富强、人民幸福作出了巨大贡献。

进入新时代,禁毒宣传教育工作面临着新的挑战和机遇。为了提升禁毒宣传领导力,要了解群众对禁毒工作的现实需求。这意味着我们要深入了解人民群众对"天下无毒"的期盼和愿望,积极回应他们的关切和需求,为他们营造一个安全并且自由的环境。这意味着我们要从人民的角度出发,关注人民的需求和利益,以人民为中心开展禁毒宣传教育工作。我们要通过宣传教育,凝聚"健康人生、绿色无毒"的社会共识,让广大人民群众深刻认识到毒品的危害和禁毒的重要性。同时,我们还要注重提升人民群众的识毒、拒毒意识,帮助他们树立正确的价值观和生活观,自觉抵制毒品的侵害。

为了实现这一目标,我们需要采取一系列有效的措施。首先,我们要加强禁毒宣传教育的针对性和实效性,针对不同年龄段、不同职业、不同文化背景的群体制定个性化的宣传方案,确保禁毒宣传教育工作能够深入人心、取得实效。其次,我们要充分利用新媒体等现代传播手段,拓宽禁毒宣传教育的渠道和形式,提高宣传

教育的覆盖率和影响力。此外,我们还要加强国际合作与交流,共同应对跨国毒品犯罪等全球性挑战,为维护世界和平与发展贡献力量。

从历史逻辑的视角审视毒品问题,我们更加深刻地认识到禁毒宣传教育工作的重要性和紧迫性。新时代提升禁毒宣传领导力需要我们始终坚持人民主体地位、人民性的政治立场和价值导向,以更加坚定的决心、更加有力的措施推动禁毒宣传教育工作的深入开展,为实现"无毒中国"的目标而不懈努力。这不仅是对历史经验的深刻总结,更是对未来发展的积极回应。通过全社会的共同努力,构建一个无毒、健康、和谐的社会环境,是我们共同的责任和使命。

(二)现实逻辑

从现实逻辑的维度深入剖析,禁毒工作无疑是一场旨在革除社会积弊的重要社会运动。它不仅依赖于政府和法律的权威力量以发挥"震慑"作用,更依赖于广大人民群众的广泛参与和共同努力,形成群策群力、群防群治的局面。早在80多年前,中国共产党人便深刻认识到禁毒工作的全民性和社会性,因此积极发动民间团体参与禁毒宣传教育。他们广泛宣传毒品的危害和禁毒政策,使群众深入了解毒品的严重性和禁毒工作的紧迫性。在这一过程中,群众自发开展劝诫运动,形成了"妻劝其夫,兄勉其弟,父诫其子"的积极氛围,这不仅有效遏制了毒品的蔓延,还促进了家庭和社会的和谐稳定。群众纷纷自发监督、协助上瘾者戒断毒瘾,举报揭发毒品犯罪行为,禁毒工作因此取得了显著成效。[①] 改革开放以来,党和政府在禁毒工作中坚持全民参与的理念,通过积极动员工会、妇联等群众组织的力量,构建了多方参与、协同合作的禁毒格局。社会力量的引入和禁毒志愿者队伍的建设,极大地增强了禁毒工作的实际效果。这种广泛的群众参与模式,提升了禁毒工作的针对性和实效性,也加强了公众对禁毒工作的认同感和支持度。进入中国特色社会主义新时代,党和政府更加重视禁毒工作的社会共治和公众参与。他们通过加强部门协同、汇聚社会力量和群众的集体智慧,不断强化宣传引导和毒品预防教育。禁毒拒毒的思想和措施被逐步融入群众的日常生活,形成了全社会共同抵制毒品的良好氛围。这种全民参与的禁毒模式,不仅筑起了防范毒品传播的坚固防线,还为维护社会稳定和人民健康提供了有力保障。通过改革开放以来的不断努力,党和政府在禁毒工作中成功构建了一个多方参与、协同合作的良好格局。社会力量的广泛参与和禁毒志愿者的积极行动,使得禁毒工作更加具有针对性和实效

[①] 齐霁、李珏曦:《建国前后中国共产党领导的禁毒斗争及其历史经验》,《云南行政学院学报》2008年第5期。

性,同时也增强了公众的认同感和支持度。新时代的禁毒工作,更加强调社会共治和公众参与,通过不断的宣传引导和教育,形成了全社会共同抵制毒品的良好氛围。这种全民参与的禁毒模式,成为防范毒品传播的重要屏障,也为社会稳定和人民健康提供了坚实保障。

综上所述,禁毒工作不仅是一场需要全民参与的社会运动,更是一项关乎社会治理与国家安危的重要任务。只有充分发挥政府和法律的权威作用,同时广泛动员和依靠群众力量,形成群策群力、群防群治的局面,才能有效遏制毒品蔓延,保障人民健康和社会稳定。因此,我们必须进一步加强禁毒宣传教育,提升公众对禁毒工作的认识和支持,使禁毒意识深入人心,形成强大的社会共识。

结　语

中国式现代化禁毒工作展示出了一种全面、深入和富有创新性的实践。通过党和政府的领导,以及全社会的广泛参与,禁毒工作不仅在制度和政策上得到不断完善,更在宣传教育和预防措施方面取得了显著成效。在新时代背景下,禁毒工作面临新的挑战,但也迎来了更多的机遇。通过强化部门协同和社会力量的结合,禁毒宣传教育逐渐深入人心,形成了良好的社会共识和抵制毒品的社会氛围。未来,我们要继续坚持以人民为中心的工作导向,运用科学、系统的方法论,进一步推动禁毒工作走向深入,不仅是实现"无毒中国"的重要途径,更是维护社会稳定和人民健康的根本保障。在这一过程中,我们需要借鉴历史经验,结合现实需求,不断创新工作方法,凝聚社会各界的力量,共同为禁毒事业贡献智慧和力量,真正实现社会的长治久安和人民的幸福安康。

"459＋"精麻药品管制背景下戒毒康复模式的困境分析及对策探索

李 霞 冯彦铭[*]

一、引言

在当代社会,毒品问题一直困扰着各国政府和社会。在毒品问题全球化的大背景下,我国毒情形势呈现出更为严峻、复杂的局面:境外毒品渗透不断加剧,国内制毒问题日益突出,毒品滥用问题持续蔓延,毒品社会危害严重。截至2023年10月,我国列管的药品已达459种加合成大麻素类毒品和芬太尼类毒品。虽然目前我国在戒毒康复工作方面取得了显著进步,尤其是在针对海洛因等毒品的戒治和康复方面取得了巨大进展,但仍面临着一系列的困境和挑战,需要我们采取有效对策应对。

二、相关概念

(一)毒品列管制度和列管程序

毒品列管制度和列管程序是一个涉及法学、医学和社会多个层面的复杂问题。其核心目的在于通过对药品的列管保护公众健康,防止毒品滥用,维护社会秩序。毒品列管制度是指国家针对具有成瘾性、滥用性和危害性的物质,通过法律手段进行管制和规范的制度。这一制度旨在明确哪些物质属于毒品范畴,对其实行严格的管控措施,从而防止其被非法生产、买卖和使用。[①] 毒品列管程序则包括以下几

---

[*] 作者简介:李霞,女,云南警官学院禁毒学院教授,硕士研究生导师;冯彦铭,男,云南警官学院禁毒专业学生。
[①] 于浩然:《我国毒品列管模式的检视与完善》,《中国刑警学院学报》2022年第6期。

个步骤:评估和识别、提交建议、立法审查、列管决定、实施和监督。① 值得注意的是,我国毒品列管制度和列管程序并非一成不变的,随着新型毒品的不断涌现和毒情形势的变化,相关部门会不断调整和完善列管制度和程序,以适应新的挑战和需求。

(二)"459+"的含义

精麻药品是指一类具有兴奋或者麻醉镇静作用的药品,由于其特殊的药理作用和成瘾性,精麻药品在使用上需要严格控制和管理。截至 2023 年 10 月,我国现已列管 459 种麻醉品和精神物质(包括 123 种麻醉药品、162 种精神药品、174 种非药用类麻醉药品和精神药品),整类列管芬太尼类物质、合成大麻素类物质,是世界上列管毒品最多、管制最严的国家。需要说明的是,459 这个数字随着列管物质的增多也会变化。

1. "459"的介绍

根据《刑法》《禁毒法》规定,毒品是指鸦片、海洛因、甲基苯丙胺(冰毒)、吗啡、大麻、可卡因,以及国家规定管制的其他能够使人形成瘾癖的麻醉药品和精神药品。

(1)麻醉药品目录介绍

截至 2023 年 10 月,我国已列管麻醉药品一共有 123 种。麻醉药品目录主要包含了具有麻醉作用的药物,这些药物对中枢神经有显著的麻醉效果。连续使用、滥用或不合理使用这些药品,容易产生身体依赖性和精神依赖性,甚至成瘾。

常见的麻醉药品包括以下几类:首先是镇静药,例如丙泊酚、依托咪酯、咪唑安定等;其次是镇痛药,如芬太尼、舒芬太尼、瑞芬太尼、阿芬太尼等;再次是肌松药,包括泮库溴铵、万可松、卡肌宁等;最后是局部麻醉药,如利多卡因、丁卡因、布比卡因、罗哌卡因等。

此外,目录中还包括一些特定的麻醉药品,如醋托啡、乙酰阿法甲基芬太尼、醋美沙朵等。这些药品在医疗中有其特定的应用,但同样存在滥用和依赖的风险。

(2)精神药品目录介绍

截至 2023 年 10 月,我国已列管精神药品一共有 162 种。精神药品目录涵盖了多种用于治疗精神疾病的药品。这些药品主要根据其对中枢神经系统的作用进行分类,它们通常具有潜在的滥用风险或成瘾性,因此需要严格管理和控制。

---

① 周志刚:《我国毒品管制模式研究》,《云南警官学院学报》2024 年第 1 期。

精神药品目录通常包括抗抑郁药、抗精神病药、抗焦虑药、镇静催眠药等多种类型。其中,抗抑郁药如氟西汀、舍曲林等,用于治疗抑郁症等情感障碍;抗精神病药如氯丙嗪、氟哌啶醇等,主要用于治疗精神分裂症等精神疾病;抗焦虑药如劳拉西泮、阿普唑仑等,用于缓解焦虑症状;镇静催眠药如巴比妥类、水合氯醛等,主要用于治疗失眠等睡眠障碍。

此外,精神药品目录还包括一些特殊的药品,如治疗精神发育迟滞、心理发育障碍、孤独症等相关疾病的药物。这些药品在医疗中有其特定的应用,但同样存在滥用和依赖的风险。

(3)非药用类麻醉药品和精神药品目录介绍

截至2023年10月,我国已列管174种非药用类麻醉药品和精神药品。非药用类麻醉药品和精神药品目录包含了那些未作为药品生产和使用,但具有成瘾性或者成瘾潜力且易被滥用的物质。这些物质因其潜在的滥用风险和对个人健康的危害而被严格管控。

该目录中的非药用类麻醉药品包括但不限于一些特定的化学物质,如芬太尼类物质和合成大麻素类物质。这些物质通常具有强烈的中枢神经系统作用,能够产生麻醉或兴奋效果,因此容易被滥用。

同时,非药用类精神药品目录也包含了多种类型的物质。这些药品可能对大脑功能产生影响,改变人的思维、情感和行为。例如,一些兴奋剂能够提高人的警觉性和活力,而抑制剂则可能使人感到镇静和放松。这些药品的滥用可能导致严重的身体和心理问题,包括成瘾、戒断症状、精神错乱甚至死亡。

2."＋"的介绍

"459＋"的"＋"是指459种麻醉品和精神物质加两大类物质,这两大类物质指的是芬太尼类物质和合成大麻素类物质。

(1)合成大麻素类毒品

合成大麻素类毒品是指一类通过人工化学合成手段制得的大麻素类似物。它们与大麻植物中提取的天然大麻素具有相似的药理作用,但往往具有更强的成瘾性和毒性。这些毒品往往以粉末、液体或片剂等形式存在,易于携带和隐藏,使得滥用行为更加隐蔽和难以察觉。

(2)芬太尼类毒品

芬太尼类毒品是一类人工合成的强效镇痛药,其化学结构中含有苯乙基和哌啶基团。这类药物通过与中枢神经系统中的阿片受体结合,产生强烈的镇痛和镇静作用。然而,由于其作用机制与天然阿片类物质相似,芬太尼类毒品也具有较高的成瘾性和滥用风险。芬太尼类毒品作为一种合成类阿片受体激动剂,近年来在全球范围内滥用现象日益严重。

(3)列管趋势

"+"也象征着一种趋势,意味着未来需要管控的物质越来越多。从当前的市场需求和政策环境来看,"459+"精麻药品的发展趋势呈现出以下几个特点:一是市场规模将持续扩大,"459+"精麻药品的市场需求将持续增长;二是品种和类型将更加多样化,新的"459+"精麻药品将不断涌现;三是管理和监管将更加严格,对"459+"精麻药品的管理和监管将更加严格和规范。

①市场规模持续扩大,市场需求持续增长

当前,国内精麻药品市场呈现出蓬勃发展的态势。随着医疗技术的不断进步和人们对健康的关注度提高,精麻药品的需求日益增长。同时,政府对医疗健康行业的支持力度不断加大,为精麻药品市场的发展提供了有力保障。在国内外市场的共同推动下,精麻药品市场规模持续扩大,成为医疗健康领域的重要增长点。

市场规模的持续扩大主要得益于以下几个方面:一是全球经济的稳步增长为医疗健康行业的发展提供了坚实的基础;二是人口老龄化的加剧使得慢性病患者数量不断增加,从而推动了精麻药品需求的增长;三是医疗技术的进步和创新为精麻药品的研发和应用提供了更多可能性;四是政府对医疗健康行业的政策支持和投入力度不断加大,为精麻药品市场的发展提供了有力保障。

②品种和类型更加多样化,新型药品不断涌现

随着医疗技术的不断进步和市场需求的变化,精麻药品的品种和类型的多样化趋势愈发明显。一方面,随着制药技术的创新,精麻药品的研发逐渐向着更高效、更安全、更个性化的方向发展。另一方面,市场需求的变化也推动了精麻药品的多样化发展。随着人们对健康的重视程度不断提高,对精麻药品的需求也呈现出多样化和个性化的特点。为了满足不同患者的需求,制药企业不断推出新的精麻药品品种和类型,涵盖了更广泛的治疗领域和适应证。

③管理和监管更加严格

对"459+"精麻药品的管理和监管将更加严格规范,这是基于当前药品安全形势和精麻药品的特殊性质所做出的必要举措。

首先,精麻药品作为一类具有高风险性的特殊药品,其滥用和误用可能导致严重的社会问题,甚至威胁到公众的生命安全。因此,加强对精麻药品的管理和监管,是保障公众用药安全、维护社会稳定的重要措施。其次,随着医疗技术的不断进步和市场需求的变化,精麻药品的品种和类型不断增加,新型精麻药品不断涌现。这些新药品的疗效和安全性需要经过严格的评估和监管,以确保其质量和安

全性符合标准。总之,对"459+"精麻药品的管理和监管将更加严格规范,这是保障公众用药安全、维护社会稳定的重要措施。同时,也需要政府、企业和社会各界共同努力,加强合作与沟通,共同推动精麻药品的健康发展。

3. 管控的意义

精麻药品的滥用不仅会导致身体和心理上的依赖,还可能引发一系列严重的健康问题,如呼吸抑制、心脏骤停等。此外,滥用精麻药品还可能导致犯罪行为的发生,对社会治安造成严重影响。精麻药品管控在现代医疗体系中具有重要意义。通过加强精麻药品的管控力度和完善相关管理制度,可以有效遏制精麻药品的滥用现象,减少由此带来的社会问题和危害。这不仅有利于保护公众的身心健康、保障患者的用药安全,还有助于维护社会的和谐稳定。

(三)毒品的迭代历程

毒品问题是一个全球性的难题,对人类社会造成了巨大的危害。随着科技的进步和社会的发展,毒品也在不断迭代演变,其形态、成分和传播方式都发生了显著的变化。因此,深入了解毒品的迭代历程,对于制定有效的应对策略具有重要意义。

早期毒品多为自然产物,如鸦片、大麻等,也就是我们所说的第一代毒品,它们在不同文化和地理背景下被发现和使用。这些毒品最初可能被用作药物或宗教仪式的一部分,但随着时间的推移,其滥用情况逐渐显现。在不同文明中,第一代毒品的传播和影响各具特色。例如,在古代中国,鸦片作为一种药物和奢侈品,在明清时期逐渐流行开来,对社会经济、政治和文化产生了深远影响。而在欧洲,大麻等毒品则在文艺复兴时期开始被滥用,引发了社会对于毒品问题的关注。

第二代毒品的迭代历程是一个复杂而多变的过程,它标志着毒品制造从天然植物提取转向人工合成,带来了更为严重和复杂的社会问题。冰毒的出现,标志着毒品制造进入了一个新的时代。与鸦片、大麻等第一代毒品相比,冰毒的生产不再依赖于特定的植物或地域,而是可以通过化学合成在任何地方制造。随着冰毒等第二代毒品的流行,越来越多的合成毒品开始出现。这些毒品往往具有更强的成瘾性和危害性,对社会和个人造成了更大的威胁。例如,摇头丸等苯丙胺类衍生物,它们同样具有强烈的兴奋和致幻作用,且成瘾性极高。

第三代毒品本质上是指新精神活性物质。制毒者为逃避法律监管,在现有的毒品化学结构上进行化学结构改造,改造后的药效与改造前的变化不大,致使改造后的新精神活性物质也有较大滥用潜力和危害。目前,新精神活性物质通过非法渠道传播,已经涉及复杂的犯罪网络和黑市交易,市场规模日益增大,这也是我国列管物质逐渐增多的一个重要原因。

三、针对不同代毒品的戒毒康复工作现状

随着毒品类型的多样化和毒品的迭代,戒毒康复工作面临着巨大的挑战。

(一)戒毒康复模式的分类

我国的戒毒康复工作,随着中国历史的变迁也经历了不同发展阶段。现如今,我国主要的戒毒康复工作分别为自愿戒毒、社区戒毒、强制隔离戒毒和社区康复,这四种戒毒措施构建形成了我国目前的戒毒工作体系。

戒毒康复是一个多维度的过程,旨在帮助吸毒者戒除毒瘾并恢复健康的生活。其中,药物治疗、行为治疗以及综合治疗是当前最常见的戒毒康复方式。

1. 药物治疗

药物治疗主要通过药物减轻成瘾者的戒断症状。这包括使用特定的药物来减轻或消除戒断症状,降低吸毒者对毒品的渴求和依赖。例如,阿片递减法、丁丙诺非替代递减法以及可乐定脱毒法等,都是有效的药物治疗方法。这些药物可以安全有效地帮助吸毒者度过戒毒的初期阶段,减少因戒断症状而可能导致的生命危险和复吸风险。

2. 行为治疗

行为治疗主要通过改变吸毒者的行为模式和思维方式,帮助他们建立健康的生活习惯和应对压力的方式。行为治疗包括认知行为疗法、动机增强疗法、家庭治疗等,这些治疗方法可以帮助吸毒者认识到毒品的危害,增强他们拒绝毒品的决心,并学会有效的应对策略从而避免复吸。

3. 综合治疗

综合治疗主要是将药物治疗、心理治疗和行为治疗等多种方法结合起来,形成一个全面的戒毒康复方案。这种治疗模式旨在从多个角度入手,全方位地帮助吸毒者戒除毒瘾。综合治疗还包括心理社会干预、职业康复、教育康复等其他措施,为戒毒康复人员提供更加全面的支持。

在实际工作中,不同的戒毒康复模式可能会根据吸毒者的具体情况和需求进

行选择和调整。例如,对于某些吸毒者,药物治疗可能更侧重于缓解戒断症状;而对于另一些吸毒者,行为治疗可能更侧重于改变他们的行为模式和思维方式。同时,综合治疗则可以根据吸毒者的具体情况,将各种治疗方法有机地结合起来,形成一个个性化的康复方案。

(二)不同类型毒品的戒毒康复方式现状

对于海洛因等成瘾性强的毒品,药物治疗在戒断康复过程中占据重要地位;对于冰毒等合成毒品,心理治疗和社会康复则更为关键;对于大麻等成瘾性相对较弱的毒品,则更注重于生活方式的调整和心理干预。然而,当前戒毒康复方式仍存在一些问题,如康复资源不足、针对性不强、康复效果评估体系不完善等。

1. 第一代毒品的戒毒康复工作现状

第一代毒品,如鸦片、海洛因等,具有极强的成瘾性和生理依赖性。当前,第一代毒品的戒毒康复模式呈现出以下现状:

首先,药物治疗在戒毒康复中发挥着关键作用。针对第一代毒品的特性,医学界研发出了一系列用于减轻戒断症状、缓解生理依赖的药物。

其次,行为治疗和心理干预也成为戒毒康复的重要组成部分。通过认知行为疗法、动机增强疗法等手段,帮助吸毒者改变错误的认知和行为模式,增强他们抵制毒品的决心和能力。同时,心理干预也能够帮助吸毒者缓解焦虑、抑郁等负面情绪,提高他们的心理素质和生活质量。

此外,综合治疗和社区戒毒康复方式也得到了广泛应用。综合治疗将药物治疗、行为治疗、心理干预等多种手段有机结合,为吸毒者提供全方位的戒毒康复服务。而社区戒毒康复是通过社区的力量为吸毒者提供社会支持、职业培训等帮助,促进他们重新融入社会。

第一代毒品的戒毒康复工作仍面临诸多挑战。一方面,吸毒者的成瘾程度深、戒断症状严重,需要更加专业、细致、具体的康复服务;另一方面,复吸现象普遍,需要加强对吸毒者的长期跟踪和帮扶。

2. 第二代毒品的戒毒康复工作现状

首先,与第一代毒品相比,第二代毒品的戒毒康复更加注重对吸毒者心理和社会功能的恢复。由于合成毒品往往导致更为复杂的心理问题和社交障碍,戒毒康复工作不仅需要关注生理层面的脱瘾,还要关注心理、社交和职业等多方面的康复。

其次,第二代毒品的戒毒康复方式更加多样化,包括药物治疗、心理治疗、社会支持等多种手段的综合运用。药物治疗主要用于缓解戒断症状、减轻生理依赖;心理治疗则针对吸毒者的心理问题,帮助他们建立健康的心态和应对机制;社会支持则通过家庭、社区、职业培训等途径,为吸毒者提供全方位的支持和帮助,促进他们重新融入社会。

然而,尽管第二代毒品的戒毒康复方式取得了不少进展,但仍然存在一些挑战。一方面,合成毒品的成瘾性强、无针对性的药物用于戒瘾,复吸率高;另一方面,吸毒者的个体差异大,需要更加个性化的康复方案来满足不同需求。

3. 新精神活性物质的戒毒康复工作现状

新精神活性物质作为毒品市场的新兴"产品",因其具有更迭速度快、种类繁多、个性化和隐蔽性强等特点,给戒毒康复工作带来了新的挑战。[①]

首先,需要明确的是,新精神活性物质的成瘾机制和戒断反应与传统毒品有所不同,因此其戒毒康复方式和手段也需要根据具体情况进行调整和优化。一般来说,戒毒康复方式包括生理脱毒、心理康复、社区康复等方面,但针对新精神活性物质,可能需要在这些方面采取更加个性化和综合性的措施。

其次,在生理脱毒方面,由于新精神活性物质的化学结构和作用机制复杂多样,可能需要采用更加精准和有效的药物替代疗法或逐步减少药物剂量的方法。同时,也需要加强对患者身体状况的监测和评估,及时发现和处理可能出现的戒断症状或并发症。

在心理康复方面,新精神活性物质可能导致患者出现更为复杂和严重的心理问题,如焦虑、抑郁、幻觉等。因此,心理干预和治疗在康复过程中显得尤为重要。可能需要采用更加专业化和个性化的心理治疗方法,如认知行为疗法、心理动力学疗法等,帮助患者建立正确的认知和价值观,增强戒毒信心和决心。

在社区康复方面,由于新精神活性物质的滥用往往与特定的毒品替代、社会环境和文化背景有关,因此需要在康复过程中注重患者的心理、社会适应能力和生活技能的培养。

四、"459＋"背景下戒毒康复工作的困境

三代毒品的戒毒康复困境虽然因毒品种类、成瘾机制、社会文化背景等因素而

---

① 王炜、张霞、张梦涛:《新精神活性物质滥用问题的管制策略探讨》,《广西警察学院学报》2021年第6期。

有所差异,但它们在许多方面也存在共同性。接下来,我们将从理论、操作、效果层面及管制速度加快的背景下对戒毒康复模式的困境进行综合分析。

(一)理论层面的戒毒康复工作困境

1. 戒毒康复理论的发展历程

戒毒康复理论经历了多个阶段的发展,从最初的生理戒断到心理康复,再到社会功能的恢复,理论框架不断完善。然而,随着毒品问题的复杂性和多样性,现有的理论框架已难以满足实际需求。一方面,传统的戒毒康复理论过于强调生理戒断,忽视了心理和社会因素在戒毒过程中的重要作用;另一方面,新兴的理论观点尚未形成完整的体系,难以指导实际工作。

2. 当前理论框架的局限性

当前戒毒康复理论框架的局限性主要表现在以下几个方面:一是缺乏综合性,难以全面考虑戒毒康复过程中的生理、心理和社会因素;二是缺乏个性化,不同吸毒人员的戒毒需求和康复路径存在差异,但现有理论框架往往一刀切,难以提供个性化的指导;三是缺乏动态性,戒毒康复是一个长期的过程,但现有理论框架往往忽视了这个过程中的变化和进步,难以提供持续的支持和指导。

(二)操作层面的戒毒康复工作困境

1. 戒毒康复工作的实施难点

首先,吸毒人员的配合度低,往往缺乏戒毒的动力和信心,从而引发一系列的心理问题。吸毒往往导致吸毒者出现焦虑、抑郁、失眠等心理问题,这些问题在戒毒过程中可能进一步加剧。其次,戒毒康复机构的管理和运营水平参差不齐,难以保证戒毒康复效果。此外,吸毒者还可能面临家庭关系破裂、社会歧视等社会问题,这些问题也会对戒毒康复产生负面影响。许多吸毒者在戒毒过程中缺乏家庭、社区和社会的支持,导致他们感到孤立无援,难以坚持康复。

2. 资源配置与利用的问题

一方面,一些地区的戒毒康复资源有限,戒毒康复机构在资金、设备和人员等方面的投入不足,难以满足戒毒康复者的实际需求;另一方面,资源的利用效率低下,存在着资源浪费和重复建设的现象,增加了戒毒康复的难度。

3. 专业人员队伍建设的挑战

目前戒毒康复领域的专业人员数量不足,素质参差不齐,难以满足工作的需求。同时,专业人员的培训和晋升机制也不完善,难以吸引和留住优秀人才。

(三)效果层面的戒毒康复工作困境

1. 戒毒康复效果的评估标准与方法

目前,戒毒康复效果的评估标准和方法尚不统一,导致难以客观、全面地评价戒毒康复工作的成效。一方面,现有的评估标准过于注重生理指标的改善,而忽视了心理、社会功能等方面的恢复;另一方面,评估方法缺乏科学性和可操作性,难以准确反映戒毒康复效果的真实情况。

2. 戒毒康复效果的可持续性

戒毒康复工作的一个重要目标是实现康复效果的可持续性,即帮助戒毒者长期保持康复状态,防止复发。然而,在实际工作中,康复效果的可持续性往往难以保证。这主要是由于戒毒者在回归社会后面临着诸多挑战,如社会歧视、就业困难、家庭关系紧张等,这些因素都可能导致戒毒者重新陷入毒品依赖。此外,缺乏有效的长期跟踪和管理机制也是戒毒康复的共同问题。许多吸毒者在完成短期戒毒治疗后,由于缺乏有效的长期跟踪和管理,往往无法持续保持康复状态,最终导致复吸。

3. 复发与再犯的预防策略

复发与再犯是戒毒康复工作中需要重点关注的问题。无论是哪一代毒品,戒毒康复都面临着极高的复吸风险。毒品的成瘾性极强,一旦形成依赖,很难完全戒除。尽管经过一段时间的戒毒康复治疗,部分戒毒者能够成功戒除毒瘾,但仍有相当一部分人会出现复发或再犯的情况。许多吸毒者在戒毒过程中或康复后,由于各种原因(如心理压力、环境诱惑等)可能会再次陷入毒品的泥潭。这不仅影响了康复工作的效果,也对个人和社会造成了严重的危害。

(四)管制制度背景下戒毒康复模式的困境分析

1. 新列管的物质成瘾性研究不足、认识不清

由于研究不足,对于新列管物质的成瘾机制、症状表现、戒断反应等方面,仍存

在较大的认知模糊地带。部分戒毒康复机构和人员对新列管物质的成瘾性认识不足,导致在实际工作中难以做到有针对性的干预和治疗。受传统观念影响,部分社会大众对新列管物质的成瘾性持怀疑态度,甚至存在误解和偏见。

2. 戒毒康复工作与管制毒品的种类"咬合性"不够

管制毒品速度加快,管制毒品种类增多,一定程度上约束了毒品违法犯罪的行为,但对于戒毒康复工作而言,当下最主要的问题是戒毒康复工作针对毒品种类的适切性不够,没有针对某一类某一种毒品的具体的戒毒措施,导致戒毒康复工作应对不足。举个例子,某人吸食了新类型毒品,比如依托咪酯,进入戒毒康复体系,结果可能只是被管控,但没有针对性的医学的服务型的戒毒康复措施,因此造成的结果可能与毒品治理的初心背道而驰。

3. 戒毒康复手段单一、资源不足

当前,戒毒康复手段主要依赖于药物治疗和心理辅导。这种单一的康复手段往往难以应对复杂的毒品问题。不同吸毒者的成瘾原因、成瘾程度以及身体状况都存在差异,需要个性化的康复方案。然而,由于康复资源有限,许多戒毒康复机构无法提供个性化的康复服务。目前,我国戒毒康复机构不仅数量有限,且分布不均。许多地区缺乏专业的戒毒康复机构,导致吸毒者难以得到及时有效的康复服务。此外,康复机构的人员配备也不足,专业康复人员缺乏,难以满足日益增长的康复需求。

4. 戒毒康复效果评估困难

目前,我国尚未建立起完善的康复效果评估体系,导致无法准确衡量戒毒康复工作的成效。这使得戒毒康复机构难以根据评估结果调整戒毒康复方案,也难以向政府和社会公众展示其工作成果。

5. 社会支持体系薄弱

戒毒康复不仅仅是生理上的脱毒,更重要的是心理上的康复和社会的重新接纳。然而,当前的社会对戒毒人员的歧视和排斥现象依然存在,这导致戒毒人员在康复过程中难以获得有效的社会支持。同时,政府对戒毒康复工作的投入不足,相关政策法规不完善,也使得社会支持体系难以形成。

6. 戒毒康复人员的自身因素

戒毒人员的自身因素也是导致康复困境的重要原因。毒品成瘾往往伴随着复杂的心理问题和社会问题,这些问题在康复过程中需要得到充分的关注和解决。然而,由于戒毒人员自身的认知偏差、自我控制能力不足等原因,往往难以有效配合康复工作,导致康复效果不佳。

综上所述,三代毒品的戒毒康复困境在复吸风险、心理问题、社会支持不足以及缺乏有效的长期跟踪和管理机制等方面存在共同性。为了解决这些问题,需要采取综合性的措施,对理论、操作、效果、管制速度加快的背景下所产生的困境采取有效和针对性的措施并加以应对。

五、"459+"精麻药品背景下戒毒康复模式困境的对策探讨

针对上述内容中戒毒康复模式存在的困境,以及随着科技的进步和社会的发展,管控物质的种类和数量不断增多,戒毒康复工作也面临着前所未有的挑战,为此我们需要制定综合性的应对策略。

(一)加强戒毒康复工作标准化建设

首先,应制定严格的准入标准和管理规范,确保戒毒康复机构具备相应的资质和能力。加强机构内部的制度建设,完善康复流程和服务标准,提高康复工作的专业性和规范性。还应建立健全的监督评估机制,定期对戒毒康复机构进行检查和评估,确保其运行有效。

其次,加强社区戒毒康复工作的组织领导,成立专门的社区戒毒康复工作领导小组,并制定详细的社区戒毒康复工作计划和方案。完善社区戒毒康复服务体系,建立社区戒毒康复服务中心,加强与医疗机构、戒毒机构等单位的合作,并引导社会力量参与社区戒毒康复工作。强化社区戒毒康复人员的帮扶教育,建立戒毒康复人员档案,开展个性化帮扶教育。[①] 创新社区戒毒康复工作模式和方法,探索"互联网+社区戒毒康复"新模式,开展多元化的康复活动,加强与其他地区合作交流。

完善强制隔离戒毒的法律制度和执行规范,修订和完善戒毒相关法律法规。强化戒毒人员的医疗保障和心理健康服务,加强与医疗机构的合作,设立专门的心理咨询室,配备专业的心理咨询师。加强戒毒人员的职业技能培训和就业指导,与企业和职业培训机构合作,为戒毒人员提供就业指导和推荐服务。创新强制隔离戒毒的管理模式和方法,探索实施分类管理和个性化戒毒方案,并引入科技手段,

---

① 任婧:《社区戒毒康复的多元共治路径》,《中国人民警察大学学报》2022年第5期。

提高戒毒工作的科技含量和效率。

提升医疗技术水平和专业能力,引进先进的医疗设备和治疗技术。建立完善的戒毒康复医疗体系,制定个性化的治疗方案和康复计划。注重科研创新和成果转化,鼓励和支持戒毒康复医疗机构的科研创新活动,加强与科研机构、高校等的合作,推动科研成果的转化和应用。

加强并完善新列管物质的研究和认识,提高公众防范意识。通过媒体宣传、社区活动等方式,普及毒品知识,让公众了解新列管毒品的危害性和成瘾性。加强家庭和学校的教育,培养青少年的健康意识和自我保护能力。还应加强对毒品贩运和非法供应的打击力度,减少毒品的供应。运用治疗策略、康复策略,帮助个体改变对药物的错误认知、学会应对负面的情绪和压力,帮助个体建立健康的心理状态和良好的社会人际关系。

(二)戒毒康复工作队伍建设

首先注重专业人员的选拔、培训、考核和激励。背景方面,选拔具备医学、心理学、社会学等相关专业背景的人员,确保他们具备戒毒康复所需的基本知识和技能。定期组织专业培训,包括最新的戒毒技术、心理干预方法、社会适应能力培训等,以提升队伍的专业素养和服务水平。同时,建立激励机制,吸引更多优秀人才投身戒毒康复事业。

其次构建多元化的人员配置体系。组织构建业务能力强、素质水平高的医疗团队、心理团队、社工团队,并充分发挥各自的职能特点,促进戒毒康复者更好地融入社会。

最后加强与社会各界的合作。积极争取政府部门的支持和指导,共同推动戒毒康复工作的发展。与社区、企业等多个部门建立合作关系,为戒毒康复者提供更多的就业机会和社会支持。积极招募志愿者参与戒毒康复工作,为康复者提供关怀和支持。

(三)设计并实施科学的资源调配机制

首先,建立跨部门的资源调配机制。戒毒康复工作涉及多个部门和领域,需要政府、卫生、教育、社会福利等多个部门之间的紧密合作。通过建立跨部门的资源调配机制,可以确保资源的合理分配和高效利用,避免资源的浪费和重复投入。

再者,加强戒毒康复资源的统筹规划和布局。针对戒毒康复资源有限的问题,需要进行统筹规划,明确资源的配置目标和优先级。同时,结合地理分布和人口需求,合理布局戒毒康复设施和专业人员,确保资源的均衡分布和有效利用。

第三，引入市场机制，提高资源利用效率。政府可以通过政策引导和市场激励，鼓励更多的社会资本参与戒毒康复工作。通过引入市场竞争机制，可以提高戒毒康复服务的质量和效率，同时减轻政府的财政负担。

（四）强化戒毒康复工作的社会支持

戒毒康复工作不仅需要政府的支持和投入，还需要社会各界的广泛参与。因此，政策设计应强化社会支持体系的建设。包括加强宣传教育，提高公众对戒毒康复工作的认识和理解；鼓励社会组织和企业参与戒毒康复工作，提供资金、技术和人力资源等方面的支持；加强与相关部门的协作配合，形成合力效应，共同推动戒毒康复工作的发展。[1]

针对戒毒康复人员的需求，应建立全面的服务体系。包括提供个性化的康复计划，根据康复者的具体情况制定合适的康复方案；加强心理干预和辅导，帮助康复者克服心理障碍，增强戒毒信心；提供职业技能培训和就业指导，帮助康复者重新融入社会，实现自我价值。

通过对"459+"精麻药品管制背景下戒毒康复模式的困境及对策的探索，本文认为当前戒毒康复工作面临着诸多挑战和问题，但同时也存在着巨大的发展空间和潜力。未来，应进一步加强政策引导和支持力度，完善康复设施和服务体系，提高社会对戒毒康复工作的认知和支持度，推动戒毒康复工作的不断发展和进步。

---

[1] 周礼清、唐德清、尹志平:《社区多部门系统干预戒毒康复模式研究》,《中国药物滥用防治杂志》2011年第4期。

基于上瘾模型视角下的青少年大麻类毒品滥用行为的干预研究*

刘 彬 林虹萍 冯宇轩**

一、绪论

2020年以来,新冠疫情全球暴发,为外防输入,国家对于边境地区货物流通、社会面人员聚集等多方面的管控与检查大幅度增强,一定程度上遏制了大麻类毒品的流通渠道,海洛因和冰毒等曾经风靡一时的一代二代毒品在当前贩毒市场上存在着货源短缺的情形。2020年以来,全国各地一代二代吸毒人员的新发现数量和执行强行隔离戒毒人员数量大幅度下降。但是,受到西方国家大麻合法化的影响,大麻类毒品在国内逐渐兴起,滥用群体以青少年为主。以江苏省为例,2021年青少年滥用合成大麻素和大麻类物质的人数是前一年的10倍之多,上头电子烟、娜塔莎特制香烟等含有合成大麻素的新型大麻类毒品让青少年在不知不觉中染上毒瘾。目前,全国各地已经破获多起吸食贩卖"上头电子烟"的案件,其中吸贩毒人员多集中在20岁左右。[①] 本文以滥用大麻类毒品的青少年群体为研究对象,在实地调研中发现,由于新精神活性物质合成大麻素在2021年7月1日才被国家列管,大多数青少年对于这种大麻类毒品了解甚少,我国也并未形成具有针对性的戒毒干预机制,大部分吸食大麻类毒品的青少年处于自主戒毒的状态,这也导致大多数青少年在因为吸毒被公安机关查获,经过教育后,仍多次复吸以至滥用。由此可见,青少年大麻滥用最根本的原因在于不间断的复吸,因此对于青少年大麻类毒品

---

* 基金项目:毒品分析及禁毒技术公安部重点实验室2022年度开放课题"后疫情时代青少年戒毒行为影响因素的实证研究"(ynpc2022kf003);江苏省社科基金项目"青少年毒品滥用行为干预研究"(22SHB013)。

** 作者简介:刘彬,女,江苏警官学院教授,研究生处处长;(通讯作者)林虹萍,女,江苏警官学院公安管理系副教授;冯宇轩,男,江苏省南通市公安局崇川分局学田派出所民警。

① 胡江、崔建国:《国际大麻管制等级降低对我国毒品管控的冲击与应对》,《中国刑警学院学报》2021年第6期。

滥用行为的干预研究刻不容缓。

我们在查阅分析文献时发现,当前学界对于海洛因和冰毒等一代和二代毒品的戒毒、打击、预防研究已经十分完善,但是对于大麻和新精神活性物质合成大麻素的研究却仅仅停留于化学性质的分析和对于身体心理的危害上,而对于合成大麻素干预以及对策研究几乎没有,处于空白阶段。本文将借鉴互联网产品用户行为模型——"上瘾模型",从触发、行动、投入三个阶段选取合适的影响因素,采用SPSS进行卡方检验,对于影响青少年复吸和滥用的行为特征进行实证研究,并利用上瘾模型进行相应的行为和政策干预,以期让青少年远离大麻类毒品,畅享无毒人生。

二、国内外关于青少年大麻类毒品滥用的研究现状分析

(一)关于大麻合法化对于青少年影响与危害的研究

在我国,学者对于大麻合法化影响的探讨,以20周岁左右青少年的生理危害和心理危害研究为主,强调大麻合法化对于青少年的身体健康、思维意识、毒品认知和法制意识的荼毒之深。

西方部分国家和地区推行大麻合法化,在一定程度上造成了我国大麻滥用人数的增加,其中青少年滥用问题尤为突出。许多国内学者从学理层面研究青少年滥用大麻的防治问题,对青少年吸毒行为的成因、背景、措施等方面进行探析。随着社会的发展,有国外生活经历的人不断增加,如果所在国家对于大麻管理不严,极容易导致这些人员吸食大麻并将大麻带回国内。在疫情期间,由于管控力度的加大,一代二代毒品的源头被切断,含有合成大麻素的"上头电子烟"的兴起给青少年带来了严重的危害,生活化的渗透方式让青少年在不知不觉中染上毒瘾。[①] 大麻对于青少年身体的危害不亚于冰毒和海洛因,18岁以下的青少年滥用大麻类物质会导致认知功能损伤,从青春期使用大麻的远期影响来看,青少年大麻使用者往往造成更差的成绩、更高的辍学率、更低的IQ、更低的人生成就及生活满意度,甚至会导致精神分裂症,对大脑产生不可逆的伤害。[②] 大麻的滥用不仅会影响青少年的身心健康,更会让青少年将大麻作为入门性大麻类毒品,一旦吸食,就会带来

---

① 周旭晖、郑一瑾、聂时韵、刘佳:《大学生对加拿大"大麻合法化"态度的调查及对策探讨》,《法制与社会》2019年第30期。
② 赵奇琪、张蓝元、徐鹏、李香豫、凌宇、杜晗、余志鹏、沈昊伟:《青少年大麻滥用与认知功能的损伤》,《中国药物依赖性杂志》2020年第3期。

混合型滥用的风险。① 国外的大麻合法化也影响了国内青少年对于大麻类毒品的认知。通过对132名大学生和戒毒人员的调查问卷可以看出,目前戒毒人员大麻类毒品混用情况较为严重,目前的大学生,有一定的经济能力,社交圈也在不断扩大,接触到大麻类毒品的几率也较大,但是对于大麻的防范意识仍然存在些许不足。②

当前,西方学界对于大麻合法化的争论从未停止,对于大麻危害的研究也逐渐增多。大麻分为医用大麻和娱乐性大麻,当前国际上对于大麻管制级别普遍降低,有许多商家更是过分夸大了大麻的医用效果,导致国外青少年对于医用大麻和娱乐大麻功用混淆,最终造成娱乐性大麻的滥用。③ 在当前外国的大麻经营中,由于农场经济较为发达,沉迷于大麻漂流这一娱乐项目的青少年。日益增多,严重者会产生精神疾病,危害身心健康。更为严重的是,部分国家的全面大麻合法化给青少年的健康成长造成了恶劣的影响,许多青少年在吸食大麻之后,开始走上贩卖大麻的道路,由于大麻致幻性的影响,不受控制的杀人、强奸、抢劫等青少年恶性刑事案件不断增多。④ 大麻与海洛因、冰毒等传统冰毒相比,危害更大。根据物质使用的"闸门理论",青少年接触大麻多发生于饮酒和吸烟经历之后,大麻又使人极易低估精神活性物质的负面影响,这些都极大增加了后续滥用非法药物的风险,成为硬性大麻类毒品的"敲门砖"。这在国外十分常见,加拿大2017—2019年大麻使用情况报告中指出2953名高中生有42.3%出现了大麻使用方式的扩大。⑤ 随着社会压力的增大,部分人群会借助大麻来逃避社会,获取精神上的快感,但是这种短暂的快感过后,滥用人群会出现精神萎靡、烦躁抑郁,甚至自杀,大麻合法化以来,国外自杀率不断提高。

综上所述,国内外学界对于大麻合法化的争议,反映了大麻合法化给国际社会

---

① 胡江,崔建国:《国际大麻管制等级降低对我国毒品管控的冲击与应对》,《中国刑警学院学报》2021年第6期。

② 贾东明,姜祖桢,郭崧:《大学生与戒毒人员对大麻的认识和态度调查》,《河南司法警官职业学院学报》2021年第3期。

③ Tugade M M, Fredrickson B L, Feldman Barrett, Psychological resilience and positive emotional granularity: Examining the benefits of positive emotions on coping and health, *Journal of personality*, 2004, 72(06), pp.45-47.

④ Zuckermann Alexandra M.E., Gohari Mahmood R., Romano Isabella, Leatherdale Scott T. Changes in Medical Cannabis Patient Status before and after Cannabis Legalization in California Associations with Cannabis and Other Drug Use, *Journal of Psychoactive Drugs*, 2021, 54(2), pp.11.

⑤ Yuanni Huang, Ruibin Wu, Junkai Wu, Qingwen Yang, Shukai Zheng, Kusheng Wu. Psychological resilience, self-acceptance, perceived social support and their associations with mental health of incarcerated offenders in China, *Asian Journal of Psychiatry*, 2020, 52, pp.34-35.

带来巨大而深远的影响。通过广泛查阅文献资料可以看出，国内外关于青少年滥用大麻的危害有着相似的见解：吸食大麻类毒品的青少年年龄基本集中在20岁左右，而同辈影响、生活环境等多种因素是导致青少年滥用大麻类毒品的重要原因；同时，大麻类毒品尤其对青少年的生理健康产生重大伤害，会导致他们出现认知功能损害、低智商、精神类疾病等状况，甚至会导致多种毒品滥用情况的出现。国内外学者的研究充分凸显出大麻类毒品对于青少年心理和生理的伤害之大。因此，我们在充分了解大麻类毒品对于青少年的危害之后，可以更好地运用上瘾模型来分析影响青少年复吸风险率增加的重要因素，使得我们进一步思考如何帮助青少年远离大麻类毒品，实现从理论到实践再到政策层面的干预滥用行为的深入研究。

（二）关于大麻类毒品干预中所存在问题的研究

我国学者对于大麻类毒品干预面临的困境的分析与研究主要从同辈影响、毒品宣传程度、所处环境等方面入手，围绕国内国际环境复杂、针对性毒品宣传不够、物流寄递业打击困难等问题深入开展与实施。

随着新冠疫情的暴发，国内加强了对于出入境的封闭式管理，海关对于走私毒品犯罪的打击力度逐年增大，当前一代二代毒品已经十分少见，但是新型毒品以类食品这样十分隐蔽的方式通过物流和寄递业进行传播。由于毒品与奶茶包、跳跳糖等食品包装相同，即使开箱验视，非专业人员也很难发现。物流管理中也存在很多的漏洞，部分企业开箱验视流于形式，甚至直接省略了这一步骤，导致许多毒品流入国内。[①] 同时随着时代的发展，饭圈文化流行，明星的社会影响力越来越大，但是近年来房祖名、柯震东、陈羽凡等偶像吸毒，吸食的毒品也基本是大麻类毒品，这也让青少年对于大麻类毒品的认知更加模糊。明星的示范效应引发青少年追捧，最终导致他们误入歧途。[②] 最后大麻类毒品多以电子烟油的形式出现在市场上，而当前对于电子烟油的管控仍然存在中空，并未形成完整的行业规制，这些导致了青少年的普遍滥用。[③]

而国外学者的研究主要侧重大麻类毒品的危害，缺少对于大麻类毒品干预中所面临的问题、困难的分析。

综上所述，我国学者的研究带我们全面领略并客观分析了当前大麻类毒品干

[①] 路长明、吕国林：《行邮渠道走私毒品犯罪的特点及查缉对策》，《辽宁警察学院学报》2018年第6期。
[②] 刘秀红：《当前大麻毒品犯罪特点及防控对策思考》，《云南警官学院学报》2021第2期。
[③] 官琴义、朱雯惠、麦剑荣：《青少年电子烟使用现状及影响因素的研究进展》，《中国健康教育》2022年第1期。

预的现状与存在的具体问题,推动公安实战部门在借鉴一代二代毒品打击干预方式的基础上,就合成大麻所面临的困境与挑战进行深入探索,并采取有效措施对大麻类毒品进行更富针对性的干预。

(三)关于大麻类毒品干预的对策研究

在国内,当前对于海洛因和冰毒滥用的预防机制以及解决对策已经十分成体系,但是对于大麻类毒品的对策探索相较于热门毒品来讲较少。

当前,大学生对于海洛因、冰毒等的危害十分熟悉,但是对于大麻的认识程度不够,需要加强对于大麻的宣传,真正重视起来,阻止大学生的好奇心。[①] 在部分国家大麻合法化的背景下,我国要加强寄递业管控,尤其是国外输入国内的跨国快递,边防警察需要加大管控力度,并且深化国际禁毒合作。[②] 这样的建议对于我国一线实战具有一定的指导意义,当前打击的痛点难点也正在于寄递业。并非所有的大麻都是大麻类毒品,大麻分为医用大麻,工业大麻和大麻类毒品大麻,这也导致了大麻类毒品大麻常常藏在工业大麻加工的外衣之下,除了公安机关一线缉毒以外,其他机构要加强对于易制毒化学企业的管理。[③] 新冠疫情暴发后,国门封闭,制毒原料越发难以获得,毒贩们便把目标聚焦到化学工业加工厂,因此加强对化学企业的管理尤为重要,这样的对策研究对公安工作布局也具有一定的参考价值。

2020年12月,联合国麻醉药品委员会会议决定将大麻和大麻脂从《麻醉品单一公约》附表四中删除,大麻的国际管制等级降低了。尽管如此,我国未改变严格管控大麻的政策,继续执行禁毒方针,保护国民不受其害。2021年5月,我国三部门联合公告,将合成大麻素等18种新精神活性物质列入管制目录,成为全球首个整类列管合成大麻素的国家,[④]公告7月1日起实施。这表明我国在新精神活性物质管制方面采取了更为严格的措施。

在检索文献的过程中,笔者发现,全网867篇以"大麻合法化和青少年"为关键词检索的外文文献中,对于青少年吸食大麻的管控和帮教的研究较少,这也是外国

[①] 周旭晖、郑一瑾、聂时韵、刘佳:《大学生对加拿大"大麻合法化"态度的调查及对策探讨》,《法制与社会》2019第30期。
[②] 孙进凯、李文君:《美国大麻合法化政策的影响及中国应对策略》,《中国药物滥用防治杂志》2021年第4期。
[③] 吴鹏、杨丽君、刘东麟、刘刚:《云南、黑龙江两省工业大麻种植加工的合法化对吉林省的启示》,《中国麻业科学》2021年第2期。
[④] 胡江、崔建国:《国际大麻管制等级降低对我国毒品管控的冲击与应对》,《中国刑警学院学报》2021年第6期。

当前青少年吸毒人数居高不下的原因之一。而在国内,由于合成大麻素在2021年才被国家整类列管,对于合成大麻素的研究,以法医学的检验和化学的性质研究为主,而对于戒毒和预防干预的研究篇数几乎为零。同时随着大麻类毒品包装形式的变换,合成大麻素常以电子烟油的形式出现在市场之中,但是与此相关的研究较少,对于电子烟管控的研究也没有形成一定的体系。本文研究将从大麻类毒品切入,探索青少年滥用大麻类毒品行为的干预和预防措施,推动青少年远离这类新兴大麻类毒品的危害。

三、基于"上瘾模型"的复吸影响因素模型的构建

(一)模型概述

"上瘾模型"是 N.Eyal 和 R.Hoover 在《Hooked——How to Build Habit-forming Products》一书中提出的,旨在培养用户使用习惯。该模型包含三个阶段:触发、行动和投入。触发分为外部触发和内部触发,用于吸引用户注意力。行动是用户在期待酬赏时采取的行动,需要满足触发明显、动机合理、行为易行的条件。投入是用户得到酬赏后对产品的时间和精力投入,增加用户黏性。在投入阶段加载下一个触发,可提高用户进入上瘾循环的概率。[1]

上瘾模型的三大阶段和最后引发的结果与复吸的过程十分相似,本文拟采用上瘾模型对青少年的复吸过程进行还原,探索影响青少年复吸滥用的重要因素。

(二)影响因素选择

在查阅文献和实地调研的基础上,笔者发现多数学者在研究青少年复吸影响因素时,常常采用人口学因素进行统计学分析。在实证分析中,问卷调查法是进行数据采集的最常用方法,描述性分析、单因素 X2 检验、二元 logistic 回归等数据分析方法可以用来对该人群大麻类毒品的复吸行为及其关联因素进行研究。年龄、文化程度、就业状态、婚姻状况等人口学因素,以及家庭关系、城乡差异背景下的社会支持等变量被许多学者用来研究复吸的影响因素。[2] 在学界,对于复吸影响因素的探索也在不断地创新,借助怀旧倾向量表,生命意义问卷和复吸倾向问卷,创

---

[1] 高晓晶、喻梦倩、杨家燕、张毓晗:《图书馆短视频传播及互动效果影响因素模型及实证分析——基于"上瘾模型"的探索》,《图书情报工作》2021年第10期。

[2] 夏玲、严宇、胡青、张敏:《戒毒人群复吸行为及其关联因素——基于某地区戒毒康复社区的回顾性研究》,《上海预防医学》2021年第11期。

新性地考察怀旧和生命意义对于青少年戒毒人员复吸倾向之间的关系。①青少年"心理脱毒"是当前学界关注的热点问题,提倡社会工作以动机访谈、小组工作、社会支持网络构建等方法介入青少年戒毒过程。②青少年成长环境和学习氛围也是不可忽视的复吸影响因素,以青少年社会生存环境和心灵感染为调查方向,综合多个研究元素分析影响青年脱毒的过程模型。③

通过对文献的研究发现,目前对于青少年大麻类毒品戒毒方面的量化研究还较少,本研究基于调研访谈及文献,利用上瘾模型中的三大阶段,总结出了大麻类毒品滥用人群复吸的影响因素:年龄、文化程度、婚姻状况、吸毒场所、毒品种类,构建出复吸影响因素模型。以下从上瘾模型的3个环节分别阐释大麻类毒品滥用人群复吸影响因素模型。

1. 触发用户的因素

家庭对于吸毒人员是否会戒后复吸有非常大的影响。婚姻状况的好坏会直接影响吸毒人员的心情,也会在第一时间触发负面情绪和心理压力。吸毒人员由于其身份的特殊性,不被社会所接纳,如果此时在家庭中也得不到关怀与温暖,很多吸毒者便会失去生活的希望,在借酒消愁的过程中戒后复吸。所以将婚姻状况设定为内部触发因素。毒品的种类对于吸毒人员的复吸具有非常重要的影响。不同的毒品,不同的化学性质会使得吸毒人员产生不同的上瘾程度和戒断反应。因此,本文将毒品种类作为外部触发因素。

2. 促使用户行动的因素

不同年龄层次的吸毒人员拥有不同的社交圈,心智和阅历的不同会导致他们看问题的角度有所不同。作为本文研究重点的青少年,最易受到同辈影响,模仿、跟风等行为在年轻人群体中较为常见,这也会影响他们的戒毒的意志力和行为动机。故本文将年龄作为动机的影响因素。文化程度是吸毒人员对于知识了解程度的衡量标准。在现实中,有许多年轻人正是因为对于新型毒品的不了解,甚至对于其是否是毒品都不清楚,最终导致一次又一次地复吸。文化程度和对于毒品知识的

---

① 杨宝琰、陈芳丽、刘信芬、杜军红:《怀旧对戒毒人员复吸倾向的影响:生命意义感的中介作用》,《中国药物依赖性杂志》2021年第6期。
② 王天瑞:《青少年社区矫正对象社会融入的困境与出路——以社会支持网络为视角》,《河南司法警官职业学院学报》2022年第1期。
③ 林少真:《"国家—村庄—个体"三维框架下农村青年吸毒问题的治理——基于H省A村的个案研究》,《公共行政评论》2019年第2期。

了解程度决定了吸毒人员是否有能力认清毒品的危害,让自己在戒毒之后不再复吸。

3. 吸引用户投入的因素

在 2021 年下半年侦破的"合成大麻素第一案"中,我们发现,大多数吸毒人员在被抓获的时候是在娱乐场所吸毒,不同的吸毒场所毒品的获得方式是不同的。娱乐场所的消费氛围也会对吸毒人员的金钱投入产生影响。

四、实证研究

上瘾模型的核心就是三大阶段,用户最终"上钩"都是基于触发、行动和投入。而大麻滥用人群最大的特征就是复吸率较高,戒毒之后复吸,周而复始,吸毒人员就进入毒品滥用的状态。本研究利用 SPSS 软件参数检验的方法对实证数据进行统计学分析,根据触发——行动——投入的要求选取五大因素,分别探索与大麻类物质复吸行为之间的显著性影响,为针对性的路径探索打下坚实的基础。

(一)研究方法

为探究青少年人群大麻类物质复吸行为的可能影响因素,样本来源于 A、B、C 三省 2016 至 2023 年间吸食大麻类毒品的 55 周岁以下的吸毒人员,共 1000 例。对此 1000 例吸毒人员的年龄、婚姻状况、文化程度、吸毒场所、毒品种类共 5 个影响因素的信息进行收集整理,作为研究的自变量进行定义赋值,吸毒人员是否复吸作为研究的因变量,通过 Pearson χ^2 检验分别比较不同年龄分组、不同婚姻状况、不同文化程度、不同吸毒场所、不同毒品种类的吸毒人员复吸率的组间差异。探索可能影响吸毒人员复吸的影响因素。检验水准: $\alpha = 0.05$ (双侧)。

(二)自变量的分类和赋值

各影响因素为本研究的自变量,包括年龄、婚姻状况、文化程度、吸毒场所、毒品种类,均为分类变量,具体赋值如下(表 1):

表 1 变量定义、赋值

变量	定义	赋值
年龄分组	吸毒人员所处的年龄段	<18 岁=1,18~35 岁=2,35~55 岁=3,>55 岁=4
婚姻状况	吸毒人员当前的结婚状况	已婚/再婚=1,未婚/丧偶/离婚=0
文化程度	吸毒人员教育情况	小学文化=1,初中文化=2,高中文化=3,专科文化=4,大学文化=5

续表

变量	定义	赋值
吸毒场所	吸毒人员常见吸毒场所	娱乐场所＝1,宾馆饭店＝2,自己家中＝3,他人家中＝4,公共场所＝5,机动车内＝6
毒品种类	吸毒人员吸食毒品种类	冰毒＝1,大麻＝2,海洛因＝3,K粉＝4,合成毒品＝5

(三)研究结果

1. 吸毒人员年龄与复吸风险率的卡方检验(表2)

表2 不同年龄复吸率的差异比较

年龄分组(n(%))	不复吸($n=362$)	复吸($n=638$)	X^2	P
<18周岁	8(61.5)	5(38.5)	1006.513	<0.001
18～35周岁	228(34.8)	427(65.2)		
35～55周岁	123(38.4)	197(61.6)		
>55周岁	9(75.5)	3(25.0)		

从表2的结果可以看出,18～35周岁的复吸率最高,为65.2%,55周岁以上的复吸率最低,为38.5%,不同年龄组间复吸率有差异($X^2=1006.513, P<0.001$)。

2. 吸毒人员婚姻状况与复吸风险率的卡方检验(表3)

表3 不同婚姻状况复吸率的差异比较

婚姻状况(n(%))	不复吸($n=362$)	复吸($n=638$)	X^2	P
未婚	223(40.3)	331(59.7)	1009.842	<0.001
已婚	139(31.2)	307(68.8)		

从表3的结果可以看出,婚姻状况为已婚的复吸率为68.8%,高于婚姻状况为未婚的复吸率59.7%,两组间复吸率有差异($X^2=1009.842, P<0.001$)。

3. 吸毒人员文化程度与复吸风险率的卡方检验(表4)

表4 不同文化程度复吸率的差异比较

文化程度(n(%))	不复吸($n=362$)	复吸($n=638$)	X^2	P
小学文化	196(32.9)	399(67.1)	1024.225	<0.001
初中文化	66(50.0)	66(50.0)		
高中文化	40(29.2)	97(70.8)		

续表

文化程度(n(%))	不复吸(n=362)	复吸(n=638)	X^2	P
专科文化	23(54.8)	19(45.2)		
大学文化	37(39.4)	57(60.6)		

从表 4 的结果可以看出,高中文化程度的复吸率最高,为 70.8%,专科文化程度的复吸率最低,为 45.2%,不同文化程度吸毒者的复吸率有差异($X^2=1024.225$,$P<0.001$)。

4. 吸毒人员吸毒场所与复吸风险率的卡方检验(表 5)

表 5　不同吸毒场所复吸率的差异比较

吸毒场所(n(%))	不复吸(n=362)	复吸(n=638)	X^2	P
娱乐场所	61(29.9)	143(70.1)	1007.280	<0.001
宾馆饭店	23(32.4)	48(67.6)		
自己家中	109(40.5)	160(59.5)		
他人家中	67(37.2)	113(62.8)		
公共场所	52(36.9)	89(63.1)		
机动车内	50(37.0)	85(63.0)		

从表 5 的结果可以看出,娱乐场所的复吸率最高,为 70.1%,自己家中的复吸率最低为 59.5%,不同吸毒场所的复吸率有差异($X^2=1007.280$,$P<0.001$)。

5. 吸毒人员吸毒种类与复吸风险率的卡方检验(表 6)

表 6　不同毒品种类复吸率的差异比较

毒品种类(n(%))	不复吸(n=362)	复吸(n=638)	X^2	P
冰毒	261(35.0)	484(65.0)	1041.341	<0.001
合成大麻素	50(29.1)	122(70.9)		
摇头丸	10(40.0)	15(60.0)		
K 粉	25(86.2)	4(13.8)		
笑气	16(55.2)	13(44.8)		

从表 6 的结果可以看出,合成大麻素类毒品的复吸率最高,为 70.9%,K 粉的复吸率最低,为 13.8%,不同毒品种类的复吸率有差异($X^2=1041.341$,$P<0.001$)。

（四）结果分析

根据上文的统计和验证结果可知,在本文设计的大麻类毒品滥用人群复吸的5个影响因素均对复吸有着显著的影响。

第一,年龄对复吸的影响尤为显著。从年龄组的相关数据可以看出,18～35周岁的人复吸率最高。这一年龄段的个体中,18～22周岁通常处于大学阶段,家庭和学校监管相对减弱[①];而入社会后的年轻人,同辈影响显著增强,尤其在社交活动频繁的娱乐场所,如酒吧,容易受到消极影响。此外,内心孤独和监管疏漏是导致青少年吸毒的两个主要原因。

第二,婚姻稳定性与较低的复吸率相关。婚姻中出现问题的个体可能在娱乐场所寻求慰藉,增加复吸风险。在一线调研的过程中发现,在婚姻中出现问题的男性有些会在酒吧等娱乐场所买醉。上头电子烟等新精神活性物质大多出现在酒吧等娱乐场所,在酒精和心情的双重刺激之下,加之客观环境的影响,很有可能在犯罪分子的蛊惑之下,吸食合成大麻素类的大麻类毒品。

第三,不同文化程度人群的复吸率存在显著差异。从表3数据可以看出,文化程度与复吸率之间有着复杂关系。小学文化人群复吸率高(67.1%),可能因其认知水平较低、社会支持不足及自控力较弱,面对毒品诱惑时缺乏风险意识。高中文化人群复吸率较高(70.8%),或因其处于青春期后与成年初期,社会交往活跃、同伴影响显著,尤其在娱乐场所更容易接触毒品,同时对压力疏解方式的缺乏也可能导致复吸。专科和大学文化人群复吸率相对较低,得益于其更强的认知能力和风险规避意识。然而,大学文化人群复吸率仍达60.6%,主要受毒品伪装形式(如"上头电子烟"[②])和国外大麻合法化等不良示范效应影响较大。

第四,作为吸毒和复吸的高发地,其环境和群体的影响不容忽视。根据数据可知,娱乐场所的复吸风险率是最高的,酒吧环境是大麻类毒品售卖者最为关注的地方。随着大学生经济能力的提升,社交圈的扩大,以及生活习惯和娱乐生活的丰富化,酒吧已经是大学生经常接触的场所。但是,作为滋生犯罪的温床,黄赌毒等各种势力汇聚的酒吧,特别容易使人接触到上头电子烟这种新精神活性物质。

第五,大麻类毒品是众多毒品中复吸率是最高的,这与新冠疫情有着很大的关系。随着疫情的暴发,国内加强了对于边境的管控,一代二代毒品的源头被遏制住了,许多戒毒人员在有了复吸的意向之后,会由于得不到毒品或者价格太过昂贵而

---

① 吕金峰:《新精神活性物质类新型毒品相关问题研究》,《甘肃政法学院》2019年第9期。
② 孔凡锦、张黎:《社区戒毒康复工作:现状、问题与路径》,《广西警察学院学报》2020年第2期。

作罢。但是大麻类毒品易制易得,获得的渠道也很多,许多自主戒毒的青少年在面对诱惑时,便会陷入复吸的困境中。

五、基于"上瘾模型"视角下的路径探索

(一)对于触发阶段的干预

大麻类毒品问题不单单是犯罪问题,更是社会问题、国家问题。大麻类毒品的治理需要国家和社会的大力支持,推动治理体系和治理能力现代化,优化社会治安环境。在触发阶段,家庭关系和毒品种类对于复吸有着重要影响,对于当前新型毒品泛滥,物流寄递业管理松懈等问题,亟需采取对策进行干预。

1. 对于内部触发因素的干预

(1)修复家庭关系,协助心理脱毒

戒毒青少年常因心理障碍和社交孤立而复吸。[①] 为了保护青少年的心理健康,防戒毒青少年复吸,本项目建议社会组织应该加大对青少年心理健康的关怀,尤其重视关系修复这一方面,让青少年感受到来自家庭与社会的关爱,让他们走出曾经的阴影,内心不再空虚,让他们感受到正常生活的意义与美好。

在社区戒毒和康复过程中,家庭对戒毒者的关心、信任与支持发挥着至关重要的作用。家庭环境的和谐对于戒毒者情绪稳定和康复动力具有显著的正面影响。同时,家庭成员同样承受着因戒毒康复者带来的生活与经济压力,他们也需要获得相应的关爱与支持。

禁毒社会工作者应运用专业的社会工作方法,为戒毒康复者提供以家庭为核心的支持服务。这要求专业干预人员坚持家庭中心的治疗理念,综合运用心理治疗和危机干预手段,以促进戒毒者及其家庭成员之间的情感沟通和关系修复。通过这种系统性的干预,帮助戒毒者构建更为稳固的家庭支持网络,优化家庭功能,从而为戒毒者提供一个有利于长期康复的家庭环境。

(2)提供就业支持,助力融入社会

为确保戒毒者有效融入社会,首要任务是提供就业与教育培训,这不仅提升他们的认知能力和社交技能,更是赋予他们至少一项职业技能,奠定自立的基础。在这一过程中,必须细致考量每位青少年的兴趣、特长和个人素质,以个性化的方式,

---

[①] 苏炳任:《我国吸毒人员社区管控的现状及对策——以粤西M市为例》,《山西警察学院学报》2021年第3期。

发挥他们利用资源的潜力,定制化成长路径,从而激发学习热情。

其次,鼓励青少年拓宽学习视野,获取国家认可的职业资格等级证书,为未来的职业道路做好充分准备。这样的学习旅程不仅带来乐趣和成就感,更有助于青少年发现自我价值,充实精神生活。

最后,重视心理健康的维护,及时更新青少年对社会的认知,增进他们对社会生活的理解和适应能力,唤起对生活的热爱。在社会化进程中,通过积极的人际交往,戒毒青少年能够找到归属感和自我认同,坚定积极情绪,最终在社会的支持和接纳中战胜毒瘾。

为了确保戒毒青少年能够顺利回归社会,必须加强与社会各界的合作,特别是与企业的岗位对接,寻找并鼓励那些愿意为戒毒人员提供工作机会的公司和企业,为他们提供适合的岗位,从而避免戒毒青少年在求职过程中遭遇连续的拒绝,帮助他们建立起自我发展的可持续机制。同时,还应根据农村戒毒青少年的实际情况,为他们寻找合适的工作岗位,开辟新的生活道路。通过这些多元化的社会支持措施,戒毒青少年不仅能找到适合自己的工作,还能在过程中逐渐改变公众对他们的负面印象,提高社会对戒毒人员的接纳和认可,为建立健康、可持续的戒毒循环发展模式奠定基础,并构建一个有效的职业对接支持体系,帮助戒毒青少年顺利回归社会。

(3)增强逆商培养,提高心理承受

在脱毒初期,青少年戒毒者需面对心理恢复的考验。心理韧性的不足可能使他们倾向于用毒品来麻木自己的感受。遭遇挫折的青少年可能会产生心理阴影,对积极应对挑战产生抵触,这可能引发更深层次的心理挫折感和消极行为。逆商理论强调个体在面对逆境时的控制力和影响力。戒毒青少年应参与增强逆商的活动,通过耐心等待、分解目标、探寻挫折根源和调节情绪等策略,构建坚强的内心和自信,减少逃避现实的行为。专家们应传授相关知识,教导心理调整技巧,以提升青少年的心理恢复能力。

因此,戒毒机构需根据青少年的成长背景评估其身心健康状况,采取系统化的干预措施,以促进其心理康复。在此过程中,培育积极人格、克服挫折心理、增强抗压能力、提升情感识别和建立情感导向、消除对大麻等毒品的好奇心、培养健康追求和树立正确价值观应成为主要目标和措施。心理康复可以通过举办系列讲座、问答环节、课堂教学、自学讨论、个别辅导和各类活动等方式进行,同时注重个体差异,采取有针对性的措施。[①]

全国公安院校禁毒联盟等组织提供的云课堂、科普知识和心理咨询等服务,可以作为外部干预资源。此外,线下访问、宣传活动和微信公众号的内容推送,可以帮助青少年在注意力、记忆力、自我控制力和耐挫力等方面进行心理锻炼。

2. 对于外部触发因素的干预

(1)增加行业规制,防止误吸误染

我国电子烟产业快速发展的同时也带来了安全隐患,特别是对青少年的影响,亟需加强立法监管。首先,应制定法规限制电子烟销售,阻断青少年的获取途径,无论是实体零售还是网络销售。其次,监管电子烟的营销策略,禁止误导性宣传,如"无尼古丁"或"有助于戒烟",确保消费者充分了解风险。第三,加快关于电子烟市场准入审查与许可监管的法律制定。鉴于我国在电子烟领域尚无国家级技术规范,电子烟生产商在生产原料、产品设计、添加物使用等方面拥有较大的自由度,这造成了电子烟产品质量参差不齐,存在诸多安全和健康隐患。[②] 第四,需要制定针对电子烟使用地点的法律规定。鉴于目前电子烟在公共场所的使用尚无明确法律规定,特别是禁烟区域内的使用规定,这一空白亟待填补。研究表明,电子烟产生的二手烟对非吸烟者的健康同样构成威胁。因此,必须通过立法手段,明确规定电子烟在各类公共场所的使用限制,以保障公共健康,减少非吸烟者接触二手烟的风险。立法工作应包括但不限于:界定电子烟的使用范围、设定特定区域为电子烟使用区以及在禁烟区域明确禁止电子烟使用。此外,还需加强对电子烟使用规定的宣传和教育,提高公众对电子烟潜在危害的认识,促进社会对新法规的接受和遵守。通过这些措施,我们可以更有效地控制电子烟在公共场所的滥用,保护公众免受二手烟的危害,同时也为电子烟使用者提供明确的指导和规范。

(2)强化物流管理,阻断流通渠道

随着科技的发展,物流寄递业成为了提高大众生活水平的重要组成部分。物流寄递业依托互联网,适应了智能化网络服务业发展要求,同时也为毒品流通提供了便利,特别是青少年通过快递获取大麻类毒品的问题日益严重。国家禁毒办在2014年发布了《关于进一步强化打击利用物流寄递渠道贩毒活动的通知》,对防范打击物流寄递渠道涉毒违法犯罪工作提出了新的发展要求,

---

① 刘忠成、江红义、何阳:《青少年吸毒行为的影响因素分析——基于海南省的实证调查》,《中国青年研究》2016年第11期。
② 龚正阳、贾晓娴、谢臣晨、黄智勇、杨建军、高晶蓉、丁园、陈德:《电子烟发展及监管情况综述》,《健康教育与健康促进》2021年第2期。

公安机关和缉毒支队应加强专业性,深入物流企业了解运作过程,分析贩毒案件,掌握贩毒路线和方法,提高打击能力。同时,需要正视物流寄递涉毒问题的严峻性,多维度加大打击防范力度,切断毒品流通渠道。此外,需要提高物流企业的识毒、拒毒、防毒能力,如在物流园区配备查毒装置,为员工提供毒品知识培训。①

(二)对于行动阶段的干预

在行动阶段,年龄和文化程度对于复吸都有着不同程度上的影响,尤其是18~35周岁人群。大麻类毒品由于刚刚被列管,在实务中并没有类似于一代二代毒品那样的戒毒干预机制,大部分人都处于自主戒毒的阶段,这就很容易导致戒后复吸,在社区帮扶中,我们需要引入社工机制,同时加强对于毒品的宣传,让青少年真正远离毒品。

1. 深化毒品宣传,强化法制意识

当前青少年吸食大麻类毒品最大的原因在于对于大麻类毒品不了解,对于合成大麻素的呈现形式不明确,导致在遇到上头电子烟的时候,没有办法正确区分。家长应建立禁毒学习的家庭氛围,采取有趣、有意义的方式教育子女,避免过激言辞,提高他们的禁毒意识。学校和家庭应提供资源,如禁毒电影、视频和宣传手册,帮助青少年了解毒品危害,增强防范能力。

家长在学习专业禁毒知识的同时,必须以法律法规为主线,加强青少年在法律法规这一方面的禁毒教育,明确吸毒和贩毒的法律后果,防止因无知而违法。通过教育,向青少年科普禁毒知识,帮助他们树立起法律意识,增强自我保护,共同构建抵制毒品的防线。

2. 加强同伴教育,示范引领戒毒

在实地调查中发现,参与由同龄人担任辅导员的大麻滥用预防项目,青少年使用大麻类毒品的可能性可降低15%。这些辅导员通常是成功戒除毒瘾的人,他们与青少年有着相似的背景,因此能够以一种更易于接受的方式,进行有效的沟通和宣传。在社区戒毒和康复领域,可以进一步推广在专业人士指导下的同伴教育,引入并发挥禁毒同伴辅导员的作用,帮助青少年克服心理障碍,赢得社会的尊重和支持。公安院校禁毒联盟的大学生成员,由于与青少年年龄相近,非常适合与他们建立联系,引导他们远离毒品。社会组织应认识到同伴辅导员在戒毒过程中的专业

---

① 刘黎明、梁志强:《虚拟戒毒群中贩毒的侦查》,《江西警察学院学报》2017年第3期。

性,确保他们具备良好的沟通技巧和文化素养。在开展工作之前,应对同伴辅导员进行专业培训,提升他们的禁毒宣传能力,运用有效的传播技巧,让青少年深刻认识到吸毒的危害。

为了保护戒毒青少年的隐私,需要建立完善的保密机制,避免他们因公开身份而受到负面影响。同时,建立多元的同伴教育平台,增加资金和职位奖励,吸引更多成功戒毒者参与志愿服务。

3. 推行社工介入,推动专业戒毒

社区禁毒工作亟需专业化的社工参与,以推进高效的戒毒服务。为此,社区必须招募具备禁毒社会工作技能、心理指导能力、心理治疗资质以及法律知识的专业人才,为吸毒青少年提供全面的支持与帮助。在政府的支持下,社区应开展广泛的招募活动,同时政府应提供政策支持,激励更多专业人才参与到社区禁毒工作中。

在工作机制上,社工之间的协作应遵循科学的制度规范。除了对吸毒青少年进行日常服务和监督,还需建立专业分工明确的突发问题解决机制。面对各类问题,需先进行分类,然后根据具体情况进行周密的计划和思想准备,并组建由具有相关专业知识和技能的社工构成的工作小组,确保问题能够得到有效解决。在问题升级时,各小组需建立联动合作机制,共同制定策略,提供定制化服务。

此外,应建立长效的奖惩机制,以维护社区禁毒工作的持续性和有效性,形成积极的良性循环。在这一过程中,要充分考虑吸毒青少年的需求,提升戒毒成效,促进可持续发展。在必要时,应寻求其他社区、社工组织、政府机构和公安机关的协助,以最大程度地解决问题。社工应在实践中发挥自身优势,不断探索更有效的工作方法,并深化以安全为重、以人为本、平等互尊、长效联动和资源整合的工作理念。

(三)对于投入阶段的干预

1. 管控娱乐场所,加大查处力度

调查发现,毒品犯罪群体多与 KTV、洗浴中心、养生会所等娱乐场所有关,这些地方成为聚众吸毒和交易的热点,诱发多种犯罪行为。执法部门需加强对这些场所的检查和打击,提高准入门槛,加强日常管理和突击检查,以防范毒品犯罪风险。同时,需明确公安机关、行政执法和市场监管部门的责任,避免权责不清,加强联合执法,不定期监管查处,对涉毒公共场所法人代表严惩不贷,通过突击检查巩固和扩大战果,清查蛛丝马迹,严厉打击涉毒人员,压缩涉毒空间,净化市场风气。

2. 加强正向引导，优化网络环境

当前，我国网民低龄化趋势明显，学生成为主要群体，网络毒品犯罪也呈现低龄化。青少年因网络知识丰富而易陷入网络毒品犯罪，同时对虚拟空间诱惑抵抗力差，对犯罪行为认识模糊。信息化时代下，手机成为主要信息传播和沟通工具，支付平台的隐秘性也加大了非接触型犯罪趋势。

需警惕网络毒品犯罪的多种形式，包括通过社交软件交易毒品、获取制毒配方、策划和指挥毒品犯罪等。家长应关注青少年的社交软件使用情况，包括频率、用途及交往对象，防止其被违法犯罪人员诱惑。

六、研究结论与未来方向

（一）研究结论

本文通过对青少年大麻类毒品复吸和滥用影响因素的作用大小的分析，得出了以下结论：

在选取的五大因素中，18～35岁的青少年复吸风险率最高，大学文化程度复吸风险率仅低于高中文化程度，娱乐场所为主的吸毒场所发现的人员在环境和同伴的影响下复吸风险率高，离婚的比结婚的复吸风险率高。

在对触发阶段进行干预的过程中，在心理方面培养青少年的逆商和良好的生活习惯，加强情感教育，让青少年从心理上摆脱对于大麻类毒品的依赖。同时要加强对烟草行业的监管，防止毒品深入原料之中，危害更多的人，还要加强寄递业的管理，打击上头电子烟的隐蔽贩卖。

在对行动阶段进行干预的过程中，宣传教育是重中之重，由于合成大麻素列管晚，知名度不高，加上国外大麻合法化的影响，纠正青少年对于大麻类毒品的错误认知尤为重要。在预防教育的基础上，我们要注重对同伴群体的教育，充分发挥良好同伴的作用，在社区戒毒的过程中，让禁毒社工介入，全程管控戒毒青少年，确保自主戒毒有所管理。

在对投入阶段进行干预的过程中，要加强对娱乐场所的管理，多部门联合行动，对娱乐场所存在的问题进行整治，以外力的形式促使青少年能够远离这些场所。

（二）未来的研究方向

本文通过卡方检验，从年龄、毒品种类、文化程度、婚姻状况、吸毒场所五大因素分析复吸风险率,并针对相应的结果分析当前实战中所存在的问题,利用上瘾模型提出了相应的路径探索。但是本文的分析仅仅停留在理论的阶段,并未前往实地进行调研,和大麻类毒品滥用人员进行面对面访谈,获取一手的资料,这也是本研究的缺憾所在,且上瘾模型并未被广泛用于禁毒领域。在未来的研究中,可以针对一线实战中遇到的问题,通过问卷调查、实地调研、面对面访谈等方式,对大麻类毒品滥用者和一线执法人员进行更深入的了解和分析。还可以结合法医学和化学领域对新精神活性物质的研究,从生理角度探索更有效的戒毒方法。

林则徐禁毒思想与实践的再认识

马照南[*]

一

18世纪中叶,中国贸易进入了多事之秋。一些外商为牟取暴利,公然进行鸦片走私,其规模由1729年前后200箱左右上升到1767年1000箱左右。18世纪晚期,经过工业革命后成长为资本主义强国的英国,为扭转茶叶贸易产生的巨额贸易逆差,设立东印度公司,大肆向中国走私鸦片,致使鸦片输入急剧增长。进入19世纪20年代以后,输入量几乎是直线上升。1800—1821年间,鸦片每年输入总量在4000箱上下,1821—1822年猛增到5959箱,1822—1823年再增到7773箱,1823—1824年又达9035箱,1824—1825年是12434箱。尤其是19世纪30年代,10年之中几乎翻了两番,到1838年,年输入竟高达35500箱。[①]据统计,在鸦片战争前40年中,英国走私进入中国的鸦片有40多万箱,从中国掠走大约三四亿银元。[②]鸦片输入,还引发诸多社会问题。当时中国社会各阶层吸毒人员日益增多,各级官吏贪污受贿成风,鸦片逐渐演化成社会的一大顽疾、一颗毒瘤,且这种情形越发展越严重。

明朝"隆庆开海"之后,外贸商船遍布中国南海,中国的主要出口商品丝绸、瓷器、茶叶等,在欧洲市场上受到热烈欢迎,从而吸引了大量白银流入中国。据《白银资本》作者、德国学者贡德·弗兰克的估算,1550—1800年之间最终流入中国的白银大概是60000吨,占世界白银产量的二分之一。有意思的是,贡德·弗兰克在书的封面写下这么一段意味深长、颇具尖锐讽刺意义的话:"西方最初在亚洲经济列

---

[*] 作者简介:马照南,男,福建省炎黄文化研究会常务副会长。
[①] 刘鉴唐:《鸦片战争前四十年间鸦片输入与白银外流数字的考察》,《南开史学》1984年第1期。
[②] 福建省社会科学界联合会等编:《纪念鸦片战争180周年暨林则徐诞辰235周年学术论文集》,海峡书局2021年版,第70页。

车上买了一个三等厢座位,然后包租了整整一个车。只是到了19世纪才设法取代了亚洲在火车头的位置。名副其实贫穷可怜的欧洲人怎么能买得起亚洲经济列车上哪怕是三等车厢的车票呢?欧洲人想法找到了钱,或者是偷窃,或者是勒索,或者是挣到了钱。"[1]确实,中英贸易逆差和鸦片走私等问题在茶叶贸易中很快就凸显出来。中国茶叶,尤其是品质高贵的福建武夷山茶叶在英国极为畅销,并由此产生风靡英吉利全国的"下午茶"。中国茶供不应求,造成欧洲,包括英国严重的贸易逆差。为了解决贸易逆差,他们努力输出其他商品到中国。作为当时最发达最强大的英国,则通过臭名昭著的东印度公司大肆走私鸦片,甚至还采取窃取茶叶种子等种种非法手段。这不仅严重损害了中国的利益,也破坏了贸易的公平和正义。

鸦片战争前夕,中国面临着前所未有内忧外患的严峻局面:一方面,英国等西方列强肆无忌惮进行肮脏的鸦片贸易,攫取巨额利润,又凭借其坚船利炮,一再强迫中国开放口岸;一方面,清朝政府未能赶上工业化浪潮,科技能力严重滞后。政治腐败无能,社会动荡不安。在这种背景下,以林则徐为代表的爱国志士站了出来,为维护国家主权和民族尊严,反对走私鸦片贸易。

二

林则徐的禁毒思想,就是在这种特定历史条件下,在维护国家主权和民族尊严,反对走私鸦片贸易斗争中形成的。

林则徐自幼在被誉为"海滨邹鲁"的福州成长。福州教育氛围浓厚,是孔子朱子思想及侯官文化的大本营。与孔子齐名的朱熹,不仅是著名的思想家,更是坚定无畏的爱国者。他继承了孔子的仁义思想,创造性注释了《四书章句集注》,形成以"天理"为核心的思想体系,认为凡事皆须依"理"行事。他一生忧国忧民,始终把个人的命运与国家民族的兴衰紧密联系在一起;他具有强烈的责任意识、担当意识和牺牲精神,面对社会问题,总是直面矛盾,不畏强权。林则徐苦读朱子《四书》,《四书》中强烈的爱国思想、为民情怀、清廉意识和奋斗精神对他产生了极为深刻的影响。林则徐一生,始终崇敬孔子、孟子、朱子,崇敬诸葛亮、李纲、岳飞、文天祥等先贤和民族英雄,始终将国家和人民利益放在首位。鸦片泛滥、国家危难之际,他毫不犹豫地站了出来,主持禁毒,坚决抵抗外敌的侵略,并在长期禁毒斗争中形成了"林则徐禁毒思想"。

---

[1] [德]贡德·弗兰克:《白银资本——重视经济全球化中的东方》,刘北成译,中央编译出版社2008年版。

林则徐最初看到鸦片为患,是他21岁(1806年)到厦门担任书记(文书)之时。18世纪末,厦门已有洋行8家,商船、洋船千余艘。英国输入鸦片,厦门先受其害。在广州他的《谕各国商人呈缴鸦片稿》采用直接且尖锐的笔调写道:"本大臣家居闽海,于外夷一切伎俩,早皆深悉其详。"①可知他在厦门工作期间就注意到鸦片走私活动的猖獗及其对社会的危害。

　　在长期工作中,林则徐始终关注这害国害民的鸦片。英国鸦片获得暴利驱使国内外鸦片贩子铤而走险,鸦片贸易严重冲击中国传统市场,毒化社会,危害越来越大。他指出:"凡二三十年以前,某货有万金交易者,今只剩得半之数。"②鸦片逐步由东南沿海深入到内地及京津地区,不仅民间百姓吸食,军队也染此毒。当时一位学者萧令裕在他的著作《粤东市舶论》写道:"鸦片烟惟公班行于粤,各省类白皮,每白土一包,合三斤,直洋银二十一二圆。去窑口之沾润,规费之花销,番夷约得银十三四圆。贱时亦每包十三四圆,番夷约得银八九圆。每岁以一百万包计,番夷实得银千三百万圆不等。"林则徐对此深感忧虑:鸦片吸食之风,不仅对国家财政收入有极大影响,更重要的是影响百姓生计、兵源素质、人民健康,助长各级官员腐败之风,必须严禁。

　　1833年至1838年,林则徐担任江苏按察使,负责维护地方治安和司法。他积极组织取缔烟馆的行动,对那些公然贩卖鸦片的烟馆进行严厉的打击。他派遣得力官员带领兵马对烟馆进行逐一搜查和取缔,同时抓捕了一大批涉案的烟贩,有力地震慑了犯罪分子。林则徐还搜集和推广戒烟的药方。同时,林则徐积极上奏朝廷,其奏折条理清晰、言辞恳切。道光帝阅读了林则徐的奏折后,深受触动,于1838年12月连续8次召见林则徐。他下令加大对禁烟工作的支持力度。同时任命林则徐为钦差大臣,让他前往广东查禁鸦片。

三

　　林则徐赴广东查禁鸦片禁毒的过程充满了决心、激情。

　　1839年3月10日,林则徐抵达广州,随即公布《谕洋商查令夷人呈缴烟土稿》《谕各国夷人呈交烟土稿》要求鸦片贩子缴烟,并具结表示"嗣后来船,永不敢夹带鸦片,如有带来,一经查出,货尽没官,人即正法,情甘服罪"。林则徐表示"若鸦片

---

① 林则徐:《谕各国商人呈缴鸦片稿》,载《林则徐全集·文录卷·公牍》,海峡文艺出版社2002年版,第116页。

② 林则徐:《钱票无甚关碍宜重禁吃烟以杜弊源片》,载《林则徐全集·奏折卷》,海峡文艺出版社2002年版,第78页。

一日未绝,本大臣一日不回,誓与此事相始终,断无中止之理。"①

虎门销烟,从1839年3月10日林则徐到达广州,到3月28日迫使英国鸦片头子义律交出所有鸦片,历时19天,此为第一阶段;1839年4月11日开始全面收缴鸦片,5月18日全部收缴结束,历时38天,此为第二阶段;6月3日虎门销烟,6月25日销烟完毕,历时24天,此为第三阶段。虎门销烟,惊心动魄。英国鸦片头子义律自恃有"坚船利炮",有强横野蛮政府指使,态度十分蛮狠,手段极其野蛮,极其阴险,极其狡猾,阴招烂招,层出不穷。林则徐大义凛然,以高超政治智慧和法律意识,与这帮毒贩斗智斗勇,终于迫使大毒贩义律交出所有鸦片。虎门销烟一共销毁鸦片达2376254斤,折合计1188127千克。曾有人计算,如果采用现代4吨卡车,可以装载297车。②

林则徐在虎门将缴获的鸦片当众销毁之时,"沿海居民观者如堵""其远近人民来厂观看者,端午前后愈见其多,无不肃然凛畏"。③ 许多外国商人也在场,也感觉非常震撼。"禁毒冲云霄,正气壮山河。"虎门销烟给英国侵略者以沉重的打击,大长了中国人民的志气,同时,也使林则徐的名字威震天下。马克思曾热情地赞扬说:"中国历年禁烟措施的顶点,是钦差大臣林则徐到达广州和按照他的命令没收、焚毁走私的鸦片。"④确实,在人类禁毒史上,这是第一次销毁如此巨大数量的鸦片。虎门海滩上,两个巨大的销烟池煮海般壮观的场面中,邪恶消亡,正气蒸腾。"进退一身关社稷,英灵千古镇湖山。"林则徐为李纲祠题写的这副对联,正是他一生的真实写照。

四

林则徐禁毒思想的源头是孔子仁义观和朱子天理观。核心思想是严禁毒品、为国为民、公平贸易;其禁毒实践要求是雷厉风行、全民动手、国际合作、除毒务尽。主要体现在以下几个方面:

1. 严禁鸦片贸易,维护国家主权。林则徐始终维护国家主权,坚决反对外国势力利用毒品进行经济掠夺和政治渗透,破坏中国的社会经济秩序。林则徐通过

---

① 林则徐:《谕各国商人呈缴鸦片稿》,载《林则徐全集·文录卷·公牍》,海峡文艺出版社2002年版,第116页。
② 邵纯:《林则徐的禁毒实践与现实斗争》,载凌青、邵秦主编《从虎门销烟到当代中国禁毒》,四川人民出版社1997年版。
③ 向贤标:《为官当学林则徐》,《中国纪检监察报》2015年1月9日。
④ 《马克思恩格斯选集》第二卷,人民出版社1972年版,第28页。

颁布法令、设立禁烟机构、加强边境管控等手段,严厉打击鸦片走私和吸食行为。他设立禁烟机构,负责监督和管理禁毒工作。此外,他还加强边境管控,防止鸦片从境外流入中国境内,切断了鸦片贸易的源头。

2. 动员民众,依靠民众。林则徐坚信民众是禁毒工作的重要力量。他深知民众的智慧和力量是无穷的,只有依靠民众,才能形成全民禁毒的强大合力。他通过发布告示、宣讲禁毒知识等方式,广泛宣传鸦片的危害和禁毒的重要性,使民众了解并认识到禁毒工作的紧迫性和必要性。特别是戏曲表演,作为一种深受民众喜爱的艺术形式,通过生动的表演形式将禁毒思想传递给观众,进一步加深了民众对禁毒工作的理解和支持。他还鼓励民众积极举报鸦片走私和吸食行为,对举报者给予奖励,从而激发民众参与禁毒的积极性。林则徐还注重发挥民间组织和社会团体的作用,积极与各地的乡绅、士人等社会力量合作,共同开展禁毒宣传和执法行动。这在当时的历史背景下具有极大的前瞻性和创新性。

3. 坚持法治,亦重教育。林则徐坚持法治与教育相结合双管齐下,整治毒患。他在《钱票无甚关碍宜重禁吃烟论》中指出:"此辈食烟之人,如鬼如蜮,如蝇如蛆,其存心至险,其贻害至深。"[1]林则徐未雨绸缪、深思熟虑,早就拟定好《禁烟六策》:一是收缴烟具;二是分级定罪与自首从宽,即分别对涉及鸦片的行为定罪,自首者免罪或减轻处罚,否则递加;三是对开设鸦片馆和制造烟具的行为予以重罚,并限期自首,以截断鸦片流通的渠道;四是严格处分失察官员;五是发动基层力量查缴;六是使用"熬法"等特殊审讯手段,有烟瘾的人必然会丑态百出,然后再审问、具结。对于拒不交出鸦片的贩子,他采取了更为强硬的措施,封锁了广州的商馆,将那些顽固不化的鸦片贩子关押起来,断食断水,逼迫他们上交鸦片。对于抓获的鸦片贩子,根据他们的罪行轻重,依法分别进行了罚款、监禁甚至处死的处罚。对于吸毒者,则大力加强教育和心理辅导,用设身处地、明白晓畅的说理方法,帮助他们戒除毒瘾。

4. 注重外交,善谋合作。林则徐认真研究外国的外交政策,运用外交渠道维护国家的利益和尊严。根据国际法和外交惯例,有理有据地阐述了禁毒的必要性和紧迫性,要求外国政府尊重中国的主权和禁毒政策,配合中国的禁毒行动。他通过书信、照会等方式,明确表达了中国禁毒的决心和立场。同时,利用国际舆论的力量,通过向国际社会宣传中国的禁毒成果和决心,争取更多的理解和支持。

5. 力主平等,公平贸易。林则徐主张与西方各国进行平等互利的贸易往来,

---

[1] 林则徐:《钱票无甚关碍宜重禁吃烟以杜弊源片》,载《林则徐全集·奏折卷》,海峡文艺出版社2002年版,第78页。

反对利用鸦片贸易进行经济掠夺。林则徐指出，英商贩毒极大损害中国人民利益。他致信英女王指明英中贸易"垂二百年"。中国对待各国始终一视同仁，秉持"利则与天下公之，害则为天下去之"，正是英商良莠不齐，夹带鸦片，"但知利己，不顾害人，乃天理所不容。"[①]林则徐指出，公平贸易是天理，贩卖鸦片"天理所不容"。中国禁毒符合天理，天理要求禁毒，禁毒是正义的事业。林则徐同时指出，中国欢迎并善待各国商人，只要切实遵守中国法律，依然欢迎各国商人来华。

林则徐禁毒思想具有鲜明的时代特征和民族特色，是广大人民群众长期艰苦卓绝的反毒禁毒斗争经验的科学总结，是中国近代史上反对帝国主义侵略的重要思想武器。林则徐的禁毒思想激发了中国人民反抗外来侵略、争取民族独立和国家富强的强烈愿望和斗争意志，坚定了必胜信心，对近现代斗争产生了深远的影响。

五

作为林则徐的故乡，这些年福建持续开展反毒禁毒斗争，各项工作务实落实，取得明显成效。仅2023年，全省组织"清源断流"暨"飓风肃毒"会战行动，共破获毒品犯罪案件2200多起，打掉制贩毒团伙130多个，抓获毒品犯罪嫌疑人3200多名，抓捕、劝投涉毒在逃人员420多名，查处吸毒人员4700多人次，缴获一批毒品、制毒物品和非列管成瘾物质。全省毒情形势整体平稳可控。[②]

在建设中国式现代化以及中华民族伟大复兴的进程中，毒品问题依然严峻。我们要坚持林则徐禁毒思想的创造性转化、创新性发展，坚持严厉打压、综合治理，以进一步提升禁毒工作的效果和水平。

1. 坚定决心，强化共治。毒品是人类公敌。禁毒是超越阶级、超越国界、超越时代的重大使命。林则徐的禁毒立场和决心启示我们，必须坚持党管禁毒、社会共治，持续深化全民禁毒工程，保持清醒的头脑和坚定的决心，不受任何外部势力的干扰和破坏，坚持打击毒品犯罪。

2. 重视宣教，强化治本。禁毒工作应该以预防为主，重在治本。我们必须加强口岸管理和社会管理，从源头上杜绝毒品的供给。加大禁毒宣传和教育力度，通过互联网等现代传播渠道向公众普及毒品的危害和禁毒知识，提高公众尤其是青

---

① 林则徐：《谕英国国王稿》，载《林则徐全集·文录卷·公牍》，海峡文艺出版社2002年版，第223页。
② 东南网：《福建：持续深化全民禁毒 大力推进"智慧禁毒"》，https://baijiahao.baidu.com/s?id=1800895102065326365&wfr=spider&for=pc，下载日期：2024年6月4日。

少年强烈的禁毒意识和自我保护能力。

3. 依法制毒,强化执法。林则徐在禁毒实践中采取了严厉的执法措施,对参与毒品犯罪的人员进行了严厉打击。这一实践启示我们,在现代社会,应加强执法力度,对毒品犯罪必须进行严厉打击,让毒品犯罪者付出应有的代价。同时,应加强对毒品犯罪的预防和打击力度,尽最大努力减少毒品犯罪的发生。

4. 综合施策,强化合力。林则徐在禁毒实践中采取了综合施策、多管齐下的方法,取得了显著成效。现代社会在禁毒工作中也应借鉴这一做法,综合运用法律、教育、宣传等多种手段,形成全社会共同参与的禁毒氛围。

5. 国际意识,强化合作。受国际毒潮泛滥大环境影响,新型毒品层出不穷,依托咪酯滥用明显增多,非列管成瘾物质滥用风险加剧,涉毒防控工作难度不断加大。面对新问题新挑战,我们要加强国际合作,共同打击跨国毒品犯罪,维护全球的安全和稳定。

综上所述,林则徐禁毒思想和实践对当代社会,对应对美国所谓"贸易战""科技战"的启示都是多方面的。我们应该拓宽研究视野,从全球禁毒史角度深入探讨其历史意义与现实意义。要多角度、多方位解读林则徐禁毒思想,包括与国际、国内相关研究机构和研究人员的交流协作,共同推进研究的深入发展,为构建一个无毒的公平的国际环境和社会环境而持续努力。

我国智慧戒毒体系存在问题及对策研究[*]

唐 浩 倪郡泽[**]

在长期的戒毒实践中,各地司法行政机关探索出多种多样的戒毒模式,如上海市"四位一体"戒毒模式、云南省"四+六"戒毒模式、浙江省"四四五"戒毒模式等。司法部在总结各地戒毒模式经验的基础上,于2018年5月印发了《关于建立全国统一的司法行政戒毒工作基本模式的意见》,以浙江省"四四五"戒毒模式为蓝本,打造"以分期分区为基础、以专业中心为支撑、以科学戒治为核心、以衔接帮扶为延伸"的全国统一司法行政戒毒工作基本模式,为新时期我国司法行政强制隔离戒毒工作提供科学指引。在全国统一戒毒模式建立后,为进一步促进司法行政强制隔离戒毒工作提质增效,司法部于2018年10月29日全国司法行政信息化工作推进会上提出要求加快"智慧戒毒"建设,[①]充分发挥大数据、物联网、人工智能等先进技术对戒毒工作的支撑作用,研发戒毒新技术与新方法,实现科学戒毒,引领和带动司法行政戒毒工作改革发展。目前我国已经初步形成了"智慧戒毒"的基本框架体系,但仍存在一定的空缺与不足,亟需对该体系进行完善与补充,以保障强制隔离戒毒所的场所安全,实现对毒瘾的科学戒治。

一、我国智慧戒毒体系运行现状

推进"智慧戒毒"的根本目的是实现戒治智慧化,提高教育矫治质量,帮助戒毒人员戒除毒瘾。通过数据赋能、科技融合的手段打造智慧化戒毒医疗、教育矫正、心理矫治、康复训练、诊断评估体系,能够实现戒毒矫治的科学化、信息化、有效化,

---

[*] 基金项目:辽宁省社会科学规划基金重点项目"大数据视域下辽宁省戒毒工作智能化安全防控体系建设研究"(L21ASH005)。
[**] 作者简介:唐浩,女,中国刑事警察学院禁毒与治安学院教授,博士,硕士研究生导师,毒品预防教研室主任;倪郡泽,男,中国刑事警察学院禁毒与治安学院2020级硕士研究生。
[①] 魏芳、李同文:《"智慧戒毒"的内涵、外延及应用研究》,《中国司法》2019年第12期。

进而提升戒毒成效。

（一）构建基于医联体的戒毒医疗体系

伴随着我国对吸毒行为的成瘾机理与滥用机制的认识日益成熟,吸毒人员不再被认定为身份单一的违法者,而是演变成具有病人、违法者和受害人三重身份的复杂综合体,[①]国家对于吸毒人员的处置理念实现了"从片面追求惩罚效果、注重恢复社会秩序"到"以戒除毒瘾为中心、帮助吸毒人员回归社会"的转变。从本质上看,吸毒成瘾属于一种慢性、复发性脑疾病,戒毒医疗工作直接关系到戒毒人员的身体健康与矫治成效,科学性、系统性、针对性的戒毒医疗工作既是强制隔离戒毒的重要措施,同时也是戒毒工作顺利开展的前提与保障。全国统一的司法行政戒毒工作基本模式明确提出戒毒工作要坚持以科学戒治为核心,不断推进戒毒医疗专业化、科学化发展,推动我国戒毒工作从过去"医疗模式"的思维与"道德模式"的实践到"医疗模式"的思维与实践转变。[②]2019年12月由司法部印发的《司法行政机关强制隔离戒毒所医疗工作管理规定》与2021年1月由国家卫健委、公安部、司法部联合印发的《戒毒治疗管理办法》,为戒毒医疗工作的开展提供了制度保障,有效促进了戒毒医疗工作的整体发展,推动智慧戒毒医疗体系架构的形成,具体包括:

1. 与社会医疗机构建立医联体。医联体是指利用信息技术将区域内医疗资源进行有机整合形成的医疗联合体,是通信技术发展在医疗领域的表现,是实现医疗资源共享、发挥医疗合力的重要举措。《司法行政机关强制隔离戒毒所医疗工作管理规定》在第2章对强制隔离戒毒所医疗机构参与社会医院医联体进行了明确的规定,指出要发挥社会医疗机构技术优势带动强制隔离戒毒所医疗中心的发展,推动戒毒医疗工作智慧化、科技化、专业化建设。为此打造智慧戒毒医疗体系,需要联合社会资源,推动优质医疗资源融入强制隔离戒毒工作,截止到2021年6月全国95%以上的强制隔离戒毒所参与了社会医院医联体建设。

2. 打造远程医疗平台。5G通信技术融合医联体建设,是"互联网+医疗"在戒毒医疗领域最直接的体现。由于受到即时通信速度的限制,过去在远程医疗平台的服务具有明显的局限性,仅支持一些如沟通咨询、报告分析等基础服务,伴随着5G技术在强制隔离戒毒所的普及运用,远程医疗平台呈现出功能多样化发展的特点。远程病理诊断、远程慢病管理、远程监护甚至是远程手术等高难度技术手

---

① 姚建龙:《禁毒学导论》,中国人民公安大学出版社2014年版,第15页。
② 包涵:《戒毒措施"医疗化"与我国戒毒制度的走向》,《河南警察学院学报》2018年第1期。

段被广泛应用于戒毒医疗领域,依托远程医疗平台有效提升了戒毒场所的医疗能力,减轻了医疗负担。同时依托远程医疗平台,戒毒人员的医疗数据可以实现医联体内部的流动共享,为戒毒人员在各级医疗机构间的流转就诊提供便利。依托远程医疗平台建设有效保障戒毒人员的身体健康和生命安全,实现戒毒医疗工作与信息化技术全链条融合。例如广西司法行政戒毒系统充分应用远程医疗平台为戒毒人员提供医疗服务,于2020年至2021年两年间开展远程病症会诊200余次、远程24小时动态心电监测800多例。

3. 开通绿色医疗通道。基于医联体医疗合作机制,强制隔离戒毒所与社会医疗机构间开通了戒毒人员紧急救治医疗绿色通道,确保转诊过程畅通,缩减转诊程序衔接步骤,便于合作医疗机构做好医疗准备。合作医疗机构内部建立"戒毒人员专用病房",保障医疗通道的流畅性,在戒毒人员转诊后第一时间为其提供救治。受毒品的侵害,戒毒人员是心脑血管疾病、呼吸系统疾病、神经系统疾病等高发群体,[①]针对戒毒人员开设绿色医疗通道具有重要意义。自《司法行政机关强制隔离戒毒所医疗工作管理规定》发布以来,戒毒医疗机构充分利用绿色医疗通道,争分夺秒挽救了众多患心肌梗死、脑梗、消化道出血等急性疾病的戒毒人员,多起案例被录入司法行政(法律援助)案例库中予以宣传推广。例如河南省第三强制隔离戒毒所依托就医绿色通道,将突发急性心肌梗死的戒毒人员郑某迅速转送至许昌市人民医院就诊,院方第一时间安排戒毒人员进入专用病房开展救治,实现外出就医、紧急转运、有效治疗等环节无缝衔接。

(二)搭建线上教育矫治体系

根据司法部"四区五中心"统一戒毒模式的建设理念,教育矫正中心承担着对戒毒人员开展戒毒常识教育、法律法规教育、戒毒辅助教育、职业技术教育等教育职责,[②]通过重塑戒毒人员的价值观念,引导戒毒人员对法律法规及毒品形成正确认识,培养回归社会所需的职业技能,以此筑牢戒毒人员的戒毒理念,增强摆脱毒品的信心。《"智慧戒毒"建设实施意见》对"智慧戒毒"背景下的教育矫正工作提出了新发展思路,戒毒教育矫正工作实现了云发展。

1. 开展"线上教育"。"线上教育"能够有效打破时空壁垒,解决教育资源、教师资源配置不平衡的问题,实现知识共享。将戒毒教育矫正工作与"线上教育"相结合,打造"互联网+教育"戒毒模式,既能满足戒毒人员多样化的教育需求,实现

---

① 施红辉、李荣文:《毒品成瘾矫治概论》,科学出版社2009年版,第35页。
② 黄毓:《我国戒毒制度的嬗变与应然改造》,2022年云南师范大学硕士学位论文,第46页。

精准施教,开展个性化的教育矫正工作,同时又能广泛吸纳社会力量,借助社会资源开展教育工作,发挥"线上教育"云平台的空间优势。如广东省戒毒管理局推动戒毒场所与地方院校信息网络联通,运用钉钉、腾讯视频会议等直播软件对戒毒人员开展课堂教学、论坛讨论等教育培训工作,综合对接所内所外、"线上""线下"的各种教学资源,充分利用社会教育资源力量提升教育矫正工作的质量。

2. 建设教育戒治资源库。为进一步提升司法行政戒毒教育矫治工作,自2021年开始司法部深入推进"个十百千"教育戒治工程,推动部级教育矫治资源库建设,打造精品教育矫治线上课程。课程覆盖法律文化、毒品常识、健康生活、职业技能等戒毒矫治全链条。目前教育资源库已涵盖302部精品课程,并实现在线教育、在线考试、在线交流分享等功能,已经成为了强制隔离戒毒所开展教育矫正的重要依托。[1] 如广东省戒毒管理局将教育戒治精品课程分时段播放给戒毒人员学习观看,并适时组织课程考试巩固教学成果,[2]使教育矫正成效得到显著提升。在形成部级教育矫治资源库的基础上,省级戒毒管理局在司法部的组织与指导下,立足当地文化与发展优势,开设特色精品课程,打造省级教育矫正资源库,进一步丰富了教育矫正资源。如山西省戒毒管理局在基础课程和精品课程的基础上融入河东文化、德孝文化、红色文化、国学文化等,打造"教育矫正山西范式",运用当地文化激发戒毒人员的情感认同,形成了独特的教育矫正资源体系,丰富戒毒人员教育矫正内容。[3]

(三)打造多层次的心理矫治体系

早在上世纪90年代末,我国就有学者对毒品成瘾的心理矫治进行系统性的研究,强调心理因素是吸毒行为产生与发展的重要影响因子。伴随着毒品种类的流行趋势变化以及对毒品成瘾的心理机制的理论研究更加深入,心理矫治在戒毒体系中发挥的作用日益突出。2021年全年司法行政强制隔离戒毒所共开展团体辅导1.91万次,共有5.65万人次、25.94万人次参加心理咨询和心理测试。[4] 在"四区

---

[1] 司法部官网:《奋力书写全国司法行政戒毒工作高质量发展新篇章——司法行政戒毒系统一年工作回眸》,http://www.moj.gov.cn/pub/sfbgw/zwgkztzl/sfbjdzh/sfbjdzhyw/202206/t20220627_458485.html,下载日期:2023年4月5日。

[2] 司法部官网:《广东省戒毒管理局四管齐下 全力抓好疫情防控期间戒毒人员教育矫治工作》,http://www.moj.gov.cn/pub/sfbgw/zwgkztzl/fkyqfztx/fkyqfztxzzcc/zzccyw/ywjdgl/202103/t20210319_210866.html,下载日期:2023年3月5日。

[3] 司法部官网:《运用"四化"工作法助推教育矫治工作高质量发展》,http://www.moj.gov.cn/pub/sfbgw/zwgkztzl/sfbjdzh/xyesdxsdjdgzgzlfzdjt/220928shanxi/202209/t20220929_464463.html,下载日期:2023年3月5日。

[4] 司法部官网:《司法行政戒毒教育矫治工作亮点纷呈》,http://www.moj.gov.cn/pub/sfbgw/fzgz/fzgzxszx/fzgzjdgl/202203/t20220318_450944.html,下载日期:2023年3月5日。

五中心"统一戒毒模式的全面推进下,全国范围内的大部分强制隔离戒毒所按照司法部戒毒管理局制定印发的《司法行政机关强制隔离戒毒场所心理矫治工作指南(试行)》标准打造心理矫治中心。依托心理矫治中心,开展专业化的毒瘾心理矫治工作,能够有效改善戒毒人员的认知功能,降低他们对毒品的心理渴求程度。当前司法行政强制隔离戒毒工作中开展心理矫治形式主要为团体心理辅导与个体心理治疗。针对心理成瘾程度不同的戒毒群体分别采用两种矫治形式,并整合多种治疗技术,推动心理矫治资源合理分配,以提升心理矫治工作的科学性、有效性,最大可能提高戒毒人员心理健康水平。

1. 团体心理辅导。由于强制隔离戒毒所内专职的心理咨询师匮乏,且戒毒群体中普遍存在心理健康问题,为追求心理矫治工作的群体性效益,团体心理辅导成为最常见的心理矫治形式。如甘肃省第一强戒所设立"心理咨询救助小组",每周召开一次心理矫治活动专题研究会,并开展"小单元"和"微团体"心理辅导活动,积极疏导戒毒人员存在的心理问题。[①] 湖南省白泥湖强制隔离戒毒所针对生理脱毒区、教育适应区、康复巩固区、回归指导区的戒毒人员的不同特点,每周分类别、多主题、量身定制开展团体心理辅导,帮助戒毒人员树立戒毒信心,调整戒毒心态。[②]

2. 个体心理治疗方法。与团体心理辅导不同的是,在个体心理治疗中心理咨询师通过采用一对一的形式,对戒毒人员存在的心理问题进行直接、准确、具体的干预治疗。个体心理治疗的对象往往是存在重度毒品心理渴求或是严重心理健康问题的戒毒人员。与团体心理辅导相同的是,个体心理治疗需要依托正念疗法、动机强化疗法、认知治疗等具体治疗方法。[③] 近年来伴随智慧戒毒的整体推进,个体心理治疗实现了创新发展。通过借助智能交互终端和业务平台,心理治疗预约渠道变得更加通畅,个体心理治疗开展途径得以拓宽,由此个体心理治疗在强制隔离戒毒工作中应用得更加广泛。安徽省司法行政系统充分发挥社会资源对个体心理治疗的支撑作用,在2019年至2020年间通过运用心理疏导群平台、协同心理健康科普志愿服务队、开通社会公益心理咨询热线等方式借助社会心理咨询师对戒毒

[①] 司法部官网:《甘肃省第一强戒所筑牢心理防线 助力打赢疫情防控阻击战》,http://www.moj.gov.cn/pub/sfbgw/zwgkztzl/fkyqfztx/fkyqfztxzzcc/zzccyw/ywjdgl/202103/t20210319_210937.html,下载日期:2023年3月5日。

[②] 司法部官网:《精准施策、"四性"结合 助力戒毒教育工作高质量发展》,http://www.moj.gov.cn/pub/sfbgw/zwgkztzl/sfbjdzh/xyesdxsdjdgzgzlfzdjt/220928hunan/202210/t20221025_466026.html,下载日期:2023年3月5日。

[③] 余青云、余功才:《351戒毒模式心理行为干预路径的思考》,《河南司法警官职业学院学报》2017年第2期。

人员开展个体治疗与咨询4000余人次。[①]

(四)建立智慧化运动康复体系

康复训练中心的实体化建立,标志着我国司法行政戒毒工作对运动戒毒重视程度的提升。研究表明运动训练对于改善戒毒人员毒瘾心理渴求程度、减轻戒断症状有着显著的优越性与可行性。[②] 由于受到毒品的侵害,戒毒人员有着不同程度的生理与心理损害,身体机能亟需改善。运动训练一方面可以改善戒毒人员的身体状况,减轻躯体上的痛苦感;另一方面有助于恢复被毒品侵害的神经通路紊乱,改善体内多巴胺、5-羟色胺与内源性阿片肽的水平,缓解戒毒人员的抑郁、焦虑等情绪,减轻稽延性症状所带来的影响。[③] "智慧戒毒"背景下的康复训练体系构建,就是要以信息技术为手段,融合物联网技术,建立智慧化运动康复系统,实时采集戒毒人员训练康复过程中的数据,根据戒毒人员不同的身体状况安排具有科学性、针对性、有效性的课程体系,将康复训练的资源发挥最大效用。

1. 建立智慧化运动康复系统。"智慧戒毒"与康复训练相结合的核心在于通过对物联网、大数据可视化分析、集约化管理等信息技术对戒毒人员运动中的生理特征进行全程采集与综合分析。通过搭建智慧康复训练系统,能够对戒毒人员运动训练开展全面监控,收集并实时分析戒毒人员在运动中形成的生理数据,以实现对训练当中的安全风险进行全面掌控,保障戒毒康复训练的顺利进行,并形成戒毒人员个人训练康复信息档案,为日后的康复训练工作提供指导。以云南省第二强制隔离戒毒所为例,他们通过配备精密的体测设备,对戒毒人员康复训练中产生的数据信息进行同步记录,对运动风险进行评估预警,并将信息汇总在运动处方库,经过大数据计算形成运动处方,以提升康复训练的科学性。[④] 同时智慧康复训练系统配备液晶显示屏,能够使戒毒人员更加直观地观测到自身身体素质的变化,有助于发挥戒毒人员主观能动作用,提高其参与康复训练的积极性,巩固戒毒信心。

---

① 司法部官网:《安徽司法行政戒毒系统全面推进疫情防控与教育戒治工作两手抓两促进》,http://www.moj.gov.cn/pub/sfbgw/zwgkztzl/fkyqfztx/fkyqfztxzzcc/zzccyw/ywjdgl/202103/t20210319_210951.html,下载日期:2023年3月5日。

② 唐磊:《运动戒毒工作的实践与思考——以山东省司法行政戒毒系统为例》,《中国司法》2020年第2期。

③ 曹淑平:《有氧运动对强制隔离戒毒人员康复效果的研究》,2022年广西民族大学体育学院硕士学位论文,第38页。

④ 司法部官网:《云南教育矫治"五解"做好戒毒工作的精彩答卷》,http://www.moj.gov.cn/pub/sfbgw/zwgkztzl/sfbjdzh/xyesdxsdjdgzgzlfzdjt/220928yunnan/202210/t20221025_466041.html,下载日期:2023年3月28日。

2. 运动信息采集系统。智慧康复训练系统的运行需要以数据作为支撑,通过打造运动信息采集系统,对戒毒人员在运动中的生理数据进行全面采集,以保障康复训练系统的稳定运行。运动信息采集系统主要分为两部分,一是可穿戴智能化运动设备(戒毒实践中常采用智能手环),实时收集戒毒人员在运动过程中的心率、摄氧量、训练压力等生理数据;二是智能化运动器械,通过在运动器械中植入智能传感器设备,实现器械操作数据的可视化,实时掌握器材被使用的频次时间以及戒毒人员的运动数据。以运动信息采集系统为依托,能够实现对康复训练过程中产生的数据进行高质量监测。

(五)部署大数据毒瘾诊断评估体系

基于"四区五中心"统一戒毒模式下对戒毒人员的毒瘾诊断评估结果,不仅是戒毒人员进行四区四期流转的直接依据,而且决定着戒毒人员是按时解除、提前解除或者延长强制隔离戒毒期限。在"智慧戒毒"普遍推广以前,对戒毒人员进行毒瘾的诊断评估大多采用量表测量的方式,常见的包括90项症状清单、成瘾严重程度指数量表等。虽然量表测量的方式快捷便携,但由于毒瘾评估结果涉及戒毒人员的切身利益,戒毒人员在自我报告中往往会采用隐瞒、欺诈等方式改善结果,致使评估结果与实际毒瘾水平出现较大偏差,进而导致后续的戒毒矫治工作缺乏科学依据。[①] "智慧戒毒"建设为毒瘾诊断评估提供了海量数据支撑,为毒瘾诊断评估发展提供了科学指引。

1. 毒瘾诊断评估实现规范化发展。司法部于2019年发布了《智慧戒毒总体技术规范》,要求在省级戒毒管理局和戒毒所两级部署毒瘾诊断评估系统,并从生理脱毒、身心康复、行为表现和社会环境与适应能力四个方面对戒毒人员的毒瘾进行诊断评估。毒瘾诊断评估系统连通所内执法管理平台下戒毒医疗、训练康复、心理矫治各子系统以及大数据系统,将戒毒人员在强制隔离戒毒期间的生活表现、学习教育、生理脱毒、心理矫治等全过程的数据进行整合汇总,综合判断戒毒人员的毒瘾程度,实现毒瘾诊断评估工作的可量化与客观化转换,实现对毒瘾的科学评估与系统评估。

2. 设立出所前诊断评估机制。《司法行政机关强制隔离戒毒工作规定》中第58条规定:"强制隔离戒毒所应当按照有关规定对戒毒人员进行诊断评估。对强制隔离戒毒期限届满且经诊断评估达到规定标准的戒毒人员,应当解除强制隔离

---

① 李悦:《人工智能毒瘾渴求评估系统在戒毒工作中的应用——基于山东省济东强制隔离戒毒所的实证研究》,《广西警察学院学报》2021年第2期。

戒毒。"由此可知,戒毒人员在强制隔离戒毒期限届满之前,强制隔离戒毒所应对其毒瘾矫治情况进行系统性的评估,出具综合性诊断评估报告,作为按期解除戒毒的依据,提交到强制隔离戒毒决定机关由其批准。除此之外开展出所前诊断评估工作还有助于强制隔离戒毒工作与社区康复工作更好地衔接。例如上海市司法行政系统在戒毒人员出所前,会对戒毒人员的戒治效果与复吸风险进行评估和预测,将评估结果递交至社区康复的执行机关,并对出所人员按时开展回访调查,进一步开展戒毒效果综合评估。[1]

二、目前我国智慧戒毒体系存在的问题

(一)戒毒医疗职权不清

1. 戒毒场所医疗机构职能弱化。2019年司法部发布的《司法行政机关强制隔离戒毒所医疗工作管理规定》中强调,强制隔离戒毒所应当根据戒毒工作需要设置强制隔离戒毒所医疗机构,要重视所内医疗机构的建设。所内医疗机构是戒毒医疗工作的主体,但在实践当中,由于经费保障不足以及缺乏相应的重视,所内医疗机构的建设较为落后,导致机构职能弱化。[2] 某司法厅对省内强制隔离戒毒所内医疗机构建设进行调研,结果发现省内8个戒毒所中只有两所的医疗机构达到一级综合医院的级别,其余6所级别仅为医务所或医务室。[3] 目前强制隔离戒毒所虽然建立了远程医疗平台,但仅仅依托远程医疗平台难以满足戒毒人员日常的医疗需求,在此基础上所内医疗机构专业水平不足,势必会导致戒毒人员外出就诊次数与频率增多,导致警务资源的大量投入,影响强制隔离戒毒所的整体运行。

2. 医联体职责划分不明确。虽然《司法行政机关强制隔离戒毒所医疗工作管理规定》指出戒毒机关要与社会医疗资源联合打造医疗综合体,但并未对相关权责分布进行明确规定,仅是规定戒毒机关参与医联体应当根据医联体章程,明确相关责任、权利和义务。[4] 由于缺乏针对戒毒机关参与医联体的规范性文件,导致戒毒实践中戒毒医疗机构与社会医疗机构之间的联动不畅通,资源共享难以落实,"互

---

[1] 陆尔枫、杨成武、许健:《全国统一的司法行政戒毒工作基本模式一体化运行的实践与思考——以上海戒毒系统为例》,《中国监狱学刊》2021年第6期。
[2] 陆建荣、祖帅旗:《增强场所医疗保障能力,防范化解特殊人员收治风险》,载《中国禁毒报》2021年2月5日第6版。
[3] 曹吉锋、周梅芳:《戒毒医疗问题研究——以G省司法行政强制隔离戒毒医疗为视角》,《中国监狱学刊》2020年第4期。
[4] 参见《司法行政机关强制隔离戒毒所医疗工作管理规定》第12条、第13条。

联网+医疗平台"运行受阻。在实践当中,戒毒医疗机构往往通过与医联体中合作医疗机构签署协议的方式明确相关职责范围,与规范性文件相比协议缺乏约束力度,容易出现戒毒人员诊治范围区分度不足,服务响应较慢等问题。

3. 缺乏区域间医疗合作。戒毒医疗机构参与医联体的形式普遍为戒毒机构联合属地范围内的社会医疗机构,而不同区域间戒毒医疗机构的合作却较少进行,戒毒医疗机构间缺少有效的协同合作。形成区域间戒毒医疗机构合作是实现人才共享与资源共享的基础,建立长效的合作机制有助于戒毒系统内的精准帮扶与精准投入。由于司法行政戒毒医疗领域缺乏相关合作,导致区域间戒毒医疗水平存在较大差异,在实践探索中形成的戒毒医疗技术与方法也难以实现共享,区域间的相关医疗数据难以互联互通。

(二)教育矫正受重视程度不足

1. 教育矫正课程未落地。强制隔离戒毒的核心理念是帮助戒毒人员实现毒瘾戒治,促进戒毒人员回归正常社会生活。但由于强制隔离戒毒所的前身为劳动教养管理所,很多戒毒警察也是由劳动教养警察转制而成的,思想观念的转变没有与戒毒所职能的转变相同步,导致劳动生产仍然是大多数强制隔离戒毒所的工作重心,教育矫正课程缺少时间安排。此外在智慧戒毒推进的初期阶段,由于受到新冠疫情的影响,戒毒所处于高度封闭的状态,与相关合作企业、高校、医疗机构的合作受阻,智慧化发展缓慢,造成了顶层设计与实际建设差距较大。虽然司法部设立了教育矫治资源库,但由于多数强制隔离戒毒所缺乏相应的硬件设备,[1]线上教育的开展缺少必要的硬件支撑,教育矫治仍为传统的教育形式,内容较为陈旧、方式较为枯燥。

2. 教育矫正管理色彩浓厚。戒毒教育矫正的目标是要帮助戒毒人员端正戒毒的态度,转变错误的思想观念,树立起终身戒毒的信心和决心,成功戒除毒瘾,成为一名遵纪守法、自食其力的社会公民。当前存在部分戒毒民警忽视教育矫正在戒毒工作中发挥的作用,更注重戒毒场所的秩序维护,将安全管理的理念融入教育矫正的过程,进而导致教育矫正的管理色彩浓厚。[2] 从教育的形式来看,入所安全教育的重要性要高于戒毒教育矫正的重要性;从教育的内容来看,对禁毒法律法规、毒品常识的宣讲的重要性高于价值观念树立与道德品行培养的重要性;从整体

---

[1] 邓时坤:《新冠疫情防控条件下戒毒人员教育戒治策略研究》,《司法警官职业教育研究》2021年第3期。
[2] 赵天虹:《人文、开放与精准:强制隔离戒毒教育矫治质量的提升路径》,《司法警官职业教育研究》2020年第4期。

上来看,教育矫正工作的开展紧紧围绕场所安全而并非毒瘾戒治。

3. 职业技术培训缺乏针对性。稳定的收入、固定的职业是戒毒人员回归社会的基础,是影响复吸的因素之一。通过针对戒毒人员开展相关技术培训,强化职业技能,提供就业渠道,能在一定程度上促进戒毒人员的就业,保障戒毒人员解戒后有稳定的收入来源,进而降低复吸风险。但在戒毒实践中,针对戒毒人员开展的职业技术培训周期较短,通常为解戒前的1—5天,短期培训难以形成稳定、熟练的专业技能,且培训的内容通常比较单一,与市场人力资源空缺存在较大差别,导致职业技能培训对戒毒人员求职提供的支撑作用有限。

(三)心理矫治实施效果受限

1. 心理矫治方法缺乏针对性。开展心理矫治工作需要投入大量的戒毒资源,尤其是个体心理治疗需要心理医师对戒毒人员采取长期性且针对性的治疗干预,所投入的戒毒资源更是远远高于团体心理辅导。如某强制隔离戒毒所对患有边缘性人格障碍的戒毒人员周某采用认知行为疗法开展个体心理治疗,总计开展治疗周期为4个月。①而团体心理辅导通常来说疗程较短,且治疗对象为团体小组,有较强的群体性效益。如云南省普洱市强制隔离戒毒所对12名患有轻度以上抑郁、焦虑症状的病残戒毒人员开展音乐冥想疗法,开展治疗周期总计为1个月。②由于强制隔离戒毒所内往往缺乏心理咨询师或具备心理矫治专业知识的戒毒警察,尽管个别省份例如广东、云南等采取购买社会服务的方式以弥补心理矫治力量的空缺,③但多数地区由于缺少财政支持,导致心理矫治中心人员配置严重不足,以至于在戒毒实践中针对戒毒人员开展心理矫治往往采用团体心理辅导的形式。但戒毒人员吸食毒品的种类、时间以及入所次数都不尽相同,因此戒毒人员间对于毒品的心理渴求程度以及心理健康水平存在明显的差异。虽然团体心理辅导能够在一定程度上改善戒毒人员的心理问题,但由于在治疗过程中没有区分心理矫治的对象,同时也没有针对性地采取心理矫治的措施,导致心理矫治科学性不足,对治疗干预的成效产生较大影响。

2. 心理矫治内容不够完善。当前强制隔离戒毒场所开展的心理矫治工作主

---

① 司法行政(法律服务)案例库:《一例边缘性人格障碍戒毒人员的认知行为戒治案例》,http://alk.12348.gov.cn/Detail? dbID=25&dbName=JDJZ&sysID=8975,下载日期:2023年4月3日。
② 司法行政(法律服务)案例库:《运用音乐冥想团体心理辅导改善病残戒毒人员不良情绪的教育矫治案例》,http://alk.12348.gov.cn/Detail? dbID=25&dbName=JDJZ&sysID=9399,下载日期:2023年4月3日。
③ 王容珏:《新公共服务视角下戒毒医疗改进研究——以海南省RX强制隔离戒毒所为例》,2021年海南大学硕士学位论文,第28页。

要围绕降低戒毒人员对毒品的心理渴求进行,而忽视对于个体心理健康问题的治疗干预。然而戒毒人员存在的心理健康问题同样会对毒瘾戒治效果带来影响,最为常见的心理健康问题包括负性情绪与睡眠障碍。负性情绪是戒毒人员常见的戒断症状,其中最主要的表现为焦虑、易怒与抑郁。负性情绪是导致个体毒品成瘾及复吸的主要心理因素,[①]不同的理论从不同的角度论证了二者间的联系。负强化理论认为戒毒人员复吸是为了改善戒断期间出现的焦虑、抑郁等异常情绪,而正强化理论则认为戒毒人员复吸是为了重新产生良好的情绪状态,两种理论都阐明了负性情绪对于复吸的直接影响。睡眠障碍同样广泛存在于戒毒人员间,有研究对1710 例戒毒人员存在的稽延性戒断综合征进行统计分析,结果表明:睡眠障碍是稽延性戒断综合征最突出的一类表现。[②] 戒毒人员的睡眠障碍通常表现为睡眠启动、睡眠持续、睡眠觉醒的异常。长期的睡眠障碍对戒毒人员产生长期的躯体和精神上的困扰,尤其在强制隔离戒毒所的环境下戒毒人员出现睡眠障碍的可能性更加突出。

(四)康复训练专业化水平不足

1. 缺少专业人才支撑。戒毒康复训练是一项涉及医学、运动学、戒毒学、心理学的综合性学科,并且由于训练对象为戒毒人员,普遍身体素质较差,病残人员比例较高,因此康复训练工作具有较强的专业性与复杂性。但在戒毒实践中康复训练的主体仍为戒毒警察,具有相关专业知识的人员较少,他们往往缺乏个体特征测试以及个体化训练方案制定的专业能力,这也导致康复训练开展的针对性不强。根据广东省 2017 年司法行政戒毒系统的队伍调研报告显示,康复训练相关专业(包括教育学、运动训练学、康复医学、心理学)的戒毒警察约占 7.6%,运动训练专业的警察占 1.3%,专业人员数量远远小于实际需求。[③]

2. 康复训练缺乏个体差异设计。由于缺少专业人才支撑,加之强制隔离戒毒所开展康复训练普遍追求群体效益,实践中往往采用群体性健身项目代替针对性、差别化的身体机能训练与身体素质训练,如广播体操、工间操、太极拳等。虽然此类传统的康复训练方式可以对戒毒人员的康复训练起到积极作用,但由于没有考虑到戒毒人员之间的身体差异性,例如不同毒品类型的成瘾者身体状况之间的差异、存在不同类型的基础病、戒毒人员之间的年龄差,导致康复训练工作缺乏针对

[①] 黄伟聪:《戒毒人员负性情绪的调查及干预研究》,2018 年南京师范大学硕士学位论文,第 30 页。
[②] 李群堂、李延萍、谭婧等:《1710 例强制戒毒人员脱毒后中医证候分布调查分析》,《世界中西医结合杂志》2018 年第 9 期。
[③] 何邵军:《司法行政戒毒康复训练研究》,《中国司法》2018 年第 8 期。

性,对戒毒人员身体健康状况的提升效果不明显。

(五)诊断评估标准缺乏操作性

1. 缺乏对心理诊断评估的重视。在当前形成的以生理脱毒、身心康复、行为表现和社会环境与适应能力为诊断依据的诊断体系中,只是对身心康复进行了笼统的规定,并未具体提出对戒毒人员的心理渴求进行诊断评估的要求。其原因可能是这一诊断评估具有一定的专业性与复杂性,在实践中难以开展,因此并未纳入毒瘾诊断评估体系中。但心理渴求是戒毒人员对于毒品最真实的态度,是判定戒毒人员毒瘾戒治成效最直接的指标。当前的毒瘾诊断评估体系已经相对完善,但不可否认的是评估结果仍然会受到戒毒人员的主观影响,例如在行为表现方面,戒毒人员往往带有功利性的目的服从生产劳动与生活管理;在身心康复方面,对戒毒人员的心理评估仍然较多使用 SCL-90 量表测量,而在安稳的戒毒所环境中,戒毒人员 SCL-90 各因子分均呈现自然降低的改善也属于正常现象,[①]这些都无法说明戒毒人员的心理渴求得到有效的戒治,这使得心理诊断评估流于形式。

2. 缺少统一诊断评估标准。当前不同省份对于毒瘾的诊断评估标准存在差异,强制隔离戒毒所开展诊断评估工作依照本省的诊断评估细则进行。如广东省于 2015 年发布了《广东省强制隔离戒毒诊断评估实施细则》,浙江省于 2016 年发布了《浙江省强制隔离戒毒诊断评估工作实施细则(试行)》,湖南省于 2018 年发布了《湖南省强制隔离戒毒诊断评估办法实施细则》。各个省份的毒瘾诊断评估细则对于在生理脱毒、教育适应、康复巩固、回归指导四期流转以及生理脱毒、身心康复、行为表现和社会环境与适应能力四方面的赋值比例不尽相同,导致评估的结果也存在一定的差异。《禁毒法》中规定对于戒毒人员的提前、按期、延长解除强制隔离戒毒的决定,由强制隔离戒毒所提出意见,由做出强制隔离戒毒决定的公安机关予以批准。由于缺少统一的诊断评估标准,导致公安机关对于强制隔离戒毒所诊断评估的结论认可度较低,使得对于满足条件的戒毒人员可以提前或者延长强制隔离戒毒期限的制度设定被架空。

3. 与社区康复衔接不顺畅。出所前的诊断评估结果作为考量戒毒人员是否有效戒断毒瘾的重要依据,对后续的社区康复工作具有指导性的作用。根据《禁毒法》第 48 条规定:"对于被解除强制隔离戒毒的人员,强制隔离戒毒的决定机关可以责令其接受不超过三年的社区康复。"由此可知,社区康复的运行模式是由司法行政强制隔离戒毒所提出社区康复的建议,由公安机关作出是否批准的决定,最后

---

① 田杰:《统一戒毒基本模式下的诊断评估改善和提升策略》,《中国司法》2019 年第 5 期。

由城市街道办事处、乡镇人民政府具体执行。强制隔离戒毒所与社区康复具体执行机关之间需要通过公安机关衔接,但由于司法行政强制隔离戒毒所与公安机关之间、公安机关与城市街道办事处、乡镇人民政府之间并没有形成戒毒人员的基础信息以及诊断评估结果等数据共享或流转机制,导致相关信息流转不顺畅,执行机关对社区康复人员的认识较为模糊;且强制隔离戒毒人员往往是因毒瘾戒治成效不理想而被决定采取社区康复措施,假若在社区康复的过程中由于执行机关缺少对社区康复对象的认识,导致难以开展针对性的管理措施,反倒容易放任复吸情况的发生。

三、完善我国智慧戒毒体系的对策

(一)明晰戒毒医疗职权划分

1. 完善所内医疗机构建设。完善所内医疗机构建设首先是要推进所内医疗机构取得医疗资质依据。《司法行政机关强制隔离戒毒所医疗工作管理规定》中规定,司法行政强制隔离戒毒所应当根据戒毒工作需要设置强制隔离戒毒所医疗机构,并经省级卫生行政主管机关批准取得"戒毒医疗服务"执业许可。取得戒毒医疗资质是戒毒医疗工作开展的前提,事关后续毒瘾戒治、疾病诊断、药物购买、医疗保险的开展与落实,[①]因此打造智慧戒毒医疗体系首先应确保戒毒机关具备医疗资质。其次要不断丰富智能医疗设备。针对毒瘾进行矫治的同时要开展针对吸毒并发症的系统治疗,以降低戒毒人员的复吸可能性。为最大程度对戒毒人员的疑难杂症进行科学的诊断与治疗,智慧戒毒医疗中心需要设置专科临床科室与相关检验影像科室,聘请专职医务人员,配备临床常用的数字 X 光机、B 超机、血液分析仪、自动体外除颤仪等医疗设备;并通过运用 5G 信息网络与物联网等科学技术,实现戒毒医疗全过程信息采集。如上海市戒毒局注重提升病房硬件设施建设,配备智能床垫、电子定位牌、身体指标监测体检设备等医疗设备,推进戒毒医疗人员管理的专业化水平。[②]

2. 完善医联体体系层级。加快推进戒毒机关参与医联体建设细则,明确划分医联体层级,形成稳定可靠的医疗资源运转体系。医联体层级的划分可以参照辽

[①] 曹学军、王俭:《司法行政机关强制隔离戒毒场所医疗工作规范化建设研究报告》,《中国司法》2017年第4期。

[②] 司法部官网:《上海市高境强戒所坚持"五建五探"路径 推进病残专区专队建设走深走实》,http://www.moj.gov.cn/pub/sfbgw/jgsz/jgstjjdglj/jdgljtjxw/202102/t20210210_349613.html,下载日期:2023年4月5日。

宁、四川等地司法行政强制隔离戒毒所医疗机构的实践经验,针对戒毒人员不同的医疗需求,通过与不同层级医疗机构合作,将医联体网络划分为三级。[①] 各戒毒机关医疗机构与省级戒毒管理局建立一级医联体,对戒毒所内难以处置的疑难杂症、重症患者进行转诊,在系统内提供较为专业的医疗服务;与社会公立医院建立二级医联体,在当地卫生健康委员会的指导、协调下,充分调动社会资源,实现设备共用、人才互通、信息共享,多渠道扩展医疗资源;与省内三级甲等医院建立三级医联体,运用远程医疗平台实现咨询、会诊、教学培训等工作,提高所内医疗机构诊治的专业化程度,具体医联体体系构建如图1。

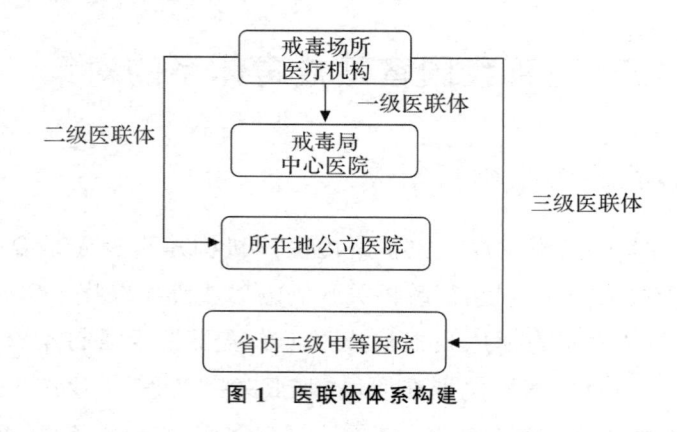

图 1　医联体体系构建

3. 打造区域间医疗合作平台。依托国家重大发展战略与全国司法行政戒毒系统省际警务交流协作机制,打造跨省强制隔离戒毒医疗合作平台,加强戒毒医疗智慧化建设合作,推动医疗资源共享与业务合作,如加强戒毒医疗机构间的经验交流,开展远程医疗培训、医疗队伍的合作培养、线下集中统一培训等,以实现戒毒医疗水平同步推进。通过区域间医疗设备的流转,实现对戒毒资源的有效调控,减少医疗设备闲置的情况发生。实践中已有部分地区开展区域医疗合作,如重庆、四川、贵州、云南、广西及西藏联合打造"2+4"区域协调发展戒毒医疗模式,通过开展"线上+线下"医疗技能培训会,最大范围扩大培训的覆盖面,实现西部六省市区医疗资源共享。[②]

(二)提高对教育矫正的重视度

1. 合理分配教育矫正时间。强制隔离戒毒所要提高对教育矫正的重视程度,

---

① 四川日报:《全国司法行政戒毒场所医疗工作推进会召开 补齐医疗短板 戒毒所融入医联体》,https://epaper.scdaily.cn/shtml/scrb/20210618/256229.shtml,下载日期:2023 年 4 月 5 日。
② 重庆长安网:《重庆市戒毒管理局:齐聚网络同培训 教学相长共提高》,https://pacq.gov.cn/dwjs/2022/0708/120713.html,下载日期:2023 年 4 月 5 日。

树立以人为本的教育理念,调整生产劳动与教育矫正的时间占比,真正实现科学戒治的工作目标。要以生理脱毒期、教育适应期、康复巩固期、回归指导期四期流转为基础,以教育矫正中心为支撑,明确不同时期教育矫正的课程体系,合理安排授课时间。实践中戒毒教育矫正主要集中于教育适应期,在此期间对戒毒人员开展行为习惯养成、法制与道德、毒品相关知识及岗前培训等教育内容,帮助戒毒人员适应所内生活。而当戒毒人员转入期限最长的康复巩固期,生产劳动则占据了大部分的时间,承担起了帮助戒毒人员戒除毒瘾、恢复社会功能的主要职责,教育矫正与训练康复的时间就得不到保证。上海市司法行政系统为保障科学戒治的实现,在全国范围内率先推出了"4+1+1+1"戒毒康复运行模式,即每周 4 天劳动、1 天教育矫正、1 天康复训练、1 天休息,以此保障了教育矫正的必要时间分配,有助于发挥教育矫正对毒瘾戒治的积极作用。[①] 为进一步实现教育矫正对戒毒人员转变错误观念、培养优良品性的教化作用,应当加大教育矫正的时间占比,依托教育矫正资源库优化课程体系,在保障每周一天集中授课的基础上,打造"每天一小时云教育"的日常教育制度,保障教育矫正工作的科学性与连续性,以此提升毒瘾戒治的整体成效。

2. 完善教育矫正内容。教育矫正是一项复杂性、长期性、综合性的戒毒工作,除了要通过开展法律法规及毒品知识等基础性教育来纠正戒毒人员的错误认识外,还需要深层次地培养戒毒人员的家庭、社会责任感,以转变其戒毒动机、巩固戒毒成效,实现自愿戒毒、自主戒毒、长效戒毒。中华传统文化具有浸润人心、塑造价值观念的功能,其基本内涵就是引导人们在承担社会责任中实现人生价值。关于传统文化教育对改善戒毒人员社会责任感的研究与戒毒教育矫正工作的主要目标相契合。因此推进"智慧戒毒"建设需要发挥传统文化的教化作用,将中华传统文化纳入戒毒教育矫正体系,传授"四书""五经"等传统经典文学作品,并进一步发挥"互联网+教育"的优势作用,将传统文化教育与线上教育相结合,打造传统文化教育的精品课程,同时邀请专家学者通过线上远程讲解或是线下入所讲解,提供专业的教学解答。山东省戒毒管理局立足地域文化特色,打造"国学·齐鲁文化"入心工程,在戒毒所内设立孔子学堂教室和文化戒毒功能室,通过全省范围内的国学经典学习诵读,形成人人熟知、会背会讲的良好局面。[②]

3. 优化职业技术培训体系。稳定的工作、专业的技能有助于戒毒人员保持操

[①] 陆尔枫、杨成武、许健:《全国统一的司法行政戒毒工作基本模式一体化运行的实践与思考——以上海戒毒系统为例》,《中国监狱学刊》2021 年第 6 期。
[②] 山东省女子强戒所理论研究课题组:《山东省女子强戒所的智慧化建设》,《犯罪与改造研究》2022 年第 4 期。

守,树立回归社会的信心。为此要推动所企开展深入合作,与属地日常用工需求量较大的企业建立合作关系,签订《期满戒毒人员就业帮扶合作协议》,为戒毒人员提供稳定的就业渠道。秉持双方合作共赢原则,开展企业就业宣讲会,通过宣传企业就业政策以唤醒戒毒人员对回归社会的向往,激发戒断毒瘾、回归社会的积极性。让企业走进戒毒所,开展线上课程培训、线下考核鉴定、建立实践基地以及培训实施等,由企业直接对戒毒人员开展职业技能培训,形成所企合作。企业直接介入职业技术培训体系,可以针对用工需求开展培训,以弥补企业的岗位空缺,打造兼具专业性、职业性的工作队伍。

(三)多角度提升心理矫治成效

1. 构建结合虚拟现实技术打造心理矫治技术体系。2016年是虚拟现实技术(Virtual Reality,VR)推广的元年,自此以后有关司法行政戒毒工作与虚拟现实技术相结合的探索尝试不断涌现。虚拟现实技术具有高度沉浸性、交互性、想象性的特性,能够最大程度还原吸毒情景,生动地呈现与毒品相关线索,从而诱发戒毒人员真实的心理渴求。基于以上优势,将虚拟现实技术与戒毒心理矫治方法相融合能够显著提升毒瘾心理矫治工作的成效。

浙江某科技有限公司研发出一套虚拟现实毒瘾评估矫正系统,能够实现毒瘾评估与矫正一体化运行,戒毒警察只需要帮助戒毒人员正确佩戴虚拟现实眼镜并运行相应程序就可以实现自动化的心理矫治或评估,有效缓解了强制隔离戒毒所内心理矫治专业力量不足的问题。虚拟现实毒瘾评估矫正系统所采用的心理矫治方法为厌恶疗法,又称"对抗性条件反射疗法"。实践证明,结合虚拟现实的厌恶疗法对降低戒毒人员的心理渴求有显著作用。浙江省绍兴市司法局充分依托科技公司的支撑作用,联合打造智慧心理系统,通过虚拟现实毒瘾评估矫正系统分批治疗戒毒人员1525人次,所内戒断率100%,出所戒毒人员复吸率仅为1.5%。[1]

近年来司法行政戒毒实践中还进行了将虚拟现实技术与经颅直流电结合的探索性尝试。经颅直流电属于无创性脑刺激,通过恒定、低强度的直流电对毒瘾诱发状态下的大脑神经进行刺激,[2]对吸毒所导致的大脑器质性病变进行干预。虚拟现实技术在此过程中发挥的作用与厌恶疗法中相同,主要用于有效激活戒毒人员对毒品的生理性脑神经,最大程度降低戒毒人员的心理渴求。浙江省司法厅于

---

[1] 浙江省司法厅:《绍兴市司法局数字赋能构建智慧戒毒体系》,http://sft.zj.gov.cn/art/2021/12/22/art_1659555_58934201.html,下载日期:2023年4月5日。

[2] 眭有昕、郭川、朱仕哲等:《经颅直流电刺激联合虚拟现实康复机器人对脑梗死后上肢功能影响的临床研究》,《中国脑血管病杂志》2022年第12期。

2020年戒毒新技术新方法研讨会上推出了"结合虚拟现实的经颅直流电毒瘾矫治系统1.0",为扩展智慧戒毒技术库,在全国范围内推广"虚拟现实技术+经颅直流电"提供了重要参照。

2. 完善心理矫治内容体系。戒毒人员普遍存在负性情绪与睡眠障碍,若不能对其进行及时治疗,容易导致戒毒人员机体功能降低,严重影响生活质量,并对毒瘾戒治的成效产生一定的影响。为此针对戒毒人员开展的心理矫治工作不应当局限于降低毒品渴求程度,同时要关注其他对戒毒人员产生实质影响的心理健康问题。可以与科研院所及专业机构合作共同形成多种心理矫治方法,对戒毒人员的心理进行专业矫治,提高戒毒人员心理健康水平和生活质量。

(四)提高康复训练专业化水平

1. 设立康复训练技能培训机制。针对强制隔离戒毒所严重缺乏具有康复训练知识技能专业人员的情况,司法行政机关一方面要加强对戒毒警察的技能培训工作,做好统一协调:联合当地体育局及其他社会机构开展康复训练技能培训,建立常态化合作训练站点,并与体育院校搭建戒毒康复训练合作平台,加强科研项目合作,依托高校资源创新康复训练工作模式,在所内设立戒毒康复训练科研基地。另一方面要积极从相关部门及高校直接引进专业人才,提升招录人员中专业技术人才的占比,打造专职康复训练队伍,并设立所内业务技能培训机制,发挥训练康复专业队伍的示范带动作用,以此提高康复训练中心的专业化水平。

2. 开展戒毒人员个体特征测试。为了确保运动训练的安全性与有效性,在开展系统化训练之前,需要对戒毒人员进行个体特征测试,依据测试结果确定训练项目和运动强度,实行"一人一案"。在此过程中需要综合考虑戒毒人员吸食毒品种类、毒瘾严重程度、入所时间、戒毒人员年龄、性别以及个人体质,其中个人体质主要指身体形态、身体机能以及身体素质。个体特征测试需要在入所一个月内以及每间隔一个月进行一次,检验月度康复训练效果,及时调整运动处方,以保障运动训练方案的精准性,并根据身体状况循序渐进地提高训练强度。

根据个体特征测试结果对戒毒人员开展分级训练。将戒毒人员依据个体特征分为优秀、良好、较差三级,并分别开设不同强度的训练课程。通过打造涵盖健身操、健走、耐力跑、力量训练等多种运动项目于一体的课程体系,保障运动训练的开展能够满足戒毒人员的需求。同时适当开展拔河、球类比赛、跑步竞赛等趣味项目,增强戒毒人员参与运动训练的积极性。

(五)推进诊断评估标准化建设

1. 完善毒品成瘾心理评估体系。戒毒人员对毒品的心理依赖是复吸的重要预测因子,在毒瘾诊断评估体系的建设中占据重要的地位。通过"智慧戒毒"与毒瘾诊断评估工作相结合,将戒毒人员对毒品的心理依赖利用数据的形式客观反映,从而达到对毒瘾进行确切的评估与诊断。智慧诊断评估体系构建的基础原理是戒毒人员感知到毒品相关线索,会激发毒瘾心理渴求,此时生理指标会发生一系列变化,如脑电、眼动、皮电等。通过设备仪器收集并对比激发状态下与静息状态下生理数据的差异程度,①以此对戒毒人员的毒瘾程度进行诊断评估,心理诊断评估体系建设如图2。全面打造生理数据采集系统,对于毒瘾激发状态下的脑电、皮电、心电以及眼动数据进行实时记录。近年来,功能性近红外光谱技术也被应用于毒瘾评估诊断工作中。上海市青东强制隔离戒毒所基于线索诱发原理,激发戒毒人员对毒品的心理渴求,利用功能性近红外光谱技术(Functional Near Infrared Spectroscopy,FNIRS)观测大脑含氧血红蛋白与脱氧血红蛋白的浓度变化,通过浓度变化的幅度来判断毒品相关线索对戒毒人员的刺激程度。②

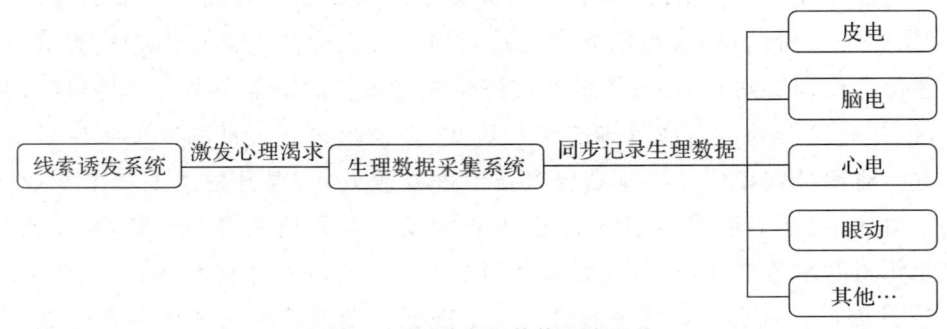

图 2 心理诊断评估体系建设

2. 设定统一诊断评估标准。传统的戒毒模式缺乏数据支撑,毒瘾的诊断评估需要戒毒警察综合戒毒人员的日常表现以及参与生产劳动、教育矫正等情况进行主观评估,因此《强制隔离戒毒诊断评估办法》与《智慧戒毒总体技术规范》对于毒瘾评估指标规定得较为笼统也符合实践操作所需要。而在智慧戒毒背景下,强制隔离戒毒所通过物联技术实现了戒毒人员日常行为、戒毒医疗、运动康复、心理矫治等基础数据的自动感知、自动采集,戒毒全过程的数据收集与分析,这也就为毒瘾诊断评估精细化、科学化、智能化发展提供了基础支撑。建立统一的毒瘾诊断评估指标体系,明确设定相关指标比例权重,并提高心理诊断评估的比重,基于数据累计与分析,从而实现对毒瘾的系统评估,这有助于提升毒瘾评估的精准度,实现评

---

① 刘许慧:《海洛因成瘾戒断群体静息态脑电及 ERP 的微状态分析》,2020 年兰州大学电子与通信工程硕士学位论文,第 34 页。
② 王斌、李永聪、陈刚等:《基于 fNIRS 的吸毒人员毒瘾渴求度监测评估》,《中国药物依赖性杂志》2023 年第 1 期。

估结果的普遍认可,实现四期四区科学流转与戒毒期限的适当调整,最终以最大程度激励戒毒人员摆脱毒瘾。目前上海市戒毒管理局对于毒瘾诊断评估提出了较为系统、完善的标准体系,将诊断评估划分为 5 个一级指标、14 个二级指标、34 个三级指标的高质量的指标集,为构建全国统一的毒瘾诊断评估标准提供了参考依据。[1]

3. 建立诊断评估结果共享平台。相较于强制隔离戒毒所,城市街道办事处、乡镇人民政府及下设社区康复工作小组对于解戒回归的戒毒人员缺乏一定的了解,但社区康复的开展需要依靠戒毒人员吸食毒品的种类、时间、次数以及所内表现等基础信息,尤其是需要了解戒毒人员在经过戒毒矫治后的成瘾水平,以针对不同戒毒人员的特点开展个性化的教育管理措施。为解决相关信息在社区康复的建议机关、决定机关、执行机关间流转不畅的问题,亟需构建诊断评估结果共享平台,实现数据资源共享,缩减数据流转过程,促进部门间交流合作,保障执行机关提前掌握解戒人员的数量与基本状况,保障强制隔离戒毒与社区康复之间高效衔接。

四、结语

自 2008 年《禁毒法》颁布实施以来,司法行政强制隔离戒毒工作实现了迅猛发展,不仅在汇聚全国戒毒机关实践经验的基础上建立了"四区五中心"的统一戒毒模式,并且进一步探索出信息技术与司法行政强制隔离戒毒相融合的"智慧戒毒"这一工作方法。整体上看我国强制隔离戒毒工作实现规范化、智能化、科学化发展。为进一步发挥"智慧戒毒"对于场所安全维护以及戒毒瘾戒治的推动作用,针对智慧戒毒体系架构的空缺与戒毒实践中存在的问题,需要以五大专业中心"戒毒医疗、教育矫正、心理矫治、康复训练、诊断评估"的职能任务为抓手,深入推进科学技术与戒毒业务的结合,打造科学化、现代化、系统化的戒毒执法体系。

---

[1] 王东晟:《基于大数据的司法行政戒毒成效评估指标体系建设研究——以上海市为例》,《中国司法》2020 年第 12 期。

毒品治理现代化的中国机体哲学思路

王 前 袁旭亮[*]

如何有效开展毒品治理，是世界各国面临的普遍性问题。从逻辑分析和工具理性的思路出发，注重对毒品风险的类型、形成机制和治理策略开展有针对性的分析研讨，很多时候是在发现重大事件之后进行反思，弥补管理漏洞，这样很难在毒品风险酝酿阶段就进行预测和预防。中国文化背景的机体哲学研究能够为毒品治理现代化提供一些新的方法论启示，这就是从"机"的观念出发预见毒品风险，从"道"的观念出发预知毒品风险，从"心"的观念出发预控毒品风险。

一、相关概念诠释和讨论

讨论毒品治理现代化的中国机体哲学思路，首先需要诠释和讨论相关概念。在毒品治理现代化方面，目前主要有"补控"和"预控"两种不同路径，其含义分别是什么？作为思考这一问题的中国机体哲学视角，其理论内涵是什么？与西方的机体哲学有什么本质区别？毒品治理现代化研究涉及当代社会发展中的现实问题，而"机""道""心"作为中国传统哲学范畴，有可能在这方面提供新的方法论启示吗？

（一）有关"补控"与"预控"的概念辨析

首先看作为毒品治理现代化主要路径的"补控"和"预控"概念。毒品治理现代化的"补控"指的是发现毒品生产、贩卖、吸食等活动后有针对性地加以打击，惩治犯罪行为，弥补制度和管理漏洞。由于世界各国之间有各种复杂联系路径，很难在短时间内完全根治毒品生产、贩卖、吸食等活动，所以"补控"是毒品治理的常规性活动，需要持之以恒，不断提高治理水平。"预控"指的是尽早发现毒品风险征兆，

---

[*] 作者简介：王前，男，大连理工大学人文学院哲学系教授，哲学博士；袁旭亮，男，大连理工大学人文学院哲学系讲师，哲学博士。

预先采取防范措施,包括深入开展禁毒宣传教育、测毒技术研究、毒情监测体系建设等对策,这是毒品治理现代化的必要选择。"预控"的更深层次是在禁毒宣传教育方面更有效地转变人们的思想观念,在测毒技术研究方面更有效地发挥高新技术作用,在社会治理方面进一步完善相应的体制机制。

采用"补控"思路和对策开展毒品治理工作,从方法论角度看是一种关注具体问题的、分析性的、工具理性主导的治理途径,往往就事论事,针对性强,容易忽略对象事物内部和外部各种隐蔽的有机联系,很难深入解决人们观念上的、技术功能上的、社会治理机制上的深层问题。虽然相关部门付出了巨大努力,但工作任务仍然繁重。"补控"思路和对策的局限性主要体现在三个方面。

1. "补控"思路属于反馈控制,用过去的情况指导现在和将来的工作,很难在工作模式、应对策略、体制机制上及时调整,从而适应不断变化的新情况。因为毒品治理工作的作用对象在不断变化,类似冰毒、摇头丸、K 粉等通过化学反应合成的新型毒品不断出现。[①] 违法犯罪分子会用各种方式手段钻现有体制机制的"空子",通过更新毒品犯罪组织的管理模式等手段增强其反打击能力。[②] 因而必须在工作模式、应对策略、体制机制上不断调整,而过度的工具理性会影响这种调整。如普里高津(Ilya Prigogine)所说:"事物在恢复有序状态之后,若不进行定期的维护与保养等前瞻性预防措施,当受到内外部因素的干扰,事物就会从有序重回无序状态,而无序状态会带来诸多不可控的风险。"[③]

2. "补控"的治理思路容易造成技术手段上被动完善,难以识别新形态的毒品风险。毒品传播风险变型和蔓延速度有时可能超出人们原有控制能力的增长速度。毒品检测和毒情监测的技术手段一旦形成后有其相对稳定性,在检测技术上很难完全适应新出现的毒品类型,在监测技术上很难完全适应毒品传播途径和方式上的不断变化。当前毒品犯罪呈现网络化趋势,表现在涉毒信息的网络化、沟通联络的网络化、运送方式的网络化、犯罪场所的网络化。[④] 按照"补控"的治理思路,只能在发现新形态的毒品风险后被动完善相应检测和监测手段,不断修补"漏洞",很难主动出击,将毒品传播风险在萌芽状态就加以控制。

3. "补控"的治理思路往往强调相关的制度、法律、规章作用,容易忽略相关的

[①] 张黎、张拓、陈帅锋:《合成毒品滥用引发的公共安全问题研究》,《中国人民公安大学学报(社会科学版)》2014 年第 2 期。

[②] 齐文远、魏汉涛:《毒品犯罪治理的困境与出路》,《河南大学学报(社会科学版)》2018 年第 1 期。

[③] Ilya Prigogine and René Lefever, *Theory of Dissipative Structures*. Synergetics, Wiesbaden: Vieweg+Teubner Verlag, 1973, pp. 124-135.

[④] 胡江:《毒品犯罪网络化的刑事治理》,《西南政法大学学报》2020 年第 5 期。

社会文化、伦理道德、心态舆论等方面因素。毒品治理的相关制度、法律、规章建设非常必要,但不可能完全解决社会文化、伦理道德、心态舆论等方面的相关问题。毒品治理现代化需要开展禁毒文化、禁毒社会化、毒品成瘾、毒品传播等方面研究,进而需要分析研究相应的思想观念和方法论问题。为什么我国社会生活中一直都在大力倡导禁毒,仍会有人不顾风险染上毒瘾和参与毒品传播活动?为什么毒品生产和传播会不断变换形态?其中的动力机制是什么?毒品治理现代化需要考虑哪些文化因素?这些问题都需要深入研究。

正是由于"补控"路径存在上述局限性,毒品治理中的"预控"应该引起全社会更多重视。现代禁毒技术和治理研究在"预控"方面已经积累了很多成果(如"智慧禁毒系统"研究、①毒品滥用防控机制研究②等)。但是,毒品风险带有很大程度的不确定性,很多毒品风险的酝酿是隐蔽的、渐进的、非线性的,造成毒品风险的因素错综复杂。有效的现代毒品治理并不单纯是法律法规和科学技术问题,还涉及思维方式和文化观念问题,而中国文化背景的机体哲学在这方面具有特殊价值。

(二)中国机体哲学与西方机体哲学

下面对中国机体哲学相关概念加以诠释。机体哲学是以各类具备有机特征的事物为研究对象的哲学流派的总称。近现代哲学家莱布尼茨(Gottfried Wilhelm Leibniz)、柏格森(Henri Bergson)、怀特海(Alfred North Whitehead)等都提出过各种机体哲学学说。在中国传统哲学流派中并没有现代意义上称谓的"机体哲学"研究,但在以各类机体为研究对象方面也积累了丰富思想成果,形成了特有的观念体系。先秦时期思想家对自然现象和人类社会现象的理解带有明显机体论特征,如"天地之大德曰生""道生一,一生二,二生三,三生万物"等。汉代董仲舒建立了系统的"天人感应"学说。中国古代的"精气说""元气说"注重各类机体的生成和演化形态。近现代以来出现很多吸收西方机体哲学思想的中国机体哲学流派,如梁漱溟、熊十力的生命哲学、张岱年对中国古代"易"的观念和怀特海过程哲学的理论综合、③金吾伦的生成哲学④等。"中国机体哲学"是近现代以来具有机体哲学研究特色的学术成果的总称,其特色在于将中国传统文化的一些基本范畴运用于现代机体哲学研究,阐发其理论价值和现实意义,因而是一种中国文化背景的机体哲

---

① 孙榕:《福建:构建智慧禁毒生态系统》,载《中国禁毒报》2021年7月30日第5版。
② 尚勇、莫洪宪:《社会治理理念下的毒品滥用防控机制研究》,《辽宁大学学报(哲学社会科学版)》2020年第4期。
③ 王前:《生机的意蕴——中国文化背景的机体哲学》,人民出版社2017年版,第42-43页。
④ 金吾伦:《生成哲学》,河北大学出版社2000年版。

学。这种研究路径与现代西方的现象学、解释学、具身认知理论有一定相通之处，可以相互借鉴和补充。但"机""道"和"心"这样的范畴在西方哲学中找不到直接对应词汇。这些范畴要体现其现代价值，必须经过创造性的诠释过程。

中国文化背景的机体哲学能否用于解决毒品治理现代化问题？这不仅需要学理上的论证，更需要在实践方面体现其阐释能力和方法论价值。很多人以为中国传统哲学主要是道德教化和修身养性的学问，与社会治理的具体问题没什么关系。一些西方学者也认为中国传统哲学只是道德哲学或政治哲学，对解决社会治理具体问题影响不大。这种看法并不准确。当然，中国文化背景的机体哲学不可能提供解决毒品治理现代化问题的非常具体的行动对策、方案、办法，但可以提供具有启发意义的思维方式和机体分析方法，开启解决具体问题的新思路。毒品治理现代化的中国机体哲学思路，展现为一种整体的、有机的、直观体验的思维方式，有特定的观念体系，这是其他研究思路比较缺乏的。现代西方的现象学、解释学、具身认知理论研究很少关注社会治理方面的相似问题。由于现代毒品治理研究多采用逻辑分析和工具理性的思路，因而中国文化背景的机体哲学思路就能体现特定思维优势。

在提供毒品治理的思维方式和方法上，中国文化背景的机体哲学有三个重要范畴，这就是"机"、"道"和"心"。"机"是中国文化背景的机体哲学的本体论概念，其价值在于对毒品风险征兆的预见。"道"是中国文化背景的机体哲学的方法论概念，从禁毒工作相关要素之间关系角度解读毒品风险的产生机制，其价值在于对毒品风险的预知。"心"是中国文化背景的机体哲学的认识论概念，是把握"机"和"道"的思维与心理基础，其价值在于从决策角度对毒品风险的预控。

二、从"机"的观念出发预见毒品风险

像毒品传播这一类重大案件出现之前，在某些方面会有一些风险征兆（从事毒品生产和传播的活动可能有某些怪异表现、接触毒品的人可能行为异常、新型毒品出现后可能引发一些特殊反应），这些危险征兆如果能被及时发现，就可以大大提高毒品治理现代化效率。然而需要有人能够事先发现这些危险征兆，有人专门负责发现这些危险征兆，而且具备识别能力，以引起相关部门管理者重视。

如果人们凭自身感知能力不能完全发现这些危险征兆，用人工智能监测设备可以发挥作用，这就是"智慧禁毒"。当代人工智能和检测技术的能力，以及互联网和大数据处理技术，都可以用于发现危险征兆，当然这还需要一系列技术创新。例如，厦门市特别强调在构建智能化禁毒体系时要"利用大数据、人工智能和区块链

等技术,构建涉毒风控模块和体系,感知、预测、预警涉毒风险隐患"。① 要有效运用人工智能设备预先防控毒品风险,还要重视"居安思危",这种观念的形成需要有中国文化背景的机体哲学思路。将毒品治理工作涉及的特定人群、组织、技术手段和社会环境有机联系在一起,寻找合适的对策,才能将"居安思危"落到实处。

中国传统文化蕴含着很多涉及"居安思危"的思想资源,注重在平安祥和之时发现事物比较隐蔽的危险征兆,及时采取措施,以较小的预防性投入获得整体上的显著效益。例如,人们经常谈论的机械、机遇、危机等词汇中的"机",其繁体字"機"的右半部分是"幾",原指两个幼童在把守城门,表示一种危险征兆,引申为事物发展的萌芽状态。加上"木"字旁表示通过某种器械利用事物发展的"幾",控制其发展进程,此时投入少而见效多,能够"防患于未然"("未雨绸缪""见微知著""君子见几而作,不俟终日"②都包含这个意思)。

在看待毒品风险的存在和变化时,中国文化背景的机体哲学思路特别强调:毒品作为一类特殊的技术人工物,以一种特殊方式扰乱人们的生命机体和精神活动的正常状态;其生产方式和传播方式都是隐蔽的,其社会机制是复杂的,因而必须考虑相关因素之间特殊的有机联系。毒品治理现代化需要处理诸多具有不确定、不在场、变化多端特征的事件,需要特别注意在平静外表下酝酿的巨大风险。对毒品风险和危机的感知要从直观体验出发,注重事物之间整体、动态、隐蔽的有机联系。这种认知方式需要超越简单的逻辑分析和规则意识,将对象事物及其相互关系看成有机整体,注意机体的变化。这就是"机"这个范畴在预见毒品风险方面的巨大价值。

中国文化背景的机体哲学认为"机"是区别"机体"与"非机体"的根本标志,表明各类机体具备"以较小投入取得显著收益"的机能,或者说"增值效应"。具有生命的生物体具备这种机能,因而能够生长、繁殖、进化、遗传、变异。人类在实践活动中将这种机能赋予具有特定整体结构的技术人工物,使之出现使用寿命、更新换代、复制变异等机能,因而可视为"人工机体",如使用中的工具、机器、设备等。毒品风险就是一类特殊人工机体带来的危机,即对生命机体和人的精神状态造成危害,但这种危害是渐进的、上瘾的、不可逆的。如果能够及早预见毒品风险的征兆,及时加以防控,就会消除"危机",恢复正常机能。

人类在实践活动中还能够将自身机能赋予特定社会组织,使之通过建构社会运行机制提高运行效率,创造社会财富,加快社会进步,这就是各类社会机体。马

---

① 《厦门经济特区禁毒若干规定》(厦门市第十六届人民代表大会常务委员会公告第19号),https://www.xmrd.gov.cn/xwzx/qwfb/202310/t20231026_5583039.htm,下载日期:2024年05月27日。
② 陈鼓应等:《周易今注今译》,商务印书馆2005年版,第621、661页。

克思和斯宾塞（Herbert Spencer）都明确提出了"社会机体"概念。① 社会生活中也存在"危机"和"生机"相互转化的现象，商机、战机、契机、机遇都是这方面体现。毒品治理工作涉及不同社会机体之间的复杂关系。人类在实践活动中将自身机能赋予特定观念体系，就出现了各类精神机体，如知识体系、语言符号体系、思想文化体系。对毒品风险的预见和治理也涉及精神机体方面的问题，包括思想观念、伦理和法律意识等。

在毒品治理现代化中，相关人员的专业知识、经验、判断能力、处置能力、价值观、道德素养等要素组成了特定的精神机体。如果这种精神机体出现"病态"，就会带来毒品风险的蔓延，这需要更深层次的机体分析。现代科学技术和社会生活的高度专业化，使得很多人只熟悉身边工作和生活环境，对与日常生活相距很远的环节的风险和伦理问题缺乏亲身体验，很难敏锐意识到那里出现的问题，造成了一些人缺乏风险意识和社会责任感。不少人认为防控毒品风险只是专业职能部门的事情，危险的事情未必会降临到自己头上。有些人对毒品生产、传播和人身危害的了解只来自报刊、网络和电视节目上见到的相关报道，觉得与自己的实际生活很遥远。这种心态在现实生活中会带来各种隐蔽风险，毒品的生产和传播会以各种方式对人们在思想观念和社会管理方面的漏洞加以利用。对毒品风险的制度性防范是由相关监管部门或环节负责的，这里涉及对毒品生产和销售活动的侦查、检测、对涉毒人员的监测和惩治改造、媒体和公众对毒品风险的监督等方面，各监管部门和环节之间存在密切的有机联系，共同组成了应对毒品风险的特定社会机体。如果其运行出现"病态"，如监管机制僵化、落后，跟不上毒品生产、传播、变形速度；或关键岗位的人员擅离职守、不负责任、监管失灵；或相关部门缺少应对毒品风险的有效预案，都会出现"失控"现象。

识别和及时防控毒品风险，还涉及人工机体本身的问题。防控毒品风险也可以考虑另一种路径，这就是"道德物化"，②即通过技术设计将一些防控机能赋予特定的装置，在使用中体现能够避免毒品风险的道德属性。现在开私家车时驾驶员不系安全带就会听到警示信号，同样的原理也适用于监测生产和生活中可能出现涉毒线索的情况（如发现毒品生产和传播过程中造成环境异常、身体异常、神态异常等情况，及时发出警示信号）。

从"机"的视角看待毒品风险防控，展现了中国传统文化思想资源的现代价值。当人们面对各种难以预料的毒品风险时，机体哲学的视角将毒品风险涉及的各种

---

① 刘放桐等：《新编现代西方哲学》，人民出版社 2000 年版，第 25-26 页；《马克思恩格斯选集》第二卷，人民出版社 1995 年版，第 84 页。
② 张卫、王前：《道德可以被物化吗？——维贝克"道德物化"思想评介》，《哲学动态》2013 年第 3 期。

利益相关者联系成为一个利益共同体,没有人可以完全置身事外。这就需要越来越多的人主动发现和管控毒品风险的征兆,通过技术创新形成越来越完善的监控体系,将可能存在和发展的风险化解于"未然"之中。

三、从"道"的观念出发预知毒品风险

从"机"的视角可以根据危险征兆预见毒品风险,但要预先防控毒品风险,还需要了解毒品风险产生的原因和规律性,预先知道毒品风险为什么会发生,会从哪里发生,这样才能找到合适的预控措施。这就是"预知"的要求。毒品风险与生命机体、人工机体、社会机体和精神机体之间存在复杂的有机联系,很多因素不是单纯的逻辑分析和工具理性所能涵盖的。"道"的观念提供了观察探索这种复杂问题的新视角。

很多人认为"道"是天地万物的本原,相当于古希腊哲学中的"逻各斯"。"道"高于"术"并指导"术"。从中国文化背景的机体哲学角度看,"道"是一个基本的方法论范畴,它作为"本原"的意义需要从生成论或实践活动的角度出发来加以理解,或者说是出于利用"机"的需要而加以运用的。"道"有助于预知毒品风险,是由于从"道"的观念出发可以揭示毒品风险的形成机制。

"道"的最初含义就是人们熟悉的"道路"。"道"的象形字上为一个"首"(象征一个人),朝着道路上的某处走(即上为"首"下为"走"),这里蕴含着行走的目的、方向、步骤。人们的其他各种实践活动都具有类似特点,即采取一系列步骤。正因为有这种人生体验,人们谈到各种实践活动的过程和方法时也使用"通过""途径""走向"等词。在中国古代,各种具体的途径或方法被称为各种"术",比如权术、武术、战术、医术等等,但这些都不是"道"。"道"本身无具体形象,不可言说,是对人类实践活动最本质特征的体验。人类的实践活动都由一系列前后衔接、首尾相连的步骤或环节组成。各种具体途径和方法,都是对操作者、工具、对象等相关要素相互关系的具体规定。这些途径和方法对操作者而言当然是人为的,不同的操作者可能采用不同的途径和方法,其成效也不尽相同。但是根据操作者、工具和对象等要素的自然本性,应该存在一种最合理的、最优化的途径和方法,这就是"术"之上的"道"。"道"是由操作者、工具和对象等相关要素的自然本性共同决定的。它超越了各种具体的"术",是"术"的理想境界。《庄子》中的寓言故事"庖丁解牛"就是解释"道"和"术"的关系的一个典型事例。除了技术活动之外,中国古代其他领域的"术"也有各自的"道"。追求"术"之上的"道",目的在于使人为设定的各种途径和方法逐步转化为完全合乎事物自然本性的途径和方法,以至于达到能运用自如、天

人合一的程度，因而老子才强调"道法自然"。①

"道"的所谓"最合理""最优化"的要求有其特定含义。"最合理"的要求是从实践活动相关要素的关系着眼，注重由操作者、工具和对象的自然本性共同决定的客观特性，这种客观特性具体表现为相关要素之间的充分和谐。而"最优化"的要求是从实践活动的社会价值和效益着眼，注重实践活动主体的需求和感受，具体表现为省力、优质、高效，有一种成就感。

"道"相对于具体的操作者、工具和对象而言的确是无形的，并非以一种具体的实物形态存在。它是一种师法自然的特定"程序"。中国古代学者对"道"的理解类似于"程序"概念的某些特性，即本身无具体形象，与途径和方法相关，前后相继，首尾衔接等等。如老子所说"迎之不见其首；随之不见其后"，《管子·内业》所述："不见其形，不闻其声，而序其成，谓之道。"②老子认为"道"可执、可为规则、程式，这都是在强调"道"作为途径和方法的功能。

将"道"理解为合乎事物自然本性的，最合理的、最优化的途径和方法，并不只限于各种"术"的操作过程，也不是只表现为满足省力、优质、高效等技术指标。这样的"道"还只是"小道"。所以儒家学者说"虽小道，必有可观焉，至远恐泥，是以君子不为"。③"最合理、最优化"的要求，如果进一步引申，应该涉及实践活动各种内部和外部要素之间的关系。寻求"术"之上的"道"，理应造就这些要素之间的完美和谐。这样的"道"才是"大道"。从中国文化背景的机体哲学角度看，"大道"是生命机体、人工机体、社会机体和精神机体和谐共生的状态，追求的是人类社会整体上最高的"善"。

"道"所要求的各种要素的和谐，可以分为以下层次：

(1) 作为操作者的人与工具、机器的和谐；

(2) 操作者的身心活动的和谐；

(3) 人际关系的和谐，这里体现了"道"在道德意义上对"术"的规范性要求；

(4) 各种实践活动与社会的和谐，这里涉及"道"对"术"的社会功能的引导和约束；

(5) 各种实践活动与自然的和谐，这里涉及"道"在"术"与生态环境关系方面的引导和约束。

从"道"的视角可以预知毒品风险，因为毒品风险就是来自技术与社会关系中

---

① 王前：《生机的意蕴——中国文化背景的机体哲学》，人民出版社2017年版，第247-248页。
② 《老子今注今译》，陈鼓应注译，商务印书馆2006年版，第126页；《管子》，梁运华校点，辽宁教育出版社1997年版，第139页。
③ 杨伯峻：《论语译注》，中华书局1980年版，第200页。

上述要素之间的冲突。吸食毒品的人最初可能是由于某种心理因素或社会因素接触毒品，追求生理上的特殊刺激，开始时并不会明显影响生命机体各部分之间的平衡关系，人们最初可能考虑不到那些潜在的、长期积累才能显现的因素，积累到一定阶段才会意识到风险。这些人并没有从整体上全面、理性地理解和把握"生存之道"。毒品治理现代化首先需要从源头上使人们远离毒品，这就需要在维护自身生命机体健康方面有很强的自制能力。

在整治毒品制造和传播方面，现在的主要途径是斩断利益链条，销毁毒品，打击非法所得。那些从事毒品制造和传播的犯罪分子本身结成特殊的利益群体，受暴利驱动，有各种手段逃避对毒品犯罪的打击措施。毒品治理工作也有自身的"道"，这就是在监测技术发展上主动预见毒品制造技术可能出现的变种，提高监测能力；在毒品治理各部门之间保持充分和谐的协同作用，具有比涉毒群体更强的组织能力和行动能力。

从"道"的观念出发预知毒品风险，需要在民众中广泛普及"毒品治理之道"的理念，特别是使那些有能力预见毒品风险征兆的人自觉地进入预知毒品风险的关键场合，使已经处于这些场合的人自觉地预见毒品风险征兆，而有关部门会及时关注并采取措施。毒品的制造、传播、使用都有其内在机制，对毒品制造、传播、使用的侦测和打击工作都有其规律性，涉及各种利益相关者之间的有机联系，可以对其进行网络分析、情境分析、状态分析、趋势分析，预知毒品风险可能在哪里生成、如何生成、如何发展、如何转化。

依靠逻辑分析和工具理性也可以预知有确定性的毒品风险，但要求相关要素确定、规律性认知确定、数据确定、人员行为确定，实际的毒品治理活动很难达到这种要求。对毒品治理活动相关要素之间是否达到整体性的和谐，需要"悟道"这种整体性的、有机的、直观体验的思维方式，这是比实践智慧更高的要求。对"机"和"道"的理解和预控毒品风险的相应措施都需要"用心"，这就引出对第三个范畴"心"的思考。

四、从"心"的观念出发预控毒品风险

在中国传统文化中，人们一直主张"心之官则思"。这个"心"并不是现代生理学意义上的心脏。按照中医的理解，"心"只是一个功能模型，指的是主宰整个高级中枢神经活动的功能器官，包括脑在内。学者们关于"心"的理解，超越了古代中医对心脏的功能性理解，认为"心"本身指的是人的精神、意识、思维活动，与生理意义上的心脏是两回事。

现代脑科学研究表明,人的大脑由左右两个半球(也称左脑、右脑)组成,其中左脑主要掌管逻辑推理、数学运算、语言表达,而右脑主要掌管形象思维、想象、直觉、创造等活动。除了左、右脑,大脑的边缘系统也会影响人的认知活动。边缘系统是大脑皮层的周边部位及皮层覆盖的一系列互相连接的神经核团的总称,其功能涉及内脏活动、躯体活动、内分泌、情感等复杂过程,不仅调节情绪,也协调无意识的自主神经系统,它是整合人的全身体验特别是内脏体验信息并汇入大脑的关键器官。①

"用心"是右脑和边缘系统这些人脑中"非左脑"部分发挥主导作用(左脑的作用不显著)的体现。"心"的认知活动类型包括形象思维、想象、直觉、创造等认知活动,这都是右脑的功能。"心"的认知活动还非常注重情感和体验,这是边缘系统的功能。右脑的思维活动也与边缘系统的情感体验密切相关。内脏器官尤其是心脏通过大脑的边缘系统影响思维活动。中国传统思维强调知情意三者和谐一致,它们之间和谐关系的破坏可能会导致"心痛""心烦""心力交瘁"等生理症状,因而古代贤哲们在思维时自然会更多地关注心脏的状态。②

"用心"的认知方式在农耕文化时代能够有效协调生命机体、人工机体、社会机体和精神机体的相互关系,促进技术发明和生产发展,保护自然环境,维系社会稳定,丰富人们的精神生活。但"用心"的认知方式包含的直观体验成分存在不够严格、不够确定、不够精细的弱点。在现代化进程中,科技、教育、生产、经济、管理等很多领域转而强调要依靠"动脑",注重严格的逻辑分析和规则意识。但在协调各类机体相互关系方面,仍然需要体现"用心"的功能,而这种需求很容易在潜移默化中被"动脑"思维所取代。③

在预防和控制毒品风险方面,监测技术和法律法规都是"动脑"思维的成果,但仅靠监测技术和法律法规以及相关管理措施还是不够的,需要在一些"动脑"思维顾及不到的场合发挥"用心"的预控功能。"用心"预控毒品风险,要形成"用心"的关系网络,不仅要厘清毒品风险与各类机体之间的因果关系,以及各类机体在毒品治理现代化中相互之间的适应关系,还要明确毒品治理共同体成员各自的伦理责任,共同努力防患于未然。对毒品风险的"预控"落实到人工机体上,就是对毒品的设计、制造、使用、流通各个隐蔽环节进行风险预测,重点评估危机的形成机制和传播途径,提前采取"预控"措施。毒品的设计、制造、使用、流通各个环节涉及原料、设备、工具、场所等要素,即使再隐蔽,也会有"蛛丝马迹",但需要"用心"去体察、发

---

① 孟昭兰:《人类情绪》,上海人民出版社1989年版,第143-145页。
② 王前:《生机的意蕴——中国文化背景的机体哲学》,人民出版社2017年版,第134页。
③ 王前:《"心""脑"之辨的当代认知价值》,《自然辩证法通讯》2023年第4期。

现、监测，了解这一类特殊的人工机体的特性和应对措施。

　　建构毒品风险预控的社会机体的协调机制。要注重各监管部门和环节之间的有机联系，避免形成以使用者的风险遭遇冲抵风险责任的认知误区。"预控"要注重各监管部门和环节职能的互补性，即使个别部门和环节出问题也不至于整体"失灵"。对了解到的毒品风险后果问题、监测有效性问题和意外事故应事先提出预案。公众应主动了解预控毒品风险的相关知识，提高个人的风险意识，发挥在"预控"毒品风险方面的应有作用。这些环节相互联系、相互配合，才能产生系统的整体效应。对毒品风险的"预控"需要人们观念上的转变，增强风险意识、价值敏感性和社会责任感。社会各界人士在毒品治理现代化方面的风险意识、价值敏感性和社会责任感的培养，需要以多学科交叉融合的知识结构为基础。以往立足于单一学科培养专家型人才无法完全满足这种要求，学科之间壁垒森严无法消除人们对毒品风险认知上的"弱感知性"。我国目前正在大力推进的新工科、新农科、新医科、新文科的建设，为培养这方面的新型人才提供了重要机遇。"用心"预控毒品风险，要培养"大我"意识。这不是仅仅从个人出发的，而是需要考虑到他人、集体、国家以至全人类的利益，考虑到生命机体、人工机体、社会机体与精神机体的整体和谐。培养对毒品风险的"预控"能力，还需要结合技术实践进行专业训练，通过技术模拟实验感受可能存在的风险和预控的实际过程。

　　毒品治理现代化的中国机体哲学思路需要在中国式现代化进程中不断完善，在高科技时代背景下不断发展。将防控毒品风险与人工智能、大数据技术相结合，有助于进一步发挥人类智能和人工智能的协同作用。将防控毒品风险与中国传统文化优秀思想资源相结合，也体现了防控毒品风险的中国智慧。

全球视野下 21 世纪前中国禁毒政策的历史沿革与发展

王沅芷[*]

一、清朝以前的禁毒政策

(一) 中国的禁毒政策

罂粟(Papaver somniferum L.),作为鸦片的原植物,其在中国历史可追溯到盛唐时代。那时,它作为贡品珍宝由阿拉伯人传入中国,主要被栽培作为观赏花卉。然而,随着时间的推移,到了五代、宋朝乃至元朝,民间逐渐发现了罂粟的医疗价值,并开始将其用于疾病的治疗。明朝时期,这一趋势得到了进一步的确认和发展。《本草纲目》等著名的药典对罂粟作为药材的使用进行了记载,[①]证明了其在医学领域的地位。鸦片从一种药物转变为毒品的关键,在于其使用方式的演变。约公元前 1500 年,埃及人就已经认识到了鸦片的作用,[②]但最早吸食鸦片的时间大约是 16 世纪末至 17 世纪初,当时还在荷兰人统治下的印度尼西亚发明了把鸦片加入烟草中吸食的方法。[③] 此时的中国人还仅是通过吞食罂粟籽或食用其壳来获取其药用效果。

清初,鸦片的海外进口总量不大,且作为药物品类使用。1624 年,荷兰殖民势力侵占台湾,他们还带来了鸦片并传播了吸食鸦片的方法,之后进一步传至中国大陆,从而导致了鸦片泛滥使用。1729 年,雍正皇帝颁布了世界范围内首个明确的

---

[*] 作者简介:王沅芷,女,厦门大学哲学系博士研究生。
[①] 李时珍指出:"阿芙蓉前代罕闻,近方有用者。云是罂粟花之津液也。罂粟结青苞时,午后以大针刺其外面青皮,勿损里面硬皮,或三五处,次晨津出,以竹刀刮,收入瓷器,阴干用之。"并指出鸦片"能涩丈夫精气","俗人房中术用之"。说明时人已有借助鸦片药力纵欲,但仍属于药用范围。
[②] Charles R. Swanson, Neil C. Chamelin and Leonard Territo, *Criminal Investigation*, New York: The McGraw-Hill Inc, 1996, pp 669.
[③] 陈振明:《政策科学》,中国人民大学出版社 1998 年版,第 60-61 页。

禁毒措施："定兴贩鸦片烟者,照收买违禁货物例,枷号一月,发近边充军。"贩卖鸦片的人,将按照购买违禁品的规定处理,枷锁一个月后发配到边境服役。"私开鸦片烟馆引诱良家子弟者,照邪教惑众律,拟绞监候。"私自开设鸦片烟馆,诱惑良家子弟的人,将按照邪教蛊惑众人的法律判处绞刑,等待皇帝批准。"为从,杖一百,流三千里;船户、地保、邻右人等,俱杖一百,徒三年,兵役人等籍端需索,计赃照枉法律治罪,失察之汛口地方文武各官,并不行监察之海关监督,均交部严加议处。"从犯将受到一百杖责,并被流放三千里,船夫、地方保安和邻居等参与者,每人将受到一百杖责,并被判处三年徒刑;军人索要贿赂,将按照贪污法律治罪。失职的地方文武官员,以及没有监督到位的海关监督员,都将交由相关部门严肃处理。这些严厉的措施旨在严禁鸦片的交易与烟馆的运营,被视为中国禁毒政策的开端,但当时尚未确定吸食鸦片的罪名,也没有禁止鸦片进口。在这一阶段,清政府对于鸦片所带来的深远危害尚未有充分的认识,因而在颁布禁止吸食鸦片法令的同时,[1]雍正和乾隆两朝期间,鸦片依然作为药物被使用和进行贸易。一直到嘉庆元年(1796年)全面禁止输入鸦片,[2]才意味着政府对鸦片带来的危害有了更深刻认知并且坚决抵制。

18 世纪初,为扭转中英贸易逆差,英国出口大量鸦片到中国,进而损害中国国力。道光十八年(1838 年)清朝廷在关于鸦片问题的讨论中将吸食者罪论及死,禁烟运动轰轰烈烈打响,但取得的战争成果并不长久:林则徐禁烟引发鸦片战争爆发,中国被迫签订的不平等条约中就有鸦片贸易合法化内容,清政府被迫对此前全面禁烟的法令进行让步调整,实施"寓禁于征"的政策。[3] 1906 年 9 月,光绪皇帝意识到鸦片泛滥已经严重威胁到了清朝的社会稳定和国家发展,因此,他果断地发布了禁烟上谕,提出 10 年禁烟计划,这一计划旨在从根本上解决鸦片问题,恢复社会的健康与活力。为了确保禁烟计划的有效实施,清政府政务处制定了《禁烟章程十条》。这一章程不仅明确规定了禁种、禁进口、禁吸等直接针对鸦片流通的措施,还提出了戒烟瘾、关烟馆等针对鸦片消费端的解决方案。这些措施相互配合,形成了一个完整的禁烟体系。为了加强禁烟工作的组织和管理,清政府设立了禁烟总局,并在上海等重要城市设立了禁烟总会。这些机构负责执行禁烟政策,监督禁烟活动的实施,以确保禁烟计划能够顺利推进。同时,清政府还加大了对违法行为的打

---

[1] 乾隆四十五年至道光十九年(1780—1839 年)六十年间,先后颁布近 50 道文告、谕旨,重申禁止贩卖、吸食鸦片。
[2] 嘉庆从关税表中剔除了鸦片并禁止鸦片进口,采取一系列措施打击外商走私鸦片活动。
[3] "寓禁于征"的政策手段旨在通过经济手段达到禁止某种不利于社会发展行为的目的。清政府对鸦片加征关税,同意以"洋药"名目缴税,每百斤缴银 30 两,鸦片竟因此成为合法进口商品。

击力度,对贩卖、吸食鸦片者进行了严厉的惩处。

(二)其他国家与区域的禁毒政策

其他国家、地区对于鸦片危害的认识很早,在公元前 323 年至公元前 1 世纪的古希腊,人们已经懂得将罂粟汁拌在其他食物里达到"安神止痛,多眠忘忧"的效果,医师们也已经了解并记录了鸦片作为药物镇静的危险。① 16 世纪,鸦片在欧洲被用作四种标准通用缓和剂的成分,人们还不断增加鸦片剂量,制作鸦片酊、鸦片酒、御用鸦片等。到 17 世纪,在镇痛作用之外,鸦片在药用领域被当成治疗胸肺部疾病或作为绞痛、胸膜炎及歇斯底里症的特效药,但在社会方面被作为兴奋剂使用。19 世纪时,社会条件较为宽松,鸦片公开供应,唾手可得,人们对其制剂的药效和强度认知并不明确,阿司匹林诞生之前鸦片是唯一的镇痛剂,其作为一种常见的麻醉药品,由于镇痛、镇静的作用被广泛地应用甚至滥用于医疗领域。② 于是英国于 1868 年通过《药品法》(Pharmacy Act),规定只有注册药剂师才能销售某些药品,包括鸦片,以控制其滥用。美国则在 1875 年由旧金山率先通过了第一部地方性禁毒法《禁止鸦片烟馆令》,禁止鸦片烟馆的经营和鸦片的吸食,③随后于 1906 年通过了第一部全国性《纯食品和药品法》(Pure Food and Drug Act),要求食品和药品标明成分,并特别规定了对鸦片等成分的使用限制。在英属印度,政府在 19 世纪 60 年代实施了严格的管控,通过政府专卖制度限制鸦片的生产和流通,以减少其在民间的泛滥。日本也在 19 世纪中后期开始重视鸦片问题,1868 年颁布《鸦片禁令》禁止鸦片的种植、制造、销售和吸食,打击非法鸦片交易活动。1880 年日本又通过了《药事法》,对鸦片的生产和销售进行严格管理,防止其滥用。德国于 1872 年制定了《德国药品法》,规定只有药剂师才能销售鸦片等药品,并且要求医生开具处方,从而控制鸦片的合法流通渠道。

这些政策虽然在当时并未完全禁止鸦片的使用,但它们体现了各国对鸦片问题的日益关注和逐步加强管理的趋势。自 19 世纪中后期开始,国际社会才开始逐渐达成了共识,即鸦片及其他麻醉物质对社会整体和个体健康构成了巨大的威胁和危害。

这一时期,中国(清政府)的禁毒政策与其他国家、区域的禁毒政策是分离的,

---

① [英]罗伊·波特、米库拉什·泰希:《历史上的药物与毒品》,鲁虎、任建华等译,商务印书馆 2004 年版,第 12-13 页。
② [美]马丁·布恩:《鸦片史》,任华梨译,海南出版社 1999 年版,第 65 页。
③ 此法令主要限制华人开设鸦片馆及华人为主的吸食鸦片者,因而该法令颁布并非出于对于麻醉药品成瘾性的忌惮,而是更多地带有种族歧视的色彩。

由于交流的缺乏和立场的不同,在制定上是独立展开的,在内容上互不影响,也各有特色,但是从出发点来看,都是出于对社会秩序和公共健康的保护。这些政策尽管形式和内容各异,但其背后的动机和目的却有着共通之处,即应对鸦片等毒品对社会带来的负面影响。

从认识论的角度来看,各国对毒品的认识和应对措施受制于其社会、文化、政治和经济背景。认识论强调知识的形成和传播过程,而在鸦片问题上,各国的认知过程和应对策略体现了不同知识体系下的共通性和差异性。首先,各国在面对鸦片问题时,都经历了一个从无知到逐步认知的过程。最初,人们对鸦片的危害缺乏足够的认识,甚至在一些情况下,将其视为有益的药材。这种误解在一定程度上助长了鸦片的广泛使用和传播。随着时间的推移,鸦片的成瘾性和对社会、健康的破坏性逐渐显现,各国政府和社会逐步认识到这一问题的严重性。其次,各国在认识到鸦片问题后,采取了不同的政策措施,这些措施的有效性受到知识传播和社会动员能力的影响。各国禁毒政策的演变也体现了知识传播的重要性。

二、民国时期的禁毒政策

(一)中国的禁毒政策

晚清至民国初年,中国深受毒品之害,吸毒者数量为世界之最,国家民族处于风雨飘摇中。中国资产阶级革命派是坚决的禁烟派,民国伊始,在内外压力交织的困境中,孙中山先生领导的中华民国新政府延续清末的禁烟大业,并将之与民主共和的理念及社会的整体进步紧密相连,为禁毒运动注入了强劲的动力。

1912年3月2日,临时大总统孙中山发布《大总统令禁烟文》,斥责吸食鸦片"失业废时,耗财殒身,浸淫不止,种姓沦亡",明确在全国范围内禁止鸦片,"如有违者,剥夺公权";并在同年3月6日发布《大总统令内务部通饬禁烟文》,设立禁烟督察处,专项负责监督和管理全国各地的禁烟工作,以及对其他违禁行为的查处。同年,中华民国政府颁布了新刑律,其中专设"鸦片烟罪"一章,详细列明了对制造、贩卖、开设烟馆、种植罂粟以及吸食鸦片等行为的惩处措施。为了进一步打击毒品问题,1914年4月11日,袁世凯政府颁布了《海洛因治罪条例》,该条例参照鸦片烟罪的相关规定,对制造、贩卖、藏匿和使用海洛因的行为进行了明确处罚。同年5月,政府批准了《海牙禁烟公约》,并在8月5日公布了《禁种罂粟条例》,明确禁止任何形式的罂粟种植,一旦发现将立即进行强制铲除,并对抗法者采取严厉措施。

这些法规不仅涵盖了禁种、禁运、禁售和禁吸等多个方面,而且确保了禁烟政策在全国范围内的有效执行。各级地方政府也根据实际情况,制定了地方性的禁烟法规,并派遣大量人员深入乡村检查罂粟种植情况,采取强硬手段铲除烟苗。同时,政府还广泛开展了多种形式的禁烟宣传活动,为禁毒工作营造了良好的社会氛围。

到了1917年2月,经过中英双方的联合勘查,贵州和云南两省成功实现了鸦片禁种,英国也按约停止了对中国的鸦片输出。这一成就标志着外国鸦片在中国再也不能作为合法商品销售,同时本土鸦片的产销也成为非法。民国初期的禁烟运动因此取得了显著的成功。

尽管国民政府制定了数量众多的禁烟禁毒法律法规,且立法态度较为严肃,但由于国内政治局势的不稳定和频繁的战事,这些法律法规在执法过程中的实际效果和力度受到了严重影响。在北洋军阀时期,军阀林立,很多地方实施了以毒品养军、护军的策略,如1921年张作霖主政东北开始广泛种植鸦片,征收"烟税",1926年汤玉麟在热河恢复禁烟令但实则巧立名目变相获利。1927年,蒋介石上台并迁都南京后,北洋军阀时代宣告结束。然而,南京国民政府"统治之初,虽然将禁烟列为要策之一,但财政困窘的情形使其实际上仍倚重鸦片款税,高标禁烟之政令下,军政机关仍组织种运售吸。在此背景下,鸦片种植面积迅速扩大,毒品进口输入量急剧上升,全国范围内吸毒人数激增,中国烟毒问题在这一时期达到巅峰。抗日战争期间,1932年,溥仪就任伪满洲国皇帝,日本关东军与伪满洲国政府在东北制定了详细的鸦片政策,建立多个售卖场所并从佳木斯、华北地区以及伊朗进口鸦片提供给各级鸦片销售机构,还将大量海洛因输送到冀东地区,在日本帝国主义"以毒养战"的恶毒策略之下,中国烟毒问题变得尤为严重。尽管蒋介石在1935年4月开始宣布实施"两年禁毒、六年禁烟"计划并颁布《禁毒实施办法》[①]和《禁烟实施办法》[②],以军事手段和严峻刑法来遏制烟毒泛滥,但到解放战争期间,由于蒋介石主要精力在内战,无暇顾及禁毒工作,烟毒再次泛滥成灾。1949年解放前夕,吸食鸦片的人数高达两千万,烟农数量达到了一千万人,全国范围内种植的烟地达到了惊

---

① 《禁毒实施办法》规定:"凡制造运输贩卖毒品者,依条例处以死刑,其它助犯,按照情节轻重,处五年以上十二年以下之有期徒刑,或无期徒刑";"凡有吸用毒品及施打吗啡针者,一律处以死刑或无期徒刑";"自民国二十六年起查获制造运输贩卖毒品之人犯,不论主犯或帮助犯,一律处死刑";"公务员对于制造、运输、贩卖毒品有帮助行为者,概处以死刑";"党政军学各机关人员吸用烈性毒品,或施打吗啡针者,限期自动投所戒绝,违者概处死"。
② 《禁烟实施办法》关注各省普遍存在的鸦片种植问题,将全国分为绝对禁种省份和分期分批禁种省份,逐渐减少种植;在禁售方面,除禁烟机关认定的土膏店外,其余一律取缔,逐年减少销额;在禁吸方面,烟民须登记,并逐步戒除。

人的 2000 万亩。①

(二)其他国家与区域的禁毒政策

1912年到新中国建立之前,全球范围内对毒品问题的认识逐步深化,各国和地区相继制定并实施了一系列禁毒政策。美国在20世纪初期逐步加强了对毒品的控制,1914年通过了《哈里森麻醉品法》(Harrison Narcotics Tax Act),这是美国第一部全面的联邦毒品法,要求所有涉及生产、分销和销售鸦片、吗啡和可卡因等麻醉品的活动都必须登记和缴税。此法是美国禁毒政策的重要里程碑。1930年,美国成立了联邦麻醉药品局(Federal Bureau of Narcotics),进一步加强对毒品的管控,1937年通过了《大麻税法》(Marihuana Tax Act),对大麻的生产和使用进行了严格限制。

英国在20世纪初也开始加强毒品管制。1920年通过的《危险药品法》(Dangerous Drugs Act)规范了对鸦片、吗啡、可卡因等药品的生产、分销和使用。此后,英国不断修订和完善毒品法律,1932年、1951年和1964年分别通过了修订版本,加强对新型毒品的控制。法国在1916年通过了《麻醉品法令》,规定鸦片及其衍生物只能在严格的医药监督下使用。1941年,法国进一步限制了毒品的生产和销售,遏制了毒品的泛滥。德国在魏玛共和国时期,面对严重的毒品问题,1929年通过立法严格管制鸦片、可卡因和其他麻醉品的生产和分销。纳粹德国时期,1933年希特勒政府进一步加强了禁毒措施,特别是针对毒品的生产和贩卖,实施了严厉的刑事处罚。日本在20世纪初期逐步加强了毒品管制。1922年通过了《麻药法》,严格限制吗啡、可卡因和其他麻醉药品的使用和销售。日本在伪满洲国推行了严格的禁毒政策,尽管其目的是为了控制当地的社会秩序和经济利益。

在此期间,国际社会逐步认识到毒品问题的全球性危害,并开始通过国际合作来应对。1912年,第一次国际禁烟会议在海牙召开,签署了《海牙鸦片公约》,这是第一次国际性的禁毒公约。此后,1925年、1931年和1936年,国际社会又分别召开了多次禁毒会议,进一步完善国际禁毒框架。这些国际会议和公约的签署,标志着全球禁毒合作的开始,各国在打击毒品生产和贩运方面进行了广泛的合作和协调。

这一时期,中国的禁毒政策开始和世界接轨,1914年袁世凯政府批准《海牙禁烟公约》就是一例,这表明中国在国际禁毒合作中采取了积极的态度,并通过国内立法加以落实。但总体上,由于国家政治环境混乱,没有安定的环境,在禁毒政策

---

① 潘娟、邹舟:《我国禁毒政策的沿革与发展》,《法治论丛》2010年第3期。

上必然无法完全有效地执行,在与国际禁毒事业接轨,吸纳国外政策精华方面也很难做到全面。在制定禁毒政策的一致性上可以发现,尽管各国在具体政策和执行力度上有所不同,但共同目标都是为了降低毒品的危害,保护公众健康和社会秩序。各国的禁毒政策在以下几个方面表现出共同点:一是通过法律手段严格管控毒品的生产、销售和使用;二是建立专门的禁毒机构,负责监督和执行禁毒法律;三是通过国际合作,打击跨国毒品犯罪,防止毒品在国际间的非法流动;四是注重公众教育,提升社会对毒品危害的认识。

三、新中国建立之后的禁毒政策

(一)中国的禁毒政策

在新中国成立之初,烟毒泛滥成灾,使得禁毒成为新政府重塑社会风气和铲除不良现象的重要且最具挑战性的任务。政府面临严峻考验,因此实施了一系列举措,大力推进禁烟、禁毒行动,以彻底根除烟毒之害。1950年2月24日,中华人民共和国中央人民政府政务院发布《关于严禁鸦片烟毒的通令》,要求各级人民政府设立禁烟禁毒委员会,严厉禁种罂粟,这是新中国禁毒运动开端的标志。[1] 此通令经中央人民政府政务院第二十一次政务会议通过,向各大行政区人民政府(或军政委员会)及中央直辖各省市人民政府发出。首先,中央起草法规性文件,要求严厉打击制毒和贩毒活动,采取差异化的措施处理吸毒和种毒者;其次,各地纷纷设立了专门的禁烟禁毒委员会,强化地方基层政权,确保政府和官员的廉洁自律;再者,强调农业的发展,并推广替代种植,政府提供贷款和种子,引导烟农转向种植油菜、玉米、小麦等其他农作物,确保禁烟工作的可持续推进;最后,宣传动员广大民众积极参与禁毒运动,教育人民群众自觉抵制毒品,共同营造无毒环境。

1952年初,全国范围内开展了"三反""五反"运动,其中便包括群众性的反毒行动。同年4月15日,《关于肃清毒品流行的指示》发布,标志着禁毒运动的全面启动。经过半年的努力,成功捕获了36万多名制毒和贩毒者,并根据他们的罪行轻重进行了不同处理,其中800多人被判处死刑,缴获了近400万两鸦片。[2] 在中国共产党的坚强领导下,中国仅用3年时间就彻底肃清了鸦片烟毒,在此后的30年里,中国一直被国际社会誉为"无毒国"。

1978年改革开放使得中国必须面对世界毒品泛滥的这一现实,1990年毒祸死

---

[1] 赵翔:《毒品问题研究》,中国人民公安大学出版社2004年版,第111-116页。
[2] 贺晓东、方明:《中国禁毒大视角》,北京大学出版社1998年版,第17页。

灰复燃,迫使我国对禁毒立法、政策不断进行完善。1979 年,有关禁毒的法律条文开始制定,立法机关及时补充修改相关法律条文,涉及毒品犯罪的条文每隔几年就要予以补充和完善,同时政府还批准和签署了一系列国际禁毒公约。1982 年《关于严惩严重破坏经济的罪犯的决定》发布,给毒品犯罪规定了死刑,1990 年底,政府提出将禁毒工作纳入国家发展计划中,并作为一项基本国策来推进。通过实施综合治理策略,明确了"三禁并行、从源头遏制、严格执行法律、治标治本"的工作指导原则,同时特别强调防止青少年吸毒,视其为禁毒工作的基石。同年,国家禁毒委员会成立,由公安部部长出任主任,对全国范围内的禁毒工作进行统一部署协调,各省也相继设立了禁毒领导机构。1995 年,《强制戒毒办法》发布,禁毒工作有了更具体的政策指导。1997 年《刑法》规定,走私、贩卖、运输、制造毒品均可以处死刑。到了 1999 年,我国的禁毒政策进一步调整,从原先的"三禁并举"扩展为包括禁止吸食、贩卖、种植和制造毒品的"四禁并举",同时继续坚持"从源头遏制、严格执行法律、治标治本"的原则。在禁毒立法日益完善的同时,执法力度也得到了加强,不仅严惩毒品犯罪分子,还强制实行戒毒治疗,并加大对非法罂粟种植的打击力度。

(二)其他国家与区域的禁毒政策

这一时期,其他国家与区域的禁毒政策发展复杂,以美国为例,其禁毒政策经历了多次重大变化和调整。1951 年,联邦政府合并了 1914 年的《哈里森毒品法》(Harrison Narcotics Act)和 1937 年的《大麻税法》(Marijuana Tax Act),通过了《博格斯法》(Boggs Act),其与 1956 年的《麻醉品管制法》(The Narcotics Control Act)一并将以"司法惩治模式"为特征的毒品管制政策推向了高潮。此法加强了对毒品犯罪的刑罚,加大了执法力度。20 世纪 60 年代,美国中产阶级对犯罪和毒品问题的担忧日益加剧。尼克松总统在 1970 年宣布"毒品战争"开始,制定了《全面毒品预防和控制滥用毒品法》(Comprehensive Drug Abuse Prevention and Control Act),将毒品分为 I 至 V 类,禁止毒品的持有、生产、销售或运输,其将大麻、可卡因等药物列为非法药物。同年通过的《管制药品法案》(Controlled Substances Act),进一步规定了各种可滥用药物的分级和分类,加强了联邦政府对这些药物的监管和限制,并规定了对毒品犯罪的刑罚和法律程序。1972 年,颁布了《毒品危害减少法案》(Drug Abuse Office and Treatment Act),增加对毒品滥用问题预防和治疗措施的资金支持,从联邦层面将吸食毒品成瘾划分为一种可预防、治疗的疾病,确立了美国毒品控制医疗模式的法律地位。在尼克松下台后,福特和卡特执政期间采取了较为宽松的毒品政策,实现了大麻的"去刑罚化",取消对拥有少量大麻的处罚。这一政策导致青少年吸毒问题增加,引发了社会的广泛关注。到里根总统执政时,政府对毒品问题采取了更为严厉的立场,先后颁布了《国防部授权法》《综合犯罪控制法》《反毒品走私法》《反毒品滥用法》等多个禁毒法案和相关政策。这些法案加强了对毒品犯罪的处罚力度,增加了执法资源,并推动了跨国毒品犯罪的打击和国际禁毒合作。

在其他国家和区域,英国在1971年通过了《滥用药物法》(Misuse of Drugs Act),对毒品的分类、生产、销售和使用进行了严格控制,分为A、B、C三类,对应不同的管控和处罚措施。1985年,英国成立了国家毒品情报局(National Drugs Intelligence Unit),加强了对毒品犯罪的情报搜集和打击力度。1990年代,英国进一步推行减少毒品危害的政策,重点关注吸毒者的健康和社会支持体系。加拿大通过19世纪50年代的《麻醉药品管制法》(Narcotic Control Act)和1996年的《管制药物和物质法》(Controlled Drugs and Substances Act),逐步强调公共健康理念,增加对吸毒者的治疗和康复措施。澳大利亚则通过1985年的全国毒品战略(National Campaign Against Drug Abuse)和1990年代的减少毒品危害政策,推行针具交换项目和美沙酮维持治疗,减少毒品对社会和公共健康的危害。荷兰则以其宽松的毒品政策而著称。1976年,荷兰通过了《鸦片法》(Opium Act)的修正案,将毒品分为软性毒品和硬性毒品,对软性毒品(如大麻)实行宽松管理,允许在"咖啡馆"内销售和使用少量大麻,但对硬性毒品仍然采取严格管制。1990年代,荷兰继续推进减少毒品危害的政策,注重公共健康和社会服务。

在这一时期,多样的毒品政策和不同国家对待毒品的态度必然带来对自身禁毒政策方针的冲击和反思。西方国家普遍强调个体自主权利,这在一定程度上影响了中国社会对于毒品问题的看法,尤其是对大麻等软性毒品的合法化讨论。此外,西方国家在毒品政策制定上的经验和教训,如毒品合法化后的社会治理、公共卫生等方面的影响,为中国提供了重要的参考。然而,中国需要根据自身的国情和实际情况,制定符合自己国情的毒品政策,坚持对毒品的严厉打击态度,这是基于中国社会的实际情况和历史文化背景的必然选择。

四、小结

21世纪以前,全球范围内各国禁毒政策的演变及其对中国禁毒政策的影响展示了一个复杂而多层次的互动过程。中国禁毒政策的发展从清朝早期的被动应对,到民国时期的积极改革,再到新中国成立后的系统化、科学化管理,体现了国家对毒品问题的逐步深入认识和应对能力的增强。

清朝时期,中国的禁毒政策起步较早,但由于对鸦片危害认识不足,政策执行效果有限。鸦片战争后,清政府在内忧外患中逐步加强禁烟措施,但由于国家积弱,政策效果大打折扣。鸦片问题不仅对社会稳定和国民健康造成了严重影响,也成为列强侵略中国的重要手段之一。民国时期,禁毒政策在继承清朝遗产的基础上,进行了进一步的深化和制度化。中华民国政府通过一系列法律法规,试图从源头上控制鸦片的种植和流通,尽管在政治动荡和战乱频发的背景下,实际效果受到很大制约,但在禁毒立法和政策体系建设方面,仍取得了显著的进展。新中国成立后,面对鸦片泛滥的严峻现实,中国共产党领导的新政府采取了更加全面和系统的禁毒措施。通过制定详细的法律法规,建立各级禁毒机构,推广替代种植等手段,新中国在短时间内取得了禁毒斗争的重大胜利,成功地将中国建设成为"无毒国"。

中国在袁世凯政府时期便开始参与国际禁毒合作,逐步融入全球禁毒体系。改革开放后,面对全球毒品泛滥的新趋势,中国不断完善禁毒立法,加强国际合作,积极参与国际禁毒公约的签署和实施。

总体来看,各国禁毒政策尽管在具体措施和执行力度上有所不同,但其共同目标都是为了减少毒品的危害,保护公众健康和社会秩序。各国通过法律手段严格管控毒品的生产、销售和使用,建立专门的禁毒机构,加强国际合作,注重公众教育,提高社会对毒品危害的认识。中国在借鉴国际经验的基础上,根据自身国情和实际情况,制定了符合自身需要的禁毒政策,坚持对毒品的严厉打击态度,体现了中国在禁毒斗争中的独特路径和经验。

其他国家在禁毒政策方面也经历了多次变革。例如,美国通过了一系列法律,如《哈里森麻醉品法》(1914年)、《大麻税法》(1937年)等,加强对毒品的管控和惩罚。英国则通过《危险药品法》(1920年)等法规,严格控制毒品的生产、销售和使用。法国、德国、日本等国也分别制定了相应的禁毒法律和政策,强调通过法律手段控制毒品的流通和使用。这些政策虽然在具体措施上各有不同,但在目标上具有一致性,即保护社会公共健康和秩序。国际间的禁毒合作也日益紧密,各国通过签署国际禁毒公约,共同打击跨国毒品犯罪。这种合作不仅有助于减少毒品对个别国家的影响,也为全球禁毒事业提供了有力支持。

通过回顾21世纪以前全球范围内的禁毒政策演变,我们可以看到,中国禁毒政策的发展是一个不断吸收国际经验、结合本国实际、逐步完善和深化的过程。

禁毒赋能活动儿童角色认同建构过程研究

——以禁毒小讲师培育项目为例

王治升　王帅　高建森[*]

一、引言

2023年全国禁毒工作电视电话会议中明确指出,禁毒工作要预防为主,教育为先,打造融合发展的禁毒教育新局面。[①] 习近平总书记也对禁毒工作作出重要指示,强调要坚持"关口前移、预防为先",重点针对青少年等群体,深入开展毒品预防宣传教育,在全社会形成自觉抵制毒品的浓厚氛围。开展毒品预防教育能从根源上减少毒品需求,是毒品社会治理的治本之策。在后疫情时代,随着国内与国际人流物流的恢复,毒品犯罪事件已经出现了回弹式增长,2023年仅1~8月破获的毒品案件就已接近于2022年全年总量。[②] 同时随着毒品加工技术革新,新型毒品往往会伪装成"奶茶包""饼干"等生活常见物品,令儿童群体难以辨别而处于高危涉毒风险中。在毒情如此严峻的背景下,从根本上降低人民涉毒风险,面向儿童开展禁毒宣传教育的重要性日益突出,如何进一步拓宽儿童毒品预防教育路径也成为迫在眉睫的问题。

社会工作是以激发儿童内在潜能为目的的助人服务工作,在多数面向儿童的赋能性活动中,常常会为保持对儿童的吸引性和活动内容的趣味性,而在此过程中使其直接扮演某一"新角色"。研究显示,个体对某一角色的认同感越强,践行该角

---

[*] 作者简介:王治升,男,鲁东大学盈科法学院研究生;王帅,男,深圳龙岗区创未来青少年服务发展中心总干事,"禁毒志愿小讲师培育项目"负责人;高建森,男,深圳龙岗区创未来青少年服务发展中心项目总监,深圳禁毒专家库宣教专家,"禁毒志愿小讲师培育项目"导师。

[①] 中国禁毒网:《坚定不移走中国特色毒品问题治理之路 奋力谱写新时代中国毒品之治新篇章》,http://www.nncc626.com/2023-12/07/c_1212312060.htm,下载日期:2024年5月30日。

[②] 中国禁毒网:《1至8月全国缴获各类毒品16.5吨》,http://www.nncc626.com/2023-09/27/c_1212276775.htm,下载日期:2024年5月30日。

色行为的动机也会越强。① 可见儿童对其新角色认同的构建与否,是影响该赋能活动最终成效的重要因素。而这也为拓宽儿童禁毒赋能活动的路径提供了可行性思路,在深圳市南山区开展的儿童禁毒赋能活动——"禁毒小讲师培育项目"中,社工通过赋予儿童"禁毒知识教育者"的角色身份,促进其构建角色认同,实现了儿童对禁毒知识的积极主动学习,并有效扩大了禁毒宣教影响范围。

故本研究希望能够吸取其成功经验,以该项目作为分析案例。通过对案例中角色认同构建过程的分析,对其中儿童在各阶段所面临的具体角色任务或困境问题展开讨论,借此为现实的儿童禁毒社会工作服务提供具有可行性的意见建议。

二、文献回顾

纵观国内外角色认同相关研究,可见其在教育学[2]、体育[3]、宗教[4]、志愿服务[5]等方面均有涉猎。研究内容以分析角色认同构建对个体行为的影响效果,[6][7]以及不同领域人员的角色认同困境问题为主。[8][9]

在角色认同构建过程研究上,国外学者更多集中于教育领域,特别是教师教育工作中师范学生的角色认同构建过程,而针对儿童群体的研究则较少。国外对于角色认同的具体构建过程众说纷纭,其中以 Stets 和 Burke 为代表,针对角色认同构建过程提出了较为系统的角色认同控制模型,将该过程解释为是由认同标准、输

---

[1] Hoelter, Jon W, The Structure of Self-Conception: Conceptualization and Measurement, *Journal of Personality and Social Psychology*, 1985, 49(5), pp.1392-1407.

[2] 王书晔、门洪亮、刘炜:《现代学徒制学生双重角色认知的质性研究》,《职业技术教育》2019 年第 10 期。

[3] Ward, J., & Georgakis, S., Identity in Australia: A Case Study on the Role of Sport in the Ego Identity Formation Process, *Journal of Sports Research*, 2016, 3(2), pp.56-72.

[4] Iannello, N. M., Hardy, S. A., Musso, P., Lo Coco, A., & Inguglia, C., Spirituality and Ethnocultural Empathy among Italian Adolescents: The Mediating Role of Religious Identity Formation Processes, *Psychology of Religion and Spirituality*, 2019,11(1), pp.32-41.

[5] Hinojosa, R., Williams, A., Edkin, S., Sellers, K., Elassar, H., & Nguyen, J., Research and Identity: Role-efficacy, Benchmarking, and the Identity Construction Process, *Sociological Spectrum*, 2019, 39(3), pp.147-162.

[6] 孙晓莉、江蓓蕾:《领导干部内激励:基于角色认同的阐释》,《新视野》2022 年第 4 期。

[7] 郭晟豪:《基层干部的担当作为:基于角色认同中介的动机与行为关系研究》,《公共管理与政策评论》2021 年第 1 期。

[8] 程良宏、孟祥瑞:《高质量教师的角色认同困境及其深化路径》,《当代教育科学》2022 年第 11 期。

[9] 王琳、吴颖、周序:《被忽视的"教师教育者":中小学实习指导教师的角色认同困境及出路》,《教育理论与实践》2023 年第 28 期。

入、比较者和输出四个部分所组成的反馈环。① 个体能够在认同标准和输入两部分的比较中,输出符合自我意义与实际标准的行为,继而实现自我调节的角色认同过程。Hinojosa 根据对志愿者的半结构访谈,认为角色认同建构经历从低角色效能到"新角色"效能的过程。而最初低角色效能和消极情绪是来自个体对"新角色"认知的困惑,即把个体建立对"新角色"的认知作为角色认同构建过程的起始状态。Wenger 则将认同定义为主体能动者在实践中参与和协商的学习经历。他认为主体能动者在各种实践共同体中的学习与实践是认同建构的基本过程。② 这一观点在后续其他学者研究中得到证实：印度尼西亚学者 Trent 通过面向师范学生的微教学课程,发现其角色身份认同是在对教学法的学习与实践过程中构建起来的；③ Inge Timoštšuk 认为角色知识与技能的学习对角色认同构建具有重要意义,在对师范学生的研究中,显示出其在职前对教师教育和教学法的学习是其角色身份认同构建的来源；④Varghese 也认为学习并不只是知识的认知获取,而是一种认同的过程,即获得一种身份,成为某人或某事；⑤而 Tsui 则在其研究中也强调参与实践是个体角色认同构建的核心。⑥

国内角色认同建构过程的相关研究也大多集中于分析教师群体,且在结论上存在一定共性,大多都认为个体对角色认知的建立是角色认同构建过程的起点。如王晓慧在对志愿服务大学生的研究中,发现其角色认同发展经历了从最初角色认知模糊,到通过应对挑战与冲突以重构角色,最终达成新认同的过程。⑦ 郑琼鸽的观察与开放式访谈结果也显示,地方高校教师角色认同是由角色认知、角色冲突

---

① Stets, J. E., & Burke, P. J., Self-esteem and Identities, *Sociological Perspectives*, 2014, 57(4), pp. 409-433.
② Wenger, E, *Communities of Practice: Learning, Meaning, and Identity*, New York: Cambridge University Press, 1998.
③ Trent, J., Teacher Education as Identity Construction: Insights from Action Research, *Journal of Education for Teaching*, 2010, 36(2), pp.153-168.
④ Timoštuk, I., & Ugaste, A., Student Teachers' Professional Identity, *Teaching and Teacher Education*, 2010, 26(8), pp.1563-1570.
⑤ Varghese, M., Morgan, B., Johnston, B., & Johnson, K. A., Theorizing Language Teacher Identity: Three Perspectives and Beyond, *Journal of Language, Identity & Education*, 2005, 4(1), pp. 21-44.
⑥ Tsui, A. B. M., Complexities of Identity Formation: A Narrative Inquiry of an EFL Teacher, *TESOL Quarterly*, 2007, 41(4), pp. 657-680.
⑦ 王晓慧:《大学生志愿者角色认同的质性研究——以"成长向导"计划为例》,《教育学术月刊》2014年第 6 期。

到角色选择的持续过程,且会受到学校文化、制度、个人价值观与原有角色的影响。① 角色认知、角色情感、角色意志和角色行为对个体角色认同构建过程的强烈影响,也同样在面向高职院校教师的研究中得以体现。② 另外,杨金宇借助师徒互动视角,也对学前师范实习生角色认同的形成过程进行分析,发现其经历了从角色定位模糊、角色认知检验与修正,到明晰和坚定角色认同的过程。③

整体上看,国内外学者大多认为个体角色认同是逐步构建的过程,并将个体角色认知的困惑状态作为角色认同构建过程的起始环节。国外众多学者还强调学习与实践在角色认同构建过程中的重要性,认为个体能够在知识提升同时获得身份认同,实践对于认同构建起到核心作用。国内学者则大多强调建立角色认知与应对角色冲突等困境问题,在学生与教师的角色认同构建过程中所起的重要作用。由此可见,在各学者研究中,认知、学习、实践与冲突是个体角色认同构建的重要环节,这与 Brickson 所提出的角色认同包含角色认知、角色情感与角色行为三维度的结论高度相似。④ 但考虑到个体角色情感、角色冲突的主观性及其可能存在的内隐性,故难以通过观测确定其形成的具体节点,而角色学习又是建立、巩固角色情感的重要途径。因此本研究选择综合 Wenger、Trent、Varghese 和 Hinojosa 的研究结论,以 Brickson 角色认同三维度作为基础,将儿童对"新角色"的认知,及其在实践共同体中参与、协商的学习与实践作为认同建构的三大基本维度,即把"角色认知""角色学习""角色实践"这三维度作为对案例项目的分析框架。

三、案例介绍与研究方法

本研究所选取案例是深圳市南山区禁毒小讲师培育项目。2022 年项目社工面向深圳市儿童,通过在各社区微信沟通群聊中发放问卷链接的方式,开展名为"青少年毒品认知情况调查"的线上问卷调查,最终回收 157 份有效问卷。问卷基本情况如表 1 所示,调查对象以女性居多,占总数 68.15%。问卷"毒品影响判断部分"采取李克特量表的方式,从该部分得分结果上看,取得满分的比例高达

---

① 郑琼鸽、余秀兰:《地方高校教师创业型角色认同的过程机制研究》,《复旦教育论坛》2020 年第 2 期。
② 平晓美、高瑾、何华:《高职院校教师角色认同建构的个案研究——社会建构主义的视角》,《高等职业教育探索》2023 年第 1 期。
③ 杨金宇、王嫣然、李旭:《师徒互动视角下的学前师范实习生角色认同发展个案研究》,《陕西学前师范学院学报》2023 年第 6 期。
④ Brickson, S., The Impact of Identity Orientation on Individual and Organizational Outcomes in Demographically Diverse Settings, *Academy of Management Review*, 2000, 5(1), pp. 82-101.

64.98%，这表明大部分调查对象都能在此方面持有正确的价值判断与选择。但仍有近10%的儿童未能达到优秀水平，轻视毒品危害。问卷中其他相关数据也同样显示，当地禁毒宣传教育工作尽管取得了较理想成效，但仍有部分儿童对新型毒品、吸毒行为的影响存在片面认识，且在禁毒教育活动中也大多缺乏自主性。因此，开展以调动儿童主动性为核心的禁毒赋能活动具有一定必要性。

表1 问卷调查基本情况（%）

性别	比值	累计比值
男	31.85	31.85
女	68.15	100.00
毒品判断部分得分		
11＜得分＜33分（未及格）	1.27	1.27
33≤得分＜44分	1.27	2.55
44≤得分＜55分（优秀）	26.11	28.66
11分（全部错误）	6.37	35.03
55分（满分）	64.98	100.00

在此背景下，南山区团委通过政府购买服务，委托深圳市创未来青少年服务发展中心，开展"禁毒志愿小讲师培育项目"。该项目招募并培育适龄儿童成为禁毒小讲师，于线上和线下分别开展禁毒宣教活动，并取得了良好成效。该项目现已推行两年，并将于2024年暑期再次启动。在2023年项目中，项目儿童保持着极高参与热情，出勤率超过80%，并成功培育出一批30人禁毒小讲师队伍。从儿童后期微课录制、线下禁毒宣教活动现场的实际表现中可见，每位小讲师都能掌握新型毒品特征相关知识和多种拒毒、识毒方法。在禁毒宣教效果上，项目儿童在各自学校开展了30余场禁毒宣讲和主题班会活动，覆盖多达4000余名学生，并于南头、粤海等多个街道和城市景点处参与了数十场线下禁毒宣教活动，于线上录制并发布精品禁毒微课视频数十部。项目宣传视频也获得公安部禁毒局、"中国禁毒在线"官方微博账号转载和多家主流媒体的宣传报道。

本研究采用参与观察法，在案例项目运行期间既作为服务提供者，与其他社工一起推动项目顺利开展，以达到预期成效。同时也作为研究者，对项目前期内容策划、服务对象招募选拔、赋能培训、服务产出，整个推动流程和项目服务对象所言所行进行参与观察，并适时记录，以此作为角色认同形成过程研究的素材来源。本研究通过综合多位学者在角色认同构建过程上的研究结果，形成三维度分析框架探究案例项目中儿童角色认同的实际构建过程，以此为现实的儿童社会工作赋能活动提供意见建议。为此，本研究尝试探明以下问题：

1. 在儿童禁毒赋能社会工作活动中，儿童形成对自身"新角色"身份的认同过程，各个维度分别面临着哪些角色任务或角色困境？

2. 综合来看，本研究对儿童禁毒赋能活动中角色认同构建过程的研究结果，对现实中其他儿童社会工作赋能性活动有怎样的启示？

四、儿童角色认同构建过程分析

前文综合众学者研究结论，将"角色认知、角色学习、角色实践"三大维度作为分析个体角色认同构建过程的分析框架。而案例项目遵循着"知情意行"的原则，其"招募组建队伍、赋能、实践"三大过程总体上与该分析框架相符。故下文将借助角色认同理论，对案例项目中儿童在各维度所面临的角色任务展开具体分析。

（一）角色认知

1. 角色认知初步形成

Hinojosa 将个体因对自身角色认知的困惑所导致的低角色效能状态，作为认同构建的初始环节。构建角色认同过程的实践起点在于对专业发展的角色认知，这是角色行为产生并伴随角色情感形成角色认同这一过程的基础。[1] 在赋能性活动之初，儿童对自身所被赋予的角色身份，在认识上处于陌生状态。初次接触角色时由新鲜感所激发的角色扮演热情，有助于角色认同的迅速建立。但同时模糊的角色认知亦可能令儿童对"新角色"萌生过高的评价而造成畏难情绪。因此，角色认知的初步形成既是角色认同的形成起点，也是构建认同的关键节点。

在案例项目中，招募报名是儿童构建"禁毒小讲师"角色认知的伊始环节，社工通过对项目内容与小讲师角色相关信息的呈现，吸引儿童报名参与活动并借以打消其因未知而引起的顾虑，使其迈出角色认知形成第一步。招募海报中后续活动时间安排表和往届优秀小讲师的图片展示，也能够帮助儿童建立起对项目大致内容框架与"禁毒小讲师"角色形象、含义的初步心理预设。之后社工通过设置线上报名链接，为阅读信息后有参与意愿的儿童或其家长提供报名通道。其中儿童需要根据在阅读招募信息内容后所产生的个人理解，填写自己对"禁毒小讲师"角色的认识。至此，儿童在对该角色概念、职责、任务等内容的自主思考中，形成初步的角色认知，并开始踏入角色认同的构建过程。

---

[1] 赵钟泉：《体育交叉学科专业学生对其专业身份认同研究——基于体育艺术生的质性分析》，《西安体育学院学报》2022 年第 2 期。

2. 角色内冲突的应对

通常个体在行动之前往往会对即将采取的行为有一个既定的主观上的定位和评价,会有意识或无意识地按照自己的立场对其进行预测,即产生心理预设。[1] 国外学者研究显示,新人教师在任职初期对自身教师角色身份的自我怀疑,会对其角色身份建构过程产生深刻影响。[2] 个体在初次接触"新角色"身份时,其角色认知实现从模糊到初步认识的转变。通过对"新角色"表面特征的了解,个体也会对该角色理想的概念与形象形成个性化的心理预设。

儿童在招募报名阶段对"禁毒小讲师"浅显的认知,会促使其形成与该角色现实状态存在一定差距的理想预设,并在其对现实情况达成正式认识之前,持续主导着儿童个人行动,还会诱发角色内冲突使其产生自我怀疑。所谓角色内冲突是指个人对所扮演角色的理想预期与现实角色认知之间存在差距而引起的冲突。实质上它来源于个人对自己所扮演角色不明确或缺乏应有理解,无法获得清晰的角色期望。[3] 案例项目在招募阶段结束后,由多位项目社工共同对报名儿童进行初次筛选,之后将入选儿童分组进行线下面试。由于儿童尚未正式进入项目赋能培育过程,因此当面试评委询问报名动机时,部分儿童表达出了对禁毒小讲师角色理想状态的较高预期,如将该角色与戒毒治疗工作联系起来。而实际戒毒工作有较高专业门槛要求。故出于安全考虑,禁毒小讲师实际是面向社会公众展开禁毒宣讲。在社工对儿童的预期给予纠正时,其在现场即刻表现出失望、低落的情绪状态,而这也正是其对"禁毒小讲师"较高的心理预设所导致角色内冲突的现实表现。

对此角色困境,项目社工选择设置往届优秀禁毒小讲师代表担任面试评委,以从儿童视角对面试对象进行考察,并作为角色榜样分享往届项目活动中的有趣内容和个人感受,同时发挥示范作用输出正强化,帮助面试儿童完善角色认知。

3. 角色责任初步认知与强化

角色往往与一整套与之相关的责任、义务相匹配。责任是个体对自己或他人行为做出价值判断的体系,而这种价值判断还将引发相应的情感体验和内部动机

---

[1] 石岭:《思想政治教育的规范作用及其心理预设》,《思想教育研究》2012 年第 7 期。
[2] Stenberg, K., & Maaranen, K., A Novice Teacher's Teacher Identity Construction during the First Year of Teaching: A Case Study from a Dialogical Self Perspective, *Learning, Culture and Social Interaction*, 2021, 28, 100479.
[3] House, R. J., & Rizzo, J. R., Role Conflict and Ambiguity as Critical Variables in a Model of Organizational Behavior, *Organizational Behavior & Human Performance*, 1972, 7(3), pp. 467-505.

并诱发相应行为。① 因此,完整角色认知的建立,需要个体形成对角色责任与义务的认识。在自我角色概念发展前期,个体会通过观察角色榜样,从中学习如何适应角色以及怎样胜任角色任务,以此完善自我角色概念。② 总体来看,儿童在此前活动中所形成的角色认知程度尚浅,仅停留于对表层概念的认识,而大多数儿童对该角色所应履行的任务、承担的责任并不知晓。为此,社工通过开展项目启动仪式,帮助儿童对"禁毒小讲师"角色责任形成初步认知。

在启动仪式中,往届禁毒小讲师代表继续担任角色榜样,既作为主持人,也在现场进行禁毒主题演讲示范,使儿童在对"小讲师前辈"表现的近距离观察中,形成对角色形象的整体认识,并作为代表带领现场儿童进行角色任职宣誓,通过承诺发起仪式达成同辈间小讲师角色的传承,进而培养儿童角色责任感,激发其履行小讲师角色的决心。此外,社工还通过邀请领导与儿童家长代表出席,为现场营造严肃、庄重的氛围,使其作为角色期望发出者,借助致辞的发表为儿童角色认同构建过程输出角色期望,以此强化儿童对自身小讲师角色的认同感与责任感,端正其项目参与态度。

之后,社工通过开展团队历奇训练以推动儿童角色责任认知的强化。社工借助剧本设计与演绎环节,引导各小组共同讨论编制禁毒故事剧本,划分各成员角色后分组演绎。通过儿童对所扮演人物心理的考量,以及对剧中不同角色行为表现的现场观察,激起其内心正义感与同理心,继而对自身角色责任与义务形成更深层次认知,并促进其向责任情感层面内化。此外,该次集训活动同时也是促进儿童角色学习的过程。通过小组商讨与分工演绎的环节设置,使其获得团队协作能力与换位思考、多角度分析问题能力的提升,实现向角色学习的过渡。

(二) 角色学习

1. 角色知识学习

角色学习是将角色作为一个整体的、有组织的认知模式来学习,是一种综合性学习,具有态度、认知、技能和行为并重的特点。③ 在案例项目中,儿童所扮演的"禁毒小讲师"角色承担着向民众传递毒品预防知识的任务,该角色使命对其自身角色素养提出要求,即需要具备与该角色身份相匹配的毒品预防知识储备量。为

---

① 叶浩生:《责任内涵的跨文化比较及其整合》,《南京师大学报(社会科学版)》2009 年第 6 期。
② Donald E. Gibson., Developing the Professional Self-Concept: Role Model Construals in Early, Middle, and Late Career Stages, *Organization Science*, 2003, 14(5), pp. 591-610.
③ 陆惠文:《基于角色的培训》,《中国人力资源开发》2004 年第 4 期。

此,项目社工开展以识毒、拒毒等禁毒知识学习为主题的两场集训活动——禁毒知识基础培训与进阶培训。该集训采用同伴群体教育形式,灵活运用动画、图片等视听教学资源增添知识学习的乐趣。为增强儿童在知识学习过程中的能动性,社工还采取小组合作学习的方式,将禁毒知识学习融入组间对抗过程中,借助儿童对小组共同荣誉的追求,提升其学习的专注度与积极性。同时,往届优秀小讲师代表也被纳入到各个小组中,作为助理小导师为组员答疑解惑与提供指引。

建构学习理论认为真实情境不仅拥有认知意义,而且更接近学生的生活经验,有利于学生提出问题、应用知识、整合知识,也最能调动学生的全部感受力及已有的认知经验来探讨问题。[1] 因此,为强化儿童知识掌握程度,使其禁毒知识学习从单纯纸面教学中跳出,社工展开资源链接,带领"禁毒小讲师"队伍参访桃源街道社区戒毒康复所。首先,在对真实毒品的近距离观察中,学习如何根据外在特征对毒品种类进行识别;其次,通过对戒毒所空间设置与禁毒社工工作内容的观摩,以对现实戒毒工作产生新认识;再次,参访中儿童实际纪律表现与各小组纪律、秩序的维持,也是儿童对"禁毒小讲师"角色礼仪与行为规范的学习过程。另外,儿童还在参访过程中进行小型"辩论赛",各小组围绕"打击犯罪"还是"戒毒帮扶"的议题进行讨论,学习如何从折中角度,以辩证态度客观地看待禁毒工作。

2. 角色技能学习

角色学习是角色行为或角色扮演的基础和前提,包括形成角色观念和学习角色技能两个方面。[2] 因此,角色实践技能的学习,是角色认同构建过程中不可缺少的环节。由于案例项目后期儿童所开展的禁毒宣教活动以主题班会和公开演讲为主要形式,而一场成功的禁毒宣讲应具备明确的主题、逻辑清晰的结构,讲授者需使用简洁语言,并作出自信坦诚的表达。因此,社工需引导儿童进行演讲、活动策划等多技能提升的学习。

演讲知识技巧集训中,社工导师通过 30 秒个人自我介绍练习,引导儿童思考"如何用最简短的时间向他人呈现有关自己更多信息",为后续演讲技巧的学习作铺垫。正式学习采取情境模拟教学的方式,就禁毒演讲过程中常见错误向儿童作出现场示范,引导小组在观察中发现其缺陷与不足之处,并通过讨论探索正确的演讲技巧。从现场观察中,可见儿童能够通过小组讨论发现演讲模拟示范所存在的问题,并根据经验提出较为中肯的改进意见。相比于单调知识教学,样例示范与讨

---

[1] 张英彦:《建构主义学习理论与直观性教学原则》,《教育探索》2005 年第 2 期。
[2] 喻安伦:《社会角色理论磋探》,《理论月刊》1998 年第 12 期。

论相结合的方式使儿童对"演讲中常见错误"的抽象概念进行现场具体观察,在此基础上达成对演讲知识技巧的探索与思考。小组讨论过程在提升儿童团队协作能力的同时,借助成员间互助实现了对知识的消化理解。最后,儿童在演讲演练实践中发现并修正自身错误,习得规范的演讲礼仪。

活动策划体验坊则是以禁毒宣教活动策划知识的学习作为核心内容。由于儿童对禁毒宣教活动策划缺少经验,使得其在设计活动内容与考量物资预算时,易出现过于理想化而导致策划方案偏离实际的情况。对此,各个小组在该活动中均加入社工助教指导,帮助儿童纠正并完善活动策划内容。各小组最终展示的结果显示,儿童在本次活动中活动策划能力提升明显,能够依照"可行性"原则合理策划活动内容。各小组所设计方案不仅结构完整,能够涵盖时间、地点、物资、流程等基本内容,而且还能够对活动中潜在突发事件及应对措施予以较为充分的考虑,并且能够积极听取组员意见,灵活地根据各自性格特点和擅长技能,对活动中各环节任务进行分配。

3. 角色外与角色间冲突问题的应对

由于儿童所扮演角色具有多样性,且在赋能性活动中多主体间存在着错综复杂的联系,因此,儿童自身及各个体间难以避免会出现角色冲突问题。而在"角色学习"过程中,儿童又面临着角色外与角色间冲突的问题。但在解决同伴冲突的过程中,儿童能够逐渐获得观点采择能力,学会合作与协商,逐渐积累社会经验并培养规则意识,[1]进而对其角色认同构建产生积极影响。

在某一场域中,发生在两个或两个以上角色扮演者之间的角色冲突即为角色外冲突。[2] 在案例项目中儿童各自性格与气质类型存在较大差异,特别是在不同性别儿童之间极易爆发角色外冲突。当小组中某一种性别的儿童在数量上比例较高时,便容易因此出现以性别为"营"的拉帮结派现象,即接纳同伴群体中与自己性别相同的个体,而排斥与自己性别相异的儿童。[3] 案例项目中,部分小组在问题讨论结果的书写过程中因意见不一致而引发了此类冲突。争吵双方在往常活动中表现均十分活跃,属于较为强硬的性格,这也导致他们在讨论中很容易选择性地忽视自身想法的弊端和对方建议的合理性。并且在"性别为营"的影响下,个人冲突也被逐渐放大为组内男女生群体之间的矛盾。小组内部分裂会严重影响其团体凝聚

---

[1] 和平、杨淑萍:《交往冲突:促进儿童道德成长的另一种可能》,《中国德育》2018 年第 3 期。
[2] 王海军、简小鹰:《土地流转背景下的村干部角色冲突与调适》,《西北农林科技大学学报(社会科学版)》2015 年第 6 期。
[3] 王沛、高瑛:《儿童同伴群体活动中的性别排斥》,《心理学报》2004 年第 3 期。

力的形成,继而导致儿童角色认同构建过程受阻。对此,社工通过向其传授议事相关知识技巧,让他们有序地陈述各自观点,学会以平和态度表露内心想法,在积极的沟通协商中互相思考双方意见的合理性。同时通过开展"优点轰炸"等集体游戏活动,使儿童能够从多角度看待问题,发现他人的闪光点,从而在一定程度上预防未来潜在矛盾。小组内部和谐状态的维系,有效降低了角色外冲突爆发的风险,为儿童角色认同的构建提供了良好的环境条件。

角色间冲突是指个体必须同时扮演不同的角色,由于缺乏充分的时间和精力,无法满足这些角色提出的期望而产生的冲突。[1] 在案例项目中,儿童一方面担任着"禁毒小讲师"的角色,该角色要求其需参与多个主题各异的集训活动,从中学习并掌握禁毒相关知识与技能,以成功践行角色使命,将毒品预防知识传递给社会公众。但另一方面,由于项目举办时间集中在暑假,儿童在项目外也担任着兴趣班中的学生角色,该角色要求儿童需在固定时间段前往辅导机构进行学习。这两种不同角色身份具有相似的任务需求,即均要花费时间参与相应技能的培训活动,难以避免会出现时间冲突。儿童想保持对案例项目的全程参与,又因付费兴趣班时间难以调节而被迫面临选择的情况,继而造成部分儿童在"禁毒小讲师"与"兴趣班学生"二者之间的角色间冲突。对此,社工遵循自决原则,给予儿童自愿选择的权利,完全由其自主决定是否继续参加集训活动,并会在历次集训活动结束后,于线上沟通群中上传集训照片、视频与文字总结,使因时间冲突而被迫缺席的儿童能够对错过的集训内容有粗略了解。随后在集训开场阶段,通过对上节内容集体回顾和巩固练习,帮助其尽可能地跟上小讲师队伍整体学习进度,以缓解因角色间冲突所导致的焦虑情绪。在社工协助下,儿童角色间冲突问题得以解决,承担多角色任务的压力得以纾解,角色认同构建道路中的阻碍也得以消除。

(三)投入角色实践

1. 角色代表担任与替代性强化

青春期身体急剧变化引导着儿童对自己的急切认识,本能冲动助长了同一性危机,使他们竭力去追求和扮演成年人的角色。[2] 因此,儿童对于扮演成年人的角色会拥有更强的兴趣,希望以此证明自身的独立性。而在担任同龄群体代表时,则能够通过自己在该群体中的突出位置,证明自身的独特性以及与同龄人相比所具有的成熟性。在这一点上,儿童对此类代表性角色扮演的热情,对其角色认同构建

---

[1] 盛宾:《教师角色冲突的成因及其应对措施》,《郑州大学学报(哲学社会科学版)》2005年第2期。
[2] 高铭魏:《青少年在新型毒品中的同辈预防教育》,《法制博览》2019年第25期。

的影响大体相同,均能够起到良好推动作用。

案例项目中,社工坚持为儿童链接各方资源以促进其角色认同的构建。首先,推动儿童以自愿为原则参与到深港禁毒文化交流会中,并作为"禁毒小讲师"队伍代表,利用所学知识向现场人员进行禁毒知识宣传。由于该次活动是跨地区的禁毒文化交流,因此身为代表的儿童肩负着更为沉重的角色责任,其所代表的是整个"禁毒小讲师"队伍,其行为表现也是队伍整体学习成效的微缩象征。尽管身负角色压力,但儿童对表现自身能力的趋向及其对集体荣誉感的追求,也促使其竭力地履行角色身份,继而在角色实践中收获强烈的成就感,以初步构建起角色认同。

其次,录制禁毒微课活动是儿童于线上进行角色实践的过程。为保证微课质量,社工在微课试讲考核中对各个儿童禁毒课件内容设计与现场表现进行赋分,并遵循自愿参与原则,最终遴选出数十位儿童进入到禁毒微课正式录制环节。获得正式录制机会的儿童,也同样肩负着"禁毒小讲师代表"的角色形象,继而会在提升宣讲内容专业性、流畅性、仪态等各方面严格要求自己。在对录制现场的观察中也发现,儿童为达成角色任务的顺利践行,会反复依照宣讲稿练习,甚至会为消除宣讲中的瑕疵而主动要求重复录制。

而对于其他儿童,即使他们并未在上述过程中被赋予角色代表身份,但仍然能够通过观察儿童代表的榜样行为,对自身表现予以反思,并从中收获替代性强化,实现角色认同的初步构建。

2. 角色自主履行与期望传递

自尊是基本角色认同过程的核心组成部分,个体在社会群体中的身份验证不仅完成了社会角色行为,而且也建立了自尊。[①] 在赋能性活动后期,个体通常会从角色责任与任务的履行过程中,对自身"新角色"的践行程度进行验证,理想角色行为的达成能够使个体从中收获成就感与自尊。

学校是案例项目中儿童于线下全员参与角色实践的"主战场"之一。在该环节中,社工仅为儿童事先争取在学校开展禁毒宣讲活动的"权限许可",而后续从向学校提出申请,直到宣教活动结束全过程,都是完全由其自主行动。儿童以"禁毒小讲师"角色身份向校方老师提出申请,并协商、确定活动开展时间、地点与形式。其中部分儿童通过在个人所在班级中召开小型主题班会,以向同班同学传递禁毒知识;也有一些儿童利用国旗下讲话、现场与教室同步视频直播等方式,将禁毒宣讲

---

① Cast, A. D., & Burke, P. J., A Theory of Self-Esteem, *Social Forces*, 2002, 80(3), pp. 1041-1068.

拓宽至全校范围。儿童会根据自己角色实践过程的现场表现是否符合预期,以对自身角色的践行程度作出判断。而来自现场学生的反应与评价,则发挥着增强其角色认同感的作用。

社区作为儿童最为熟悉的生活场域之一,是其线下角色实践的又一主要阵地。与校内角色实践相同,儿童是在项目社工的引入下,自行与专业禁毒社工沟通,并作为"禁毒小讲师"在社工的线下禁毒活动中独立开展禁毒宣讲。其间,儿童禁毒宣讲活动的形式与内容,完全由其自主设计与执行。相比于同龄人,儿童会更期望得到成年人对自己角色实践表现的评价。特别是来自项目外部陌生成年人对儿童角色实践表现的评价,往往能够对其角色认同的构建产生更强烈影响。在社区角色实践活动中,现场观看主体涵盖了各个年龄段群体,恰好为儿童个人期望的满足创造了条件。

另外,在此前"角色认知"与"角色学习"阶段,角色榜样是由往届优秀禁毒小讲师代表担任,在历次活动中向儿童提供引导并产生正向输出影响。而在线下角色实践中,儿童则以"禁毒小讲师"的角色身份,作为新的角色榜样向同龄人施加替代性强化,并于其中达成个人真正独立主动的角色实践,同时促成了该角色期望向其他儿童的传递。

3. 角色传承与角色实践延续

在案例项目中,总结会是对儿童赋能性活动具体角色表现与成就进行总结与表彰的过程,也是儿童在项目中对"禁毒小讲师"角色的最后践行环节。与此前线上、线下禁毒宣教活动相同,儿童在总结会中仍然以"禁毒小讲师"的角色身份进行禁毒知识的讲授与分享。但其宣教对象的范围则从社会公众缩小至现场嘉宾,仅是对在座家长与领导展示其角色履行成果的过程。另外,与"角色认知"阶段中的启动仪式活动相比,尽管二者均有儿童禁毒宣讲环节,且同样是面向现场嘉宾,但技能展示主体却由"往届小讲师代表"转变为"禁毒小讲师",就此历届项目的儿童之间正式完成经验与责任的传承。同时,总结会中的正式性氛围,也有助于儿童角色使命感的延续。

此外,儿童还在现场发言,分享自己参与项目以来的心路历程与成长收获。在儿童代表具体发言内容中,可见其对"禁毒小讲师"的角色认同已经正式建立起来。案例项目中儿童对"禁毒小讲师"角色认同构建与否的判断方式,首先是通过儿童在总结会中的现场发言,根据发言内容的情感倾向对其角色认同的构建情况作出判断。如儿童在收获分享中对"禁毒小讲师"及自己的角色实践均呈现出鲜明的积极情感态度,即可初步判断其角色认同得以初步构建。其次,通过总结会中,向所有儿童发放满意度调查表。在内容上涵盖对项目活动总体评价、工作人员态度、内容形式和活动目标达成情况等若干维度,从结果上看各个维度满意度均达到项目预期标准。其中"活动目标达成情况"的满意度与儿童在活动中的主观体验直接相关,儿童只会在自身角色表现良好,且形成角色认同的情况下才会给予该调查维度肯定趋向的评价。因此该调查维度的理想结果也表明大部分儿童在项目活动中,成功建立起了对"新角色"的认同。最后,儿童对"禁毒小讲师"的角色实践并未因项目结项而中断,其在随后的日常生活中也出现了继续角色实践的现象。如一些儿童出于公益性或展示、记录个人学习成长等目的,而自行录制毒品预防教育短片,或将家长在现场所拍摄的项目过程视频,上传至短视频网络平台。该过程完全是儿童个人及其家长的自发性角色践行,并未有社工在其中引导和干涉。而该行为也恰好验证了儿童构建起了对"禁毒小讲师"的角色认同。

五、结论与启示

(一)研究结论

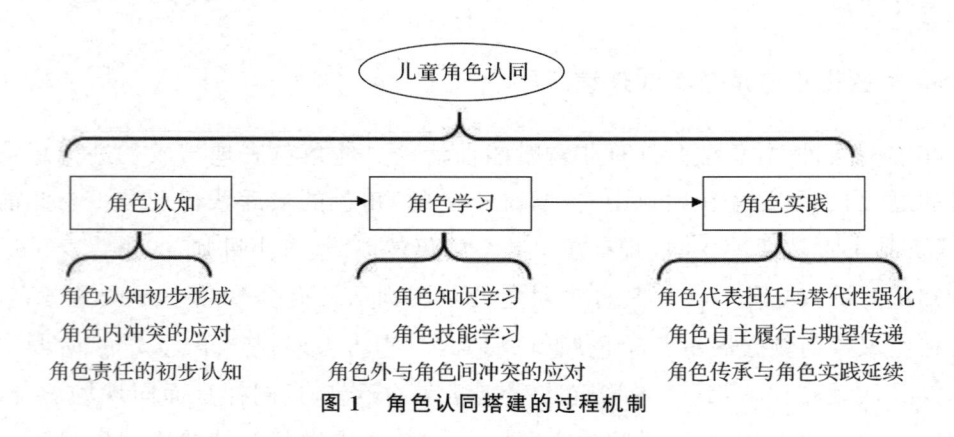

图1 角色认同搭建的过程机制

通过对案例项目的整体分析,可以发现在禁毒赋能活动中,儿童角色认同的构建是一个分层次、有步骤的循序渐进的过程(见图1)。前后大致贯穿于"角色认知、角色学习与角色实践"三个阶段中,且不同阶段儿童面临的角色任务迥异,具体来看有以下表现:

首先,"角色认知"阶段。儿童在禁毒赋能活动初期,对其"新角色"处于空白认知状态。因此,获取角色概念、含义等相关角色信息,建立起对角色形象的初步认知成为角色认同构建起点。但由于尚未在现实情境中与该角色直接接触,使得认知程度较为浅薄,易产生与实际情况相脱离的角色预设,继而引发角色内冲突,对该问题的应对实现了儿童对角色概念认知的完善。随后,儿童通过观察角色榜样与接收来自活动中成年人所传递的角色期望,形成对角色责任的初步认知。最后,在对角色相关事件的情景演绎中,角色责任感得以强化。

其次,"角色学习"阶段。儿童具备与角色相匹配的知识和技能,是顺利践行角色的必要条件。儿童在对小组荣誉感的追求中学习与活动主题相关的专业理论知识和角色技能,又在直观学习过程中,对角色所需知识形成更深刻的认识,为自己"新角色"认同的构建打造了理论知识和实务技能基础。此外,儿童互动关系的复杂性及其角色的多元化,也导致该阶段角色间与角色外冲突频发,而该问题的解决又为儿童角色认同的构建扫除了阻碍,并为其打造了良好的环境条件。

最后,"角色实践"阶段。儿童按照角色规范采取行动,从中验证自身角色扮演的成功性,因此该阶段是儿童角色认同构建过程的核心阶段。其中,儿童在担任角色代表的过程中收获个人成就感与角色认同感的满足,其他儿童也通过对角色榜样的观察获得替代性强化,共同实现了对赋能性活动中"新角色"认同的初步构建。随后,儿童前往现实生活场所中进行完全自主的角色实践,从自身角色践行实际表现与预期间的契合度,以及现场观众的角色评价中强化对角色的认同感。同时,成为新的角色榜样实现角色期望向其他同龄人的传递。在赋能性活动最后,儿童成功建立起角色认同,活动结束后仍然自发地在日常生活中践行角色,达成对该角色传承与实践的延续。

(二)启示

首先,通过强化志愿服务理念达成角色认同目标,是突破角色困境,实现志愿者角色进阶的路径之一。[①] 从案例项目中可见,角色实践与角色认同的构建程度之间存在相互联系,儿童在践行角色任务的过程中收获了角色认同的提升,又在认同的驱动下自发地将角色实践延续到活动外日常生活中。该现象初步证实了在赋能性活动中,儿童角色认同的构建与活动成效可持续性之间的关联。因此,在以儿童为主体的禁毒赋能活动中,强化其角色责任意识,促进角色认同的构建,能够有效推动活动目标的保质达成。表现在实务中,则可以将某个角色称号或某个角色榜样的扮演作为活动主题,并将儿童对该角色认同的构建作为贯穿活动的线索,借助认同对实践的激励作用以达成更为理想的活动成效。

其次,在禁毒赋能性活动中社工应注重使儿童的学习过程实现从"获得隐喻"向"参与隐喻"的转变。从重视儿童对知识的获得,转向将学习活动纳入到真实情

---

① 艳齐:《社会治理共同体视域下社区志愿者的角色困境与进阶路径》,《理论月刊》2023年第6期。

境与任务中。① 对禁毒知识或拒毒观念的学习,社工可以通过设置实物观察等直观性内容,以强化儿童的掌握程度与激发学习兴趣。同时,也要跳脱出理论层面,设置情景模拟等真实情境的演绎环节以提升儿童学习深度。

再次,社工还应重视积极评价对儿童角色认同的影响。个体基于某一认同的投入越多,这一认同在显著性等级中的地位就越高。如果该认同是被他人所认可,并在更宽泛的价值体系中得到积极评价,那么也将会在认同显著性等级中得到提升。② 因此积极性评价,特别是儿童在主动自发的角色实践中所收获的评价,能够对其角色认同的构建起到显著影响。社工在禁毒赋能活动中还须注意对儿童正向表扬的适度性,应在鼓励性教学基础上与成就式教学方式相结合,对儿童实践中角色成就感的满足予以更多关注。同时,也要在角色实践过程中给予儿童最大程度的自主性,使其通过独立的角色践行收获积极的自我评价。

最后,在禁毒赋能性活动中,社工要警惕"角色认知"与"角色学习"阶段里角色冲突问题的出现。一方面,儿童对活动中新角色的理想预设与现实认知之间的差距易导致角色内冲突的产生。因此,社工在儿童报名之初,就应将"新角色"的形象与责任内容在活动招募信息中充分呈现,并在活动前期将纠正儿童对角色的错误认知作为重点工作内容。另一方面,儿童个人在社会网络中扮演角色的多样性,易导致活动内角色与其某个学习或生活角色相互排斥,而造成角色间冲突。对此,社工在活动招募之前就应对该问题提前考虑,可将活动参与时间是否充足酌情设为筛选标准,并通过提供活动内容整理、图片或视频等方式,帮助因故缺席的儿童紧跟活动进程。此外,社工应于活动前期制定完备的活动契约,并可通过传授"议事"相关知识,避免儿童之间角色外冲突的爆发。

---

① 曾文婕、柳熙:《获得·参与·知识创造——论人类学习的三大隐喻》,《教育研究》2013 年第 7 期。
② 周永康:《大学生角色认同实证研究》,2008 年西南大学博士学位论文。

探索社区戒毒在中国现代化道路上的作用与挑战

谢 明 苏香葵 马 宁 张 凤[*]

一、引言

  随着世界各国,毒品类犯罪率不断上升,犯罪手段、形式也越来越多样,针对这一趋势,20世纪80年代,"毒品法庭"这一戒毒模式在美国、澳大利亚等地区应运而生。此模式的特点是其重心从惩戒转移到治疗,在司法裁量的基础上提倡戒毒者在社区中利用社区资源戒除毒瘾。从制度构建上分析,"毒品法庭"和社区戒毒二者之间是具有相似之处的。2008年《中华人民共和国禁毒法》(以下简称《禁毒法》)将"社区戒毒"这项策略以法律形式规定下来,实际上也标志着我国以强制、惩罚为主的戒毒模式的转变。在十多年的社区戒毒工作执行过程中遇到过许多问题,如经费保障不足、社区戒毒工作人员缺乏、社会参与不足等等,这体现出社区戒毒机制的运行,不可缺少完善的法律规范的支撑,只有不断在立法层面针对上述实践中出现的问题做出调整和修补,社区戒毒这一项制度才能发挥功效,为戒毒人员提供更好的重回人生正轨的方式。

二、我国社区戒毒制度概况

(一)社区戒毒

1. 社区戒毒的概念

  "社区戒毒"从字面上理解,是以社区为中心帮助吸毒成瘾者戒毒的一种方式。

---

[*] 作者简介:谢明,女,嘉应学院政法学院副教授;苏香葵,女,深圳市龙岗区春暖社工服务中心,中级社工师;马宁,男,深圳市龙岗区春暖社工服务中心,中级社工师;张凤,女,深圳市龙岗区春暖社工服务中心,中级社工师。

我国《禁毒法》和《戒毒条例》，对社区戒毒措施、决定的作出部门、戒毒者需要遵守的规定等作出了规定，但突出的重点各有不同。有学者认为这是一种强制性矫治措施，吸毒成瘾人员在公安机关作出社区戒毒决定书后，由政府部门主导，社区机构协助吸毒成瘾人员戒毒，[1]这种观点突出的是其强制性，吸毒成瘾人员需要按照公安机关或者社区机构的要求完成戒毒。另外一种观点认为社区戒毒属于社区监督性行为，[2]由戒毒人员的户籍所在地或者居住地的街（镇）对其进行监督，这种观点突出的是政府部门和相关机构的监督性以及戒毒者的自主性。

社区戒毒既需要戒毒人员的自主性，也带有一定的强制性，所以社区戒毒是一种综合性行为，既需要政府部门和相关机构的监督又需要其协助，同时集合社区、家庭、卫生部门、公安部门等力量为吸毒成瘾人员提供一定的宽松环境。戒毒人员在定时报到、检验和参加活动的前提下可以正常生活和工作，是综合利用社区力量帮助戒毒人员矫正的一种戒毒形式。

2. 社区戒毒的特点

（1）人身自由半强制性

社区戒毒其实质是与强制隔离戒毒相区别的，特别体现在半强制性的社区戒毒。条例规定强制隔离戒毒的人员必须在规定的戒毒场所进行戒毒，可知强制隔离戒毒是强行阻断戒毒人员与毒品的接触，进行生理脱毒的戒毒模式，这种模式对戒毒人员的人身自由具有强制性。《禁毒法》中设定的社区戒毒是不干扰戒毒人员日常的生活和工作，尽量减少对原本生活产生影响的全新戒毒模式。虽不限制戒毒者人身自由，但设置了定时报告、检查、外出审批等管理程序保证社区戒毒的有效性，区别于强制隔离戒毒的全封闭戒毒，这是社区戒毒的优势。

（2）实施主体多元性

社区戒毒是一种创新性的戒毒形式，重心转移到对戒毒者的帮教上。国家支持社会组织、机构及个人参与到社区戒毒工作中，与政府相关部门通力合作展开工作。帮教主体的多元化不仅能改善政府部门戒毒工作压力大的局面，更能将社区戒毒工作推向社会化的转变。

（3）戒毒者的自主性

社区戒毒这种矫治措施更适用于毒瘾程度较浅、悔过性较强的戒毒人员，这也一定程度决定了戒毒人员需要有自主性。虽说有外界人员的协助和监督，但是戒

---

[1] 何亭苇：《福利多元主义视角下我国社区戒毒制度反思》，2019 年中国人民公安大学硕士学位论文。
[2] 陈晶羽：《我国社区戒毒研究文献综述》，《法制与社会》2014 年第 5 期。

毒人员的自主性具有决定性，依赖于其对自身吸毒行为的自我管理控制和戒毒措施的执行。

（二）社区戒毒制度

从历史中可知，从清朝到民国时期的中国人民深受鸦片的毒害，为维持社会的稳定，促使吸毒者戒除毒瘾，颁布禁毒条例势在必行，于是出现了清政府的《吸食鸦片烟治罪条例》。

新中国成立后，为了解决旧社会遗留下来的问题，1950年发布了《关于严禁鸦片烟毒的通令》，这一时期的戒毒模式是以自行戒毒为主，强制戒毒为辅，社会和政府合力参与。由于国家整治毒品泛滥的决心，禁毒戒毒运动很快就取得了成效。改革开放后，吸毒泛滥问题复发，此时的毒品已不仅仅是鸦片，社会的发展也逐渐将吸毒者与普通群众分离开，人们对吸毒者产生了异样的看法。直到20世纪末，人们对吸毒的态度是坚决抵制，而对吸毒人员的处理模式是以惩戒为目的的强制戒毒或者劳动教养措施，采信"重典治乱"的理论，社区戒毒措施还未出现。到2008年《禁毒法》的施行，中国开始了新阶段戒毒模式，结合2011年施行的《戒毒条例》，标志着社区戒毒模式的初建，在法律层面正式确立了社区戒毒的新戒毒体系，体现了以人为本的社区戒毒理念。

社区戒毒作为《禁毒法》设立的全新的戒毒形式是与时俱进、立足于实践的产物，也由以往的辅助性手段转变为戒毒三大措施之一，从法律层面得到重新定位。吸毒人员是社会上的特殊群体，客观上来说他们都是毒品的受害者，难以有人施以援手，吸毒人员就容易陷入戒毒又复吸的怪圈中。社区戒毒这种新矫治方式的出现为戒毒人员提供了新选择，社区戒毒的半强制性使他们更容易接受，这种矫治模式的实施无论是对戒毒人员个人、对社会还是对整个国家都会产生不可估量的作用。

我国《禁毒法》从2008年颁布至今已经13年之久，社区戒毒制度对于有效帮助吸毒人员戒除毒瘾，使其更容易重新融入社会发挥了重要的作用，也能被社会广泛认可。但是由于种种客观因素，当前法律法规构建的社区戒毒制度影响着社区戒毒工作的更深入发展，如何实现法律价值和社会价值的有机统一，实现更高的社会效果，需要在今后的立法过程中不断探索完善。

三、我国社区戒毒现状

（一）社区戒毒立法基本情况

我国关于社区戒毒的法律法规主要有法律、行政法规和地方性法规，法律有国家层面的《中华人民共和国禁毒法》；行政法规仅有国务院制定的《戒毒条例》；地方性法规较多，如广东、云南、贵阳均出台相关的禁毒条例、社区戒毒康复条例等。同时也有少数相关地方规范性文件，如《银川市基层领导干部履行社区戒毒（康复）工作职责备案查究制度》。

《禁毒法》在充分考虑以往戒毒模式运行暴露出的弊端的情况下，吸收国外经验，立足国内实际情况对我国戒毒制度作出调整，其中社区戒毒新措施的规定是最值得关注的重点之一。另一方面，由于《禁毒法》设定的戒毒体系中社区戒毒是被普遍选择的戒毒措施，因而在立法层面应具有较强可操作性，但《禁毒法》对社区戒毒的某些规定却显得较为简略，导致法的可执行力不强并弱化了法律的权威，该制度的具体运行仍然存有一些设计层面的缺失。

在后来的《戒毒条例》中，很多细节性内容得到补充。《戒毒条例》第三章共十二个条文是对社区戒毒的规定，其中体现出四大亮点。一是社区戒毒主体规定的增加。第十五条和第十七条分别增加了根据工作需要成立社区戒毒工作领导小组，配备社区戒毒相关工作人员。在《戒毒条例》中社区戒毒工作领导小组第一次出现，同时对小组成员作出了规定，使社区戒毒的执行主体更为明确。二是社区戒毒措施规定的细化。第十八条[①]从执行主体的层面明确了上述义务，很大程度地弥补了《禁毒法》中的缺失。三是戒毒人员义务的提出。除履行社区戒毒协议、定期接受检测外，《戒毒条例》还对社区戒毒人员的人身自由作出一定限制的规定，如离开县、市3日以上的应当书面报告，但遗憾的是对报告的对象没有作出规定，这可能为之后的施行制造困难。四是社区戒毒程序规定的完善，体现在第十四条、第二十三条和第二十四条。要求社区戒毒人员15日内到乡镇街道报到作为社区戒毒的启动程序；社区戒毒规定期限为三年，从报到之日视为开始计算之日，期满后由公安机关出具解除通知书，此为社区戒毒的结束程序。另外，还规定了公安机关作出中止决定的情况，作为社区戒毒的中止程序。

（二）社区戒毒实施基本情况

自2008年以来，社区戒毒逐渐受到重视，特别是国家制定全国社区戒毒康复工作五年计划以后，各地区积极响应号召以不同形式展开社区戒毒工作。

上海市一直是社区戒毒制度实施的带头者。早在2003年，上海市就向机构提出购买禁毒社工服务，禁毒社会工作者还需要经过专业的培训以保证掌握科学的

[①] 《戒毒条例》第十八条：乡(镇)人民政府、城市街道办事处和社区戒毒工作小组应当采取下列措施管理、帮助社区戒毒人员：(一)戒毒知识辅导；(二)教育、劝诫；(三)职业技能培训，职业指导，就学、就业、就医援助；(四)帮助戒毒人员戒除毒瘾的其他措施。

戒毒方法帮助戒毒人员戒毒。[①] 在2016年上海市又颁布了《上海市戒毒条例》进一步细化社区戒毒规定，之后又陆续出台相应的规范性文件，一直积极探索社区戒毒新路径。

我国西南部因为靠近东南亚金三角地区，禁毒工作更加紧迫而繁重。不可否认的是上海市的社区戒毒工作推进得非常顺利，得益于其发达的经济发展水平，反观云南省、贵州省等西南部地区，政府分配的经费是有限的，经费不足容易导致工作人员匮乏、戒毒资源有限、管控能力弱等问题，此时需要因地制宜，探索更多有效的方式推进社区戒毒工作。此外，苏州市的"自强"模式、昆明市的"大观模式"、贵州省的"阳光工程"建设等，都可以成为其他地区的参考。

纵观我国各地区社区戒毒工作的执行情况，都会存在一些普遍的问题。首先，社区戒毒专职人员和工作人员比较缺乏，同时大部分工作者没有相关的专业知识，会对社区戒毒工作的效果造成影响；其次，戒毒人员的权利难以保障，而吸毒人员往往文化水平比较低，缺乏对自身合法权利保护的意识；最后，忽视了对戒毒人员的心理辅导。很多戒毒者在戒除毒瘾期间内心其实很彷徨，害怕社会人员的歧视和不理解，更害怕家人的疏远等问题，此时心理辅导要发挥起作用，才能真正意义上帮助戒毒者戒除毒瘾、融入社会。

(三)社区戒毒执行困境的形成原因

1. 社区戒毒相关法律规定尚需完善

宏观来看，国家对毒品的防控可以分为四个阶段，第一阶段是事前性预防，重点在对相关问题进行立法、开展禁毒宣传教育；第二阶段是对制毒、运毒、贩毒活动的管制；第三阶段是对毒品犯罪行为的定罪量刑，此阶段的特征表现为惩戒性；第四阶段为实施戒毒帮扶措施，此阶段的特征表现为救助性。对于社区戒毒，需要有第一阶段的立法进行实际的工作指引。由于法律具有滞后性，实务中遇到的许多问题难以找到法律依据，或者由于法律法规规定得不严谨，引起歧义，导致工作推进比较困难。因此，走出社区戒毒执行的困境还需要对原有法条进行调整、修改，对新出现问题进行立法完善。

2. 经费得不到保障

保证社区戒毒制度的运行，除了人力的投入，财力的投入也是不可或缺的。

---

① 简工博：《上海探索社区戒毒康复制度化》，载《解放日报》2016年11月10日。

《禁毒法》第六条①和第七条②是对禁毒工作费用来源的规定,从上述两条规定可以看出,禁毒费用主要是财政拨款和社会捐赠,此规定存在两个问题。一是由于禁毒工作涉及方方面面,社区戒毒仅为一小部分,若政府对社区戒毒实施不重视,就难以保证社区戒毒费用能得到合理的分配;二是地方经济发展水平事关财政拨款,发达地区经费毋庸担心,但地区之间发展差距容易导致落后地区经费落实得不到保障,社区戒毒工作的开展便无从谈起。

3. 社会参与度低

我国社区戒毒制度法律规定由相关社区戒毒工作人员、医务人员组成的小组落实具体的社区戒毒措施,但实际执行中存在着社区专职人员数量不足、对社会相关组织忽视的情况,相关人员没有在社区戒毒中真正地承担起相应的责任。究其原因,一是我国的立法设想没能和社会发展水平相匹配。一些发达国家的社会组织机构能很好地参与到社区戒毒的实施中是因为他们的社会福利性机构的全面发展,机构分类明确,职责分明,社工机构由来已久,这为社区戒毒这一类措施的实施奠定了基础,我国社会服务机构组织的发展还不足以支持社区戒毒措施的实施。二是人们对吸毒人员的偏见。"自作自受"是部分人给吸毒人员贴上的标签,因此大众貌似不愿意参与帮助吸毒人员戒毒,这也很大程度阻碍了社区戒毒制度的推进。

四、我国社区戒毒制度的欠缺

(一)社区戒毒社会化规定不够明确

社区戒毒的出现意味着需要将戒毒工作社会化,但《禁毒法》、《禁毒条例》及政策性文件对社会组织、社区戒毒工作者在禁毒领域的职责没有明确的界定,这对社会戒毒组织发展产生较大的影响。在社区戒毒工作的整体运行中,社区戒毒决定主体、吸毒成瘾认定主体、社区戒毒协议签订、程序的转换、解除皆是以行政机关为主,社会力量发挥空间有限,实际上社区戒毒工作很多是需要其他社会团体及志愿者共同参与的,仅靠政府难以应对工作需求,且难以真正走向社会。比如某些城市使用政府购买社会工作服务模式运行过程中,工作运行模式仍然以以往的行政管

---

① 《中华人民共和国禁毒法》第六条:县级以上各级人民政府应当将禁毒工作纳入国民经济和社会发展规划,并将禁毒经费列入本级财政预算。
② 《中华人民共和国禁毒法》第七条:国家鼓励对禁毒工作的社会捐赠,并依法给予税收优惠。

理模式进行,即自上而下由行政主管机关下达任务,上级指派到基层政府、街道,然后由相关部门指派到社会组织、社会工作人员执行,社会组织及社会工作者的职责界定不明确使其工作往往处于被动状态,具有明显的行政性,不利于社区工作社会化的转变。

(二)戒毒协议规定不够完善

《禁毒法》第三十五条规定:"接受社区戒毒的戒毒人员应当遵守法律、法规,自觉履行社区戒毒协议,并根据公安机关的要求,定期接受检测。"在此出现了新名词"社区戒毒协议",这个协议虽然规定了双方的法律契约,但是《禁毒法》与《戒毒条例》关于戒毒协议的规定总体存在两点不足:一是在法律法规中,戒毒协议的内容忽视了戒毒人员应有权利和政府部门帮扶义务的规定。《戒毒条例》第十六条明确戒毒人员应遵守的规定和违反协议的责任为戒毒协议的必要组成内容,并没有涉及戒毒人员可以享有的权利和政府部门义务的相关表述,一定程度上显现出协议的不对等性;二是虽然《禁毒法》与《戒毒条例》规定了协议签订的主体、期限、内容等,却遗漏了一个关键的"未规定拒绝签订协议"的规定或者逾期不报到导致无法签订协议的法律后果。之所以将其作为不足提出,是因为在实践中由于协议的未签订,无法将这部分人按照"严重违反戒毒协议"的规定转换为强制隔离戒毒,实施治安管理处罚亦于法无据,容易导致吸毒人员脱管。

(三)戒毒期限设置不够灵活

对于社区戒毒的时长,都统一规定为三年,这种过于硬性的规定让人思考其设置的合理性和科学性。戒毒时长的设置应当基于实际并服务于实际,社区戒毒统一的三年戒毒期限规定,没有针对戒毒人员的毒瘾强弱等因素做出区别化处理。如对于毒瘾较弱或戒毒期间积极治疗,毒瘾消除及复吸可能性小的,没有提前解除社区戒毒的对应规定。相较于强制隔离戒毒制度,后者更能体现设置的科学性。《禁毒法》在第四十七条设置了诊断评估程序,对于不同情况可以提前解除强制戒毒或延长戒毒的期限,[①]那么强制性比它弱的社区戒毒制度却缺乏这种较为客观、科学、合理的期限设置,不利于社区戒毒实际的运行。

(四)社区戒毒管理规定不够完善

在相对轻松的环境中完成戒毒是社区戒毒制度的特点,但如果实施管理不规

---

① 靳澜:《社区戒毒制度的法治困局与破解路径》,《知与行》2017年第8期。

范,也可能成为此制度的致命点。由于人的惰性和毒品的成瘾性,社区戒毒制度虽给戒毒人员创造了很好的戒毒条件,避免了强制隔离戒毒措施可能带来的不良影响,可实践中却极容易导致戒毒人员复吸,社区戒毒管理规定不够完善是造成这一情况的原因之一。

根据我国《禁毒法》第三十四条第一款规定,城市街道办事处和乡镇人民政府是社区戒毒工作的实际落实实施主体;《戒毒条例》第二条规定、第十五条规定,可知社区戒毒工作领导小组由各类社会人士组合而成,此小组也可以不成立。由此可知,我国大致构建了县级以上人民政府设立的禁毒委员会统筹下,乡镇人民政府、城市街道办事处具体实施的社区戒毒制度运行机制。基层实践中政府作为行政机关,各部门有不一样的职能,政府对区域内的管理绝大多数通过职能部门实现。"人民政府"作为直接的实施主体主要存在于突发或者重大事件、项目,社区戒毒是一项日常性、基础性的工作,而《禁毒法》和《戒毒条例》直接把"人民政府"规定为社区戒毒工作的实施主体显得不够具体,导致实践中大致会出现三种情形,第一种是由基层司法所负责开展工作;第二种是由基层公安部门负责开展工作;第三种是由禁毒办机构负责开展工作。宏观来看,是不利于从省到乡级的社区戒毒工作管理的,还会增加部门沟通的成本。

此外,虽然在《戒毒条例》第十七条中细化了社区戒毒相关人员,但是实践中一些基层地区的禁毒专职人员大多为从相关岗位退休下来的干部,工作力量不足,难以发挥应有作用;社区民警为维护社区内治安花费大部分精力,难以兼顾社区戒毒工作。综上,由于种种因素的限制,我国的社区戒毒管理水平还有待提高,社区戒毒管理规定有待完善。

(五)规定的程序不够严谨

仔细审查关于我国社区戒毒的法律规定,涉及到工作衔接比较多的主体是公安机关、乡(镇)人民政府和街道办、戒毒人员三方,《戒毒条例》第三章主要规定了社区戒毒包括启动、转换、解除、中止以及终止的五大程序,但在程序衔接规定上存在不足之处,如在启动和转换程序上需要对相关规定进行修改和调整;对中止和终止程序规定过于简略,可能会导致社区戒毒工作缺乏指向性,需要进一步调整完善。

五、我国社区戒毒制度的完善

(一)完善社区戒毒社会化规定

中共中央、国务院在《关于加强禁毒工作的意见》中特别提出,要构建"全社会共同参与的禁毒工作社会化格局"。2015年出台的《全国社区戒毒社区康复工作规划(2016—2020年)》进一步将"社会化"原则落实到戒毒工作层面,突出了社区戒毒和社区康复工作主体的社会化、工作投入的社会化、工作内容的社会化。[①] 据此,应当从立法角度提高社区戒毒工作社会化水平:第一,鉴于实践中社区戒毒工作仍然过度依赖于行政权,应当从整体制度的构建上修正这一偏向,注重明确社会组织、社会机构、社会工作人员等主体的职责。第二,建议参考《上海市禁毒条例》第五章"禁毒工作保障"对《禁毒法》的内容进行完善,其中必须明确各级政府可以通过购买服务的方式扶持社会组织及社会工作者参与到戒毒工作中去,使政府购买社区戒毒服务制度化。同时,建议省市禁毒办充分与财政部门协调沟通,在制定政府购买服务指导性目录时考虑增加社区戒毒购买服务项目,以促进社区戒毒社会化格局的构建。

(二)完善戒毒协议规定

在形式上对戒毒人员与戒毒主体的权利义务进行较为全面的规定,对社区戒毒的有序进行至关重要。因此,从立法方面完善戒毒协议必备内容是必要的。《禁毒法》第三十五条、《戒毒条例》第十六条、第十九条是涉及戒毒协议这一方面的规定,为使内容更具有系统性,需要作出相应的调整。

建议在《戒毒条例》第十六条对戒毒协议内容的描述中增加戒毒人员享有的权利的相关内容,具体可以修改为"乡(镇)人民政府……明确社区戒毒的具体措施、社区戒毒人员应当遵守的规定、违反社区戒毒协议应承担的责任以及戒毒人员享有的权利和权利受损时的救济方式。"这样一来,提高了协议的对等性,相应增加戒毒人员参与社区戒毒的积极性。

实践中有可能会出现戒毒人员钻法律法规空子的现象,他们收到责令社区戒毒决定书后,在规定时间内完成报到但却拒绝签订社区戒毒协议。为避免戒毒人员的脱管,建议将上述情形"按时报到但拒不签订社区戒毒协议"规定在《禁毒法》

---

① 刘静林:《社会化:社区戒毒康复的现实选择和未来趋势》,载《中国禁毒报》2016年1月19日,第1页。

第三十八条中拒绝接受社区戒毒的情形,便能有根据地将其转为强制隔离戒毒措施。基于立法的严谨性,《戒毒条例》第十四条应相应修改为"社区戒毒人员应当……无正当理由逾期不报到或报到后拒不签订协议的,视为拒绝接受社区戒毒"。

(三)完善社区戒毒期限设置规定

过于僵化的戒毒期限设置有时不适用于实际情况,对不同情况的戒毒人员应当作出区别化处理,建议立法时增加提前解除社区戒毒的情形,可以从吸食毒品的种类作为区分的标准。一方面,可以针对不同种类的毒品制作毒品毒瘾性等级表,作为公安机关的参考;另一方面,根据执行部门、组织或机构的反馈,针对表现良好、戒除毒瘾的戒毒人员,公安机关可以作出提前解除社区戒毒的决定。相应地,《禁毒法》和《戒毒条例》关于戒毒期限的规定也应当进行调整,建议将《禁毒法》第三十三条社区戒毒期限规定修改为不超过三年,使实践中的戒毒期限运用更具有弹性。

(四)完善社区戒毒管理规定

上述讲到,《禁毒法》和《戒毒条例》直接把"人民政府"规定为社区戒毒工作的实施主体显得不够具体,导致各地区的社区戒毒实施机构也不一样。因此,我国应当在《禁毒法》和《戒毒条例》中统一戒毒实施主体。

鉴于我国社区现阶段的发展现状,如果需要提高社区戒毒管理水平,社区戒毒繁复的工作不适宜由社区承担。目前,重庆、云南、青海、山东、湖南和广东省的广州市已经将公安机关强制隔离戒毒的工作移交给司法行政部门执行,直接送交强制隔离戒毒所。从实际运行情况来看,上述省份强制隔离戒毒工作水平得到明显提高。强制隔离戒毒管理的改革将工作移交司法行政部门负责实施,考虑到强制隔离戒毒工作和社区戒毒工作性质的相似性,建议社区戒毒实施主体可转移至司法行政机关,也可以是其下属局,由其统一承担社区戒毒管理工作。

(五)完善社区戒毒程序规定

《戒毒条例》第三章主要规定了社区戒毒的五大程序,包括启动、转换、解除、中止以及终止程序,在程序衔接的规定上各有不足,特别是对中止和终止程序规定过于简略,可能会导致社区戒毒工作缺乏指向性,需要进一步调整完善。

在启动程序上,第十三条①规定县级、设区的市级人民政府公安机关作出决定后通知负责执行的乡(镇)人民政府或街道办,与此相对应的解除程序附上了通知的期限,而启动程序却没有期限的规定,可以看出是立法上的不严谨,应当相对应地调整为"并在七日内通知本人户籍所在地或居住地乡(镇)人民政府或街道办"。

在转换程序上,包括了社区戒毒程序转换为强制隔离戒毒程序和变更社区戒毒执行地转换程序。对于前者,需要结合第二十条②和第二十五条③理解,《禁毒法》第三十八条④规定了社区戒毒转为强制隔离戒毒的四种情形,《戒毒条例》第二十条对第三种"严重违反社区戒毒协议"的情形作出了解释,对比研读可以发现达到严重违反协议的标准是擅自离开三次以上或者累计超过三十日,经决定转为强制隔离戒毒,但并没有涉及如果擅自离开未达到上述标准时应当如何处理。擅自离开明显违反戒毒协议,不对戒毒者作出相应处理显然不恰当,此时可以增加规定,如:"擅自离开社区戒毒执行地所在县(市、区)但未达到上述情形的,应当及时向作出决定的公安机关报告,由公安机关作出警告或延长戒毒期限的决定。"这样会使转换程序规定更加严谨。对于后者,第二十二条⑤中执行地转变的,应当增加执行机关对公安机关的通知备案程序,进行信息的反馈,这也与第二十三条的解除程序相衔接,因为执行地的转变会导致戒毒期限的延后,而作出解除决定的是公安机关,一旦公安机关信息迟滞可能会引发错误决定的出现,因此执行机关与公安机关之间的通知备案程序至关重要。

在中止和终止程序上,决定机关是否还是县级、设区的市级人民政府公安机关

---

① 《戒毒条例》第十三条:对吸毒成瘾人员,县级、设区的市级人民政府公安机关可以责令其接受社区戒毒,并出具责令社区戒毒决定书,送达本人及其家属,通知本人户籍所在地或者现居住地乡(镇)人民政府、城市街道办事处。
② 《戒毒条例》第二十条:社区戒毒人员在社区戒毒期间,逃避或者拒绝接受检测3次以上,擅自离开社区戒毒执行地所在县(市、区)3次以上或者累计超过30日的,属于《中华人民共和国禁毒法》规定的"严重违反社区戒毒协议"。
③ 《戒毒条例》第二十五条:吸毒成瘾人员有《中华人民共和国禁毒法》第三十八条第一款所列情形之一的,由县级、设区的市级人民政府公安机关作出强制隔离戒毒的决定。对于吸毒成瘾严重,通过社区戒毒难以戒除毒瘾的人员,县级、设区的市级人民政府公安机关可以直接作出强制隔离戒毒的决定。
④ 《禁毒法》第三十八条:吸毒成瘾人员有下列情形之一的,由县级以上人民政府公安机关作出强制隔离戒毒的决定:(一)拒绝接受社区戒毒的;(二)在社区戒毒期间吸食、注射毒品的;(三)严重违反社区戒毒协议的;(四)经社区戒毒、强制隔离戒毒后再次吸食、注射毒品的。对于吸毒成瘾严重,通过社区戒毒难以戒除毒瘾的人员,公安机关可以直接作出强制隔离戒毒的决定。吸毒成瘾人员自愿接受强制隔离戒毒的,经公安机关同意,可以进入强制隔离戒毒场所戒毒。
⑤ 《戒毒条例》第二十二条:社区戒毒人员的户籍所在地或者现居住地发生变化,需要变更社区戒毒执行地的,社区戒毒执行地乡(镇)人民政府、城市街道办事处应当将有关材料转送至变更后的乡(镇)人民政府、城市街道办事处。

无从知晓,如果答案是肯定的就应该补充加以确认;此外还存在司法机关和公安机关的衔接问题,中止后的再次启动和终止解除的依据应当是司法机关的文书,否则决定机关无法作出处理,因此建立各机关、部门间的协作机制才能更好推进社区戒毒工作。

禁毒教育融入大中小学思政课一体化建设的重要性及其路径探析

徐进功[*]

党的十八大以来,习近平总书记高度重视毒品预防教育环节,他曾作出重要指示:"要坚持关口前移、预防为先,重点针对青少年等群体,深入开展毒品预防宣传教育,在全社会形成自觉抵制毒品的浓厚氛围。"[①]青少年毒品预防教育是国家整体禁毒战略的关键一环,也是大中小学思政课程的重要组成部分。2024年5月,习近平总书记在对学校思政课建设作出的重要指示中强调:"要深入推进大中小学思想政治教育一体化建设,努力培养更多让党放心、爱国奉献、担当民族复兴重任的时代新人。"[②]大中小学思政课和青少年禁毒教育在回答"培养什么样的人、怎样培养人、为谁培养人"这些根本问题上具有高度一致性,习近平总书记的深刻阐述为加快推进禁毒教育与大中小学思政课一体化建设的协同发展提供了重要的理论指导和实践遵循。

一、禁毒教育融入大中小学思政课一体化建设的重要意义

(一)是培养社会主义建设者和接班人的必要前提

培养德智体美劳全面发展的社会主义建设者和接班人,其必要前提是抓好禁毒教育,正如毛泽东所说:"一个对人民和民族高度负责的无产阶级政党,决不能听任毒潮泛滥害国误民。"[③]中国共产党百年来的禁毒宣传历程是后来制定青少年禁毒教育方针的重要实践基础。中国共产党早在成立之初就对鸦片烟毒有着清醒的

---

[*] 作者简介:徐进功,男,厦门大学马克思主义学院院长,教授、博士生导师。
[①] 《走中国特色的毒品问题治理之路 坚决打赢新时代禁毒人民战争》,载《人民日报》2018年6月26日。
[②] 《全面贯彻党的教育方针,落实立德树人根本任务——习近平总书记重要指示为新时代思政课建设守正创新指明方向》,载《人民日报》2024年5月12日。
[③] 齐霁:《中国共产党禁毒史(修订版)》,上海社会科学院出版社2017年版。

认知,1922年7月《中国共产党第二次全国代表大会宣言》中明确指出,中国鸦片泛滥是西方列强为达侵略目的而造成的。[①] 1938年6月,党刊《群众》社论指出,禁烟禁毒和抗日战争一样,是一种全面性、民众性的斗争。[②] 新中国成立后,我们党更是在全国各地大规模、高频次地召开禁毒宣传会。例如,1952年12月,时任公安部部长罗瑞卿在《关于全国禁毒运动的总结报告》中指出:"各地召开了各种宣传会七六五四二八次,受教育的群众七四五九五一八一人。重点地区已做到家喻户晓,人人皆知。"[③]在改革开放和社会主义现代化建设新时期,禁毒宣传全面铺开并开启法制化进程。例如,2008年6月,《中华人民共和国禁毒法》正式实施,第二章第十一条明确规定:"国家采取各种形式开展全民禁毒宣传教育,普及毒品预防知识,增强公民的禁毒意识,提高公民自觉抵制毒品的能力。"党的十八大以来,青少年毒品预防教育的关注度不断上升,禁毒宣传教育正式写入《中小学生守则》《中等职业学校德育大纲》以及各大高校的校规校纪中。

禁毒教育并不是简单的科普,更不是粗暴的恐吓,而是思想教育,是政治教育,是历史教育,更是生命教育。以开元街道溪岸社区寻根文史馆为例,馆中记录了日寇当年用鸦片来"宣抚华侨"的阴谋,引导参观者从日伪时期烟毒泛滥的历史中领悟当下禁绝毒品的意义,可见禁毒教育同爱国主义教育、革命历史教育的紧密联系。而进一步将禁毒教育融入大中小学思政课一体化中,是确保青少年成为德智体美劳全面发展的时代新人的必要前提。

(二)是全面推进"大思政课"建设的应有之义

2022年,教育部等十部门印发的《全面推进"大思政课"建设的工作方案》明确指出,要坚持开门办思政课,强化问题意识、突出实践导向,充分调动全社会力量和资源,建设"大课堂"、搭建"大平台"、建好"大师资"。"开门办思政课"要求思政课与社会现实之间形成良性互动机制,思政课教师要及时将社会素材转化为教学资源,也要通过课堂阐释及时回应社会热点。而禁毒教育是直面社会现实问题、表达时代真实关切、满足社会发展需要的重要教育环节,将禁毒教育融入大中小学思政课一体化的进程中,是思政课建设跳出单一视域、封闭格局的重要契机。其一是有

---

① 中共中央党史研究室、中央档案馆:《中国共产党第二次全国代表大会档案文献选编》,中共党史出版社2014年版。
② 黄伊霖:《中国共产党禁毒宣传教育百年沿革及经验总结》,《中国人民警察大学学报》2022年第38卷第9期。
③ 《建国初期取缔反动会道门、禁娼、禁毒斗争的文献选载(一九五〇年一月——一九五三年二月)》,《党的文献》1996年第4期。

助于延伸思政课的教育场域,让学生在"学校禁毒小课堂"与"社会禁毒大课堂"同频共振中明确正确的世界观、人生观、价值观。其二是有助于拓宽思政课的教育视角,使学生透过禁毒教育了解中华民族苦难辉煌的过去、日新月异的现在、光明宏大的未来,进一步坚定为实现中华民族伟大复兴而奋斗的信心和决心。其三是有助于丰富思政课教学的参与群体,充分吸纳禁毒民警、社工、志愿者等先进人物参与到思政课建设中来,进一步营造支撑思政课的社会生态。

以筼筜街道的青少年禁毒工作为例,其辖区内共有松柏小学、仙岳小学、湖滨中学、外国语学校等多所中小学,街道全盘统筹各学段的禁毒教育工作,举办了禁毒种子抖画大赛、禁毒闯关游戏、禁毒创意走秀等多场活动,形成了区禁毒办、街道办事处主办,街道派出所、戒毒所、卫生所、社区协办,区社会工作服务中心承办的工作机制,实现了禁毒教育与思政教育的良性互动。这启发我们要"跳出禁毒教育做禁毒教育、跳出思政课办思政课",将协同禁毒纳入"大思政课"的体系中,将"大思政课"理念融入禁毒教育的流程中,实现二者的互融互促、共进共荣。

(三)是构建新时代禁毒教育体系的迫切需要

根据公安部《2022年中国毒情形势报告》,近年来我国禁毒工作已取得阶段性成果,毒品违法犯罪活动下降至近10年来的最低点,毒品供应、毒品消费和毒品滥用规模持续减少。[①] 但在全球毒潮的影响下,我国禁毒工作也面临许多新情况和新问题,尤其对青少年禁毒工作提出了诸多新挑战:其一是各类新型毒品层出不穷,它们往往披着"奶茶""邮票""跳跳糖""饼干""饮料""电子烟"等外衣,充分利用青少年好奇心强、自控力和分辨力弱的特征加以侵害。其二是娱乐明星涉毒事件频发,近些年歌手宋东野、陈羽凡、毛宁,演员牛萌萌、房祖名、柯震东等被爆出吸毒丑闻,偶像的错误行为容易给粉丝带来不良的影响,一部分青少年粉丝会因此将吸毒行为当作"潮""酷",还有一部分会迷惑偶像为什么去吸毒,造成价值观上的扭曲或混乱。其三是互联网贩毒现象突出,越来越多不法分子通过互联网勾连,有社区工作者反映在梳理群众提供的涉毒线索时,有不少是通过闲鱼网、淘宝网等商品信息中识别出贩毒情况。当代中小学生具备天然的网络属性,网络已然融入他们学习、生活的方方面面,然而他们的识别能力、自制能力有限,比较容易受到网络信息的诱骗。综上所述,多方因素导致当前我国吸毒人员低龄化趋势明显,改革创新禁毒教育体系的紧迫性日益加强,这要求我们将禁毒教育纳入大中小学人才培养体系之中,贯穿于思想政治工作体系、学科体系、教学体系、教材体系、管理体系全过

---

① 《我国毒品违法犯罪活动降至近十年来最低》,载《人民日报》2023年6月26日。

程,进一步推动新时代禁毒教育体系建设和能力建设的现代化。

二、禁毒教育融入大中小学思政课一体化建设的现实困境

(一)各学段禁毒教育衔接性不强

大中小学思政课一体化的基本原则是"紧密衔接、协同进阶",要求从宏观上统筹不同学段的教学内容,使思政课教学顺应学生身心发展规律。对照这一要求,目前禁毒教育各学段衔接不力、缺失错位的问题依然显著,是掣肘一体化建设的关键堵点。

首先,不同学段的禁毒教育各自为政、独立工作。要实现禁毒教育一体化,须首先确保禁毒教育工作队伍一体化。然而当前各学段的课程教研教学仍旧相互独立,不同学段之间的合作并不多。大学禁毒教育往往只顾及自身要求,对中小学禁毒教育缺少关照。中学阶段以成绩为导向,以升学为中心,对于禁毒教育的重视不足,也无暇顾及与小学和大学学段的教育衔接。因此,各学段的教育内容重复、教育模式单一、教育体系固化问题依然存在,一体化建设任重道远。

其次,不同学段的思政课教师的衔接意愿并不高。一体化建设需要不同学段的禁毒教育实施者具有一体化意识,认同一体化建设的理念与效能,而非质疑甚至是应付。然而当前各学段教师更多从自身立场思考问题,难以跳出思维惯性,创新方式方法的主动性不强。

最后,缺乏保障一体化建设的客观机制。大中小学思政课一体化建设机制包括领导、组织管理、运行、监督、评价、进入退出、激励、培训、保障等全过程机制。[①]但是在现实中仍有较大差距,禁毒教育一体化工作仅限于部分学校"同上一堂课"活动,国家、省市地方的禁毒教育一体化指导委员会普遍未成立,各学段禁毒教育工作者的集体备课、公开课、项目申报、研讨会、培训会等交流途径都尚未疏通,家校社一体化交流平台依然不太完备,跨一体化建设的顶层设计仍相对泛化。

(二)禁毒教育者专业化配比不足

专业化禁毒教师队伍是全面落实青少年禁毒教育的重要力量,然而目前我国大中小学禁毒教育仍然面临以下问题:其一是各学段几乎没有禁毒教育专职教师,目前多数学校的禁毒专业教师缺口较大,禁毒教育者往往直接由班主任、辅导员、

---

① 王冠中、刘亚欧:《大中小学思政课教师队伍一体化建设的困境与路径探析》,《中国高校科技》2024年第4期。

行政人员等担任,或者是依靠于禁毒社工、民间协会等"外援",如何优化禁毒教育者队伍的配比是改革禁毒教育体系的基点所在。其二是从事禁毒教育的工作者往往非专业科班出身,禁毒教育工作者除了要掌握基本禁毒知识外,还应了解青少年成长时期的思维特征、认知心理、接受能力等多维度要求,进一步实现"以理服人、以思育人"。然而现实中从事禁毒教育的往往是缺乏教育专业背景的社会工作者,在学校教师培训环节中也缺乏对禁毒工作的系统了解,如何提升禁毒教育者的整体素质是优化禁毒教育体系的重点所在。

(三)对禁毒教育评价机制重视不够

学生的学习效果要依靠良好的评价机制来引领,然而目前各级学校普遍忽视禁毒教育的课程评价体系。有学者调查得出,只有16.3%的大学生表示其对禁毒知识的了解来源于学校的宣传教育,大多数学生的禁毒知识是通过电影、电视、网络等大众传媒得来的,这表明高校在禁毒宣传教育的效果评价上存在明显问题。[①]教育者在开展活动之前没有建立系统的评价机制,在活动过后没有充分了解受教育者的学习情况,导致在教育评价上往往出现偏差,学校自以为采取了许多有效的教育手段,学生们却感触不深、了解不多。难以实现禁毒教育实施效果的集中反馈与及时纠正,使一些禁毒教育活动大而化之、流于形式。

三、禁毒教育有效融入大中小学思政课一体化建设的实践路径

(一)以一体化思路明确适龄化教学目标,完善禁毒教育课程体系

一体化思路强调根据不同学龄学生的认知能力、接受能力以及发展特点,明确适龄化教学目标、科学制定教学内容、完善教育课程体系,禁毒教育也应在各学段体现不同层次的多元性与衔接性。

其一,小学阶段应注重对禁毒意识的启蒙及拒毒情感的培养。教学内容侧重于对禁毒常识的讲解与运用,要将通俗易懂的场景引入思政课教学,采取画画、绘本、儿歌、动画、小组游戏等生动活泼的教学方式,使小学生逐渐明晰禁毒抗毒的行为规范。例如厦门市松柏小学2024年"开学禁毒第一课"上,志愿者主要通过展示仿真毒品模型,使小学生近距离认清毒品的原貌,丰富他们对禁毒的感性认知。

其二,中学阶段应注重正确人生观、生命观、生活观的塑造以及对禁毒事业责

[①] 魏春生、王丹:《对我国高校禁毒宣传教育工作的调查与分析》,《中国药物依赖性杂志》2010年第19期。

任感的培养。要将先进的禁毒模范及光荣事迹纳入思政课教学,以榜样激励法引导学生端正三观、增强使命感、珍惜生命;要专门开设禁毒教育课程,将禁毒教育延伸至家庭和社会实践各环节,尝试开展禁毒教育体验性学习。例如厦门市多所中学曾组织前往厦门市第一强制隔离戒毒所参观学习,并组织花灯DIY、包粽子、书友会等各类志愿活动,助力学生在禁毒知识学习、人际交往、社会生活等多方面的锻炼与成长。

其三,大学阶段应注重培养学生在接受禁毒教育与参与志愿服务中的创新思维与主动精神,提升学生对禁毒事业的认识广度与精神高度。在教育内容上,要注重将缉毒警察英雄事迹、中国共产党成立以来禁毒历史实践、政策思想演进及其历史成就融入大学思政教材相关章节,使其深入理解中国共产党领导人民打赢禁毒战争的历史逻辑与现实价值。在教育方式上,要注重引导学生发挥专业优势和个人兴趣特长,突出学生的自我教育与同辈相互教育,以厦门大学2024年禁毒项目创意比赛为例,活动分为美术类、文创类、志愿项目类、影视类等五个赛道,注重引导学生提出原创的禁毒作品和禁毒创意,有效提升了禁毒教育的质量和效果。

以上不同学段禁毒教育的内容各有侧重、方式各有特色,却又共同发力、相互衔接,有助于禁毒教育在融入大中小学思政课一体化建设中取得实效。

(二)统筹大中小各学段专业化师资建设,优化教育评价标准

要实现大中小学禁毒教育一体化,须首先确保禁毒教育工作队伍一体化,并尽快补齐禁毒教育评价机制的弱项,进而实现禁毒教育工作流程一体化。

其一,切实提高思政课教师的禁毒素养与教学能力。在充分借鉴大中小学思政课教师队伍培养培训规划细则的基础上,依托新时代思政课教师研学基地与各高校学科资源,充分组织思政课教师开展禁毒教育的实地调研和磨课备课活动,建立健全大中小学思政课教师一体化禁毒教育培训机制,全面提升思政课教师开展禁毒教育的思想高度及实践能力。

其二,加强大中小学禁毒教育课程专兼职教师配备力度,可由地方设立从事禁毒教育的专门机构,配备禁毒教育专职人员,由各级学校建立禁毒教育师资库,联合德育、历史、生命教育等多学科教师,以及所在社区的民警、社工等组成专兼结合的师资队伍,大力开展禁毒教育师资培训,依法保障禁毒教育经费。

其三,优化教育评价标准,建立健全科学的禁毒教育评价体系。2019年3月18日,习近平总书记提出了思政课"八个统一"的评价标准,即:坚持政治性和学理性相统一、价值性和知识性相统一、建设性和批判性相统一、理论性和实践性相统一、统一性和多样性相统一、主导性和主体性相统一、灌输性和启发性相统一、显性

教育和隐性教育相统一。① 下一步,禁毒教育可对照"八个统一"要求,根据学生课堂实际表现情况、知识掌握运用情况、课后志愿服务参与情况等方面制定详细的禁毒教育评价及考核标准。在教师端方面,建立健全禁毒教学考核奖惩制度,注重对教师科研能力、育人能力以及实践能力的考核与评价,进而充分发挥评价体系的实时监督与保障激励作用,从而提升新时代禁毒教育的科学性和有效性。

(三)搭建家校社一体化禁毒教育平台,营造协同育人环境

为广泛开展禁毒教育活动,要搭建多方资源共享平台、拓展现场教学空间、营造协同育人环境,以学校为主阵地,同时发挥家庭与社会对禁毒教育的基础和保障作用,形成三位一体、协同联动的禁毒教育新格局。

其一,各级学校要在青少年禁毒教育中发挥主导作用。学校教育是对青少年最直接、最有效、最持久的影响力量,应多渠道拓展校内现场教学场所,建设配套完备的教学空间、活动中心等,并积极拓展校外实践平台,可与当地戒毒所合作建立禁毒教育现场教学点,与所在社区合作建立禁毒宣传志愿服务站。在营造校园禁毒氛围方面,应注重内容与形式的创新,通过校园广播、报刊、新媒体等及时宣传,弘扬珍爱生命、远离毒品的主流价值观。

其二,家庭要在青少年禁毒教育中发挥基础作用。家长应积极响应、配合学校、社区各项禁毒宣传教育方案,将禁毒的种子牢牢地栽种在孩子的心中,涵养健康生活、积极向上的良好家风,帮助孩子树立正确看待人生挫折、自觉抵抗不良诱惑的意识。例如嘉莲街道曾以母亲节为契机,开展"母爱无毒 守护未来"禁毒教育活动,重点是教育广大母亲识别毒品、拒绝毒品,进一步影响她们的孩子和家人,从而通过良好的家风涵养青少年的禁毒意识。

其三,社会要在青少年禁毒教育中的发挥辅助作用。青少年不只在学校和家庭活动,还存在校门外、家门外的"中间地带",这个地带需要所属社区、街道发挥作用,利用各方资源营造有利于禁毒教育的社会环境。以筼筜街道育秀社区为例,该社区充分利用社区公园、网格员入户、居民活动等各种契机,将禁毒教育嵌入社区日常工作与居民日常生活中。在隐性教育方面,由于学生们在放学后经常来社区门口的育秀广场玩耍,社区党委借机竖立多个禁毒宣传栏,并用 LED 屏幕播放禁毒宣传片,将学生们置身于禁毒教育的教育空间之中。在显性教育方面,该社区 4 年来结合各项广场活动开展禁毒宣传 20 余场,发挥党组织联建资源开展禁毒知识

---

① 《〈求是〉杂志发表习近平总书记重要文章 思政课是落实立德树人根本任务的关键课程》,《思想政治工作研究》2020 年第 9 期。

讲座十余场,结合网格员入户宣传发放各类禁毒手册、宣传折页5000余份,借助网格治理微信群转发禁毒推文,受宣传人数近2万人,切实为辖区的青少年营造健康向上的禁毒氛围。

马克思曾在1858年《鸦片贸易史》中评论清王朝统治下的中国:"一个人口几乎占人类三分之一的幅员广大的帝国,由于被强力排斥于世界联系的体系之外而孤立无依,因此竭力以天朝上国的幻想来欺骗自己,这样一个帝国终于要在这样一场殊死的决斗中死去。"[1]在160多年后的今天,全球毒潮依旧严峻,中国共产党领导下的中国政府始终以高标准推进毒品问题治理,充分展现了中国特色社会主义制度和国家治理体系的巨大比较优势。面向未来,相信通过汇聚起学校、家庭、社会等多方合力,将禁毒教育融入大中小学思政课一体化建设之中,必将营造出有利于青少年健康成长的禁毒环境,让"珍爱生命、远离毒品、牢记历史、不忘担当"的新时代禁毒理念深入人心。

---

[1] 《马克思恩格斯全集》第十二卷,人民出版社1998年版。

智慧禁毒视角下
福建省毒情评估高质量发展研究
——以发展新质生产力为例

许晓东[*]

2023年9月,习近平在东北全面振兴座谈会上首次提出发展新质生产力的重要意义。[①] 截至2024年上半年,学界对新质生产力的研究成果主要有2个基本路径:其一,从理论研究的视角研究新质生产力的哲学内涵、内容特征、演进路径、生成逻辑、形成机制等;其二,从实践转化的维度研究新质生产力在新型工业化、新型数字经济、现代产业体系中的应用。但,学界对新质生产力在禁毒领域的实现路径研究却尚待开展。发展禁毒领域新质生产力是促进毒情评估高质量发展的重要方向。基于此,本文拟从"新质生产力"转化的选择依据、现实要求和实现路径三个层面对智慧禁毒视角下福建省毒情评估高质量发展研究进行梳理和探讨,以期为新时期建立智慧毒情评估机制提供参考和借鉴。

一、福建省毒情评估新质生产力转化的选择依据

(一)当前福建省毒情形势分析及评估需求

从福建省毒情形势分析总体看,通过福建省禁毒相关部门持续的严打严查和综合治理,新时代福建省的毒情形势总体持续向好,但局部毒品案件通过新的手段与新技术手段交替也有所反弹,可视之为新时代福建禁毒工作之挑战。总体观之,"以药代毒"的新形式毒品滥用趋势日趋明显,此种新形式之毒情正成为禁毒工作的一大难题,例如滥用"笑气"的案件数量具有与日俱增之势。面对新技术手段的毒品变化,禁毒工作依旧面临以"外防输入、内防反弹"为核心的风险挑战,可谓任

---

[*] 作者简介:许晓东,男,哲学博士,中共福建省委党校哲学教研部讲师。
[①] 《习近平在黑龙江考察时强调 牢牢把握在国家发展大局中的战略定位 奋力开创黑龙江高质量发展新局面》,载《人民日报》2023年9月9日。

重道远。从外防输入的维度看,福建作为沿海城市,在区位上面临着来自海上的毒品走私和非法贩运的紧迫威胁,须时刻保持警惕,加强边境管控与打击海上毒品走私的力度,以阻断毒品从源头流入福建。其次,从内防反弹的维度看,加强社区治理与基层宣传教育工作具有现实意义,使之可以实现提高群众禁毒意识,减少毒品滥用与传播的效益。同时,在意识形成的背后,依旧需要法律的强力保障,即通过加强立法和司法保障,建立健全毒品相关的法律法规和政策支持体系,严惩毒品犯罪。

从毒情评估需求看,当前福建省毒情评估具有急切性、紧迫性的需求特点,主要体现在以下三个方面。第一,毒品犯罪活动的频发性是社会稳定的"肉中刺"。近年来,福建省毒品犯罪活动呈现出多样化、隐蔽化的特点,毒品交易活动的新技术手段给毒情评估带来新的考验。由此观之,毒品交易新技术的转型升级,间接推动毒情分析新技术的升级,即急需利用智慧化、数字化的方式对毒情进行全面分析和评估,以便及时制定针对性的打击策略。第二,从人与地的因素看,福建省作为沿海城市,导致城市的青少年和流动人口的频繁交汇与区域渗透。人群的高频变动性使得传统以人力为主导的毒情分析应接不暇,因此,对利用智慧化手段对毒情深入调查和评估,有助于科学制定禁毒预防和干预之举措。第三,从港口上看,福建省作为拥有多个港口的省份,具有跨境毒品走私活动的易发性,因此,利用智慧化手段对毒品流通路径的研究和评估尤为重要,是加强边境管控,打击跨境毒品走私犯罪的重要技术手段。智慧禁毒是提高禁毒工作全要素效率的方式,通过科学的评估分析,以期更好地把握毒品问题的全貌,并采取有力措施加以应对,方可确保新时代社会与人民的安宁。

(二)智慧禁毒视角下的新质生产力的内涵

如上可知,当前福建省毒情的基本形势已然显现多种挑战,并迎来技术升级的历史节点。站在多重挑战交织的历史节点,生产力发展水平必然要顺应新时代的更高要求。[①] 从智慧禁毒视角下看,新质生产力是指在禁毒工作中,借助智慧技术和新生产力的理念,用以提升禁毒工作的效率和质量,从而更好地实现毒情评估高质量发展。

智慧禁毒领域的新质生产力的结构,立足于将智慧技术与禁毒工作相结合,提升禁毒工作的生产力水平与工作效率。通过利用大数据分析、人工智能、物联网等先进技术,使之更精准地掌握毒品活动的动态和趋势,实现禁毒资源(包括警力、物

---

① 周文、许凌云:《论新质生产力:内涵特征与重要着力点》,《改革》2023年第10期。

力、财力等)的优化配置和"靶向式"的精准打击。在实践中,利用数字化手段推动禁毒工作的智慧化转型,建设智慧型禁毒信息化平台,打通毒情数据共享链条,联动跨部门协作枢纽,形成多元化、立体化的禁毒治理体系是高质量发展的必然需求。禁毒新质生产力的提高,需要依托禁毒科研的投入、禁毒技术的创新、禁毒工作的智能化水平等具体举措。

智慧禁毒视角下的新质生产力体现了对马克思主义关于生产力的理论的继承和发展,同时也符合中国禁毒工作的实践,总体表现为"两个结合"中的"第一个结合"的基本特征,即马克思主义思想与中国具体实践相结合。而,只有通过不断加强智慧技术在禁毒工作中的应用,才可以促进这个应有之义的实现。新时代禁毒工作的科学性、精准性和协同性的要求,需要借助智慧化的手段给予技术保障。

(三)发展新质生产力与促进福建省毒情评估高质量发展的关系

我们可借由三个角度详尽阐述发展新质生产力的重要意义,其一为科技创新推动禁毒工作的角度,其二为数据驱动的决策支持的角度,其三为智能化管理提升治理效能的角度。

以科技创新推动禁毒工作的角度察之,通过生产力的智慧化科技创新,可以丰富禁毒生产力要素的内容并提高其效率,进而实现毒情评估更加精准、数据支持更加全面的局面。例如,利用大数据分析和人工智能技术,可以对毒品犯罪活动进行实时监测和预警,帮助相关部门了解毒品市场的变化趋势,进而有针对性地制定禁毒策略与行动方案。同时,科技创新通过禁毒设备和技术的更新换代来应对毒品生产与交易技术的升级,以期提高禁毒执法的科学性和精准性,进而促进福建省毒情评估的高质量发展。

以数据驱动的决策支持的维度观之,禁毒工作的决策需要立足于具体的实践信息,而通过智慧技术的数据采集、整合和分析,可以形成科学客观的毒情评估报告,从而为禁毒决策提供有力支撑。智慧化的科技创新带来的大数据分析技术与人工智能技术,可以从多个维度深入挖掘毒品犯罪的特征进而自发性总结规律,从而以数字决策对话毒情评估。同时,数据驱动的决策支持也是禁毒部门发现毒品市场的新动向的"感应器",即它可以及时发现并调整禁毒工作重点和策略,推动福建省毒情评估向着更高质量、更科学的方向发展。

从智能化管理方式的维度看,平台型智能管理系统可以对数据所提供的毒情信息进行分析、整理、研究,进而提供辅助管理的解决方案。例如,智能化监控系统可以对禁毒行动提供精准的指导和支持进而形成行动方案,从效率上提升执法部门的反应速度和作战方式。同时,智能化数据管理系统也是禁毒部门更好地管理和利用禁毒数据资源,提升数据的安全性和可靠性的平台保障。

综而观之,科技创新、数据驱动的决策支持以及智能化管理在推动禁毒工作中发挥着至关重要的作用,对福建省毒情评估的高质量发展产生着深远影响。此三者,相互交融、相互支撑,共同促进了禁毒工作和毒情评估朝着现代化、科学化的方向发展。

二、福建省毒情评估新质生产力转化的现实要求

(一)全面发展——禁毒领域劳动者素质提高的现实要求

禁毒领域的新质生产力的劳动者就是禁毒委及其相关工作人员。从禁毒领域劳动者素质提高的角度来看,专业知识与技能、创新能力与教育培训是促进其新质生产力转化的重要维度。

新质生产力强调的是生产力中"质"的飞跃,这种飞跃不仅体现在技术、装备、系统的更新换代,更是禁毒领域劳动者素质的全面提升。在禁毒领域,这要求禁毒工作者不仅要具备传统的禁毒执法能力和毒品专业知识,还要掌握现代信息技术,如大数据分析、人工智能、智慧系统等,同时,还需要掌握与之相关的数据科学、心理辅导、社会工作等跨学科知识。劳动者素质的全面提升,可以在毒情的细微变化中更具针对性地提高毒情评估精准度和实效性。随着毒品市场形势的不断变化和毒品犯罪手段的日趋复杂,禁毒工作对从业人员的专业知识和技能提出了更高的技术要求。劳动者需要了解各类毒品的特点、流通路径,掌握犯罪心理学等专业知识,并具备执法技能和科学研判能力,以有效应对新型毒品和新兴犯罪模式,为毒情评估提供准确的数据支持和科学的分析判断。然而,人的时间与精力的有限性,要求劳动者需要借助先进的智慧技术手段推动毒情评估向着高质量发展的方向发展。

劳动者的全面发展不仅包括技术上的升级,也包括行为上的终身学习与意识上的创新精神。禁毒工作需要不断创新,因为毒品犯罪形式不断变化决定禁毒工作的与日俱新。新型毒品、新兴犯罪模式、新的科技手段的介入给毒情评估带来新一轮的"鏖战"。因此,学习并非一时,而是终身。新时代的终身学习不再是个体性的学习,而是借助智慧型工具进行全新的学习方式。复杂多变的禁毒形势使得知识的更新迭代迟缓,因此劳动者需要借助数字化、智慧化的工具敏锐地、及时地掌握新毒情资讯,并帮助劳动者不断充实自己的专业知识和技能,保持敏锐的洞察

力,及时获取并应用新的科技和管理手段。

禁毒领域新质生产力的转化意味着要建立一支更高素质、更专业化、更智慧化的禁毒队伍,这是新形势下对劳动者提出的现实要求。首先,更高的素质体现在禁毒领域的劳动者需要具备更扎实的专业知识和技能,以及具备应对日益复杂的毒品犯罪形式和手段的能力。其次,更专业化体现在不同领域的专业型人才需要相互配合,包括执法的警务人员、司法的法律专家、了解社情的社会工作者等。不同的专业联动会形成更高效协同的效益,此之谓高质量发展。通过人才培育体系,建立多层次、多专业、多领域的专业化队伍,实现职业化管理。另外,更智慧化体现在充分运用高新技术、数字技术、智能技术等武装劳动过程中的收集、分析、判断、决策、行动能力。

(二)创新驱动——禁毒领域劳动资料技术含量跃升的现实要求

劳动资料是劳动者将理论传导至劳动对象的桥梁。[①] 立足于创新驱动,充分利用劳动资料技术含量跃升的机遇,以推动新质生产力的转化为目标是福建省毒情评估的高质量发展的现实要求。

新质生产力的转化需要禁毒领域加强大数据分析平台的搭建与海量数据的挖掘与分析,这是当前劳动资料技术含量跃升的现实要求。随着信息化和智能化技术的迅速发展,禁毒领域面临着海量、复杂的数据"侵袭",需要建立起高效的大数据分析平台。这样的平台可以整合各类毒情,包括毒品走势、犯罪模式、社会关联等多方面信息,为决策提供全面、及时的数据决策支持。通过整合、积累、分析包括监控摄像头、社交媒体、通讯记录等在内多种渠道的数据,可以为禁毒工作提供重要线索和信息。因此,禁毒部门需要建立起完善的数据采集和分析体系,充分利用现代数字技术手段,充分挖掘和分析这些海量数据,预警潜在风险,彰显禁毒工作的智能化。科技创新是新质生产力持续催生的动力源泉。[②] 通过大数据分析平台的搭建与海量数据的挖掘分析等科技创新,福建省毒情评估可以更加客观、智慧、全面地了解毒品走势和犯罪模式。因此,劳动资料技术含量跃升是必须坚持新质生产力转化的现实要求。

随着人工智能技术与物联网技术的不断发展,禁毒领域的监测和干预手段变

---

① 蒲清平、向往:《新质生产力的内涵特征、内在逻辑和实现途径——推进中国式现代化的新动能》,《新疆师范大学学报(哲学社会科学版)》,2024年第1期。
② 孙夕龙:《在新一轮科技革命和产业变革中发展战略性新兴产业》,载《光明日报》2021年9月27日。

得更加立体化和智能化。诚如习近平总书记对万物互联时代的定义是"人—机—物"的融合。[①] 首先,毒情评估的准确性和科学性需要建立在海量数据的分析和挖掘上。海量数据的来源于视频捕获、声音识别、图像获取等。通过在禁毒关键地点部署传感器和监控设备,物联网技术可以实时监测环境数据,如温度、湿度、气体浓度等,以及人员活动轨迹,实现对潜在毒品交易和犯罪活动的监测和预警。

其次,数据的处理需要智慧化的人工智能技术与物联网技术,并借此构筑毒品走势、犯罪模式及行为线索的体系。通过物联网技术与智能识别算法结合,可以对禁毒行动中的相关人员和车辆进行自动识别和追踪,加强对海量数据的捕获。人工智能通过对毒情的评估分析后就可以进入决策机制,即通过预测毒品走势、优化资源配置、辅助决策等方面提升禁毒工作的智慧化水平。人工智能本身就是一种新形态的生产资料,新质生产力的转化需要禁毒领域充分利用该工具,以满足生产资料技术含量的进一步跃升。这种立体化的禁毒工作模式也是基于提高禁毒工作的效率和质量的现实需求,使禁毒部门可以在应对市场的变化过程中提供更加科学、先进的手段,促进毒情评估的高质量发展,为构建智慧禁毒体系贡献力量。

(三)多点开花——禁毒领域劳动对象拓宽的现实要求

马克思认为生产力的提高也会改变劳动对象。人类通过应用机器,也可以把原本不升级劳动对象的自然力变成社会劳动的力量。[②] 新质生产力的发展要求禁毒部门对毒情进行更为全面、精准的评估。而劳动对象已不仅仅局限于毒品及其相关的犯罪活动,还扩展到新型毒品、网络毒品、禁毒宣传、禁毒教育、社会文化等新形态的对象。

目前的毒品形态和传播途径千变万化,仅凭过去的侦查经验与人力成本已不能满足瞬息万变的毒情评估需求,借助大数据分析、人工智能等智慧技术手段才能深入挖掘毒品的新特点和变化规律,以更准确的数据为依据,为禁毒工作提供科学依据。同时,多样化的劳动对象也间接倒逼禁毒部门加强与其他部门和社会组织的合作与交流。禁毒工作不再是单一部门的单向性事务,而是需要各相关部门和社会组织共同参与的多维合力的多向性事务,如禁毒部门与公安、卫生、教育等部门密切合作,共享资源和信息,形成协同作战的格局,以应对毒品犯罪的复杂形势。另外,社会对于毒品的认知和态度是毒情的源头,因此,新质生产力的发展也要求禁毒部门注重对社会心理、文化等方面的研究和干预。禁毒的劳动对象从禁毒法

---

① 习近平:《习近平著作选读》第二卷,人民出版社2023年版,第469页。
② 《马克思恩格斯全集》第三十二卷,人民出版社1998年版,第366页。

的执法问题延伸到社会问题。借助大数据算法始终关注社会心理、文化等方面的变化，对区域的毒品认知和态度进行全面把控，增强社会对毒品问题的认识和防范意识也是新时代重要的劳动对象。

禁毒领域劳动对象的拓宽，对福建省毒情评估提出了新的现实要求。只有通过融入新质生产力的发展，加强多部门合作，关注社会心理文化等方面，才能更好地适应新形势下的禁毒工作需求，推动禁毒工作的高质量发展。

三、福建省毒情评估高质量发展的实现路径

（一）横向推动福建省毒情评估产业链、供应链优化升级

在推动福建省毒情评估产业链与供应链的优化升级过程中，充分利用智慧技术手段是实现高质量发展的关键路径之一。"质"主要体现在高质量、多质性、双质效三个方面。[1] 福建省可以借助人工智能、大数据分析和物联网等智慧技术，对毒品生产、流通和使用过程进行全面追踪和监控。通过建立信息化管理系统，精准了解毒品的来源、流向和变化趋势，为禁毒工作提供科学依据。新质生产力正以全新的视角去理解和构建产业链与创新链。[2]

从供应链的视角看，毒情的供应不仅仅是禁毒部门一家，还包括公安、卫生、医疗、教育、交通等部门的信息供应。新型毒情供应链需要建立跨部门合作的信息互通平台，实现相关部门之间的快速响应和信息共享。从本质上看，就是要延伸毒情评估的供应链，使之可以更深入渗透到社情民生之中，形成信息合力。首先，禁毒部门、公安机关、检察院、法院等各相关部门需要建立起通畅的信息共享渠道，确保毒情数据能够及时准确地在不同部门之间流通。通过建立跨部门的信息共享平台，可以实现毒品犯罪线索的快速传递和响应，提高打击犯罪的效率和精准度。其次，各相关部门需要加强协同行动，形成合力打击毒品犯罪的工作格局。禁毒部门可以与公安机关合作，共同开展毒品生产、贩卖及滥用的调查研究和打击行动，形成无缝衔接的工作机制。同时，需要加强与司法机关的协作，促进涉毒案件的快速审理，确保犯罪分子受到应有的法律制裁。加强相关部门之间的合作与协同，是推动福建省毒情评估供应链优化升级的关键路径。只有形成合力，才能更有效地应对毒品问题，推动毒情评估的高质量发展，确保社会的安全与稳定。

从产业链视角看，通过技术强化产业技术与人力技能具有关键作用。首先，在

---

[1] 蒋永穆、乔张媛：《新质生产力：逻辑、内涵及路径》，《社会科学研究》2024年第1期。
[2] 许恒兵：《新质生产力：科学内涵、战略考量与理论贡献》，《南京社会科学》2024年第3期。

人力技能维度上,通过智慧技术对禁毒人员进行培训和技能提升,使之能够更好地运用先进技术进行毒情评估。建立多层次的人才培养机制,吸引专业人才参与禁毒社会服务产业,提升服务质量和水平。其次,在产业技术应用维度上,福建省可以通过智慧技术手段,开展多样化、精准化的禁毒宣传教育活动。利用新媒体、移动应用等平台,向社会公众传递禁毒知识和信息,增强公众禁毒意识,形成全社会共同抵制毒品的氛围。另外,通过将毒情评估的产业链延伸到社会各界,使之参与禁毒工作,建立全民禁毒格局。在实践中,可以组织社区志愿者、学校师生、企业机构等参与禁毒宣传和预防工作,扩大禁毒工作的社会覆盖面。禁毒社情宣传体系的构建依托于健全的社会组织和志愿服务体系。通过培训和引导,激发社会组织和志愿者的参与热情,让更多的社会力量投入到禁毒宣传、教育、康复等方面的工作。只有通过将毒情评估的产业链延伸到社会广泛参与的局面,才能实现毒情评估的高质量发展,确保社会的安全与稳定。

(二)纵向积极培育福建省毒情评估新兴产业、未来产业

新质生产力的"新"的变化主要体现在具有了战略性新兴产业和未来产业等新的生产力载体。[①] 在智慧禁毒的大背景下,福建省应着力培育禁毒信息化新兴产业与禁毒生物技术未来产业。在深入推进福建省毒情评估数字技术创新驱动的过程中,积极培育福建省毒情评估新兴产业与未来产业将成为重要举措。

从禁毒信息化新兴产业看,新形态产业是推动毒情评估高质量发展的关键。整合科技创新资源,引领发展战略性新兴产业和未来产业,加快形成新质生产力。[②] 首先,福建省可以加大对智慧禁毒技术的研发投入,引入人工智能、大数据分析等先进技术,构建智能化毒情评估系统。其次,政府应加强对禁毒信息化新兴产业的政策扶持,鼓励企业增加研发投入,提高技术含量,促进产业规模化发展。同时,福建省还应推动禁毒信息化产业与其他相关产业的融合发展,探索新的应用场景,拓展新兴产业的应用空间。另外,福建省应重视构建禁毒社会服务新兴产业,通过加强对禁毒社会服务产业的政策支持,鼓励企业和机构提供各类禁毒服务(康复辅导、心理支持机构等),引导企业结合智能技术和人性化服务。

从禁毒生物技术未来产业看,未来产业是通过生物技术、基因技术等构建新型产业模式以推动毒情评估高质量发展。现代化产业体系是中国式现代化在产业维

---

① 戴翔:《以发展新质生产力推动高质量发展》,《天津社会科学》2023 年第 6 期。
② 《习近平在黑龙江考察时强调牢牢把握在国家发展大局中的战略定位奋力开创黑龙江高质量发展新局面蔡奇陪同考察》,载《人民日报》2023 年 9 月 9 日。

度的体现。①《关于推动未来产业创新发展的实施意见》的政策强调发展未来产业与新兴产业的重要意义。首先,福建省可以加大对禁毒生物技术的研发投入,促进生物技术在毒情评估中的应用(如基因检测、病理检测、生物识别等技术)。通过与生物技术科研机构、检验所、基因测序机构、数字分析机构等建立深入产业融合,以"要素＋要素"的模式来促进未来产业的产生与发展。政府还可以加强与高校、科研院所的合作,通过引导这些机构开展毒情评估数字技术创新研究,促进科研成果向应用领域转化,助力未来产业的培育和发展。

(三)斜向深入推进福建省毒情评估数字技术创新驱动

数字技术是智慧禁毒全要素创新驱动的内核要素。新质生产力以全要素生产率提升为核心标志。② 福建省可以通过加大对毒情评估数字技术研发的投入,推动相关技术的创新和应用,助力高质量发展。数字技术的构成要素包括数字知识、数字工具设备、数字方法、数字资源、数字政策条件等,这些构成要素共同决定了一个技术的实际表现和效果。

第一,数字技术建立在数字知识的基础上,它需要包含相关的数字理论知识、数字实践经验和数字专业技能。这些数字知识可以来源于科学研究、工程实践或传统经验,是技术的重要组成部分。马克思认为社会知识通过应用转化就是直接的生产力本身。③ 福建省可鼓励和支持科研机构、高校和企业开展毒情评估数字技术的前沿研究和创新实践,吸引更多的科研团队和企业参与到禁毒领域的数字技术知识创新中来,促进新技术知识不断涌现。第二,数字技术需要借助各种数字设备和工具来实现,包括数字物理设备、数字机械工具、数字信息技术设备等。它们是技术实施和应用的基础。福建省可以提供资金支持更多数字基础设施建设,可设立专项资金用于扶持毒情评估数字技术工具的开发,进而建立数字技术创新产业设备联动平台。第三,数字技术通常包括一系列的数字相关操作过程和方法,用于实现特定的目标。这些数字过程和方法涉及数字的生产流程、工作步骤、管理程序等,是数字技术应用的指导原则。数字技术的应用场景很多,如可以利用数据分析和人工智能技术,加强毒品犯罪的预警和监测,提升公安部门打击毒品犯罪的效率和准确性;也可以推动毒情评估数字技术与医疗卫生领域的结合,利用技术手段提升毒品依赖患者的识别和治疗效果,实现早期干预和精准治疗,减少毒品依赖者对社会的危害;还可以将毒情评估数字技术与教育领域相结合,开展毒品预防教

---

① 李娅、侯建翔:《现代化产业体系:从政策概念到理论建构》,《云南社会科学》2023年第5期。
② 《中央财办有关负责同志详解2023年中央经济工作会议精神》,载《人民日报》2023年12月18日。
③ 《马克思恩格斯全集》第三十一卷,人民出版社1998年版,第102页。

育和心理健康教育,提升公众对毒品危害的认知水平,增强自我防范意识,从源头上减少毒品的滋生和传播。第四,数字技术的实施通常需要使用各种材料和资源,包括数据原材料、人力资源等。这些材料和资源是数字技术活动的基本支撑。福建省可以通过建立跨部门的合作机制,扩大数据资源收集与获取的渠道,将毒情评估的信息资料渠道扩容到公安、卫生、教育等行业场景。共享发展成为新质生产力的内在要求。[①] 第五,数字技术的实施往往受到环境和条件的影响,包括文化环境、社会环境、政策法规等。通过资金扶持、市场准入、政策支持等方式,培育和壮大毒情评估数字技术创新产业,推动相关企业做大做强,形成新的产业增长点。福建省可以出台一系列支持毒情评估数字技术创新的政策,以鼓励企业和研究机构加大技术研发力度,从而推动毒情评估的高质量发展。这些资金可以用于支持科研机构和企业从事毒情评估相关的数字技术研发工作,鼓励技术创新和成果转化。建立毒情评估数字技术创新的知识产权保护机制,鼓励企业和研究机构加大技术研发力度,带动行业内部技术交流和合作。通过出台支持毒情评估数字技术创新的政策,福建省政府将能够激发企业和研究机构的创新活力,推动毒情评估领域的数字技术创新和产业发展,为福建省毒情评估的高质量发展奠定坚实基础。

四、结语

福建省毒情评估新质生产力转化的选择依据主要体现在当前毒情形势分析及评估需求,以及智慧禁毒视角下的新质生产力理念解释。文章指出,福建省面临毒品问题日益严重的挑战,需要对毒品犯罪活动、毒品滥用情况以及跨境毒品走私等方面进行全面评估,以制定针对性的打击策略。同时,智慧禁毒视角下的新质生产力理念强调借助智慧技术和先进理念提升禁毒工作效率和质量,以更好地应对毒品问题。发展新质生产力与促进福建省毒情评估高质量发展的关系主要包括科技创新推动禁毒工作、数据驱动的决策支持以及智能化管理提升治理效能。科技创新可以提升禁毒工作的效率和质量,为毒情评估提供更加精准、全面的数据支持;数据驱动的决策支持可以形成科学客观的毒情评估报告,为禁毒决策提供有力支撑。

福建省毒情评估的高质量发展需要关注劳动者素质提高、劳动资料技术含量跃升和劳动对象拓宽这三个现实要求,以推动新质生产力的转化。首先,禁毒领域

[①] 徐政、郑霖豪、程梦瑶:《新质生产力赋能高质量发展的内在逻辑与实践构想》,《当代经济研究》2023年第11期。

劳动者需要不断提升专业知识与技能,包括掌握现代信息技术、数据科学、心理辅导等知识,以提高禁毒工作的精准度和实效性。其次,禁毒部门应加强大数据分析平台的搭建与人工智能技术应用,以挖掘毒品走势和犯罪模式的规律,提升禁毒工作的科学性和精准度。最后,禁毒工作需要与其他部门和社会组织合作,共同应对毒品犯罪的复杂形势,同时关注社会心理文化等方面的变化,以提供科学依据并增强社会对毒品问题的认识和防范意识。这些要求将有助于构建智慧禁毒体系,提升禁毒工作的效能,推动禁毒领域向着高质量发展的方向迈进。

  福建省毒情评估高质量发展的实现路径主要包括横向推动产业链与供应链优化升级、纵向培育新兴产业与未来产业,以及斜向推进数字技术创新驱动。在横向推动方面,利用智慧技术手段对毒品生产、流通和使用进行全面追踪监控,建立信息化管理系统实现快速响应和信息共享,提高禁毒工作效率和精准度;加强部门间合作与协同行动,形成合力打击毒品犯罪,确保社会安全稳定。纵向培育方面,重点发展禁毒信息化产业、禁毒生物技术产业和禁毒社会服务产业,通过技术研发、政策扶持、产业融合等方式推动行业发展,提升禁毒工作科学性和专业性。斜向推进方面,则强调培育毒情评估数字技术新兴产业与未来产业,通过政策支持、资金扶持、人才引进等举措推动技术创新和产业发展,实现毒情评估高质量发展目标。整体而言,福建省应综合利用智慧技术,加强部门合作,促进产业发展,推动数字技术创新,以提升禁毒工作效能和维护社会稳定为目标不断深化毒情评估工作。

数字虚拟人在禁毒宣传中的媒介可供性研究

杨 颖 翁芊杉[*]

一、引言

政务宣传领域从其诞生之初,就一直是传播学、政治学以及公共关系学等多个学科交叉研究的重点。在西方国家的政治生态中,政务宣传常被用作党派间竞争与意识形态输出的关键手段。在中国,因我国的特殊国情与人民立场,必须探索并实践具有中国特色的宣传策略与工具。在政务宣传之中,禁毒宣传是一项极具难度的细分领域。自 20 世纪 90 年代以来,我国一直将禁毒宣传教育视为禁毒工作的重要内容,面向普通民众、青少年与吸毒高危人群采用有所侧重的宣传策略。毒品的强致瘾性决定了一旦形成了稳定的毒品需求群体,就很难通过戒毒的方式将毒品需求降低到理想目标。因此,要从根本上、源头上有效地治理滥用毒品问题,预防便成为重中之重,与之相关的禁毒宣传教育可谓任重道远。如何针对不同类型的受众开展有针对性的禁毒宣传教育等问题也有待进一步厘清。[①]

随着网络虚拟空间逐渐成为信息传播与接收的主战场,2021 年《中共中央关于党的百年奋斗重大成就和历史经验的决议》中再次强调了传播手段的创新与融合,旨在提升新闻舆论的四力——传播力、引导力、影响力和公信力,[②]该指导方针亦为禁毒宣传指明了新的发展方向。近年来,我国政务宣传的重心已逐渐从传统媒体转向融媒体,"智媒时代"的到来更是对其提出了新要求。当前,禁毒宣传工作正处于转型的十字路口,传统的单向信息发布效果捉襟见肘,加强与民众的平等沟

---

[*] 作者简介:杨颖,女,厦门大学新闻传播学院副教授;翁芊杉,女,厦门大学新闻传播学院 2021 级本科生。

[①] 梁鑫:《传播学视角下的禁毒信息传播》,《青年记者》2018 年第 5 期。

[②] 张开平、孟天广、黄种滨:《"软宣传"的兴起、特征与效果——基于 2009—2023 年主流媒体与政务新媒体的大数据分析》,《新闻与传播研究》2023 年第 12 期(总第 30 卷)。

通显得十分必要,这将对促进民众对禁毒工作的理解与支持,以及对毒品犯罪的预防影响深远。

本研究以此为出发点,旨在探讨AIGC数字虚拟人在这一转变过程中的媒介可供性,以期为禁毒宣传的创新与发展提供新的思路与方向。

二、数字虚拟人兴起与应用

《2024年中国虚拟人产业发展白皮书》将虚拟人视为"由数据建模、物理仿真、画面渲染等组成的外在形象"以及"由智能AI或真人操控来形成的内在灵魂"。[1]数字虚拟人兼具"数字"与"虚拟"的双重特征,其"虚拟"指的是借助技术途径在认知经验上被感知为人的现实体验感,与其交互的感受近似或等同于真人交互的体验;其"数字"指的是以生成式人工智能为技术逻辑进行构建,通过数字化手段实现人物形象、行为、交互的全面数字化,从而形成一个高度仿真、可交互的数字实体。因此,数字虚拟人是一种在特定空间或场景中呈现无限接近人类的现象或存在。[2]

在数字虚拟人之前,以"初音未来"为代表的虚拟偶像是数字虚拟人应用的雏形,其借助以雅马哈的语音合成引擎为基础开发的虚拟女性歌手软件VOCALOID,成为动漫形象与模拟人声相结合的"虚拟歌姬",[3]此类"虚拟人"的实质是二维动画图像的三维转化,但是还没有赋予数字虚拟人实时交互的智慧;实际与受众互动的,仍是隐于数字虚拟人后台的人类控制者。至2022年末ChatGPT问世,ChatGPT构建了人工智能与自然语言相结合的超级系统,成为人类从弱人工智能时代迈向强人工智能时代具有里程碑意义的一步,[4]这为人与虚拟人的互动奠定了技术基础。

数字虚拟人在过去五年内被广泛应用于虚拟主持与直播行业中,其智能化特性对人类中心主义的传统观念构成了挑战。人类与数字虚拟人交往与交互的过程,实质是双方互相学习的过程。"交互"不仅是数字虚拟人的功能,更是人类得以理解并开展与非人类智慧生命在元宇宙空间之中交流交往的前提。数字人形象与自然人在媒介中的互相凝视、互融互动,打破了"人—物"的区隔,构建了虚拟的具

---

[1] 艾媒咨询:《2024年中国虚拟数字人产业发展白皮书》,https://report.iimedia.cn/repo3-0/43577.html,下载日期:2024年4月19日。
[2] 杨名宜、喻国明:《赋能与"赋魂":数字虚拟人的个性化建构》,《编辑之友》2022年第9期。
[3] 宋雷雨:《虚拟偶像粉丝参与式文化的特征与意义》,《现代传播(中国传媒大学学报)》2019年第41卷第12期。
[4] 喻国明、滕文强:《Sora作为"世界模拟器":媒介连接力的价值升维与场域重塑》,《传媒观察》2024年第4期。

身性感知,获得了介入现实的能力。因此,突破传统的宣传与传播视角来审视用户与数字虚拟人的互动,具有重要的意义。

三、禁毒宣传的现状与挑战

传统的政务宣传多采取单向传递信息的形式,由政府部门向公众灌输信息,而缺乏真正意义上的对话与交流。这种缺乏互动的宣传模式不仅阻碍了政府与公众之间的深入沟通,也削弱了信息的传播效果。当前在公安宣传领域,亦存在宣传工作人员对宣传工作的认知仅停留于信息的组织和发布阶段的现象,忽视了信息发布后的民意跟踪和反馈收集,存在与信息接收对象之间互动不足、沟通不够等问题。[1] 许多受众在接收禁毒宣传教育相关信息后,并未展现出充分的重视与代入感,这主要源于他们普遍认为吸毒行为与自己无涉,甚至觉得毒品本身与自身生活相距甚远。

随着信息技术的快速发展,公众获取信息的渠道日益多样化。然而,当前禁毒宣传在方式上仍然显得较为单一和传统,缺乏创新意识和时代感。现有宣传方式过于依赖传统的宣传手段,如报纸、电视等,尚未能充分利用新媒体平台的优势,这使得其在吸引力和影响力上大打折扣。偏厚重、深刻的文风,偏庄重、严谨的语气对受众特别是年轻受众难以产生亲切感,导致传播的新闻内容无法给他们留下深刻印象。[2] 对于使用新媒体宣传的禁毒宣传部门而言,宣传方式亟待创新。

在一个自媒体与主流媒体"百花齐放"的数字时代,公安宣传出品还面临着难以吸引公众注意力的困境。禁毒宣传由于其职业的危险系数与特殊性,在关键信息上常需模糊处理,导致最终的宣传效果往往弱于难辨真伪的自媒体账号。对此,相关部门和人员应意识到,当前信息发布的媒介环境已经发生了深刻变化。过去,媒体通过"话语权""信息传播权"影响社会,引导公众关注某些问题,忽略另一些问题。[3] 而随着新媒体的迅猛发展,传统的信息传播模式已经被打破,新媒体的逻辑与传统媒体大相径庭。这种变化不仅影响了相关信息的传播方式,还对传播速度、范围和效果产生了深远的影响。当前,政府部门尤其是公安部门的宣传工作需要高度重视并积极探索如何适应新媒体环境下的信息传播特点,要更加深入地了解公众的真实需求与期望,并在此基础上调整和优化宣传策略,以切实提升禁毒宣传教育的效果,使信息能够真正触达并影响受众。

---

[1] 曾贞:《融媒体时代公安宣传的困境、挑战及策略研究》,《国际公关》2022年第6期。
[2] 李新红:《打造政务宣传升级版——城市党报融合发展路径探析》,《青年记者》2018年第29期。
[3] 陈小燕:《政务传播失灵原因及其应对》,《青年记者》2021年第16期。

四、数字虚拟人在禁毒宣传中的媒介可供性分析

媒介可供性源自于生态心理学家吉布森的"affordance"理论,原本用以描述环境对动物提供行动的可能性。随着媒介技术的迅猛发展,此概念逐渐被引入到媒介研究中,用以阐释媒介为用户提供的各种可能性。

2003 年,BarryWellman 等人率先将 social affordance 概念引入传播学,并将之视作技术/物影响日常生活的"可能性"。[1] 潘忠党等在 2017 年提出了媒介可供性,并将其分为信息生产的可供性(production affordances),社交可供性(social affordances)和移动可供性(mobile affordances)三个部分。[2] 这一分类方式为理解人与技术的交互关系提供了新的分析框架。其中,信息生产的可供性主要探讨媒介在内容生产方面所提供的各种可能性,而社交可供性则着眼于媒介在促进社交互动方面的能力,移动可供性关注的则是媒介在移动环境下所提供的独特功能和便利。在潘忠党的研究基础上,2019 年喻国明与赵睿从实践的角度出发,对媒介可供性的分析框架进行了进一步的阐释和拓展(见表1)。[3]

表 1　媒介可供性分析框架

(据《媒体可供性视角下"四全媒体"产业格局与增长空间》归纳)

媒介可供性	生产可供性	可编辑(editability)、可审阅(reviewability)、可复制(replicability)、可伸缩(scalability)、可关联(associability)
	社交可供性	可致意(greet-ability)、可传情(emotion-ability)、可协调(coordinate-ability)、可连接(connect-ability)
	移动可供性	可携带(portability)、可获取(availability)、可定位(locatability)、可兼容(multimediality)

作为一种新兴的媒介形态,数字虚拟人具有"新媒介"属性,能够以前所未有的方式创造、处理和传播信息。数字虚拟人以介质的形态将元宇宙中的"人—物—场"紧密连接在一起,为用户提供了全新的社交、娱乐和工作体验。[4] 同时,数字虚拟人在现实情景中的应用,也展现出了其跨界的融合能力与广泛的适应性。因此,本研究认为,数字虚拟人所具有的独特可供性,为未来禁毒宣传工作的提升和优化

---

[1] 孙凝翔、韩松:《"可供性":译名之辩与范式/概念之变》,《国际新闻界》2020 年第 42 卷第 9 期。
[2] 潘忠党、刘于思:《以何为"新"?"新媒体"话语中的权力陷阱与研究者的理论自省——潘忠党教授访谈录》,《新闻与传播评论》2017 年第 1 期。
[3] 喻国明、赵睿:《媒体可供性视角下"四全媒体"产业格局与增长空间》,《学术界》2019 年第 7 期。
[4] 侯文军、卜瑶华、刘聪林:《虚拟数字人:元宇宙人际交互的技术性介质》,《传媒》2023 年第 4 期。

开辟了一条新路径,具有重要的应用潜能。

(一)生产可供性:释放参与能动性的数字虚拟人

传统的政务咨询与民意收集平台往往局限于单向的信息收集,以及通过后续的政策新闻发布会进行反馈。这种模式在一定程度上造成了政府与民众"对话"的权力不平等。由于人力物力资源的限制,民众难以获得即时反馈,这无疑对民众的参政积极性构成了影响。在针对30省官方禁毒公众号服务质量的实证分析后,张黎等人认为,提高服务质量的关键在于提升用户体验,各省级账号应进一步完善账号设计、补强交互能力、开发功能菜单,增强用户对公众号的信任度、认同感和依赖感。[①]

将数字虚拟人应用于禁毒宣传,为民众的政府形象认知及毒品预防信息的接受反馈提供了信息生产的可供性。一方面,数字虚拟人可以被视为人物形象IP与实时互动的大模型算法的结合,兼具"颜值"与"内在",由二维平面IP向三维立体人物的转变,有助于释放受众的移情能力,增加受众投射感情到数字虚拟人乃至其代表的机构和政府形象,增强受众与政府沟通的意愿。同时,数字虚拟人依托先进的学习——反馈模型,能够实时更新后台语料库,融入最新资讯与动态,从而实现毒品预防信息的迅速更新与精准传播,保障公众对于最新政策动态、新型毒品分类等知识的即时获取。另一方面,数字虚拟人的随时在线、多平台分身等特点,为受众提供了一个可以随时发表信息,与禁毒部门沟通对话的渠道。一直以来,禁毒部门都通过设置不同的举报通道,如电话等方便用户直接提供毒品违法犯罪线索。相较而言,举报电话尽管以即时性和高效性著称,但这一方式本身往往对举报人构成一定的心理压力。举报人在直接通话过程中可能面临情绪紧张、担忧信息泄露或遭受报复等心理负担,这些因素在一定程度上将阻碍举报行为的发生。而举报系统和举报邮箱作为更为间接且具有一定匿名性的举报渠道,能够在一定程度上减轻举报人的心理障碍。如若数字虚拟人作为沟通的"中间地带",一方面可以联网实时响应举报信息,另一方面则有助于减轻举报人沟通的压力,释放公民参与禁毒行动的主观能动性,推动受众从禁毒信息的被动接受者转变为禁毒普法的积极参与者。

(二)社交可供性:作为凝聚情感共同体的数字虚拟人

数字技术的发展给社会交往层面带来了想象空间,其中革命性的变革在于它

[①] 张黎、张淞:《官方禁毒公众号毒品预防效果分析与优化策略——基于30个省级账号的实证研究》,《现代传播(中国传媒大学学报)》2022年第44卷第10期。

为人类的交往提供了一个新的主体——虚拟"智慧人"。①新媒介的社交可供性主要强调媒介技术与平台在调动用户情感表达和反应,建构用户社群与交互关系网络方面的能力。②而情感表达与社交互动这极具人类特质的反应,对于数字虚拟人这一新生媒介而言,超越了麦克卢汉所说"一切媒介均是感官的延伸",③进一步走向了人类智慧与情感的延伸。

数字虚拟人的社交可供性提升主要体现在可致意性与可传情性。数字虚拟人用以宣传的可致意(greet-ability)与可传情(emotion-ability)体现在数字人能够通过自然的语言交互,向用户发出友好的问候,从而建立起初步的沟通桥梁。在禁毒宣传中,这种亲切的问候能够拉近公安与民众之间的距离,使得禁毒科普类信息不再是传统的官方通告,而是带有温度的交流。通过学习与交往,民众所见的数字虚拟人将具备理解和表达情感的能力,这使得禁毒宣传不再仅限于信息传播,还能传递情感和价值观。与此同时,数字虚拟人能够协调不同的信息元素,确保宣传内容的连贯性和一致性。数字虚拟人还可以通过语音识别、自然语言处理等技术,实现与民众的实时互动、问答,根据用户的反馈和需求,灵活调整宣传策略和内容,以实现更好的宣传效果。

虚拟数字人及其背后的元宇宙空间,将为国家安全科普知识与青少年教育认知构建可感的桥梁。科普元宇宙可以为参与者提供禁毒科普教育的应用场景,还可以设置禁毒知识的问题情境,利用数字资源、感知系统的交互功能提升科普活动参与者的防毒意识和拒毒能力。④由虚拟数字人搭建起的桥梁提供了国家安全教育领域至关重要的"在场性",作为人类感官的全新拓展,虚拟数字人能够触及那些原本难以接触的危险领域,进而实现教育公众的宣传目标,是国家安全宣传中一种极具战略价值的新型媒介。

新媒体技术的可供性不只取决于技术本身,还在于用户如何使用技术。在涉及国家安全的关键领域,如涉密工作、禁毒和反诈骗等部门,政府部门在形象建构上常面临诸多限制。为了确保相关人员的人身安全和保护国家机密,传统的报道方式往往需要对内容进行模糊化或匿名化处理。然而,这种做法在一定程度上制

---

① [美]马克·波斯特:《信息方式——后结构主义与社会语境》,范静晔译,商务印书馆2000年版,第2页。
② 匡文波、邓颖:《媒介可供性:社交平台赋权粉丝社群的情感表达》,《江西社会科学》2022年第42卷第7期。
③ [加拿大]麦克卢汉:《理解媒介:论人的延伸(55周年增订本)》,何道宽译,译林出版社2019年版,第35页。
④ 辛昊、黄伊霖、娜迪拉·阿里根:《科技禁毒与科普元宇宙融合的新尝试》,《科技管理研究》2022年第42卷第20期。

约了信息的传播广度和民众的接受程度。数字虚拟人的外观设计无须进行遮蔽处理。由于其固有的虚拟性,它天然地具备了不可识别性,这一特性为从事相关敏感部门工作的人员提供了安全保障。

因此,数字虚拟人的社交可供性为民众与禁毒公安之间进行准社会交往提供了可能。有独特性格与特征的数字虚拟人在与用户进行交往的时候,在理论上可以为无限范围内的每一个受众营造一种与"禁毒英雄"缩短时空维度的"远距离"的情感亲密性想象。这与"文旅局长带货视频"在抖音上爆火的机制相似,该类账号以"局长"身份为亮点,打破人们对"局长"这一身份的刻板认知,为官方账号增添了娱乐性和趣味性,丰富了官方话语表达的多样性。① 在可协调性与可连接性上,从数字虚拟人的运行机制和与受众的交互情境来看,受众在与数字虚拟人交互的过程中,一般不会直接与其他受众产生互动。此类交互主要呈现为人机沟通的形式,侧重于个体与机器之间的信息交流与连接,但是仍然能够在暗处营造与培养隐性的用户社群。当人们与象征国际缉毒刑警形象的数字人进行交互时,会基于爱国情绪等心理因素而逐渐形成一个心理认同的社群。2016 年的"帝吧出征"事件已证明,在互联网时代,由民族国家向个人化偶像的转换存在着实践路径,"将国家建构为自己内在现实与外在现实之间的一个'过渡客体',实现与外部的交流和自己身份的建构。"② 这一现象与雷蒙·威廉斯所提出的情感结构理论相呼应,即某种文化的兴起是社会中某种情感的产物。在此意义上,数字虚拟人的社交可供性不仅促进了信息的有效传递,还在某种程度上推动了当下民众共同体意识的凝聚与互通。数字虚拟人所能提供的社交可供性增强了政府部门与民众之间的互动,有助于获得民众的理解与情感维系,达到"以情动人"的沟通效果。

(三)移动可供性:作为构筑多元应用空间的数字虚拟人

数字虚拟人的应用显著增强了禁毒宣传信息的可获取性特征。基于其嵌入互联网及虚拟空间的技术特性,民众得以突破时空限制,通过多媒体平台随时随地访问并获取关于毒品预防、毒品危害等关键信息。数字虚拟人参与制作的节目与小程序,进一步丰富了公开的禁毒普法信息的形态与渠道,为民众提供了便捷多样的信息获取途径,从而有效提升了禁毒宣传教育信息的可及范围与获取效率。同时,数字虚拟人的出现与应用是媒介移动可供性日益增长的表现之一,数字虚拟人依

---

① 韩娟、卢晓华:《"文旅局长带你游"系列短视频中的文化记忆建构策略研究》,《科技传播》2023 年第 15 卷第 9 期。
② 刘海龙:《像爱护爱豆一样爱国:新媒体与"粉丝民族主义"的诞生》,《现代传播(中国传媒大学学报)》2017 年第 39 卷第 4 期。

托于互联网等虚拟空间而诞生,其本身就具有强烈的可兼容性,受众可以在多媒体平台端随时随地与代表政府形象的数字虚拟人见面,通过观看公益广告、电影,网络问政,移动社交媒体代言等多渠道与数字虚拟人产生联系。

在移动可供性的基础上,数字虚拟人应用于禁毒宣传还为营造"全民禁毒"的氛围赋予了空间可供性。数字虚拟人的移动可供性深刻改变了禁毒宣传信息的传播方式和受众的接收体验。数字虚拟人可以出现在不同的媒介环境之中,这种多媒体端的共联创造出无形且普适的宣传氛围,使相关信息得以以更为潜移默化的方式传递给公众。空间不只是地理性的,也是社会性的,数字虚拟人的多重应用场景打造出与用户互动的虚实相融的新空间,使人们的空间感知与认识、体验发生变化。[①] 数字虚拟人置身于多媒体场景不仅实现了空间的物理连接,更在深层次上联通了多重社会空间,为用户构建了一个高阶的"第三场所"。具体而言,第三场所是一个理论上的理想类型,它囊括各种形态的、人们可轻松进入的公共空间,概括其容纳并鼓励非正式社会互动的功能。[②] 在传统意义上,第三场所如咖啡馆、图书馆等实体空间,为人们提供了社交与互动的场所。随着数字技术的普及,"第三场所"超越了特定的实体空间类型,使得社交与互动在虚拟空间得以展开。数字虚拟人所能构筑的"空间"正是一种虚拟的第三场所。在这个空间中,禁毒信息得以从公安宣传的信息门户有效地跨越到不同社会圈层所关注的媒介场景。数字虚拟人通过其独特的可供性为禁毒信息的传播提供了新的可能性和途径。

数字虚拟人凭借其兼具的人类特征与数字化特性,展现出与数字化技术高度融合的能力,这一独特优势使其能够在不同传播内容的创作中灵活应用,进一步丰富了传播内容的形态与表现力。鉴于数字虚拟人具有高度灵活性和可定制化的特性,它们能够在多个不同的场景中无缝切换,并与各界人士进行有效联通。当前,我国网民人数已超过十亿,[③]网络空间已然成为Z世代等青年群体共享与互动的重要平台。对于政府部门而言,在网络阵地进行有效宣传显得尤为关键。在此背景下,数字虚拟人展现出独特优势,能够横跨现实与虚拟世界,无缝链接线下与线上空间,且在各种场景中均能保持高度的一致性和协调性。通过数字虚拟人,禁毒宣传部门可以在青年群体熟悉且喜爱的应用场景中与他们进行深度交流。例如,2024年3月10日,最高人民检察院通过其新媒体平台,发布了一部与数字虚拟人"天妤"共同创作的反诈骗视频《小心！AI陷阱》。该视频采用短剧形式,生动揭示

[①] 彭兰:《新媒体技术下传播可供性的变化及其影响》,《现代出版》2022年第6期。
[②] 於红梅、潘忠党、陈意如:《探寻第三场所:一个空间可供性的视角》,《新闻记者》2023年第7期。
[③] 央广网:《网民突破10.79亿人、千行百业"触网" 数字经济为中国注入蓬勃动能》,https://www.cac.gov.cn/2023-08/30/c_1695052264832531.htm,下载日期:2024年4月19日。

了现实中频发的 AI 诈骗手法，以检察信息技术为视角，结合富有科幻色彩的虚拟场景，显著提升了公众对诈骗的警觉性。[1] 通过可携带性、可获取性、可定位性和可兼容性四个方面的结合，数字虚拟人有效推动了禁毒宣传向场景化、生活化的转变，有助于打破时间和空间的限制，提升禁毒宣传的效果和覆盖面。

五、讨论

《中国数字虚拟人影响力指数报告（2024 年）》指出，2023 年是数字虚拟人行业的冲击年。在 AIGC 的带动下，数字人的生产、运营都在降本增效，商业应用开始普及。可以预料到，在科技飞速发展的将来，虚拟数字世界将逐渐被主流所接受甚至成为主角。

伴随着中国步入数字时代，中国政务宣传所面临着沟通双方缺乏互动、宣传方式缺乏创新以及宣传逻辑还未适应新媒介环境等困境，寻求新媒介形态下的转型与创新是中国政务宣传的必经之路。在数字时代，建设中国式现代化发展路径已成为官方宣传工作的呼唤。政务传播创新的典范——深圳市卫生健康委员会的官方公众号"深圳卫健委"的裂变式传播典范提供了一种创新视角，指出政务宣传要兼具人情化内容生产、人格化信息传播与人性化功能定位[2]三大要素，才能使政府的形象从传统的威权形象转变为亲和、友善的人情政府，从而助力宣传的"脱困"。

数字虚拟人的出现，为解决这些问题提供了新的可能。在媒介可供性的视角下，数字虚拟人提供了一种新的表达和交流的方式，以其独特的优势为政务宣传尤其是颇具独特性的禁毒宣传开辟了新的路径。在生产可供性的维度上，数字虚拟人展示了卓越的编辑、审核、复制、扩展与关联信息的能力，这不仅有效保障了禁毒宣传信息的即时性和精确性，更在一定程度上重塑了信息传播的结构和动态。在社交可供性方面，数字虚拟人通过自然的语言交互和情感传递，拉近了禁毒刑警与民众的心理距离。而数字虚拟人的移动可供性，则使得禁毒宣传信息更加便携、可获取和兼容，打破了时间和空间的限制，极大地提升了禁毒宣传的效果和覆盖面。

当然，由于目前的数字虚拟人技术和发展所限，其应用还存在着流于表面、"形似而神不似"等弊端，需要专业团队的进一步运营与支持，打造人设与形象设计，提

---

[1] 最高人民检察院微信公众号：《有人偷了你的脸！当 AI 诈骗遇上虚拟数字人"天妤"，科幻感拉满》，https://www.spp.gov.cn/spp/2024qglh/202403/t20240310_648852.shtml，下载日期：2024 年 4 月 19 日。

[2] 张韵：《互动仪式链视角下政务新媒体的粉丝互动分析——以深圳卫健委公众号为例》，《传媒》2024 年第 5 期。

升实际效能。而为数字虚拟人注入真正生命力的关键,在于塑造其鲜明的个性和明确的价值导向,以实现与民众的交互回应,这是政务宣传走向深入人心的创新尝试。对此,相关部门应积极采用新技术,让数字虚拟人成为政务宣传的新型纽带,共同探索出数字化时代官方与民众之间更为有效的信息交流新路径。

社会工作参与毒品问题社会治理的实践探索与经验启示[*]

——以成都清醒人生社会工作服务中心实践为例

袁献远 刘晓娟[**]

引 言

《禁毒法》明确规定,禁毒是全社会的共同责任。国家机关、社会团体、企业事业单位以及其他组织和公民,应当依法履行禁毒职责或者义务。[①] 禁毒工作要以预防为主,采取综合治理方式,在政府的统一领导下,各相关部门积极承担相应责任,同时鼓励社会各界广泛参与。在党的十八届三中全会上,"社会治理"这一概念首次出现在《中共中央关于全面深化改革若干重大问题的决定》中,文件强调"创新社会治理,提高社会治理水平,促进社会和谐",党的执政理念和政策思路从"社会管理"向"社会治理"发展,为社会组织进一步参与社会治理提供了保障。禁毒社会工作成为参与禁毒工作的重要组成部分,这对于推动我国毒品问题社会治理体系和治理能力现代化具有重要意义。成都市党委、政府历来重视禁毒工作。近年来,为了适应新时代的毒情形势变化与禁毒工作的新要求,成都市不断加强禁毒工作,创新治理毒品问题方式,鼓励社会力量参与毒品问题治理,在社会工作参与治理毒品问题方面积累了与当地禁毒工作发展相适应的经验。

---

[*] 本文系成都市毒品问题治理与禁毒法治教育研究中心 2023 年度支持课题"成都市毒品问题社会治理的实践探索与经验启示"(CDDPZL2023—0205)课题成果。

[**] 作者简介:袁献远,男,中级社会工作师、认证酒精及药物成瘾咨询师,法学学士,成都市清醒人生社会工作服务中心理事长;刘晓娟,女,中级社会工作师、国家三级心理咨询师,法学学士,成都市清醒人生社会工作服务中心主任。

[①]《中华人民共和国禁毒法》第三条。

一、成都市禁毒社会工作发展概况

2017年4月,中共成都市委、成都市人民政府下发《关于进一步加强禁毒工作的实施意见》(成委发〔2017〕13号),明确要求完善社区戒毒社区康复工作体系,公开招聘禁毒社工,并按照有办公场所、有办公设备、有宣传橱窗、有专职社工、有规章制度、有工作经费、有工作实效的要求,建立集动态管控、戒毒治疗、心理矫治、帮扶救助、就业指导、宣传教育等"六位一体"功能的社区戒毒社区康复工作站。[①] 自此,禁毒社会工作者被划入成都市社区戒毒社区康复工作服务提供者的序列,成都市禁毒社会工作服务开始起步并逐渐发展。

2018年8月,成都市禁毒委员会办公室联合成都市公安局、成都市民政局等12个部门出台《关于加强禁毒社会工作服务组织和禁毒社会工作者队伍建设的意见》(成禁办字〔2018〕15号),该文件明确指出,"一是要加强禁毒社会工作服务组织建设,采取政府购买服务等方式,积极推进禁毒社会工作服务组织建设。二是要加强禁毒社工队伍建设,鼓励社工组织积极参与禁毒服务领域,壮大禁毒社工力量。三是要加强禁毒社工业务能力培训。"[②] 自此,成都市禁毒社会工作者队伍建设的运行机制、工作格局和有关保障进一步完善,有效推动禁毒社会工作服务组织和禁毒社会工作者队伍建设,逐渐形成"政府统一领导、有关部门各负其责、禁毒社会组织和社会广泛参与的毒品问题社会治理格局"。

经过七年多的实践探索,成都市按照有办公场所、有办公设备、有宣传橱窗、有专职社工、有规章制度、有工作经费、有工作实效的"七有"标准,全市建成261个社区戒毒社区康复工作站及100余个"6·26"服务中心。据统计,成都市现有专职禁毒社工1486名、兼职禁毒社工1600名。

二、社会工作参与成都市毒品问题社会治理的内容

禁毒社会工作是在助人价值理念指引下,严格遵守专业伦理规范,运用社会工作专业理论和方法以预防和减轻毒品危害,帮助吸毒人员戒毒康复和回归社会,提升公民身心健康水平的专门化社会服务职业。社会工作参与成都市毒品问题社会

---

① 中共成都市委、成都市人民政府印发《关于进一步加强禁毒工作的实施意见》(成委发〔2017〕13号),2017年4月7日。

② 成都市禁毒办、成都市公安局、成都市民政局等印发《关于加强禁毒社会工作服务组织和禁毒社会工作者队伍建设的意见》(成禁办字〔2018〕15号),2018年8月8日。

治理主要包括如下四个内容：

（一）戒毒康复服务

在"8·31"系统工程指导下，成都市禁毒社会工作积极开展戒毒康复人员需求评估，提供心理咨询和心理疏导、家庭关系辅导及自我管理能力提升等专业服务，促进戒毒康复人员社会功能修复。先后涌现出金牛区共驻共建社区戒毒（康复）指导站为代表的戒毒康复服务项目、都江堰市"阳光托起希望"社区戒毒（康复）人员教育课堂服务项目等吸毒人员服务管理社会工作创新项目。

（二）帮扶救助服务

禁毒社会工作者本着"应帮尽帮"的原则，按照"一人一策"制订吸毒人员关爱对象名单和具体帮扶计划，协助有需要的吸毒人员及家庭申请包括基本生活保障、就业、就学、邻里关怀、医疗救助、药物维持治疗等政府正式资源和社会非正式资源。禁毒社会工作者联动包括关爱援助、职业发展、法律咨询、儿童保护等方面的专业组织以及社会爱心人士为戒毒康复人员及其家庭提供多维帮扶服务，协助其解决个人生计问题，提升职业发展能力，完善社会支持网络，逐渐回归正常生活，涌现了一批如成华区"回归家园"就业援助基地、彭州市"禁毒微心愿"等困难涉毒人员及成华区困难涉毒人员家庭关爱帮扶项目服务。

（三）宣传教育服务

在"6·27"毒品预防教育系统工程指导下，成都市创新开展禁毒"123"系统工程，要求组建一支服务基层社会治理的老年禁毒志愿者队伍，创新缉毒打击和涉毒人员服务管理两大理念，夯实公共娱乐服务场所、高校、企事业单位三大禁毒阵地。禁毒社会工作者在成都市禁毒办指导下，协助基层政府发动社区老党员、老干部、老军人、老教师、老模范等院落骨干组建老年禁毒志愿者队伍，协助参与禁毒宣传、戒毒帮教以及涉毒违法犯罪线索发现，在公共娱乐服务场所、高校、企事业单位建立禁毒阵地，并开展毒品预防教育和内部防控培训，广泛调动人民群众参与禁毒工作，不断增强市民禁毒意识，守护公园城市，共建禁毒阵线，实现了成都各区（市）县禁毒教育基地全覆盖，先后形成了成都高新区桂溪街道"党建引领＋全民禁毒"、温江区"高校禁毒联盟"、青白江区"青青少年团"禁毒小讲解员、新都区"桃园嬢嬢"禁毒文艺志愿服务队及武侯区"禁毒五虎将文化IP"等特色毒品预防教育品牌。

（四）协助开展其他毒品问题治理事务

禁毒社会工作者协助政府相关部门做好重要节点如春节、"两会"、国庆、大型体育赛事等时间段的禁毒安保维稳工作,透过智慧禁毒管控平台、生活污水毒品代谢含量监测及吸毒人员毛发检测等智能化禁毒措施协助有关禁毒管理事务。

三、成都市清醒人生社会工作服务中心参与毒品问题社会治理的实践探索

成都市清醒人生社会工作服务中心(以下简称"清醒人生")是清醒人生专业戒瘾品牌旗下非营利性 AAAA 级社会组织,同时也是成都市首家禁毒戒毒领域社会工作服务机构。清醒人生自 2017 年 3 月率先推动成都市政府有关部门采取购买社会组织专业服务方式,先后在青羊区少城街道、金牛区荷花池及茶店子街道、成华区青龙街道、高新区桂溪街道、天府新区永兴街道等地开展社区戒毒康复暨禁毒社会工作服务试点,在戒毒康复社会工作直接服务、禁毒社会工作人才培育、禁毒社会工作研究与倡导等方面积累了丰富的实务经验。清醒人生参与成都市毒品问题社会治理的主要探索:

(一)戒毒康复暨禁毒社会工作服务

清醒人生的禁毒社工主要运用个案管理(Case Management)工作方法,对吸毒人员分类提供戒毒康复服务。工作中,禁毒社工指导社区及网格工作人员常态化走访、采集吸毒人员的信息,协助政府部门对吸毒人员开展动态管理。禁毒社工善于链接政府及社会资源,为困难吸毒人员家庭提供帮扶救助服务,如在成都市金牛区荷花池街道,链接政府、医疗企业等的资源,开展"政府—社工—医疗—心理"多维戒毒康复社会工作服务项目。此外,禁毒社工配合公安机关对有高社会风险的吸毒人员定期开展风险监测及评估。

为了更好地开展服务戒毒康复人员,清醒人生于 2020 年 6 月引入"七步骤戒瘾复原疗法",以此作为禁毒社工必备干预技能开展个案社会工作服务。禁毒社工向个案服务对象提供动机强化、认知调整、行为矫正、情绪管理、危机干预、重要关系改善、就业指导及社会交往能力提升等多元化社会工作服务,引导服务对象增强戒毒决心,应对认知偏差,遏制复发渴求,协助其实现生理及心理"双重"脱毒,成为"自我专家",重启健康生活。例如,禁毒社工运用动机式访谈法(MI)和认知行为疗法(CBT)咨询技巧,为有戒毒康复需求的个案橙子提供戒瘾复原、情绪管理、家庭关系调试、职业与财商素养指导及社交指导等多元社会工作服务,帮助橙子摆脱复吸怪圈,接受艾滋病治疗,缓解抑郁和焦虑情绪,增加与父母、朋友联系,重建社交支持网络,经过 26 个月的服务跟进,橙子的生活逐渐走上正轨,其生命质量得到

了显著改善。该案例选入中国社会工作联合会禁毒社会工作专业委员会《2023年全国禁毒社会工作实务案例集》。

此外,清醒人生的禁毒社工积极联动公安及司法行政机关,对强制隔离戒毒人员开展资料收集、家庭走访、所内联结及出所衔接等为民服务,填补上述人员由强制隔离戒毒到社区康复过程中的时空间隙,实现无缝衔接,最大限度降低吸毒人员的复发风险。如2018年3月,清醒人生参与推动四川省戒毒管理局在成都市主城区成立首个社区戒毒(康复)指导站——四川省戒毒管理局金牛区茶店子街道社区戒毒(康复)指导站,创新解除强戒人员后续照管模式,实现强制隔离戒毒、社区戒毒及社区康复的有机衔接。

(二)毒品预防教育服务

清醒人生的禁毒社工坚持"预防为先",常态化开展毒品预防教育"七进"暨"进学校、进企业、进社区、进农村、进家庭、进场所、进网络"活动,重点夯实公共娱乐服务场所、高校、企事业单位三大禁毒阵地,协助党委努力营造全民禁毒、全域禁毒氛围。

此外,禁毒社工还创新性地开展各类毒品预防教育工作并形成了一些成效卓著且富有社会影响力的案例。如2017年5月,清醒人生联合成都市青羊区禁毒办、青羊区团委抓住"草莓音乐节"的节点,在音乐节现场以设立禁毒暨成瘾科普场景、现场采访音乐节乐迷并剪辑发布乐迷拒毒短视频等方式创新性开展毒品预防教育。2020年5月,清醒人生的禁毒社工在成都高新区开展"青年白领心理健康与成瘾防治"品牌项目,该项目面向青年白领等高端人才聚集的街道,结合毒品种类更新换代迅速以及青年社群好奇心强、冒险心重、心理压力大等的特点,禁毒社工站创新开展各类青年禁毒主题工作坊、"绿色无毒"夜跑等互动性强、体验性高的历奇活动,引导青年白领群体学习心理健康与成瘾防治的知识,提升身心健康水平、科学应对压力、远离成瘾行为。该项目获公安部禁毒局官方微博"中国禁毒在线"等媒体报道,全网获超60万人次关注。2023年,清醒人生的禁毒社工在成都高新区桂溪街道开展"党建引领毒品预防教育"品牌项目,该项目重点针对辖区企事业单位职工、小区院落居民、大中小学师生及公共娱乐场所从业人员等四类群体,开展各类"党建+"主题的毒品预防教育活动200余场次,该项目获四川省公安厅内网"四川禁毒信息网"报道,在全省禁毒系统推广。

(三)禁毒社会工作实务实训

美国社会工作教育协会提出社会工作者核心胜任力特质包含认同社会工作价

值理念、具备一定的专业知识、具有处理一般问题的能力三类要素。[①] 在我国,社会工作行业协会与专家学者也认同社会工作者的核心素质包含知识、能力、价值观、个人特质等,例如舒方甜(2019)提出的禁毒社会工作者的胜任力模型涉及特质、动机、知识、能力等方面。[②] 全丽(2021)将禁毒社会工作者胜任力模型中29个胜任力要素分别纳入到知识与价值、技能、特质、自我概念、动机这5个维度中,初步建构了禁毒社会工作者胜任力模型。[③] 付美珍(2023)则认为禁毒社会工作者的胜任力模型包含知识、技能、价值观、特质、动机五个维度。[④]

清醒人生自2015年起开展禁毒社会工作者能力建设,且总结提炼出以禁毒社会工作知识(Knowledge)—技巧(Skill)—能量(Energy)三个维度为核心的"禁毒社会工作者的胜任力KSE模型",面向禁毒工作从业人员(包括禁毒社工、专干及志愿者等)开展主题培训、模拟训练、游学实训等多种形式的禁毒社会工作培训,内容包括禁毒社会工作通识、禁毒社会工作实务及禁毒社会工作者的自我关怀等(见表1)。

表1 禁毒社会工作者的胜任力KSE模型[⑤]

课程模块	课程名称	课程简介	授课形式
禁毒社会工作知识	禁毒工作常用法律法规及政策	讲解禁毒工作当中常用及相关的法律政策法规	主题培训
	禁毒工作基本工作流程及内容	结合培训当地戒毒康复工作实际,介绍禁毒社工服务的流程及内容	主题授课
	禁毒社会工作档案管理	详细讲解禁毒社会工作相关文书档案整理及存档规范	游学实训
禁毒社会工作实务技巧	禁毒社会工作常用理论及其运用	简单介绍在禁毒社会工作中常用的理论:动机式访谈法(MI)、认知行为疗法(CBT)、正念及叙事治疗	主题授课
	整合社会资源,服务弱势个案	结合培训当地禁毒工作实际,讲解社工如何整合社会资源,帮助社会经济地位弱势的个案	培训+模拟演练
	禁毒社工实务技巧	根据需求对禁毒工作社会工作个案、小组、社区工作的服务过程、服务技巧结合实务案例进行讲解	培训+模拟演练
	非自愿性服务对象的服务技巧	主要讲解如何识别及处理服务对象的抗拒行为	培训+模拟演练

---

① 付美珍:《禁毒社会工作者胜任力模型构建与提升路径研究》,《广州城市职业学院报》2023第17期。
② 舒方甜:《禁毒社会工作者胜任力模型的构建》,2019年华中师范大学硕士学位论文。
③ 全丽:《禁毒社会工作者胜任力模型的建构与应用研究——以Y社会工作服务中心为例》,2021年东北石油大学硕士学位论文。
④ 付美珍:《禁毒社会工作者胜任力模型构建与提升路径研究》,《广州城市职业学院报》2023第17期。
⑤ 任文启、李辉:《在理论与实务交互中缔造共同想象:第二届司法社会工作理论与实务研讨会文集》,法律出版社2016年版,第249页。

续表

课程模块	课程名称	课程简介	授课形式
禁毒社会工作能量	禁毒社工职业安全与职业耗竭预防	结合禁毒社工工作特殊性介绍社工职业安全和职业耗竭方面的预防及应对	游学实训

清醒人生以上述禁毒社会工作者胜任力模型为基础,结合培训当地工作实际,在四川省、青海省、辽宁省、广东省等地已累计开展禁毒社会工作者业务培训超3万人次。

(四)禁毒社会工作研究

清醒人生在工作中总结提炼禁毒社会工作实务经验,发挥研究优势开展禁毒社会工作政策、理论与实务研究,并通过多种渠道向党委、政府各有关部门提供政策参谋建议,为禁毒社会工作发展贡献力量。一是翻译出版专业书籍。2024年1月,由袁献远组织翻译的《戒瘾康复技能手册:用认知行为疗法、正念及动机性访谈技巧改善成瘾行为》经由四川大学出版社出版,引入国外戒毒康复专业知识和技术,有助于提升国内禁毒相关从业人员的专业能力。二是撰写专业文章。如清醒人生社工刘晓娟、袁献远撰写的《透过多维综合支持服务助冰毒成瘾合并艾滋病患者重启健康生活实务案例》入选中国社会工作联合会禁毒社会工作专业委员会《2023年全国禁毒社会工作实务案例集》;清醒人生研究员张韵然撰写的"Do Control, Peers, and Permissive Attitudes to Drugs Influence Drug Use Frequency in a Gendered Way?"发表于 *Crime & Delinquency* Ⅰ-26;清醒人生实习社工江琳撰写的《论坛剧在戒毒人员教育矫治中的效能分析》入选2021年全国药物滥用防治研讨会"青年优秀论文"等。三是撰写参谋建议。清醒人生社工袁献远撰写《关于加强新精神活性物质监管治理的建议》《关于提升易制毒化学品治理工作效能的建议》《关于加强禁毒社会工作队伍组织建设 促进禁毒社会工作高质量发展的建议》多篇参谋建议被四川省政协、成都市政协等采纳。

四、成都市禁毒社会工作发展面临的挑战

(一)禁毒社会工作制度建设有待加强

当前,成都市禁毒社会工作服务主要透过购买社会组织服务项目、直接聘用禁毒社工或由街道、社区等单位抽调人员兼职开展禁毒社会工作服务等三种方式开展禁毒社会工作。据统计,成都市目前约有30家单位承接禁毒社会工作服务项

目,其中企业服务主体 7 家、社会组织服务主体 24 家(禁毒社会组织数量只占全市社会组织的 0.21%),其中仅有 13 家社会组织致力于专门的禁毒社会工作服务。

(二)禁毒社会工作服务质量较低

成都市现有禁毒社工多为非社会工作专业人士,且未接受社会工作专业知识、技巧及价值训练,社会工作职业资格证书持证率较低(约 15%)。目前,成都市禁毒社工主要为吸毒人员提供行政性服务,如资料核对、信息录入、配合公安机关进行管控以及日常文档整理等。由于禁毒社工普遍缺乏系统的社会工作专业理论教育,且难以获得持续的专业培训和督导,实务能力无法得到有效增强,从而影响了服务质量的提高,限制了专业化发展。尽管成都市每年都会举办禁毒工作人员的培训,但针对禁毒社工的专业持续性培训仍显不足。

(三)禁毒社会工作人才队伍职业认同感低,人员流失率高

当前在成都仅有少数高校开设社会工作专业,无禁毒社会工作专业课程,且社会工作专业毕业生极少进入禁毒领域工作。目前,禁毒社工的薪酬福利普遍不高、晋升空间有限、社会地位较低、缺乏职业价值感和认同感等,这些因素都导致了职业倦怠和人员的高流动性。这种流动性严重影响了社区戒毒康复工作的连续性。

(四)经费有限且来源单一,主要依赖于政府财政拨款

根据《中华人民共和国禁毒法》的规定,禁毒经费应纳入县级以上各级人民政府本级财政预算,国家鼓励对禁毒工作的社会捐赠,并依法给予税收减免优惠。① 社区戒毒康复工作经费可以通过地方财政拨款和社会捐助来获得,呈现资金来源多样化特点。然而在实际工作中,禁毒工作因其高度的政治敏感特质,政府往往偏好使用更为稳妥的公共财政资金,而不通过社会公开渠道筹集资金,以维护禁毒工作的保密性与安全性。目前,社会捐赠体系尚未健全,社会捐赠的税费减免政策落实情况不佳,戒毒资金主要依赖于地方政府的财政分配,导致资金来源单一,慈善资金的参与度不高。② 在成都,由于社区戒毒康复工作起步较晚,加之专项资金有限,常常需要依赖临时性和资助性的资金补充,这往往导致社区戒毒康复工作面临经费短缺的挑战。

---

① 《中华人民共和国禁毒法》第六条、第七条。
② 赵雪莲:《社区戒毒的困境与政府购买禁毒社工服务的路径探索——以四川省为例》,《中国药物依赖性杂志》2016 年第 25 期。

(五)禁毒社会工作研究缺乏

利用万方数据、中国知网进行文献高级检索,在"全文"栏输入"禁毒社会工作",在"摘要"栏输入"成都",设置文献发表时间为2024年6月以前进行检索,仅搜索到1篇文献数据——《建立成都市基于医学—心理—社会干预的多部门联动社区戒毒社区康复技术模式研究》,且并非专门的禁毒社会工作研究。成都市目前在禁毒社会工作方面的专业文献资料相对匮乏,该领域的研究进展较为迟缓,缺少与本地实际情况相结合的禁毒社会工作理论,这种状况使得禁毒社会工作在禁毒工作研究与社会工作研究中均显得较为"边缘化"。

五、成都市禁毒社会工作发展的对策建议

(一)加强组织建设

一是强化对禁毒社会组织的日常监督管理,由各级人民政府禁毒委员会办公室担任禁毒社会组织的业务主管单位,与民政部门对禁毒社会组织实行双重管理。二是加强对禁毒社会组织的党建领导,通过指导禁毒社会组织成立党支部、建立党建工作与禁毒业务联动机制及提升禁毒社会工作者的党性教育等方式,强化中国共产党在禁毒社会组织的组织领导作用和公益性专业服务的先锋模范作用,保证禁毒社会工作沿着正确的道路前进。

(二)加强制度建设

一是建立禁毒组织参与毒品问题社会治理工作的准入机制,明确禁毒社会组织必备资质要求。二是完善体系化的禁毒社工管理制度,出台我市禁毒社会工作者管理办法,明确禁毒社会工作者招聘录用、待遇保障、能力建设、管理考核、职业发展的具体实施细则。三是畅通政府部门协调沟通机制,加强禁毒社工与其他政府部门在社会服务方面的联动,增加困难涉毒人员群体帮扶救助和毒品预防教育的交流合作。四是加强政府对禁毒社会组织服务成效的监督,促进禁毒社会工作合法合规发展。

(三)提升禁毒社会工作质量

一是积极总结成都市禁毒社会工作实务经验,编制《成都市禁毒社会工作服务标准》,促进禁毒社会工作高质量发展,为超大城市治理毒品问题提供成都智慧和

成都方案。二是开展地方标准宣贯和培训,不断提高成都市禁毒社会工作标准化水平。三是建立成都禁毒社会工作实务实训基地,培训禁毒社会工作者,征集优秀实务案例,开展实务技能比武,彰显成都市禁毒社会工作风采。

(四)加强禁毒社会工作人才队伍建设

一是加强禁毒社工胜任力培训。对新招用的禁毒社工开展禁毒工作、社会工作、岗位职责等方面知识培训,对现有禁毒社工进行全员轮训,每年定期组织常态化培训,使其基本掌握专业理念、知识、方法和技能。二是开展继续性教育培训和督导,可以借鉴清醒人生 KSE 课程模型,对在职禁毒社工持续开展知识、技巧及心理能量训练,强化内外部督导和支持力度,增强禁毒社工职业价值感,提高团队稳定性。三是鼓励禁毒社工参加社会工作者职业水平考试,武装社会工作知识,提高持证率。四是加强禁毒社工职业道德和价值观引导,强化组织管理,加大优秀禁毒社工的宣传报道,提升禁毒社工的职业认同感和荣誉感。

(五)整合资源,加强禁毒基础保障

一是强化禁毒社会工作经费保障,确保禁毒社工服务持续开展,改善禁毒社工工作环境,提高工资和福利待遇,增加禁毒社会工作发展后劲。二是加强与税务部门协调,落实企业税收减免优惠政策,鼓励社会捐赠,增加禁毒社会工作收入来源。

(六)重视禁毒社会工作本土化研究

随着禁毒社会工作步入快速发展阶段,政界、学界以及禁毒社工实务界之间需加强互动与合作。政府和禁毒社工应当注重与高校学术及科研资源的融合,将本土的实务经验转化为学术理论,积极打造符合中国国情的禁毒社会工作服务体系。这一过程对于推动禁毒工作的社会化和完善中国特色毒品问题治理体系以及推动治理能力现代化有重要意义。[①]

[①] 莫关耀、冯恩健:《创新社会治理视域下禁毒社会工作本土化实践与反思——以昆明市为例》,《河南警察学院学报》2023 年第 32 期。

禁毒社会工作基层治理研究

张 雷*

一、引言

基层治理无疑是国家的根基,也是群众与政府之间的纽带与桥梁。作为国家治理的基础,基层治理所涉及的面十分广泛,所涉及的体量也十分巨大,直接决定着一个国家是否能够长治久安,决定着一个国家的经济是否能够持续地向前发展、稳定和繁荣,在整个国家治理体系中充当着非常重要的角色。基层强则意味着国家强,基层安定则意味着国家安定,毋庸置疑的是,基层治理现代化在巩固国家根基中扮演着十分重要的角色。基层治理不仅和老百姓的利益息息相关,而且是实现共同富裕和提高百姓生活品质的重要一环。

作为基层治理实践的一部分内容,社会工作发挥着十分重要的职能,尤其是党的二十大提出了"中国式现代化道路",作为舶来品的社会工作,有着本土化的愿景,有着专业自主知识生产的要求。早在从西方引入社会工作的时候,我国学者就提出过本土化的讨论。

随着我国在社会工作实践方面的不断积累以及社会工作知识体系的不断丰富和完善,构建我国自己的社会工作理论也随之提上议程。在这个过程中,有的学者主张"行动—话语"为基石,建设中国社会工作理论的基本系统;[1]有学者在构建社会工作理论的过程中引入了社会实在论,把 CNIMC 理论作为模型,所形成的理论体系把改变服务对象变成了改变服务机制。[2]

在社会实践方面,随着我国社工站的增多以及工作的推进,在日常生活中社会工作的诉求也在不断增加,对社会工作理论的完善也有着进一步的诉求。中国社

---

* 作者简介:张雷,男,山西师范大学马克思主义学院讲师,厦门大学哲学系博士后在站。
[1] 郑广怀:《社会工作与社会理论:迈向行动—话语的理论框架》,《学海》2018年第1期。
[2] 黄锐:《重构社会工作实践理论:学科建构意义上的思考》,《社会科学》2019年第8期。

会工作的职业化发展之路,最早可以追溯到2008年,汶川地震的重建工作推动了我国社会工作职业化的发展。在过去的十多年里,职业化进一步发展,完成了我国社会工作专业的中长期发展规划。在不断的发展过程中,中国社会工作已经逐渐明确其职能范畴,即青少年社会工作、养老社会工作、残疾人社会工作等等,其目的是帮扶弱势群体,以解决他们日常生活中的种种问题与困难。

随着社会工作范畴的不断扩展,禁毒社会工作逐渐被纳入到其范畴之中,在我国基层治理中扮演着不可或缺的角色。关于社会工作参与禁毒治理,许多学者给出过相关的定义,其中有戒毒社会工作[①]、社区戒毒社会工作[②]、禁毒社会工作[③]等等。就禁毒社会工作的概念界定而言,禁毒社工应该具备相应专业知识与能力,且该工作者能够灵活应用禁毒的知识与专业技巧,遵循社会工作的相关理念,通过心理关怀、行为矫正等等一系列的措施,帮助戒毒者逐步恢复社会功能,使他们融入正常的社会生活中,其主要的服务对象是吸毒人员以及其家庭成员。

二、禁毒社会工作在基层治理中存在的问题

随着禁毒社会工作在基层的展开,有些问题也逐渐凸显出来:

(一)基层治理机制尚未完善

禁毒社会工作在基层治理中具有极为重要的作用,然而实际工作的开展有着较多阻碍,如相关行政部门之间缺乏积极有效的沟通,各个部门主体独立展开工作,使得禁毒工作效率低下。上述问题主要是因为禁毒工作基层治理机制尚未完善,因此,为促进各个部门间沟通协作,信息同步化,减少资源浪费及服务空窗期,提高禁毒工作效率,政府部门需要积极探索多元省时高效的禁毒工作基层治理机制,充分调动各个行政部门的工作积极性,发挥优势,提高治理质效。作为基层的社区戒毒以及康复目前还处在比较粗放的阶段,组织力度相对薄弱,所成立的禁毒办与相关人员大多为兼职,不能有效地贯彻和落实《禁毒法》等一系列法律条例,仅仅局限于联络通信、建立档案以及签协议的工作,工作无法深入,故而效果也不甚明显。即使禁毒成功,也会出现戒毒家庭"返贫"的问题,导致许多家庭仅仅靠着低

---

① 李晓凤、马瑞民:《我国戒毒社会工作的发展历史及实务运作模式初探》,《社会工作与管理》2014年第6期。
② 赵芳:《社区戒毒社会工作模式的探索与实践》,《社会工作与管理》2015年第5期。
③ 范志海、吕伟、余金喜:《社区戒毒康复模式的初步探索——以上海禁毒社会工作为例》,《中国药物依赖性杂志》2009年第2期。

保来维持生活。因吸毒成员大部分属于青壮劳力,吸毒成瘾而致劳动力下降甚至是丧失,使得家庭生产力减弱,财产缩水。又因吸毒需要巨额的毒资,瘾君子在吸食一段时间之后,家中财产被消耗殆尽,甚至到了变卖资产的地步。除此之外,多次反复的治疗和戒毒也需要花费大量的钱财。出现"返贫"之后,如何从心理和物质的层面,对吸毒家庭进行帮扶,目前仍然是有所欠缺的。可以说作为基层的社区,是国家《禁毒法》所规定的,帮助和巩固戒毒成果以及帮扶瘾君子逐渐融入社会的一项措施,是对戒毒人员进行强制性戒毒之后的一个过渡性安排。但从目前的实际情况而言,强戒之后的情况基本是处于放任自流的状态,瘾君子一旦离开戒毒所基本都是流入社会,处于边缘人的状态。以上种种,都说明基础治理体系尚处于发展阶段,有待于政府与社区的相关人员协同努力,让治理体系日趋完善。

(二)基层治理平台有待建设

在信息技术飞速发展的时期,新型的毒品犯罪方式越来越多,这使得禁毒工作的难度加大,迫切需要更为有效的方式完善基层治理工作。除了相关政府部门之外,还需要广泛团结社会各界的力量,共同协作,才能有力打击毒品犯罪行为,提高禁毒社会工作基层治理成效。因此,为鼓励群众积极响应禁毒社会工作,提高参与感,有必要搭建一个公开透明、政民互动的社会基层治理平台,为社会力量参与禁毒的基础治理工作提供基础服务依托,保障各个政府部门高度信息汇总,减少工作人员时间及人力资源的浪费,促进禁毒工作高效运行。

(三)基层治理监管亟待加强

鉴于现代化的禁毒工作模式不断发展,政府逐渐完善并细化了相关部门的职责要求,虽然在一定程度上能够改进禁毒社会工作基层治理,有效实施禁毒工作,但这一禁毒过程涉及职能部门较多,人员数量繁杂,如何保证各个工作环节都有序高效运行,还需要进一步探索。此时基层治理监管的必要性日渐凸显,只有建立合理的监管部门,实施强有力的监管措施和奖惩制度,才能督促各个工作部门的高效运行,提高工作人员的积极性和主观能动性。此外,对群众的监督也确有必要,有力的奖惩措施能减少虚假信息的传播,提高信息准确度,也表明了全社会禁毒工作的决心,提高群众的积极性。

(四)基层治理禁毒意识仍需提高

毒品犯罪行为是严重的社会问题,不仅使个人身心受损,家庭不睦,更可能造成严重的社会危害事件。禁毒社会工作是维护社会稳定和谐的重要组成部分,仅仅依靠相关政府部门打击犯罪,严惩犯罪行为远远不够,更需要全社会人民共同努力。然而实际工作中发现,社会各界群众对于禁毒工作的认知不清晰,重视程度不足,参与度较低。为了促进全社会力量共同推进禁毒工作基层治理,相关部门需要主动向人民群众科普毒品危害以及禁毒工作的开展情况。在很多的禁毒教育中,出现了禁毒教育偏离实际等一系列的问题,许多禁毒的知识内容空泛,只是一味让人们远离毒品,会更加激发一部分人的好奇心。禁毒的宣传工作也是偏向单一,对新型毒品的宣传较少,宣传内容过于老套,对特殊群体缺乏一定的针对性。此外,社会媒体和学校也需要承担起相应的社会责任,扩大宣讲和传播力度,让更多的人接收了解到禁毒社会工作基层治理的现状,提升主人翁意识,促进全社会积极能动地参与到禁毒工作中。

三、"五社联动"下禁毒工作在基层展开

虽然存在着一系列的问题,但伴随着"五社联动"方针的指引,社区作为最基层的社会工作单元,社区禁毒工作发挥了良好的作用。

首先,严控毒源,减少新的吸毒人员。对社区内的易制毒化学类物品进行定期排查,化工类企业、商店、药店都是其重点排查对象。对可能藏匿毒品的区域进行系统排查,居民楼、废弃厂房、自然林地、各种娱乐场所都是其重点排查对象。采取堵源截流、综合治理、严格执法等方针,采取多面联合的方式,让职工与家属以及医生相互配合。一旦发现危险的苗头,马上予以扑灭。重点加强对于违禁药品和精神类药品的严格管理,在小区设立艾滋病的咨询点。

其次,加大禁毒教育的投入,要把禁毒工作作为六五普法的重中之重和精神文明建设的重要范畴。开展相关法制宣传讲座、创办法制专栏等多样态展开禁毒普法工作。把禁毒教育同艾滋病防治教育相结合,同《公民道德建设实施纲要》相结合,深入开展宣传教育工作,使得禁毒意识深入基层。建设青少年禁毒基地,每个社区可以有自己的一个禁毒基地,向本社区的青少年普及毒品的危害,让涉毒悔改人员讲述自己经历的各种痛苦,以此起到良好的警示作用。制作禁毒题材微电影以及短视频,在社区群内进行宣传,在各种短视频平台滚动播放。除了宣传毒品的危害以外,还需介绍国家最新的禁毒政策。以社区为单位开展禁毒街头采访、答题挑战赛等一系列的活动,通过这种方式增强人们对于毒品危害的认知,丰富群众的禁毒知识。注重禁毒教育工作的经常性、多样性和层次性。既要集中做相关的宣传活动,又要有长期持久的教育活动的思想,将短期和长期两种宣传模式有机结合,提高群众的参与度。所谓的"多样性"是指遵循贴近生活实际和贴近群众的原

则,开展老百姓喜闻乐见的禁毒活动,拓宽宣传的渠道、创新宣传的内容等,以此提升宣传的效果。所谓"层次性"是指文化、宣传等部门要助力基层,承担起对全社会的禁毒宣传。

最后,提高禁毒社工的业务能力。禁毒社工作为社区禁毒的一线人员,其专业水平对社区禁毒的成功与否有着直接的影响,也是政府与居民之间一条沟通的纽带。由于禁毒工作具有一定的复杂性和危险性,故而禁毒社工需要持续加强能力培养,通过培训考核等方式不断拓展其禁毒的知识与技巧,其中包括心理疏导、行政协管和帮扶就业等,从而不断推进社区禁毒工作的专业化。

总而言之,以"五社联动"为方针,能够有效推动禁毒社会工作的基层治理。

四、结语

综上所述,禁毒社会工作是社会工作中不可分割的一部分,由于发展时间较短,不可避免地存在一系列问题。但是,在"五社联动"的原则指引下,社区作为最基层的社会单元,承担着基层治理的重任,社区禁毒的高效运行有效地补充和完善了禁毒社会工作,推动了基层治理工作的进一步完善,对实现中国式现代化的建设,贡献了一份力量。

禁毒工作中交流与合作的文化反思
——以厦门市为例

张伟皓[*]

一、引言

  习近平总书记在党的二十大报告中指出:"国家安全是民族复兴的根基,社会稳定是国家强盛的前提。必须坚定不移贯彻总体国家安全观,把维护国家安全贯穿党和国家工作各方面全过程,确保国家安全和社会稳定。"[①]禁毒工作不仅是总体国家安全观中的重要内容,更直接关系到民族的兴衰与人民的福祉。毒品问题不仅是社会治安问题,更是涉及政治、经济、文化等多方面的复杂社会问题,因此,交流与合作在禁毒工作中的必要性不容忽视。通过国际、省际等多地域式的交流,禁毒工作能够获得更多的资源、技术和经验支持,不仅如此,在缉毒案件的侦破、禁毒宣传的推广、禁毒研究的进步等方面,交流与合作可以提升工作的效率和效果。禁毒工作中的交流与合作不仅仅体现了技术和资源的共享,更重要的是其背后的文化内涵。在禁毒工作中,交流与合作能够促进不同文化之间的理解和认同,增强社会的凝聚力和文化认同感。通过多样化的合作模式和深刻的文化理解,禁毒工作不仅能够取得显著成效,还能够为社会的长治久安和国家的繁荣发展作出重要贡献。

  厦门市作为中国最早设立的经济特区之一,具有独特的经济地位和影响力,在社会治理和创新管理方面积累了丰富的经验。同时,厦门作为中国东南沿海的重要通商港口,面临着防范和打击跨国毒品走私的特殊挑战,其禁毒工作在全国具有代表性和示范意义。地理位置上,厦门与台湾隔海相望,在处理跨境毒品犯罪和两岸禁毒合作方面有着独特的优势和经验,这为研究两岸禁毒合作提供了宝贵的实

---

[*] 作者简介:张伟皓,男,厦门大学哲学系博士研究生。
[①] 习近平:《高举中国特色社会主义伟大旗帜 为全面建设社会主义现代化国家而团结奋斗——在中国共产党第二十次全国代表大会上的报告》,《求是》2022年第21期。

践参考。此外,厦门市在禁毒工作中积累了丰富的实践经验,特别是在国际交流与合作方面取得了显著成效,这些成功案例和经验教训对其他地区禁毒工作的开展具有重要的借鉴意义。因此,本研究选取厦门市作为案例研究对象,借助其在多方交流与合作中的成功经验,为全国禁毒工作的交流与合作提供文化反思和实践指导。

二、厦门市禁毒工作中交流与合作的案例剖析

在全球毒品犯罪日益猖獗的背景下,单靠一国之力难以应对复杂的跨国毒品犯罪问题。厦门市在禁毒工作中,通过积极的国际和区域合作,展示了其在打击毒品犯罪中的卓越成效。通过与联合国毒品和犯罪问题办公室、国家禁毒委员会以及两岸执法机构的紧密合作,厦门市不仅提升了自身禁毒工作的专业化水平,还为全球禁毒事业贡献了宝贵经验。本章将通过具体案例,深入剖析厦门市在禁毒工作中的交流与合作经验。

(一)培训合作

2003年11月19日至20日,由联合国毒品和犯罪问题办公室(UNODC)与国家禁毒委员会联合举办的"打击苯丙胺类兴奋剂制贩活动国际禁毒合作项目研讨会"在厦门市召开。此次研讨会旨在加强国际禁毒合作,分享打击毒品犯罪的经验与策略。为应对中国南部日益猖獗的苯丙胺类毒品犯罪活动,UNODC于2005年9月在广东和福建两省启动了"提高中国南部打击非法制造和贩运苯丙胺类兴奋剂能力项目"(简称联合国G75项目)。

厦门市禁毒办依托联合国G75项目,对各区、街道、社区开展了分期的禁毒业务培训与社工职业技能培训,成效显著。培训合作不仅提升了禁毒人员的专业技能,还促进了多部门的协同合作,为实现吸毒人员动态管控"无缝衔接"打下了坚实基础。

除了联合国G75项目,厦门市还积极参与其他国际禁毒合作项目。2009年12月28日,由公安部港澳台办和禁毒局联合主办的"海峡两岸打击毒品犯罪研讨会"在厦门举办。会议汇聚了两岸的执法和禁毒专家,围绕毒情形势、涉台毒品犯罪等问题展开深入交流,分享经验和策略。通过这种高层次的交流平台,两岸执法部门不仅加深了对毒品犯罪形势的理解,还加强了合作打击毒品犯罪的能力,体现了学术与实践相结合的优势。

厦门市禁毒工作的培训合作模式,为其他地区提供了宝贵的经验。在联合国

G75 项目的推动下,厦门市不仅有效提升了禁毒人员的专业素养,还通过国际化的合作与交流,增强了多部门协同作战的能力。未来,厦门市应继续深化国际禁毒合作,借鉴先进的国际经验,不断创新培训内容和形式,以应对日益复杂的毒品犯罪形势。

(二)案件合作

毒品犯罪的跨国性质决定了单靠一国之力、一市之力难以有效打击,国际执法合作成为必然选择。厦门市在禁毒工作中,通过与多个国家和地区的执法部门建立合作关系,实现了信息共享和资源互补,大大提高了案件侦破的效率。这种跨国、跨区域、跨部门的紧密合作,在打击涉毒案件中展现了卓越成效。以下通过综合分析多个案例,探讨厦门市在案件合作中的成功经验与启示。

首先,情报共享在国际禁毒合作中发挥了关键作用。2016 年 5 月 13 日,厦门海关缉私局接到省公安厅和市公安局禁毒部门的案件线索,新西兰警方在奥克兰港查获 199.5 公斤麻黄碱,并抓获接货人。厦门海关缉私局通过国际执法合作渠道与新西兰警方展开信息互换和协作,成功破获这起走私制毒原料的大案。这一案件不仅显示出跨国合作的必要性,而且凸显了情报共享在打击跨国毒品犯罪中的关键作用。

其次,厦门市在禁毒案件合作中注重多部门的协同合作,形成合力。公安、海关、技侦、网安等部门紧密配合,共同参与与案件侦办。以 2024 年 6 月 13 日通报的跨境走私、贩卖咖啡因案为例,厦门警方联合厦门海关缉私局,经过两年多的深入调查,在公安部禁毒局的统一指挥下,联合全国各地警方展开统一收网行动。最终跨越 5 省 7 市,成功抓获 81 名犯罪嫌疑人,缴获走私、贩卖咖啡因 1200 余公斤。这种多部门协同合作模式,提高了禁毒工作的整体效能,为其他地区提供了宝贵的经验。

此外,部门间的先进技术手段共享,同样能够显著提高案件侦破的效率和精准性。在 2017 年通报的"1·17"走私毒品案中,日本警方在自厦门出口至东京的货物中查获 152 公斤冰毒。随后,厦门海关缉私局展开为期四个月的调查,利用大数据分析、技术侦查等现代化手段,最终成功抓获 4 名台湾籍犯罪嫌疑人,并扣押大量现金和毒品。可见,这些高科技手段的应用,不仅提高了禁毒工作的效率,还增强了打击的精准性。

通过以上案件的分析,可以看出,首先,在跨地区、跨部门的缉毒工作中,执法单位应与案件相关的其他部门保持密切联系,通过情报共享和人员互访,建立高效的案件合作机制。其次,在案件侦破过程中,应充分利用大数据分析和技术侦查等现代手段,以提高案件侦办的精准性和效率。此外,若条件允许,禁毒单位在执法合作中应注重全链条打击,从源头制毒、运输到销售各个环节进行全面打击,从而有效遏制毒品犯罪的蔓延。

(三)宣教合作

禁毒工作的开展不仅依赖于对违法犯罪的打击,更重要的是加强群众对于毒品的防范意识。厦门市通过与多地、多机构的紧密协作,建立了较为良好的宣教体系,展示了其在禁毒宣传教育方面的全面性和有效性。以下通过综合分析多个案例,探讨厦门市在宣教合作中的成功经验与启示。

禁毒宣传教育的重要性在于增强公众的禁毒意识和自我保护能力。2004 年 6 月 2 日至 4 日,厦门市与东莞市禁毒办联合发起了"闽粤港澳台青少年禁毒宣传夏令营",通过开营仪式、禁毒宣誓、参观历史遗址等活动形式,向青少年传递禁毒理念。这一活动不仅提升了青少年的禁毒意识,还加强了闽粤港澳台地区的合作,形成了跨区域的禁毒宣传网络,促进了不同地区禁毒工作的相互借鉴和资源共享。

社会力量在禁毒工作中的参与具有重要意义。2016 年 6 月 20 日,厦门第一强制戒毒所、海沧两岸义工联盟和厦门晨曦公益服务队联合成立了两岸义工联盟晨曦戒毒公益辅导队。[①] 该辅导队由律师、心理咨询师、营养师和民警等专业人士组成,为戒毒康复人员提供心理辅导和职业技能培训,并走访戒毒人员家庭,帮助他们顺利回归社会。这一合作模式充分发挥了社会力量在禁毒工作中的积极作用,提升了禁毒工作的社会化水平。

2021 年 5 月 28 日,全省首个校地合作禁毒教育科研基地——集美区禁毒教育科研基地在厦门市集美街道禁毒工作站正式成立。该教育科研基地的建立,通过校地合作,形成了一个集教育、科研于一体的综合性禁毒平台。该基地采用图文介绍、多媒体演示和仿真模型展示等形式,为参观者、学习者提供了良好的学习环境和体验氛围,从而增强参观者的禁毒意识,提高拒毒、防毒能力。通过校地合作的模式,不仅能够提升禁毒教育的效果,还能够为禁毒科研提供丰富的实践素材。

综合上述案例,厦门市在禁毒宣教合作中积累了丰富的经验,并取得了显著成效。通过举办青少年夏令营、高层次研讨会和建立公益辅导队等多种形式,厦门市在不同层面和维度上开展了广泛的禁毒宣教合作。这些合作不仅提高了公众的禁毒意识和能力,还促进了跨地区、跨部门的合作与交流,形成了多元化的禁毒宣传

---

① 文明风网:《厦门首支两岸义工晨曦戒毒公益辅导队成立》,https://wmf.fjsen.com/2016-06/20/content_18108929.htm,下载日期:2024 年 6 月 1 日。

网络。在总结这些案例的过程中可以看出,交流与合作在禁毒宣教工作中具有重要意义。首先,这些合作项目通过多方参与和资源整合,提高了禁毒宣传的覆盖面和影响力。其次,跨区域和跨部门的合作增强了禁毒工作的系统性和协同性,促进了经验和资源的共享与互补。最后,通过加强与社会力量的合作,提升了禁毒工作的社会化水平,形成了政府主导、社会参与的禁毒工作新格局。

综上所述,厦门市在禁毒宣教合作中,通过与多地、多机构的紧密合作,成功推动了禁毒宣传教育工作的全面发展。这些合作不仅在提升公众禁毒意识方面取得了显著成效,而且为构建多元化的禁毒合作网络提供了宝贵经验。交流与合作在禁毒宣教工作中的意义重大,不仅提升了禁毒工作的整体水平,而且为实现社会的长治久安奠定了坚实基础。

（四）科研合作

厦门市在禁毒科研合作中,通过与高校和科研机构的紧密合作,显著提升了禁毒工作的科学化和现代化水平。以下通过综合分析多个合作项目,探讨厦门市在科研合作中的成功经验与启示。

2023年6月25日,厦门市禁毒委员会与厦门大学签订了战略合作协议,围绕"毒品治理现代化"主线,开展了包括推进特区禁毒立法、探索应用拉曼光谱快速检测技术、开展"无毒示范校园"建设、污水测毒、禁毒文化研究等八大领域的深度合作。这一合作不仅为校地双方提供了全方位、高层次的合作平台,也对推动市域毒品现代化综合治理体系的发展起到了积极作用。

在此之前,厦门市公安局与厦门大学环境与生态学院于2022年9月16日签署了战略合作框架协议暨污水测毒合同。通过现代化手段对污水测毒的创新应用,该合作项目精准指导了厦门市的禁毒重点工作,进一步完善了毒品问题治理体系,为科学评估厦门地区毒情态势提供了有力依据。这不仅提升了毒品问题治理能力,也落实了国家禁毒办对城市毒品治理综合成效的监测评估决策。

在法律合作方面,自2022年10月起,厦门市禁毒支队与厦门大学法学院多次就《厦门经济特区禁毒条例》进行立法合作,经过多次走访、专题会议和需求调研,双方共同推进条例的立法进程。2023年10月24日,该条例最终通过,并定于2024年1月1日施行。这一合作体现了校地合作在推进禁毒立法和法律保障方面的重要作用。

在技术应用上,2023年3月28日,厦门市禁毒办与厦门大学化学化工学院举行了研讨会,深入探讨了应用拉曼光谱技术快速检测毒品的工作。双方围绕如何将拉曼光谱技术应用于涉毒场景,提升发现和查处吸毒人员的质效展开讨论,并达成了将研发成果应用于实际禁毒工作中的共识。这种技术合作为基层民警和网格员提供了强有力的技术支持。

此外,厦门大学社会学实践研究基地于 2023 年 3 月 30 日正式成立。该基地通过聚合多方力量,搭建了禁毒工作理论研究和实践探索的新平台,推动了厦门禁毒社会化工作的高质量发展。该合作不仅发挥了高校的"智力支持",也调动了社会组织的"实践支持",形成了"政—校—社"禁毒工作融合链,为创建全国禁毒示范城市提供了优质的社会化服务和有价值的理论研究成果。[①]

综上所述,厦门市在禁毒科研合作中,通过与高校和科研机构的紧密合作,在技术应用、法律保障、社会化治理等多个领域取得了显著成效。这些合作项目不仅提升了厦门市禁毒工作的科学化和现代化水平,也为其他地区提供了宝贵的经验和借鉴。交流与合作在禁毒工作中具有重要意义,不仅促进了禁毒工作的全面发展,也为构建科学、有效的禁毒治理体系提供了坚实基础。

三、禁毒工作中交流与合作的文化解读

在全球化日益加深的当代,人类面临的挑战与日俱增,禁毒工作不再是某个国家独立进行的任务,而是需要全球共同努力和智慧的领域。厦门市与国际组织(如联合国毒品和犯罪问题办公室,UNODC)、他国警方(如新西兰、日本等)等的合作案例,充分反映了交流与合作在禁毒领域在全球范围内的广泛需求和深远意义。这种合作通过提升禁毒工作的专业水平,加强了全球社区对禁毒挑战的应对能力,同时也促进了不同文化之间的理解和尊重。同时也表露了在人类命运共同体视域下禁毒工作中交流与合作所体现的文化内涵。在 UNODC 看来,这种国际合作的模式是全球禁毒工作成功的关键。

禁毒工作中的文化内涵首先体现为全球合作的意识。以厦门市与国际组织和其他国家的合作为例,就充分展示了跨文化理解的重要性。在人类命运共同体理念下,不同文化背景的国家和地区可以共同努力,通过理解和尊重彼此的文化特点,共同应对全球性挑战。从第一次特别联大通过严格法律规制来消灭毒品问题,到第二次特别联大认识到毒品需求是引发毒品犯罪的驱动力,再到第三次特别联大提出关注弱势群体和促进公共卫生发展,联合国的禁毒理念逐渐从单一的立法

[①] 厦门大学社会与人类学院:《"厦门大学社会学实践研究基地"在厦门市禁毒教育基地正式揭牌——〈厦门禁毒工作社会化的创新实践研究〉编委会同步成立》,https://ssa.xmu.edu.cn/info/1283/13441.htm,下载日期:2024 年 6 月 3 日。

约束转向多元化和综合性的治理模式。① 这一转变体现了国际社会在禁毒合作中对文化多样性的重视。

全球合作的意识还体现在国际合作中的立法与执法精神之中。联合国发布的1961年《单一毒品公约》、1971年《精神药物公约》及1988年《打击非法交易麻醉药物和精神药物公约》等国际公约,为成员国之间的禁毒合作提供了法律基础和框架。② 这些公约在尊重不同文化的前提下,为不同国家间的法律与政策协同提供了路径,以统一和强化全球禁毒工作的法律支持。此外,国际社会在禁毒工作中的合作还强调了人权和社会包容的重要性。拉丁美洲和加勒比国家共同体(CELAC)在其特别声明中强调了通过综合、平衡和多学科的方法解决毒品问题的重要性,并呼吁加强国际合作,交流良好做法。③ 这种全球合作的意识不仅限于立法层面,还包括在健康、教育和社会包容领域采取的行政和执法措施。

在禁毒工作的交流与合作中,文化认同往往在其中起着桥梁作用。文化认同不仅涵盖了对彼此文化的尊重和理解,还包括了在共同的挑战面前形成的深层次的合作意识,特别是与不同文化和法律体系的国家和地区的合作,需要在全球化的禁毒斗争中寻找和建立共同的文化认同。文化差异往往会影响国际合作的效率和效果,因此在国际禁毒合作中,跨文化的理解和尊重显得尤为重要。例如,UNODC在实施全球禁毒项目时,强调尊重各国的文化背景和社会规范,以便更好地适应当地的实际情况。此外,各国在禁毒培训和教育项目中,也必须考虑文化因素,确保培训内容符合不同文化的价值观和习俗。例如,在一些亚洲国家,家庭和社区在社会生活中扮演着重要角色,因此禁毒宣传和教育需要强调家庭和社区的参与。文化认同的建立是国际禁毒合作的基石。通过尊重和理解文化差异,国际禁毒合作不仅能够更有效地打击毒品犯罪,还能促进各国之间的文化交流与合作,为构建全球共同体奠定基础,使得不同国家和地区能够在共同目标下协调行动。

在全球化的禁毒合作中,我们不仅需要与他国文化产生联系,也要在交流与合作中重视自己的文化以实现中国式现代化的文化传承。正如前文所述,在闽粤港澳台青少年禁毒宣传夏令营中,通过禁毒宣传教育活动,使青少年们认识到毒品的危害,并培养他们远离毒品的意识。这种活动不仅在知识层面上教育了青少年,更

---

① 倪玉霞:《人类命运共同体视域下禁毒国际合作:中国的经验与路径》,《新疆警察学院学报》2024年第1期。
② Liana W. Rosen, International Drug Control Policy: Background and U.S. Responses, Congressional Research Servic, March 16, 2015.
③ The United Nations, International Community Must Enhance, Bolster Cooperation, Putting Human Beings at Heart of Drug Policies, Speakers Tell Third Committee, Meetings Coverage and Press Releases, October 8, 2015.

在情感层面上激发了他们对禁毒事业的热情。通过参观虎门销烟旧址和参加"远离毒品"宣誓,青少年们深刻感受到禁毒的历史和现实意义,从而增强了他们的社会责任感和历史使命感。这种教育方式不仅传承了中华民族的历史文化,更在潜移默化中培养了青少年的社会责任感和历史使命感,为未来的禁毒工作打下了坚实的基础。同样地,两岸义工联盟晨曦戒毒公益辅导队不仅体现了两岸人民在禁毒事业中的共同努力,更彰显了中华文化中"和谐""仁爱""关怀"等核心价值。

在中国式现代化的背景下,禁毒教育与文化传承相辅相成,共同推动了禁毒事业的发展。中国政府在禁毒工作中强调文化自信,倡导通过教育和文化传承来增强全民禁毒意识。这种方法不仅有效提高了社会各界对禁毒工作的参与度和支持度,还为国际禁毒合作提供了有益的借鉴。通过文化认同和教育传承,不同国家和地区能够在禁毒合作中形成更加紧密的合作关系。这不仅有助于全球禁毒工作的开展,还能够促进各国之间的文化交流与合作,推动构建人类命运共同体。在这个过程中,文化认同和教育传承作为桥梁,不仅连接了各国之间的合作,还增强了各国人民的共识和信任,为全球禁毒事业的发展提供了强大的动力。

在全球化背景下,禁毒工作中的交流与合作还体现了当代禁毒工作者的创新精神及创新文化。面对前所未有的挑战与机遇,为了更好地推进禁毒工作的开展,有关部门也需要守正创新,寻求与其他产业或科研机构的融合,为打造中国式现代化的禁毒方法提供助力。无论是应用拉曼光谱快速检测技术和污水测毒等现代化手段开展禁毒工作,还是通过立法合作推动法制进程,或是通过成立教育基地、实践基地以提升群众禁毒意识,在厦门市禁毒委与厦门大学的多项政教融合的工作中就鲜明地凸显了禁毒工作中的交流合作所体现的产业融合和科技创新的文化氛围。

可见,禁毒工作的有效开展离不开各相关产业的参与和支持。通过与制药公司、科技企业、教育机构等进行合作,可以实现资源共享、优势互补。这不仅有助于提升禁毒工作的效率,还能带动相关产业的发展,形成良性循环。现代科技在禁毒工作中的应用越来越广泛,从传统的毒品检测、追踪到现在的人工智能、大数据分析、区块链等新技术的应用,为禁毒工作提供了全新的思路和方法。例如,通过大数据分析,可以发现毒品犯罪的规律和趋势,从而制定更有针对性的打击策略;通过区块链技术,可以提高禁毒工作的信息透明度和数据安全性,增强公众信任。

科技创新离不开创新文化的支撑。在禁毒工作中,必须营造鼓励创新、包容失败的文化氛围,激发科研人员和执法人员的创造力和主动性。例如,厦门市政府和厦门大学通过设立创新奖项、举办学术交流活动、提供科研经费支持等方式,积极培养和鼓励禁毒领域的创新人才和团队。禁毒工作需要面对不同文化背景的人群,必须具有包容性。通过多元文化的交流与合作,可以吸收和借鉴不同文化的优点和经验,形成更具活力和创新性的工作模式。

最后,禁毒工作需要全社会的共同参与和支持。通过广泛的宣传教育、社区活动和公众参与,可以形成全社会共同抵制毒品的共识和氛围。例如,厦门市通过媒体宣传、社区活动和学校教育等多种形式,提高了公众对禁毒工作的认识和参与度,形成了人人参与禁毒的良好社会氛围。总之,禁毒工作需要不断创新和发展。通过多元化的合作模式和高科技手段的应用,可以有效提高禁毒工作的效率和效果。同时,文化氛围的营造和社会共识的形成也是禁毒工作成功的重要保障。未来,厦门市禁毒工作应继续加强产业融合和科技创新,营造良好的文化氛围,为全球禁毒事业作出更大贡献。

综上所述,厦门市在禁毒工作中的成功经验表明,交流与合作是提升禁毒工作效率与效果的关键。通过与国际组织、他国执法机构、高校和科研机构的紧密合作,厦门市不仅在打击毒品犯罪方面取得了显著成效,还在提升公众禁毒意识、推进禁毒教育和科研发展等方面作出了重要贡献。文化认同和跨文化理解在禁毒合作中起到了桥梁作用,促进了各国和地区之间的协同作战。未来,禁毒工作应继续加强国际合作和跨领域协作,创新工作模式,提升技术应用,以应对日益复杂的毒品犯罪形势,实现社会的长治久安和国家的繁荣发展。

资本主义、鸦片与中国的现代化[*]
——基于马克思关于鸦片战争重要论述的考察

张有奎　王斯羽[**]

毒品是全人类之公害,不仅会损害人的身体健康、侵蚀人的意志品质,还会破坏家庭幸福、扰乱社会和谐,甚至消耗社会财富、毒化社会风气。禁毒工作关系到国家安危、民族兴衰、人民福祉。近代中国社会曾深陷鸦片流毒,直到新中国成立后,毒品问题才得到根本清理。随着时代变迁、社会环境变动,吸毒贩毒等又沉渣泛起。在全面推进中国式现代化的背景下,需要采取新理念新举措消除鸦片等毒品危害,走好中国特色的毒品问题治理之路,坚决打赢新时代禁毒的人民战争。

一、鸦片的本质及其危害

鸦片天然不是毒品。鸦片是从罂粟果实当中取汁提炼而成的,早在唐宋时期,我国将罂粟花作为观赏性植物进行栽种。明朝时期,鸦片被作为药材使用,具有镇静、止痛、止咳、止泻等功效,药用鸦片被作为经常性贸易品载入税则。在西方,鸦片也曾经被主要用作镇静药物来安抚时常躁动的儿童。直至17世纪,鸦片被引入烟草吸食法,爪哇一带将鸦片水与烟草相拌和,成为鸦片烟,鸦片才作为毒品在中国乃至全球广泛传播。之后,鸦片更是与资本主义的发展密不可分。近代英国为敲开中国紧闭的市场大门,在广阔的中国市场上攫取丰厚利润,利用鸦片的极强成瘾性摧毁中国人的身体和精神。鸦片本身并不是毒品,反而在诞生之初承载着美好期望。只是因牟取利益者的不正当使用、因资本发展的需要,鸦片逐渐由珍贵良药成为致命毒品。

---

[*] 基金项目:国家社会科学基金重大项目"中国式现代化理论的哲学研究"(批准号:23&ZD033)的阶段性成果。

[**] 作者简介:张有奎,男,厦门大学马克思主义学院教授、博士生导师;王斯羽,女,厦门大学马克思主义学院硕士研究生。

作为毒品的鸦片危害至深。清朝道光年间,鸦片走私泛滥,中外毒贩与贪腐官兵携手建立起以广州为贸易中心,几乎遍及全中国的庞大贩毒网络。肆虐的鸦片流毒带来了一系列社会问题,严重阻碍了中国经济与政治发展,损毁了社会生产力,危害了中华民族的身心健康。

其一,鸦片贸易导致白银大量外流,加深了清政府财政危机,影响国计民生。"在1830年以前,中国人在对外贸易上经常是出超,白银不断地从印度、英国和美国向中国输出。"①16、17世纪,东方与西方之间便存在商贸往来。但当时的中国社会仍然以自给自足的自然经济为主,且清廷实行较为封闭的对外政策,因此人们对于英国的制造业产品并无太多需求。而英国常从中国进口丝织品、茶叶、土布等货物作为重要生活用品。由于无法提供较多回馈商品,英国只得以金银贵金属作为交换,因此长期处于逆差状态。直至大规模鸦片贸易开展,白银的传统流向开始扭转,可以说,鸦片是"英国人从事东方贸易并进而打开东方市场的一把金钥匙,尤其是英国人取得茶叶和白银的最为关键的商品"。②

"从1833年,特别是1840年以来,由中国向印度输出的白银,几乎使天朝帝国的银源有枯竭的危险。"③中国的银矿本就不够丰富,且当时开采技术落后,因此产银往往较难满足自身商品经济发展的需要。在中英贸易当中,入超的白银能够在一定程度上补充中国的贵金属存量,维持经济发展。但是,自从以英国为首的西方国家通过鸦片贩卖叩开中国市场的大门,中国政府的贸易由入超转变为出超,白银急剧大量外流,银根逐渐短缺。加之当时中国"白银作为价值尺度和流通手段地位日益重要",④社会对于白银需求不断增加,导致白银的供求矛盾进一步激化,银价急剧上涨,带来"银贵钱贱"的市场混乱。除了白银大量外流,黄金也是年复一年地持续流出。这也可以看出,"在19世纪的全球化和近代化过程中,中国始终是处于被动地位的,是一个被动的角色"。⑤白银与黄金的流动严重扰乱了中国的经济秩序,引发了清政府的财政危机。同时,鸦片商品量的大幅增长也极大影响了国内贸易,给中国经济发展带来较大阻碍。

其二,吸食鸦片严重摧残吸食者的身心健康,损毁社会生产力,危及民族存亡。随着中国各地输入鸦片的数量急剧增加、鸦片走私不减反增,鸦片烟毒泛滥于全国各地。不仅广州等走私据点盛行吸食鸦片,云南、四川、贵州等边疆内地也毒风蔓

---

① 《马克思恩格斯文集》第二卷,人民出版社2009年版,第608页。
② 钟伟民:《茶叶与鸦片:十九世纪经济全球化中的中国》,三联书店2010年版,第169页。
③ 《马克思恩格斯文集》第二卷,人民出版社2009年版,第608页。
④ 王宏斌:《禁烟史话》,社会科学文献出版社2012年版,第39页。
⑤ 钟伟民:《茶叶与鸦片:十九世纪经济全球化中的中国》,三联书店2010年版,第238-239页。

延,浙江、苏州、盛京等地更是毒品重灾区,县乡多地"无不吸烟,昼眠夜起,杲杲白日,阒其无人,月白灯红,乃开鬼市"。① 上至贵族子弟、官府缙绅,下至贩夫走卒、僧侣乞人,社会各个阶层、各色职业都浸染在吸食鸦片的恶习当中。

  曾有诗云:"销膏血,耗精神,鸦片之瘾入骨髓,未死先成鬼",严重泛滥的鸦片烟大大损害了中国人的身心健康。鸦片内部含有吗啡、海洛因等成分,是一种慢性麻醉毒品,能够使人慢慢上瘾而不自知。成瘾后,则难以戒除,一旦瘾性发作,就会"涕泪交横,手足委顿不能举"。长期下来,无论体质强弱,鸦片都会慢慢侵蚀吸毒者的身体,戕害人的健康。人们在吸食鸦片的过程中,会由紧张激动变得镇定放松,似乎进入"无忧无虑的超脱境界"。② 在这种解脱、宁静的状态中,肉体损伤、苦闷事务都被忘诸脑后。为了长久逃避痛苦的现实世界,人们转而投入鸦片带来的麻痹幻想当中。久而久之,吸食鸦片者不仅体力衰微,而且精神困顿、意志不振,难以进行生产劳作,社会劳动力普遍萎缩。③ 鸦片作为毒品,具有很强的成瘾性。吸食者需要耗费大量金钱购买鸦片烟膏,以维持难以戒断且不断增长的烟瘾。为了获取到足够的钱财,常常有人或坑蒙拐骗、或偷盗抢劫以致犯罪,"不问儿啼饥,不问妇无袄",④淡漠了家庭伦理道德,带来了种种社会问题,影响社会生产发展。

  鸦片流毒遍及全国,各军营兵士也无可幸免。甚至有人指出,鸦片之所以在中国民众当中流行开来,就是由官兵吸食引起的:"官兵无有不吸之者,由是沿及士民。"⑤清军吸食鸦片后精神萎靡,军事不力,营务废弛,军队战斗力大大下降,甚至临阵怩怯,导致多次战争失利。可见,鸦片烟毒摧残中国人的肉体健康与精神意志,损坏社会生产力,降低军队战斗力,引发诸多社会问题,严重威胁着中华民族的生存。

  其三,鸦片走私加剧政治腐败,强化清廷封建政权的腐朽性。"侵蚀到天朝官僚体系之心脏、摧毁了宗法制度之堡垒的腐败作风,就是同鸦片烟箱一起从停泊在黄埔的英国歪船上被偷偷带进这个帝国的。"⑥清政府像"抵制邪教"一般的禁烟政策并未有效减少鸦片的输入,反而使鸦片走私贩卖更加猖獗。在沿海地区,鸦片贩子为了顺利将货品走私,往往会以重金贿赂地方官吏与查缉人员。这就导致当时中国沿海地区的社会政治更加腐败,本就腐朽的清政府摇摇欲坠。

---

① 中国史学会编:《鸦片战争》第三册,上海书店出版社 2000 年版,第 362 页。
② 苏智良:《中国毒品史》,上海社会科学院出版社 2017 年版,第 5 页。
③ 王金香:《中国禁毒史》,上海人民出版社 2005 年版,第 34 页。
④ 中国史学会编:《鸦片战争》第一册,上海书店出版社 2000 年版,第 318 页。
⑤ 中国史学会编:《鸦片战争》第一册,上海人民出版社 1957 年版,第 312 页。
⑥ 《马克思恩格斯文集》第二卷,人民出版社 2009 年版,第 633 页。

时至今日,鸦片依然是危害性极大的毒品。对于个人而言,吸食鸦片成瘾可能会出现多种疾病,给人体健康造成直接且严重的损害,并使吸食者产生对于鸦片的生理和心理双重依赖,成为毒品的奴隶。对于家庭、社会而言,鸦片吸食者难以自控,为了源源不断获取毒资,常常置家庭伦理道德、社会法律法规于不顾,严重危害人民安全与社会治安。随着时代发展,毒品种类也层出不穷,给社会安定与发展带来了严峻挑战。鸦片等毒品之所以屡禁不止,在于其与资本的紧密连接。无论是近代鸦片贸易、鸦片战争,还是现代社会的毒品犯罪,主要源于资本无限逐利的冲动本性。

二、鸦片战争的深层原因分析

在《资本论》中,马克思引用登宁的话说明资本的逐利性:"如果有10%的利润,它就保证到处被使用;有20%的利润,它就活跃起来;有50%的利润,它就铤而走险;为了100%的利润,它就敢践踏一切人间法律;有300%的利润,它就敢犯任何罪行,甚至冒绞首的危险。"[①]资本的本性就在于无限逐利与不断增殖。这促使其在不断的动乱纷争当中攫取巨额利润,通过殖民扩张、走私贩毒、奴隶贸易等手段实现资本原始积累。英国进行鸦片贸易、发动鸦片战争都是被这种利益所驱使。工业革命完成后,英国等西方国家的资本主义工业化生产飞速发展,社会经济迅速繁荣。起初,鸦片贸易就是以英国为首的西方资本主义国家发展的重要一环。16—19世纪,英国常常从中国进口丝织品、茶叶等货物,但由于中国自给自足的经济特点、较为封闭的对外政策等,中国人对于英国制造业产品的需求很少。直到大规模鸦片贩卖,西方贸易商第一次有了除白银以外的商品作为交换。鸦片给英国带来的巨额收入不仅足以支付其进口中国茶叶的巨大成本,还能够避免本国白银外流。

马克思在《鸦片贸易史》中,对于英国通过鸦片走私获取的巨额利润进行了明确记录:"由于东印度公司从商务机构改组为纯粹的政府机构,对华贸易就向英国私人企业敞开了大门……在1837年还是把价值2500万美元的39000箱鸦片顺利地偷运进了中国。""从1843年以来,鸦片贸易实际上却完全不受法律制裁。1856年输入中国的鸦片,总值约3500万美元,同年英印政府靠鸦片垄断获取了2500万美元的收入,正好是它财政总收入的六分之一。""英国政府在每箱鸦片上所花的费

---

① 《马克思恩格斯文集》第五卷,人民出版社2009年版,第871页。

用约 250 卢比,而在加尔各答拍卖场上的卖价是每箱 1210—1600 卢比。"[1]鸦片贸易给英国带来了源源不断的财富,促进资本主义持续发展,并使其迅速成为世界金融中心。之后,英政府不仅对鸦片生产和贸易进行垄断管理,还采取维持鸦片储备以便保障鸦片价格稳定等措施,以实现鸦片贸易的利润最大化。

"'奴隶贸易'比起'鸦片贸易'来,都要算是仁慈的……鸦片贩子在腐蚀、败坏和毁灭了不幸的罪人的精神存在以后,还杀害他们的肉体。"[2]事实上,西方殖民者、商业资本家的确对滥用鸦片的危害了如指掌。他们深知鸦片"不是生活必需品,而是危险的奢侈品",因而他们也不允许本国人民消费鸦片。但与此同时,这些鸦片贩子却将鸦片作为外贸商品大量出口至中国等其他国家,给东南亚带去影响深远的鸦片流毒。因为只要有利润可图,资本就敢于犯下罪恶。

为了加速海外殖民扩张、使中国成为自己的原料基地与商品倾销市场、持续通过鸦片走私牟取经济暴利,也为了转嫁资本主义发展带来的经济危机、维护英国资产阶级统治,英国政府以清廷禁烟为由悍然发动鸦片战争,迫使清政府同意鸦片贸易合法化。表面上,鸦片战争以林则徐禁烟运动为导火索,以维护英商利益、捍卫英王尊严等为目的,但其深层原因在于资本主义发展的动力,在于资本无限逐利的冲动本性。

无论是 1840—1842 年的第一次鸦片战争,还是 1856—1860 年的第二次鸦片战争,本质上都是英国为维护罪恶的鸦片贸易、掠夺财富和领土而发动的非正义的殖民侵略战争。在《资本论》中,马克思将鸦片战争置于资本主义的发展史过程中加以考察和定性:"接踵而来的是欧洲各国以地球为战场而进行的商业战争。这场战争从尼德兰脱离西班牙开始,在英国的反雅各宾战争中具有巨大的规模,并且在对中国的鸦片战争中继续进行下去。"[3]鸦片战争属于"以地球为战场而进行的商业战争"其中之一,是资本主义国家发展与竞争的结果。这首"陈腐世界的代表是激于道义,而最现代的社会的代表却是为了获得贱买贵卖的特权"的"对联式悲歌"、这场落后封建主义国家与先进资本主义国家之间的战争是无可避免的。鸦片战争是资本原始积累的继续,是资本主义生产方式发展规律和资本积累规律的必然结果,根源于资本无限追逐利润的冲动。

---

[1] 《马克思恩格斯文集》第二卷,人民出版社 2009 年版,第 634-636 页。
[2] 《马克思恩格斯文集》第二卷,人民出版社 2009 年版,第 630 页。
[3] 《马克思恩格斯文集》第五卷,人民出版社 2009 年版,第 861 页。

三、中国式现代化背景下消除鸦片危害的路径

毒品一日不除,禁毒斗争就一日不能松懈。在中国式现代化进程中,坚持厉行禁毒方针、打好禁毒人民战争是不容忽视的重大任务。

其一,提供健康的精神食粮,丰富人民精神世界。个体的思想意识、价值观念对于吸毒行为的实际发生具有决定性影响,禁毒需要让个体主动有意识摆脱毒品的诱惑。自鸦片贸易至今,吸毒行为始终是难以根除的顽瘴痼疾。这不仅在于鸦片等毒品本身的较强成瘾性,还在于吸毒者自身的不良思想意识。资本逻辑宰制下,现代人的精神生活愈发空虚匮乏,部分人深陷虚无主义、享乐主义的泥潭,深受狭隘的义利观、混乱的道德观、淡薄的法制观等不良价值观影响,[①]逐渐走上吸毒的不归路。因此,做好新时代禁毒工作需要坚持源头治理,强化预防教育,利用多种方式不断丰富人民精神世界,抵御精神危机,在主观层面转变人们对于毒品、吸毒的思想认知。精神生活充实富有的人将不再需要通过吸食毒品等外部刺激来填补精神的虚无。第一,坚持以习近平文化思想为指导,深入推进马克思主义基本原理与中华优秀传统文化相结合。源远流长的中华优秀传统文化是中华民族的文化根脉、中华文明的智慧结晶,也是中国人思想和精神的内核。实现中华优秀传统文化的创造性转化、创新性发展,能够为中国式现代化建设提供文化支撑,为人民抵御精神危机、充实精神生活提供文化基础,不断增强人们的精神力量,培育起人民群众健康的心理状态、丰富的情感世界、崇高的精神信仰。第二,丰富精神生活建设,完善公共文化制度,促进精神生活均等化。既要不断优化精神文化资源配置、合理分配精神文化成果,精神文明较为发达的优势地区与欠发达地区协同合作、成果共享,促进全国各地区精神生活向好发展,又要完善公共文化服务体系,推动精神文化服务的均等化,针对不同群体的差异化精神生活需求采取特殊对应举措,逐步提高人民精神生活质量。

其二,依法严厉打击鸦片交易,给资本设置边界。毒品是全人类的公害,也是一系列违法犯罪的重要源头,吸食毒品不仅危害个人身心健康,破坏社会治安稳定,还会影响生产发展,阻碍民族复兴昌盛。新时代做好禁毒工作,必须牢牢坚持人民至上,依法严厉打击鸦片交易、毒品犯罪。鸦片等毒品因其极强的成瘾性、较长的制作周期、稀少的供给源等,往往具有十分丰厚的流通利润,毒品制贩者为获取巨额经济利益经常不惜铤而走险,触犯法律法规。"一旦有适当的利润,资本就

[①] 杨丽君:《中国当代吸毒问题成因与治理》,群众出版社 2003 年版,第 124-126 页。

胆大起来",①社会主义市场经济当中存在各种形态的资本,必须警惕毒品与资本相勾结、形成庞大的毒品犯罪网络。需要给资本设立"红绿灯",让资本充分发挥推动经济发展的正向作用,规避一味逐利的冲动本性。这要求我们必须正确认识并准确把握资本的特性和规律,加强对资本的监管。一方面,要充分发挥资本作为生产要素的积极作用。坚持使市场在资源配置中起决定性作用,更好发挥政府作用,持续扩大对外开放,能够为资本发展创造更加有利的市场环境和法治环境,促进各类资本良性发展,进而激活资本推动发展生产力、创造社会财富、增进民生福祉的积极效应。另一方面,要抑制资本无限逐利的冲动本性与消极作用。牢牢坚持社会主义发展方向,避免资本无序扩张,始终保持对毒品犯罪的严打高压态势,全链条打击制毒犯罪,坚决遏制资本与毒品制贩相勾结。

其三,信息时代要强化有效的制度设计。信息时代,新型毒品种类繁多,毒品犯罪的行为方式也愈发多元化,面临"网上网下相互交织,境内境外渗透加剧"等严峻挑战。毒品制贩者不仅利用网络发布涉毒信息、进行毒品交易,甚至线上传授毒品制作技术、在网络空间聚集吸毒、利用数字货币实施毒品犯罪,等等。面对新形势下的毒品问题,我们亟须强化制度设计,以进行有效治理和监管。第一,加强数字化改革,统筹推进多跨协同的数字禁毒体系,利用大数据等新兴技术强化毒品防控。第二,利用数字化精准防控网络,对涉及易制毒化学品、麻醉药品、精神药品企业进行智能全面监管,并适当加大监管力度。第三,利用数字画像等新兴技术,对毒品犯罪进行全面监督,推进禁毒工作向着纵深发展。

其四,提高人们对毒品危害的认识,营造良好的社会氛围。中国共产党人深刻把握中国特色社会主义文化的建设规律,以丰富人民精神世界为核心,出台一系列数字化发展政策,推动数字技术赋能文化发展。做好新时代禁毒工作,同样可以利用数字赋能打造禁毒宣传教育新平台,在全社会范围内形成浓厚的禁毒氛围。通过充分利用大数据、人工智能、虚拟现实等新兴技术和多媒体设备,打造出线上线下相结合、传统与新兴媒体相融合的禁毒宣传新格局,促进科学技术与禁毒文化以大众喜闻乐见的形式相贯通,让公众深入体验并充分感知毒品的巨大危害,提升禁毒宣传效果,推动毒品知识与禁毒意识深入人心,在全社会形成自觉抵制毒品的浓厚氛围。同时,需要将青少年作为禁毒预防工作的重中之重。应用好全国青少年毒品预防教育数字化平台,深化在校学生的禁毒专题教育,提升青少年有效分辨毒品、自觉抵制毒品的能力和意识。通过引导青少年积极树立和践行社会主义核心价值观,促使其树立起正确的世界观、人生观、价值观,自觉珍爱生命、远离毒品。

---

① 《马克思恩格斯文集》第五卷,人民出版社 2009 年版,第 861 页。

其五，坚持系统思维，推进禁毒工作多措并举、综合治理，提供多种社会资源保障，集合多方力量解决毒品问题。毒品问题关系到国家的发展与安全，禁毒注定是一项长期复杂的系统工程，是全党全社会的共同责任。做好新时代禁毒工作，必须强化系统思维，坚持党委领导、部门协同、社会共治、齐抓共管，形成高效有序的禁毒工作格局。第一，坚持党和政府的领导，加强综合治理，坚持禁种、禁制、禁贩、禁吸并举的禁毒方针。第二，既需要积极发挥禁毒委员会在戒治帮扶、预防教育等方面的作用，又需要新闻出版、文化宣传等部门大力开展禁毒宣传工作，还需要食品药品等监管部门加强对相关麻醉药品、化学制品在生产、运输等环节的监督管理等等，推进各职能部门通力合作、综合治理。第三，做好新时代禁毒工作，必须广泛发动群众。禁毒不仅是政府的责任、相关部门的责任，也是全体人民的责任。需要动员全社会成员参与禁毒工作，让人民群众在禁毒实践中加强防范心理，强化群防群治，打好禁毒人民战争。第四，深化国际合作，着力推进与重点国家和地区的禁毒合作，共同打击跨国毒品犯罪，推进毒品的全球共治。

中国式现代化与禁毒传播研究[*]

周 笑[**]

在中国全面追求和实现现代化的过程中,禁毒传播面临诸多新问题和新挑战。但中国共产党对禁毒始终持有坚定的信念和果断的行动力。在最新版本的《中国共产党纪律处分条例》中,就明确了"党员有嫖娼或者吸食、注射毒品等丧失党员条件,严重败坏党的形象行为的,应当给予开除党籍处分",禁毒成为党员必尽的明确义务。笔者在本文中主要从传播学角度,分别从毒品传播的新形态与媒体传播的新形态两个方面展开论述。

一、毒品传播新形态带来的新问题与新挑战

现阶段在全球范围内,毒品传播出现了值得关注的诸多新形态:

(一)毒品传播与互联网媒体新型传播形态结合紧密

由于毒品传播与互联网媒体的新型传播形态结合得越来越紧密,目前已经形成了互联网毒品传播新模态,客观上削减了禁毒传播的积极效果。

具体特点表现为:

1. 非接触式毒品传播。目前毒品贩卖与传播的渠道与互联网媒体新兴的传播形态相互交织,形成了多元化的毒品传播网络渠道,尤其是新兴的"互联网+物流"的毒品传播模式。毒贩在其中充分利用暗网,使用比特币、亚马逊币、Facebook币、Q币等加密货币,进行在线支付,同时通过社交媒体、电商平台和快递物流等新的传播渠道和传播手段,进行更加隐蔽、快速和难以追踪的毒品交易和运输。香港扫毒电影《潜行》中就生动再现了这种"非接触式"的新型毒品传播模式,它降低了

---

[*] 基金项目:国家广电总局社科项目资助(GD2240)和复旦—义乌研究院的科研项目资助。
[**] 作者简介:周笑,女,复旦大学新闻学院教授、博士生导师,中国企业管理研究会新媒体管理专业委员会理事长。

毒品犯罪的风险和罪恶感,从而间接地鼓励了毒品犯罪,在增加毒品打击难度的同时,还在一定程度上对社会公众禁毒信心产生了负面影响。

2. 吸毒场所的隐蔽化。随着生活水平的提高,吸毒场所逐渐从室外空间转向私人住宅、酒店、出租屋,或以网络为中介的闪住房屋等更为隐蔽的空间,一方面增加了社会监管和刑侦发现的难度,另一方面降低了禁毒传播的送达率。

(二)全球禁毒格局的重要变化

1. 近年来各国禁毒法规的修改,尤其是关于大麻的合法化,导致人们对毒品的认知,尤其是青少年对毒品的认知,出现了模棱两可乃至诸多误区。由于滥用大麻会使人产生幻觉甚至威胁生命,联合国禁毒公约把大麻列入麻醉药品进行严格管制。在中国法律中,大麻的定性明确就是毒品。然而,2016 年 11 月,美国加利福尼亚州和马萨诸塞州通过了大麻合法化的法案。美国目前有 23 个州和哥伦比亚特区允许出售医用大麻。2015 年的加拿大大选中,大麻合法化成为特鲁多竞选的重要议题,理由是避免未成年人滥用和减少相关的社会犯罪。2018 年加拿大把大麻作为嗜好品,将持有及使用大麻合法化,成为继南美乌拉圭之后第二个使用大麻合法化的国家。这些相关新闻和事实的传播,以及毒品在欧美影视作品中的常态化展现,甚至出现被美化的趋势,大大降低了禁毒传播的效果。

2. 新型毒品的泛滥成为一大新问题,在此主要指毒品的外在形态越来越不像传统毒品,而更像食物,导致禁毒传播面临失效的公共危机。由于中国的禁毒工作取得巨大成效,毒品的供应大幅减少,毒贩们于是转而以其他麻醉药品、新精神活性物质,以及未列管物质作为替代,或者交叉滥用非惯用毒品,使得新型毒品逐渐从视觉形态上脱去传统毒品的"有毒"符号,换上奶茶、电子烟、果冻、饼干等新外衣,甚至被毒贩宣传为"安全无副作用",迷惑性和欺骗性就变得比以往更大。

3. 商业力量参与毒品合规化进程,也成为当下毒品传播老问题的新形态。在当下的毒品犯罪和毒品传播中,越来越多披着合法外衣的药品公司等商业势力深度参与。美国影视剧《成瘾剂量》(Dopesick)正是基于美国历史上最严重的毒品流行问题及其背后的医药丑闻展开的。奥施康定(OxyContin)是普渡制药公司(Purdue Pharma)生产的止痛药,含有盐酸羟考酮,属于阿片类药物,原本用于缓解中度至重度疼痛,具有高度成瘾性,但该公司为了推广该药物而进行了虚假宣传,声称其成瘾风险极低,从而直接导致了美国大规模的药物滥用和成瘾问题。据统计,从 1999 年到 2017 年间,美国有近 21.8 万人因处方阿片类药物过量而死亡,平均每天有约 130 人因此丧生。

相较于其他国家,中国在坚定迈向中国式现代化的进程中,中国政府始终以人民利益为重,投入巨大的人力、物力和财力进行禁毒,成效显著。上述问题和挑战,虽然也部分地存在,但基本处于可控范围。

中国式现代化背景下的禁毒传播,主旨和重心应是"治社会于未病",而非针对吸毒者的劝诫。由此,来自媒体传播中的新问题与新挑战,可能更为严峻,亦更难处理。

二、媒介传播新形态带来的新问题与新挑战

媒介传播的新形态,除了技术层面的智能化的搜索引擎、平台化的社交网络、通用人工智能的类人化等,视听语言的主流化,成为内容层面推动新媒体发展的核心动力。而视听语言在中国式现代化的过程中,已然成为塑造民众价值观体系的特殊文化生产力,尤其在判断是非和民族审美上,具有不可替代的影响力和劝服力。泽连斯基当选总统,就是因为那年部名为《人民公仆》的电视连续剧,为他赢得了高昂的民众信任。他不仅以"人民公仆党"注册参选,当选后几乎将整个剧组改造成了他的政府内阁。如果仅仅是出版一本《人民公仆》的文学作品,即使全球热销,也未必能帮泽连斯基成功竞选总统。

因此,要理解当下媒体传播的新形态,可能首先需要深刻理解视听语言的主流化趋势及其传播特性。

根据 2023 年中国网络视听发展研究报告,网络视听用户规模达到 10.40 亿,超过即时通讯成为第一大互联网应用,表明视听内容消费已经成为网民的主要活动之一。同年,主流网络视听创作平台(如 B 站、抖音、快手、小红书)上拥有上万粉丝的创作者数量已超 1300 万。这些数据和事实都表明,视听语言业已成为主流化的媒介语言,因此禁毒传播的媒介形态,应以视听形态为主。视听语言传播的两大特性,都与如何改善和提升禁毒传播的有效性高度相关。

(一)视听语言的信息冗余度非常高,意义与价值的他塑性强

简单来讲,信息冗余度高的具体表现,就是一个舞台、一段视频、一张照片,远远不止一个聚焦点。也许拍摄者和创作者的聚焦点是《梁山伯与祝英台》凄美的生离死别,而受众的聚焦点却是那两只上下翻飞的蝴蝶的花纹。因此,即使是禁毒传播的视频或图片,可能受众感知到的,却并不是禁毒的主题。前文提到的"加拿大民众聚众庆祝大麻合法化"的新闻图片,就是一个很好的侧面例证。

(二)视听语言首先诉诸的是情感的表达,其次才是事实的传达

根据认知心理学的观点,人类在处理信息时,情感反应往往先于理性分析。而

视听媒介通过视觉图像、声音、音乐等元素直接作用于人的感官，迅速激发情绪反应，这种即时性的情感体验能够快速建立观众与内容之间的情感连接。由此，情感的传递往往在视听传播中成为吸引注意力和引发共鸣的首要手段。而禁毒传播如何将毒品危害的事实，有机地融入禁毒传播视频的情感表达中，是值得深入研究的问题。

在了解了新媒体视听传播特性基础上，再来分析视听新媒体上对于毒品传播的美化所带来的危害，会更容易理解。

除了《本，回家了》（Ben is Back）、《漂亮朋友》（Bel Ami）等影视作品有意无意地对毒品进行了美化。而在嘻哈和摇滚流行音乐的歌词中，更是会常常提及毒品，有时毒品被描绘为叛逆、创造力的源泉或是成功生活的标志。比如：艺术家 Jim Morrison、Janis Joplin 和近现代的多位说唱歌手的作品，都有涉及毒品的元素，这些视听内容很容易对年轻听众产生吸引力。此外，在社交媒体用户或网红常常在线分享使用毒品的经历，以增加点击率或展现某种"酷"形象，这些也都会无意中将毒品使用正常化。其中，最令人担忧的是公众人物吸毒事件的中性化甚至正向传播。长此以往，部分公众会视之为"名人特权"的象征，从而间接地接受并形成吸毒属于正常行为之类的错误认知。最近的例子就是埃隆.马斯克吸毒事件的报道。

诸多报道明星人物吸毒事件的新闻中，所选择的图片从视觉分析的角度来看，主视觉效果是美丽的笑脸和无罪的泰然自若，完全没有任何内疚、尴尬等负面形象的传达，这无疑会在情感层面给公众造成对新闻内容的误读。而上述报道风格的形成，正是新闻报道社交化、视听化、娱乐化的结果。这些都是中国式现代化的现实背景下，必须直面的问题与挑战。

（三）智能媒体正在从"他我"转向"自我"

智能媒体意味着媒介生态的深刻变革，媒介逐渐从外化于用户的"他我"存在，向内化于自身的"自我"转变，包括内容层面和技术层面。智能媒体可借助 AI 技术分析用户的网络社交行为、情感反应等多维度个人数据，为每位用户量身定制独一无二的内容体验。以数据为中介，智能媒体变得比我们自己更了解自己。同时，手机、电脑等技术和物理层面上"他我"形态的媒介，也正在通过脑机接口、内植芯片等，不断内化成人类自身，形成某种意义上的"沉浸式信息传播"和"混合机器人"。这一方面是媒介传播的进步，另一方面也助推了数字毒品的形成，让人沉迷于意义感的创造和感知，且难以戒断，带来了更大范畴内人类社会的共同问题。在现实中，数字毒品的新媒体环境，也更容易进行隐蔽的毒品信息传播，带来从意义缺失到追踪毒品传播手段缺失的双重禁毒传播困境。

这在客观上导致越来越多的公众麻木甚至质疑禁毒传播的有效性乃至于正当性。这在某种程度上正在成为禁毒传播面临的根本性危机。

三、中国式现代化背景下的禁毒传播

中国式现代化在党的二十大报告中表达得非常明确：它是人口规模巨大的现代化，是全体人民共同富裕的现代化，是物质文明和精神文明相协调的现代化，是人与自然和谐共生的现代化，走和平发展道路的现代化。要在坚持党的领导和中国特色社会主义前提下，实现高质量发展。这些都为建构禁毒传播必要的社会共识，提供了坚实的基础和政策支持。现阶段禁毒工作的复杂性，导致禁毒传播越来越需要全社会的支持和理解。

（一）视听语言主导下的全民禁毒传播

正如前文所述，更有效的禁毒传播需要立足于传播有效性更强的视听语言，从而在全媒体生态下，进行多渠道、多路径、多语态，既诉诸情感亦强调事实的无缝传播，且需要高度针对毒品传播的新趋势和新特点，来设计禁毒传播的视听文本。比如，在 Bilibili 等主题兴趣社区里，充分激发和动员用户来创作高度个性化的禁毒视频，包括借用类似 B 站鬼畜社区搞笑视频中的幽默感，来揭示新型毒品的特点：即非接触毒品传播模式、美食伪装下的毒品形态、非短时致瘾性等，以达到面向全民进行有效禁毒传播的目标。

（二）以社交平台为主阵地直面社会问题

面向全民，才能达到"治社会于未病"的禁毒传播目标，而现阶段最有效面向全民的媒介就是社交平台，最有效的禁毒传播主题，就是勇敢地直面与毒品传播高度相关的各类社会现实问题。比如：经济快速增长与社会结构变化带来的大规模人口流动、城市化进程中激发的各种家庭和教育矛盾等社会问题。虽然这些并不是禁毒所能解决的，但却需要在禁毒传播中对此予以充分的共情，才有可能获得公众真切的关注，引发有深度和力度的思考，进而激发有意义的行为。本文在此特别强调一个禁毒传播中需要引起高度关注的问题，即错误信息和夸大其词。比如，夸大吸毒危险的反毒品信息，这很可能会适得其反，导致目标受众的质疑，使他们转而更愿意相信毒贩们"安全无副作用"的说辞。

（三）更有效的实践策略

综上所述，在中国式现代化的路径中，更有效的禁毒传播简要概括如下：

1. 传播以事实和证据为基础的禁毒信息,确保信息的科学、准确和及时,避免恐吓战术,借此建立禁毒传播机构在公众中应有的高度信任与信誉。

2. 重在以视听方式,使用真实个人故事中的证词,优先让目标社区内的个人,特别是已经戒毒的同伴,来传递信息,以突出吸毒对个人的重大影响,呈现真实的毒品风险。

3. 尽可能以本地化的方法,针对特定社区、家庭的特定问题,利用当地的环境和文化差异,量身定制多样化的活动来传播禁毒主题。同时,有效动员和鼓励社区任何有意愿参与创建传播禁毒信息的人,培养人人有责、人人相关的社区氛围。

4. 提倡并学习利用社交媒体、App、通用人工智能产品等多元化互动平台,尤其是年轻人喜欢的互动平台,来建构新媒体的禁毒传播矩阵,有效地加大对青少年等重点群体的毒品预防教育力度,提高公众的识毒、防毒、拒毒意识和能力。不过,最好能主次分明,以便形成禁毒传播的有效路径,最大化地确保传播效果。

5. 旗帜鲜明、举措强硬地反对任何媒体对毒品进行的任何形式的正面描述,尤其是以视听语言进行的正面描述。同时,选择对公众有影响力的名人合作,以个性化的方式,首先诉诸情感,其次诉诸事实,才能更有效推进禁毒传播。

6. 在禁毒传播中持续提供相关评估、监测和反馈机制与服务,比如与戒毒有关的药物信息和预防措施等。同时,利用大数据、人工智能等技术手段,提升毒品监测预警能力,精准识别毒品交易网络,提高打击效率,提振公众禁毒的信心与决心。

7. 建构长期主义的全媒体形态的禁毒传播,直面与禁毒主题相关的社会问题,将禁毒传播与心理健康、就业机会、家庭和睦、教育公平和其他社会支持系统广泛地连接起来,形成中国式现代化的禁毒传播社会长城。

综上所述,在中国式现代化背景下,建构全社会共同参与的禁毒传播格局,以有效遏制毒品传播,保护好我们的民众健康和社会稳定。

后 记

  在中国式现代化的伟大进程中,禁毒工作作为社会治理的重要组成部分,需要不断适应时代的需求和挑战。近年来,随着中国经济的快速发展和社会变革,毒品问题已成为威胁国家安全和社会稳定的重要因素之一,禁毒研究在促进社会和谐、保障人民安宁方面具有重要的作用及影响。在此背景下,由厦门市禁毒委员会与厦门大学主办,厦门大学中国式现代化研究院、厦门大学哲学与当代社会研究中心、国家社科基金冷门绝学团队项目(国家社科基金重大项目)中国科技思想研究课题组承办,厦门市禁毒委员会与厦门大学战略合作成果发布会暨"中国式现代化与禁毒研究"学术报告会(以下简称学术报告会)于2024年6月21日至23日在厦门大学召开。

  福建省政协副主席(会议期间系中共厦门市委副书记、市长)黄文辉、厦门大学校长张宗益,中国科学院院士、北京大学第六医院院长陆林,厦门市人大常委会副主任李伟华,厦门市副市长、市公安局党委书记、局长陈育煌,全国"清源断流"行动前方指挥部指挥长、公安部禁毒局办公室主任林昌明,厦门大学常务副书记林东伟,福建省禁毒办副主任、省公安厅禁毒总队总队长游文杰共同为报告会揭幕。厦门市禁毒形象大使、中央广播电视总台著名主持人陈伟鸿主持开幕式。上午的主旨发言由福建省高等学校文科研究基地哲学与当代社会研究中心主任、厦门大学哲学系教授、国家社科基金冷门绝学团队项目首席专家陈玲主持。

  陆林教授作为特邀嘉宾,就"全球禁毒的现状和发展趋势"作学术报告。国际科学史研究院通讯院士、清华大学古文献研究所所长冯立昇教授,教育部长江学者特聘教授、北京大学中国药物依赖性研究所常务副所长时杰教授,厦门大学原党委副书记、厦门大学马克思主义学院院长徐进功教授,炎黄文化研究会常务副会长、福建省委宣传部原副部长马照南,教育部长江学者特聘教授、南京审计大学国家治理与国家审计研究院院长张勇安教授,江苏警官学院党委副书记、院长,公安部部级津贴专家黄进教授,厦门大学国学院院长陈支平教授分别作主旨发言。

会议开设四个分会场进行禁毒相关主题报告,与会人员围绕中国式现代化与禁毒文化研究、中国式现代化与禁毒社会化工作、中国式现代化与智慧禁毒、中国式现代化与毒品治理研究等主题进行报告。黄进教授作闭幕式致辞,同时会上还举行中国式现代化与禁毒研究学术论文颁奖仪式。

本次学术报告会采取向社会公开征稿形式,得到来自全国各大高校包括北京大学、清华大学、中国科学技术大学、上海交通大学、复旦大学、华中科技大学、华东师范大学、厦门大学等高校的专家学者,中国人民公安大学、中国刑事警察学院、江苏警官学院等各地警院教师,全国禁毒政策研究中心人员,各市戒毒中心社会工作者等禁毒理论界和实务界的专家学者的积极响应,使学术报告会得以顺利举办。会后,经过组委会筛选、修改,最终录用20余篇参会论文,汇编成《中国式现代化视域下的禁毒研究》。

本论文集所收录论文主要系报告会获奖论文,分别围绕中国式现代化与禁毒文化研究、中国式现代化与禁毒社会化工作、中国式现代化与智慧禁毒、中国式现代化与毒品治理研究等前沿主题进行研究,涵盖了哲学、历史、传播学、禁毒学、社会学等多学科交叉视角,每一篇都是作者在禁毒学术研究领域理论或实践的成果结晶。从中可见当下我国禁毒学术研究领域持续拓展之势,亦可见研究者紧跟学术前沿,不断开阔学术视野,合力推动禁毒学术研究领域的高质量发展的坚定信念和积极态度。

本次收录论文的作者,既有长期从事禁毒学术研究并作出过卓越贡献的前辈专家,亦有活跃在禁毒学术研究领域的中青年新锐学者。禁毒学术研究专业梯队已经基本形成。此外,还有来自哲学、历史、传播学等学科的专家学者,以及从事禁毒工作和戒毒社工等实务界的人员,他们出于对中国式现代化与禁毒研究的热爱,也积极参与进来,为禁毒学术研究提供了不少具有针对性与建设性的观点和新思路。

本论文集作为此次学术报告会的部分高质量成果展示,进一步深化了中国禁毒学术研究与实践的探索,通过对前沿问题的深入分析与多学科交叉研究,激发了禁毒领域工作者的创新与实践热情,为我国加快构建现代化的毒品治理体系提供了有力的理论支撑和实践指导。相信在禁毒学术研究领域各位同人的一致努力下,我国必将在新时代禁毒工作中继续发挥优势,进一步巩固禁毒成果,最终实现毒品问题的有效控制和治理,确保国家安全和社会稳定,为全面打赢新时代禁毒人民战争作出重要贡献。

此外,本论文集系国家冷门绝学团队项目的阶段性研究成果。子部谱录类典籍科技思想研究属于公认的中国人文社会科学中的冷门绝学研究领域。早在宋代，王世懋在《花疏》中就曾记载罂粟"花最繁华，加意灌植，妍好千态"，其他相关古籍的记载也很多。所以，禁毒研究亦是谱录类典籍科技思想研究的重要内容。

　　本论文集的形成，得到了厦门市禁毒委员会、厦门大学领导及有关部门的关心和帮助，尤其感谢厦门大学出版社张伟书记和甘世恒编辑的大力支持。同时，厦门市公安局禁毒支队王光锋支队长、黄志杰政委及支队民警同志们积极协调各方力量和资源，为论文集顺利出版奠定坚实基础。本论文集凝聚着论文作者的智慧和经验，还汇集了其他参与者的共同努力，在此不一一列举，一并致以崇高敬意和深深感谢！

　　由于论文集编辑时间仓促，以及编者水平所限，书中不足之处在所难免，遗漏之处，敬请谅解。

2025 年 2 月